Detlef Berentzen
Hermann

Die Erinnerungen eines Nachkriegsgeborenen

axel dielmann — verlag
Kommanditgesellschaft in Frankfurt am Main

© *axel dielmann — verlag*
Kommanditgesellschaft in Frankfurt am Main, 2002
Alle Rechte vorbehalten.

Satz: Urs van der Leyn, Basel
Umschlagzeichnung: Joern Schlund, Münster
Printed in Germany

ISBN 3 933974 30 5

Hänschen Klein 7
Montage Eins 18
Auf dem Dach der Welt 21
Montage Zwei 38
Wir wollen niemals auseinandergehen 40
Montage Drei 59
Schuld war nur der Bossanova 61
Montage Vier 76
Ticket to Ride 78
Montage Fünf 103
Getting better 105
Montage Sechs 124
Freedom 126
Montage Sieben 145
Ich will nicht werden, was mein Alter ist! 147
Montage Acht 165
Working Class Hero 167
Montage Neun 198
Einer ist keiner 200
Montage Zehn 228
Genug ist nicht genug 230
Montage Elf 262
Schrei dich frei! 264
Montage Zwölf 294
Sehnsucht 297
Montage Dreizehn 324
I won't back down 326
Montage Vierzehn 351
Blau und blau 353
Montage Fünfzehn 376
Kinderszenen op. 15 378

Hermann Top Neunzehn 404
Best of Kleines Schwarzes Notizbuch 406

Hänschen Klein

Das Erste, woran er sich erinnert, ist, dass es weh tat. Das schwere Eisending war ihm auf den kleinen Fuß gefallen. So eine Art Zahlenroulette. Rund, massiv. Eine Metallscheibe mit einem Metalldorn, auf dem sich der fette Zeiger drehte. Frühe Form des Glücksrads. Diverse Zahlen von Eins bis Fünfzig darauf – Fünfzig gewinnt. Irgendein Metallarbeiter hatte sein Gesellenstück mit dem Ding abgeliefert. Jetzt war es beim Spielen vom Sofa gerutscht. Auf seinen Fuß. Und Hermann weinte. Hielt seinen Fuß fest. Ganz fest.

Die Großmutter nahm ihn in den Arm, tröstete ihn, pustete mächtig auf den Fuß.
Heile, Heile! Dummes Aua!
Die faltige Uroma saß derweil ungerührt in ihrem roten Ohrensessel und las. Western. Sie las immer nur Western. Colts rauchten, Indianer stimmten ihr Kriegsgeheul an. Rothäute. Cowboys. Das war ihre Welt. Sie sprach von nichts anderem. Ihr Kopf sei nicht mehr ganz in Ordnung, hatte jemand gemeint. Ob sie sich nicht einen neuen besorgen könnte, hatte Hermann ganz unschuldig gefragt. Und die Erwachsenen hatten laut gelacht. Und später die Uroma ins Bett gebracht.

Viele Erwachsene waren in der großen Vierzimmer-Altbauwohnung zu Hause: Jung und alt. Die Cowboy-Uroma. Die Oma. Der Opa. Der Bruder vom Opa. Der Vater, die Mutter. Der Bruder vom Vater. Dessen Frau. Vielleicht noch ein Bruder vom Vater. Oder sonst wer. Alle schliefen in irgendwelchen Betten, auf Sofas und Matratzen. Er schlief mit seinen Eltern in der Küche.
Aber wenigstens haben wir ein Dach über dem Kopf! Hätte schlimmer kommen können!
In Hermanns Geburtsstadt gab es zwar viele englische Soldaten, *Tommies!* hießen die, in grünen Uniformen und grünen Jeeps, auch der mächtige Gaskessel der Stadt stand noch unzerstört im grauen Industriegebiet, aber es gab nicht genügend freie Wohnungen, ein paar Jahre nach dem Krieg, den hier alle wie *Kriech!* aussprachen. Hermann nickte jedesmal kräftig, wenn er das Wort hörte, und schaute aufgeregt aus seinen blauen Augen.

Ja, Kriech! Ganz schlimm!
Das hatte er von der Oma gelernt. Wenn die vom *Kriech!* sprach, sah er Tränen in ihren Augen, obwohl sie gerade ihr schönstes Kleid mit der Silberbrosche dran angezogen hatte. Dann liefen die Tränen zum Kinn, dann kam das Taschentuch und dann waren sie wieder weg.

Die Oma hatte immer viel Arbeit. Arbeit, für die sie wochentags eine Schürze trug. Mit Taschen vorne, in die sie selten ihre Hände stecken konnte. *Soviele Mäuler stopfen!*, lachte sie oft und hatte dunkle Ränder unter den Augen.

Der Opa zog morgens den Anzug mit der grauen Weste an, drehte an seiner Taschenuhr und setzte sich mit einer qualmenden Zigarre ins Kontor. Das war in einem Zimmer der Wohnung untergebracht. Küche und Klo waren draußen auf dem Flur. Das Klo eine halbe Treppe tiefer. Mit einem klitzekleinen Fenster. Ein dunkler Ort, den Hermann nie allein aufsuchte. Nie.

Opa saß also im Kontor mit dem mächtigen Schreibtisch, dem schwarzen Telefon, den Aktenordnern, den Stempeln, den Stempelkissen und notierte Aufträge. Er verkaufte Schokolade. *En Gros!* Für eine Schokoladenfirma. Er verkaufte am Telefon. Aber auch draußen in der Stadt, wenn er seine Kundschaft besuchte, für die er stets die eine Botschaft bereit hatte.
Schokolade geht immer!
Davon war der Opa überzeugt.
Ob Kriech, ob Frieden, die Leute brauchen Süßes!
Wenn der Opa auf Kundschaft fahren wollte, wurde er ganz wichtig, eigentlich noch wichtiger als sonst, streckte sich, reckte sich, steckte ein frisches Taschentuch in die linke Hosentasche, prüfte vor dem Spiegel im Flur den Sitz der Krawatte, nahm die alte Aktentasche aus braunem Leder, und dann ging's los. Richtung Innenstadt. Mit dem Fahrrad und der schwarzen Trillerpfeife in der rechten Hosentasche.

Die Trillerpfeife brauchte der Opa, wenn er abends voll bepackt mit Wurst, Brot, Kartoffeln und dicken roten Äpfeln auf dem Rad zurückkam und nicht allein absteigen konnte. Schon von weitem trillerte er deshalb sein Signal auf der Straße. Hurtig wie der Wind stürmten dann der Vater oder die Onkels in ihren weiten bügelgefalteten Hosen – immer die Zigarette im Mundwinkel – nach unten, halfen beim Absteigen und tru-

gen die Tauschgeschäfte nach oben in die Wohnung. Der Opa knarrte derweil die Treppe hoch, zog im Wohnzimmer die Schuhe aus, setzte sich in den Sessel, trank erst mal ein Bierchen aus der Flasche und wartete darauf, dass es was zu Essen gab.
Nach dem Essen machte er Witze. Oder erzählte Geschichten. Selbsterfundene Kriminalgeschichten, bei denen die Oma, alle Schwiegertöchter, Söhne, Töchter, Anverwandten und auch Hermann zuhörten und ganz gespannt waren. Selbst die Uroma legte ihre Western weg – und schlief sofort in ihrem Sessel ein.

Hermann schlief nicht ein.
Er hörte mit blonden Locken, großen blauen Augen und mächtig roten Ohren Opas Geschichte von dem Mörder, der gerade, *Den Dolch im Gewande!*, um die Häuser schlich und konnte seinen Blick nicht von dem ausgestopften Uhu an der Wand wenden. Der saß auf seinem staubigen Ast und schaute ihn an. Mit grossen braunen Glasaugen. Der hörte nie auf ihn anzuschauen. Was, wenn der Uhu plötzlich die Flügel ausbreitete und auf dem Hirschgeweih landete, das an der Wand gegenüber hing? Oder sich den Marder holte, der da ausgestopft auf dem grossen Gründerzeitbüffet hockte? Oder das Eichhörnchen mit dem Tannenzapfen? Der Opa war ein begnadeter Jägersmann und sang gerne unter dem grossen Bild mit den Hirschen.
Ja grün ist die Heide, die Heide ist grün,
aber rrrrot sind die Rosen, eh' sie verblühen!

Der Bruder vom Opa trug keine Weste, verkaufte Lampenschirme und sang andere Lieder. Vom *Kleinen grünen Kaktus!* auf dem Balkon und vom *Max!*, der den Tango tanzt, dann weiß man, was du kannst, du hast so einen Rhythmus, dass ein jeder mitmuss!
Und griff dazu in die Tasten.
Der Großonkel hatte ein Klavier besorgt, eines mit Kerzenhaltern aus Messing daran. Das stand an der Wand mit einem kleinen runden Hocker davor. Den Sitz des Hockers konnte man drehen. Hoch und Runter. Ganz schnell drehen. Manchmal setzte sich der Bruder vom Opa darauf, nahm Hermann auf den Schoß, dessen Zeigefinger fest in die Hand und drückte das kleine Ding vorsichtig auf die schwarzen und weißen Tasten.
Hänschen klein, ging allein, in die weite Welt hinein, Stock und Hut steh'n ihm gut, er ist wohlgemut!

Immer wenn dann die Stelle kam, wo die Mutter sehr weinet, weil das Hänschen fort ist und das Kind sich besinnt und geschwind zur Mutter zurückkehrt, wurde Hermann ganz traurig und wusste gar nicht warum. Dann starrte er ein wenig vor sich hin, der Großonkel schaukelte ihn auf den Knien und hörte auf zu spielen.
Wenn beide so still dasaßen, kam oft der Patenonkel mit der großen Nase, sagte mit tiefer Stimme *Nicht traurig sein!*, schrie dann laut *Wullewullewulle!* und kitzelte ihn, bis Hermann nicht mehr starrte, sondern kicherte und atemlos um Hilfe schrie.

Ab und zu stellte Hermann sich selbst ans Klavier und drückte die Tasten. Summte ein wenig. Bis irgendwann einmal der Klavierdeckel auf seine Finger krachte. Das tat schon wieder weh und die Oma musste wieder pusten.
Heile, Heile!
Wenn es aber abends zwischen seinen Eltern in der Küche laut wurde, die Mutter schluchzte, der Vater seltsam wankte, schwankte und schlecht roch, da half kein Pusten. Manchmal rannte die Mutter raus aus der Tür, auf den dunklen Hausflur und kam nicht wieder. Oder der Vater verschwand und lag am nächsten Morgen auf irgendeiner Couch und schnarchte. In irgendeinem anderen Zimmer. Sonst war keiner da. Bis auf die Oma in der Küche.

Dann war es Zeit, in Opas Kontor zu gehen und mit den spitzen Bleistiften, die dort in einer Schale lagen, Kreise auf Papier zu malen. Oder vorsichtig den Finger in die Löcher der Wählscheibe des schwarzen Telefons zu stecken. Oder an der Kurbel vom Bleistiftspitzer zu drehen, der an der Kante des Schreibtischs festgeschraubt war, und Leierkastenmann zu spielen: *Lieber Leierkastenmann, fang noch mal vorne an ...!* Und feste kurbeln.
Vielleicht würde jemand einen Groschen geben und er könnte sich Bonbons kaufen. Dicke gelbe, die aussahen wie Zitronen.
Mmmh Zitronenbonbons!
Fünf Stück zu je zwei Pfennig. Aus dem grossen Glasbehälter beim Kaufmann gegenüber, dem mit den Kolonialwaren.

Hermann ging meistens mit der Oma nach draußen, Wohnungstür auf, schnell noch mal an der mechanischen Klingel drehen, dann die Treppe hinunter, in den kleinen Gang zum Hof, der in der Regel von einem großen grauen Holztor versperrt war. Wenn das Tor mal offen stand, konnte er Männer mit blau-weiß gestreiften Hemden, langen weißen Gummischürzen und schwarzen Gummistiefeln sehen, die dort Schweinehälften oder Rinderkeulen von einem Laster abluden und durch den Lieferanteneingang in die Fleischerei brachten.

Die Fleischerei war unten im Haus. Ein Ort mit tausend Wohlgerüchen. Und hinter dem Tresen eine Frau. Mit einer weißen Schürze aus Stoff. Ohne Taschen. Es gab zwar mehrere Verkäuferinnen, aber diese eine allein war wichtig. Denn die reichte Hermann immer ein rosafarbenes Stück Fleischwurst über die Verkauftstheke, nachdem die Oma Wurst oder das Fleisch für den Sonntag gekauft hatte. Die Frau freute sich und nickte, wenn er *Danke schön!* sagte, wie er es gelernt hatte.

Einen *Braven Diener!*, tiefe Verbeugung, Hände an die Hosennaht, den hatte man ihm zwar auch beigebracht, auch *Gib das schöne Händchen!*, aber so ein Aufwand wäre doch wegen einem Stück Fleischwurst nicht nötig, hatte die Oma neulich zu ihm gemeint.

Dann eben nicht.

Das Stück Wurst nahm er immer in die Hand und verschloss es fest darin. Erst, wenn er durch die Ladentür und wieder auf der Straße war, aber wirklich erst dann, öffnete er die Hand, biss in das rosa Stück und war richtig glücklich im Bauch. Besonders dann, wenn gerade ein Pferdewagen auf dem Kopfsteinpflaster vorbeifuhr. Mit Kohlen oder Bierfässern drauf.

Den rosa Geschmack der Wurst im Mund, das Klappern der Pferdehufe, das Rattern der eisenbeschlagenen Räder und der Anblick der schweren, lang bemähnten Zugpferde und die sichere Hand von der Oma, die ihn einfach nur kauen und schauen ließ – all das machte ihn warm. Ganz warm.

Kalt ums doch noch ziemlich kleine Herz, ja unheimlich wurde ihm, wenn auf dem Bürgersteig einer dieser seltsamen Männer ohne Beine heranfuhr. In einem handgetriebenen Holzrollstuhl mit Fahrradreifen an der Seite. Und stehenblieb, rasselnd keuchte und seine immergleiche Frage stellte. *Hamse nich 'n paar Pfennige für mich?* Oder ein anderer, ohne Rollstuhl, sprach die Oma an, mit nur einem Arm. Im linken Jackenärmel. Wirklich wahr, nur eine einzige Hand hatte der. Mit einer Zigarette zwischen zwei von nur vier Fingern. Der andere Ärmel war mit einer Sicherheitsnadel hochgesteckt. Leer. Einfach nichts drin.

11

Der Kriech!, sagte die Oma dann und schaute dem Mann feucht in die Augen. Da war sie wieder traurig. Und gab dem Einarmigen ein paar Pfennige.

Irgendwann aber bekommt Hermann dann richtig Angst. Schwarze Angst. Angst, die sein Herz klopfen läßt. Und weit aufgerissene Augen macht. In der Nacht. In der Küche. Als die Oma mit dem Opa und den anderen schon in der Wohnung schläft.
Der Vater schwankt vor dem Küchentisch und riecht wieder schlecht und die Mutter schreit, dass sie ihn nie hätte heiraten sollen. So liebe Freundinnen hätte sie gehabt, *Jede Menge Verehrer!*, die ihr Liebeserklärungen schickten, *An jedem Finger zehn!*, und vor allen Dingen eine eigene Arbeit und eigenes Geld hätte sie gehabt. Das alles hätte sie für den Vater, seinen Sohn und seine verdammte Familie aufgeben müssen.
Ich hab endgültig die Nase voll!

Der Vater schwankte weiter, schrie *Alte Zicke!*, die Mutter packte einen kleinen Koffer und nahm Hermann mit. Zu Fuß durch die schwarze Nacht. Zu ihrer Mutter. Zu seiner Omama, wie er sie immer nannte.
Ich halte das nicht mehr aus!
Die Mutter schrie unterwegs und immer wieder. Sie führte ihn zu einem Backsteinhaus mit zwei Stockwerken, das eine Wohnung unter dem Dach hatte. In der Wohnung hatte die Omama eine Stube und eine kleine Küche gemietet. Mehr brauchte sie nicht, denn sie hatte keinen Opa mit Anzug und Weste. *Mein Mann ist im Krieg geblieben!* Ja, *Kriech*, den kannte Hermann. *Schlimm!*

In den anderen Räumen wohnten eine junge Frau, auch ohne Mann und neben der eine schrumpelige übelriechende Alte, die nur selten aus ihrer Stube kam. Wenn sie doch mal herauskam, um auf das Klo im Treppenhaus zu gehen und Hermann ihr begegnete, die ungewaschene Alte bis tief in den Bauch hinein roch, dann rannte er panisch zurück in die Küche zur Omama und weinte in ihr Blümchenkleid.
Die Hexe! Die alte Hexe!
Dann drückte die Omama ihn an ihren großen Busen, hielt ihm ihren Zeigefinger vor den Mund und flüsterte. *Pssth! Keine Angst!* Doch das war nicht so leicht, keine Angst zu haben.

Wenn aber die junge Frau ohne Mann aus dem Zimmer gegenüber kam und ihn, weil die Mutter fast nie dazu Lust hatte, *Ich kann mit diesem Kind einfach nichts anfangen!*, mit in den nahegelegenen Park nahm, dann hatte er keine Angst. Sie war ein Fräulein!, sagten die Erwachsenen und sie war nett. Sie nahm immer klein geschnittene Brotkrusten in ihrer Handtasche mit, die er den schnatternden Enten im Teich zuwerfen durfte. Und sie ging mit ihm zum Sandkasten. Mit Eimer und Schaufel. Zum Buddeln.

Da saß er auf dem Hintern in der Sonne, schaufelte den Eimer voll mit Sand, dann glattklopfen, umstülpen, Eimer vorsichtig wegziehen und *Backe-Backe-Kuchen, der Bäcker hat gerufen!* Und danach, nur wenn es warm genug war, der Besuch beim Eismann. Der stand in der Nähe vom Teich hinter seinem Eiswagen und hatte eine Menge Fragen. *Vanille, Schokolade oder Erdbeer?*

Dann rückte der Mann sein weißes Schiffchen auf dem Kopf zurecht, nahm ein knuspriges Hörnchen, hob einen der drei Deckel hoch, griff nach dem Eislöffel und fertig war das Erdbeereis.

Das Fräulein war wirklich in Ordnung.

Die Omama auch. Am Abend schob sie immer die beiden schweren Sessel in ihrer Stube zusammen, *Dein Bett!*, gab Hermann eine Decke und las ihm aus dem alten Buch mit den Märchen vor.

Vom Hänsel, der Gretel, von Hexen, Wölfen, Hans im Glück und vom *Tischlein deck Dich!*, mit dem gebratenen Hühnchen darauf.

Wenn die Hexe endlich verbrannt, der Wolf tot und Hans ganz glücklich war, gab sie ihm einen dicken Kuss, zog an der ausgefransten Kordel der Stehlampe, ging in die Küche und redete mit der Mutter, tröstete sie und ließ sie auch mal losbrüllen – dass der Vater an allem schuld sei. Dass sie sich scheiden lassen wolle.

Später kamen beide in die Stube, legten sich auf Sofa und Matratzen schlafen. Hermann lag manchmal noch wach. Dann umarmte er die Decke, rollte sich zusammen und nuckelte heftig am Daumen. Das half.

Tagsüber spielte er an Omamas Nähmaschine. Trat das Pedal. Immer schneller. Schaute gebannt auf das Auf und Ab der Nadel. Und bekam Ärger, wenn sich mal wieder die Fäden des Garns verwickelten oder gar zerrissen. Denn die Omama brauchte die Maschine.

Wie das täglich Brot! Damit verdien' ich mein Geld!
Nimm die Finger da weg, Junge!

Sie nähte ständig Kleidung für sich und andere. Sammelte Stoffreste im Schrank. Für Jacken, Hosen, Röcke. Eines Tages kam sie stolz mit einem Rest blauen Samts nach Hause.

Für Dich!, sagte sie zu Hermann, schnitt den Stoff mit der großen Schere zu, setzte sich auf ihren kleinen Hocker, trat das Pedal, ließ die Nadel surren, und fertig war ein kleiner blauer Samtanzug, an den sie noch große weiße Knöpfe nähte. Den durfte er zur Hochzeit irgendeiner Tante tragen. Mit einem blütenweißen Rüschenhemd. Und sogar Blumen streuen. Und richtig lachen.

Vor dem grauen Opel "Olympia" vom WulleWulle-Patenonkel stand er da, der Opel hatte weiße Bänder am Außenspiegel und Hermann einen kleinen Blumenstrauß in der Hand.

Süß, meinten die vielen gut riechenden Frauen und nahmen ihn während der Hochzeitsfeier auf den Schoß und knuddelten ihn. Und die Mutter tanzte in einem bunten Blumenkleid, legte den Kopf in den Nacken, schüttelte ihre braunen Locken und lachte. Als er das sah, klatschte Hermann in die Hände und war froh.
Richtig froh.

Froh sollte er auch Monate später sein, als die Eltern ganz friedlich waren und ihm erzählten, sie hätten jetzt endlich eine eigene Wohnung.
EinZimmerKücheAußenklo! Nur für uns allein!
Der Vater war stolz, grinste und roch gut nach Brisk-Pomade. Seine Haare hatte er, wie immer morgens, vor dem Spiegel in der Küche in sorgfältige Wellen gelegt – *Jetzt ist Ebbe*, lachte er Hermann immer ins Gesicht, wenn der beim Haarelegen zuschaute, *aber sollst mal sehen, wenn bei mir Flut ist!*
Der gut riechende Vater hatte seine Stelle als Verkäufer in einem kleinen Schnapsladen aufgegeben, arbeitete jetzt beim Opa und verdiente sein Geld mit *Schokolade geht immer!*
Der Mutter war das nicht recht, sie schaute deshalb irgendwie böse. Und Hermann war wegen der neuen Wohnung sauer, denn er wollte eigentlich nicht fort von Oma und Opa und der Eule und dem Klavier. Auch nicht fort von den Onkeln und Tanten. Doch die verdienten inzwischen alle gutes Geld mit Verkaufen von allem Möglichen und würden sich auch bald eigene Wohnungen leisten können. *Ihr kommt uns dann immer besuchen, ja?!* So trösteten sie Hermann und strichen ihm über den Kopf.
Naja.

Woran er sich nun erinnert, ist ein Wohnzimmer mit Ehebett und eine Küche mit Tisch, Stuhl und Gasherd. Und sein altes weißes Gitterbett in einem Flur ohne Fenster. Aus dem Bett klettert Hermann nachts oft raus, schleicht in die Stube und legt sich neben seinen Vater, nachdem der wieder spät in der Nacht nach Hause gekommen ist. Und nach Bier riecht.
Du bist ein Papakind!
Deshalb schimpft die Mutter am Morgen, wenn der Vater ins Kontor gegangen ist, schlägt Hermann ins Gesicht oder sonstwohin. Und flüstert dabei oft vor sich hin. *Wegen Dir kommt er wenigstens noch nach Hause!* Und weint so sehr aus ihren braunen Augen, dass ihr schönes Gesicht ganz nass wird. Dann kommt das Taschentuch, das Gesicht ist wieder trocken und sie zündet sich mit dem Streichholz eine Zigarette an. Ihr roter Mund saugt heftig, bis das Glühwürmchen an der Spitze hell leuchtet. Dann stößt der Mund weißen Qualm aus und stammelt die Fragen, die Hermann von der Mutter schon so oft gehört hat und auf die er keine Antwort weiß.
Womit habe ich das verdient?
Wie soll das nur weitergehen?
Dabei schüttelt sie den Kopf mit ihren schönen braunen Locken.

Am Abend nimmt der Vater Hermann auf den Schoß. In der Küche. Die Mutter schaut ganz ernst. Eigentlich wieder böse. Und dann dauert es gar nicht lange und schon schreien die Eltern. Irgendetwas Gemeines. Das Angst macht. Deshalb muss Hermann wieder ins viel zu kleine Gitterbett.
Nicht vor dem Jungen streiten!
Dann ist die Tür zur Küche fest zu und dahinter schreit es weiter.

Tagsüber besuchte Hermann oft den Nachbarjungen.
Die Eltern von Alex hatten einen wunderbaren Garten mit vielen Blumen, eine grosse Wohnung mit einem Innenklo ganz für sich allein und immer Besuch. Von anderen Kindern. Die spielten mit Hermann Fangen, Verstecken, Räuber und Gendarm, fuhren auf ihren Tretrollern um die Wette, bauten Pfeil und Bogen, kletterten auf Bäume und aßen pechschwarzes Lakritz aus kleinen Papiertüten mit blauen Sternchen. Die Mutter von Alex schmierte sogar Butterbrote für alle. Und alle lachten. So laut, dass Hermann einmal das Rufen seiner Mutter überhört. Auch das zweite und dritte Rufen hört er nicht.
War doch so schön bei Alex!

Als er schließlich nach Hause kommt, ist die Mutter allein. Und ihre Augen schauen diesmal richtig hässlich und gemein. Hermann weiß, was passieren wird. Er duckt sich tief, macht sich ganz klein.

Schön waren immer die Besuche bei der Omama. Sonntags. Da musste er das weiße Hemd anziehen, dazu die kurzen schwarzgespeckten Lederhosen mit den grünen Trägern dran. Wenn Omama Rindsrouladen mit Gurke-drin, Zwiebeln-drin machte und dabei klassische Musik, *Ach-der-Beethoven!*, aus dem Radio hörte, war die Welt schwer in Ordnung. Nach dem Essen gingen sie raus in den kleinen Garten, der hinterm Haus lag und für alle Bewohner da war. Die Mutter setzte ihre dunkle Sonnenbrille auf, legte sich in einen Liegestuhl, die Omama machte es sich auf der kleinen weißen Bank bequem, las ihr Buch, das von Albert Schweitzer, freute sich laut, dass immer noch Frieden war, und Hermann lief in die hohen Büsche neben der grünen Wiese.
Sucht mich doch!
Und blieb dann sofort ganz still hinter den Zweigen hocken. Mucks-MäuschenStill.
Bis sie ihn fanden.
Manchmal kam auch Besuch zu Vater und Mutter nach Hause. Nur am Sonntag natürlich. Dann wurde ein Sandkuchen im Gasofen gebacken, *Mit Schokoladenguß!*, schwarzer Kaffee gemacht und brauner Kakao. Und er musste still sitzen, während die Großen sich unterhielten. Und nur antworten, wenn er gefragt wurde. Immer wieder strich ihm jemand über den Kopf.

Richtig klasse fand es Hermann, wenn ein Sonntagsausflug anstand. Mit der ganzen großen Familie. Und Freunden. Dann brausten sie los. In dem grauen Opel vom Patenonkel. Und mit noch mehr Autos. Mit dem runden Korb, in dem die Schüsseln mit dem Kartoffelsalat und den panierten Koteletts waren. Und mit Holzkisten voller Bierflaschen und Brause und vielen Wolldecken im Kofferraum. Zum Draufsetzen. Für alle ein Plätzchen im Grünen.
Die Männer krempelten die Hemdsärmel hoch, lockerten die Krawatten, tranken Bier aus Flaschen mit Schnapp!-Verschluss und sprachen über Fußball, Boxen oder Adenauer, den sie den Alten! oder über Heuss, den sie komischerweise Papa! nannten.
Die Frauen schauten in die Sonne, richteten ihre weiten Röcke und lach-

ten über Heinz Rühmann, der im Kino eine Tante spielte. Die von *Charley!* oder sonstwem. Dabei war der doch ein Rüh-Mann.
Lachen, Schnappverschluss-Bierflaschen, gelbe Brause, Kartoffelsalat, warme Sonne und kurze Hosen. Das war der wahre Sonntag. Der vor dem Montag.

Wochentags brachte der frisch frisierte Vater Hermann um acht Uhr in den Kindergarten. Zu irgendwelchen Schwestern, die blaue Hemden, weiße Schürzen und Häubchen trugen. Und zu den anderen Kindern. Dort sangen sie und spielten.
Dreh dich nicht um,
der Plumpsack geht rum!
Wer sich umdreht oder lacht,
dem wird der Buckel blau gemacht!
Alle saßen im Kreis, nur einer nicht – der Plumpsack. Der rannte außen um den Kreis herum, hatte ein Taschentuch, und ließ es hinter irgendeinem Kind fallen. Wenn es das merkte, musste es aufstehen und den Plumpsack fangen, bevor der sich auf seinen Platz setzen konnte. Keinem wurde der Buckel blaugemacht. War doch nur ein Spiel. Genauso wie *Alle Vögel fliegen hoch!*, nur das kleine Kaninchen nicht.
Eine der Schwestern nahm Hermann ab und zu auf den Schoß. Setzte ihm irgendwann eine Pudelmütze auf und ließ ihn im Kreis der Kinder ein paar Runden drehen. *Du bist jetzt die Zipfelmütz!* Sie lachte unter ihrer steifen weißen Haube, wenn er mal zweifelnd stehen blieb.
Es geht eine Zipfelmütz'
in unserem Kreis herum.
Dreimal drei ist neune,
Du weißt ja, was ich meine!
Hermann wusste nicht, was das Lied damit meinte, aber er sang gern und stampfte dabei mit den Füßen. Immer feste auf den Boden. Bei jedem Schritt.
Draußen auf dem Hof pflückte er sich manchmal mit den anderen Jungs Stöcke von Baum oder Busch. Die schulterten sie und marschierten los. In einer Reihe. Wie die Soldaten. Und versuchten Gleichschritt zu halten. Bis sie aus dem Tritt kamen, stolperten und sich unter lautem Gegröle auf die Erde fallen ließen.

Montage Eins

Ein großer Pappkarton. Voller Dokumente. Voller Fotos. Alles chronologisch geordnet. Alles Schwarz auf Weiß. Seit den 30er-Jahren des letzten Jahrhunderts.

Damals trägt Hermanns Vater Jackett, Knickerbocker und Krawatte, hält einen Freund im Arm und den Kopf schief. Der Vater ist jung, ein lockiger Teenager, hoch aufgeschossen, lacht. Sieht nicht aus wie armer Leute Kind. Vater ist vergnügt. Steht draußen auf der Straße. Auf dem Balkon posiert er mit verschleiertem Dandy-Blick vor der Kamera. Im Wald mit umgehängtem Fernglas. Im Garten mit weißem Kittel. Die Hände in den Hüften.

Die nächsten Fotos zeigen Hermanns Vater in Feldgrau.
Kleine, zackig geränderte Knipser-Fotos.
Vater kriecht aus dem Unterstand. Lachend.
Vaters Kompanie, angetreten mit geschultertem Gewehr und Stahlhelm. Keiner lacht.
Vater mit Schiffchen auf dem Kopf vor der Gewehrpyramide. Lacht.
Vater vor einem aus Baumstämmen gezimmerten Unterstand, Hände in den Hosentaschen, neben ihm hängt ein Schild am Baum.
Frontklinik am Wassergraben. Mit einem Roten Kreuz darunter. Lacht.
Auf dem großen Porträtfoto von Agfa lacht Hermanns Vater nicht: Ein Junge mit lockigem Haar in Uniform, mit weichem Gesicht, mit Grübchen links und rechts vom zarten Mund und abstehenden Ohren. Selbst die Augen zeigen keine Spur von Lachen.
Auch nicht von Stolz.

Nach Kriegsende.
Hermanns Vater hat den Stahlhelm gegen eine Baskenmütze getauscht. Zusammen mit zwei Männern und zwei Frauen spaziert er Arm in Arm auf einer Uferpromenade. Alle lachen.
Alle lachen verwegen aus ihrem Zivil heraus.

Kurze Zeit später wird der Vater Hermanns Mutter kennen lernen. Von ihr gibt es aus Kriegs- und Nachkriegszeiten nicht sehr viele Fotos.

Baden in der Ostsee mit ihrer Oma. Die hat das Kleid gerafft und hält sie fest an der Hand. Die Kleine schaut aus einem kecken Kindergesicht und planscht mit den Füßen im Wasser.

Aus späteren Jahren hat ihr Freundin Lucie ein kleines Foto hinterlassen – *Zur Erinnerung an unsere schöne Zeit!* Lucie widmet der Mutter in Kinderschrift die Aufnahme von einem blonden Mädchen, das ziemlich stramm in Hemd und Turnhose vor einer Haustür steht.

1944 im November schickt ihr die reizende, blonde Freundin Irmgard ein Foto von sich.

1945 schickt die Erika eines, um ihre neue Schürze bewundern zu lassen.

Von 1948 datiert das einzige vormütterliche Porträtfoto – das einer anmutigen jungen Frau mit sanft gewellten braunen Haaren, einem immer noch kecken Blick und einem etwas, nur etwas schüchternen Lachen um den Mund. Die unschuldige Variante einer späten Jane Russell. Auf der Rückseite des Fotos hat ein Verehrer namens Hugo mit der Schreibmaschine geschrieben.

Ich halte Dein Bild in den Händen
und träume mit Dir vom Glück
ach, wenn wir uns wiederfänden,
wie würde strahlen mein Blick!
Zusätzlich merkt Hugo handschriftlich an:
Erinnerung ist das Paradies,
aus dem man nicht vertrieben werden kann.

Dann sitzt Hermanns zukünftige Mutter in einem Büro mit Ablagekästen, Stempeln und Schränken, lacht, fast wie gezwungen, in die Kamera. Vor ihr ein kleiner Blumenstrauß, Gläser und Flaschen und um sie herum zwei Kolleginnen und hinter ihnen ein Kollege, der all die jungen Frauen fesch umarmt.

In der Folge kann man Hermanns Eltern dann zusammen sehen.
Im Biergarten.
Sie im geblümten Kleid. Er mit hochgekrempelten Ärmeln. Dann er im Anzug, lächelnd, sie mit glänzenden Lippen und verschmitzt.
Später dann das Hochzeitsfoto vor dem Standesamt.
Sie mit Gladiolen im Arm, im dunklen Kostüm, freut sich hoch ins etwas aufgedunsene Gesicht ihres Mannes, der aus seinem schwarzen Zweireiher heruntergrinst und dabei lässig eine Zigarette im Mundwinkel hält.

Kurz darauf blickt der sommerlich gekleidete Vater auf das Kind in seinem Arm, das glatzköpfig und ziemlich verbiestert aus seinem grob gestrickten Wollstrampler schaut.

Hinten auf dem Foto hat Hermanns Mutter in runder Schrift notiert: *Ach Vati, werde ich wohl auch mal so groß wie du?*

Auf dem Dach der Welt

Das Nächste, woran Hermann sich erinnert, sind die Milchzähne. Die fielen raus. Oder er wackelte solange an den Dingern, bis es knirschte und er sie in die Hosentasche stecken und in weitem Bogen ein bisschen Blut spucken konnte. Dann kam der Umzug. In das große weiße Mietshaus.
Damit der Weg zur Schule nicht so weit ist!
Die Omama hatte die Vorhänge für das neue Wohnzimmer genäht. Gelbe mit braunen Tupfen. Außerdem gab es ein schwarzes Büfett mit Vase darauf, verschiedene Sessel, einen Gummibaum, einen Philodendron, einen Blumenhocker mit Kakteen, eine Uhr mit Kordel an der Wand und einen Cowboyhut für Hermann samt Pistole. Und es gab ein Radio. Und einen Plattenspieler im Schränkchen darunter. Im Wohnzimmer. Es gab sogar ein Innenklo. *Jawoll, ein Innenklo!*
Und ein Bad. Ein Kinderzimmer. Und noch mehr Zimmer. Aber keine Uroma mehr. Die war gestorben. Und hatte ihre Colts mit ins Grab genommen. Aber alle erzählten immer noch die Geschichte, wie die faltige Cowboy-Uroma einem Besucher Angst machte, indem sie ihn plötzlich anschrie, *Zieh blank, Fremder!* und als der Mann mächtig entgeistert schaute, lässig mit zittriger Stimme hinzufügte: *Deine Colts rauchen ja noch!*

Auch in der neuen Wohnung gab es keine Tanten, Onkel, Opas und Omas. Hermann hätte sie immer noch gerne bei sich gehabt. Doch alle hatten jetzt ihre eigene Wohnung. Auch mit Innenklo. Und alle besaßen ein Auto. Auch der Vater hatte eines.
Einen Opel. Schwarz. Mit Weißwandreifen. Mit verchromten Stoßstangen. Und Porzellan-Blumenvase am Blech des Armaturenbretts. Eine rosa Nelke darin.
Mit dem Opel fuhr der Vater morgens ins Kontor zum Opa. Dort arbeiteten sie zusammen, sagten *Schokolade geht immer!*, sausten am Nachmittag auf den Weißwandreifen durch die Gegend und besuchten Kunden. Danach feierte der Vater den Abend feucht und fröhlich in der Kneipe – *Einer geht noch rein!*

Wenn noch mehr rein gingen, freute sich der Wirt, räumte einmal mehr die leeren Gläser ab und brachte *Noch eine Lage!* an den runden Tisch mit dem großen Aschenbecher, den alle *Stammtisch!* nannten.
Dort saß der Vater mit seinen Kumpanen, spielte Karten, rauchte Ernte 23 und trank bis spät alle Gläser vom Wirt leer, bis er wieder schwankte und schlecht roch. Dann kam er nach Hause. Und sang *Die Männer sind alle Verbrecher!* oder schimpfte *Blöde Zicke!* So laut, dass die Mutter sich manchmal im Schlafzimmer einschließen musste.
Hermann lag derweil wach. Hörte alles. Im dunklen Kinderzimmer. In seinem Klappbett aus Stahlrohr.

Bald beginnt für Dich der Ernst des Lebens!
Der Vater grinste Hermann an. Die Mutter schaute ihm besorgt in die Augen. Kaufte eine Schiefertafel mit Schwamm, Griffel, Buntstifte, Federhalter und eine Schultüte. Irgendwann stand Hermann dann auf der Treppe vor dem Portal der Volksschule. Den braunen Tornister auf dem Rücken, die Schultüte im Arm, ohne Schneidezähne, mit gequältem Lachen. Minuten später saß er schon hinter einer grauen Tür in der Klasse mit der Nummer Eins B.
Zusammen mit knapp 50 anderen Kindern.
Vorne der Lehrer, ein kleiner Mann mit Anzug und Brille. Hinter ihm die Tafel. Davor ein dreistufiges Treppchen mit Podest. Alle mussten sich nacheinander darauf stellen und ihren Namen sagen. Dann wieder ab und auf den Platz. Mit rotem Kopf. Und still, ganz fürchterlich still sein. Das war ernst gemeint.

Hermann merkte in den nächsten Monaten, wie ernst das gemeint war. Wenn ein Kind nicht still war, mit dem Nachbarn flüsterte, zu laut mit seinem Griffel quietschte oder aus dem Fenster guckte und träumte, *Träumen verboten!*, dann musste es, wenn der Lehrer nicht gerade während eines Kontrollgangs hinter ihm stand und das Kind an den Ohren ziehen konnte, nach vorne kommen und sich eine Ohrfeige abholen. Oder zwei.
Da war dann immer dieses Zittern und das steife Gefühl im Nacken auf dem Weg zum Lehrer – gerade hinstellen und *Zack!*, hastese gekriegt. Dann wegducken, sich die Wange halten, die hämischen Blicke der anderen aushalten, sich wieder hinsetzen, verlegen den Schmerz weggrinsen.
Das wirst du wohl verdient haben!
Hörte Hermann zu Hause von der Mutter.

Und wenn du jetzt nicht sofort aufhörst zu heulen, gibt's gleich noch eine *Tracht Prügel!*

Da war es schon prima, wenn der Vater arbeitete oder in der Kneipe hockte und die Mutter, *Ich halt das nicht mehr aus!*, wieder zu ihrer Mutter geflüchtet war.

Dann hatte Hermann die Wohnung für sich und konnte im Wohnzimmer seine berühmten und allseits beliebten Konzerte geben.

In der Guten Stube stand, zwischen Gummibaum und Bodenvase, das kleine Phonoschränkchen und glänzte fröhlich. Darin ein Stapel alter Schellackplatten. Und auf dem Schränkchen der Plattenspieler, der über einen Bananenstecker mit dem großen Radio verbunden war.

Erst musste man die Einschalttaste drücken, dann warten bis das Glasauge oben rechts grün war. *So ein Radio muss erst warm werden!* Das hatte der Vater einmal gesagt.

Doch das grüne Auge schaute Hermann an. Immer wieder. Es war ein böses Auge, so böse, dass er es mit dem Zeigefinger ausstechen musste.

Schau mich nicht so an, du blödes Auge!

Und dann war es schon kaputt.

Das fiel natürlich auf und verursachte Reparaturkosten. Und Ärger.

Radioverbot!

Wohnzimmerverbot!

Oder auch Schläge. Doch alles nutzte nichts.

Keiner konnte Hermann aufhalten.

Immer und ewig ging er zu seinen Schellackplatten und hörte das *Lied vom Laternanzünder!*, den es leider nicht mehr gab, von den *Matrosen!*, die von ganz weit weg, sogar aus *Shanghai!* kommen und vom *Dach der Welt!*, auf dem ein Storchennest stehen sollte, in dem viele Babies auf Abholung warteten.

Das Dach der Welt war ein großes Schieferdach, mit einem Nest aus Daunendecken, in dem süße Babies strampelten und ihre Ärmchen nach den Eltern ausstreckten.

Es nutzte auch nichts, als die Mutter die Platten im Schlafzimmerschrank versteckte. Er holte sich die Platten, gab sein Konzert und legte sie wieder ins Versteck zurück. Selbst als der Schlüssel zu Schrank und Platten versteckt war, veranstaltete er Konzerte. Schließlich gab es auch Sender mit klassischer Musik. Die dirigierte er, wie der glatzköpfige Direktor den Volksschulchor in der Aula – Arme weit auseinander, dann

Hände zur Mitte und das Ganze wieder nach außen. Und noch einmal von vorne.

Stand allein vor dem Gummibaum, machte ein kleines ernstes Gesicht, nickte seinen Musikern ermutigend zu, *Ach, der Beethoven!* und wußte, was er später einmal und unbedingt werden wollte.
Zwischendurch lief Hermann immer zum Fenster, um auf die Straße zu sehen. Ob die Mutter nach Hause kam. Doch selbst beim Hin und beim Her vergaß er nie zu dirigieren. Bis zum Grande Finale. Danach kam die tiefe Verbeugung.
Danke! Danke!

Und dann nichts wie raus zu den Freunden aus dem Haus. Vier oder fünf Kinder standen unterm Fenster zum Hof.
Pfiffen, johlten, riefen.
Kommst du raus, aufs Trümmer?
Haus und Hinterhof grenzten an eine Mauer. Dahinter war das Trümmergrundstück. Das Paradies. Wild und gefährlich.
Betreten verboten! *Da kann noch Munition liegen! Oder ein Blindgänger! Bleibt da bloß weg!!*
Also rüber über die Mauer, einer stand Schmiere. Dann in den wilden Wacholderbüschen versteckt und mit klopfendem Herzen geschaut, ob die Luft rein war. Endlich rannte Hermann mit den anderen rüber zum Bunker, der eigentlich der halb eingestürzte Keller des zerbombten Hauses war. In dem saßen sie dann alle, die Jungen in Lederhose, die Mädchen im Röckchen, eng beieinander und alles war herrlich gefährlich.
Ob hier noch Leichen liegen?
Quatsch, höchstens ein paar alte Knochen!
Wenn Feinde aus der Nachbarschaft aufs Grundstück kamen, mussten die Jungens raus aus dem Bunker und mit langen Stöcken die Verteidigung organisieren.
Und wenn einer schrie *Fliegerangriff!*, dann rannten sie schnell zurück in ihren Bunker, zogen die Köpfe ein, hörten Sirenen, dann die Bomben fallen und das Wummern der Fliegerabwehr.
Denn das hatte die Mutter Hermann erzählt. Dass sie als junges Mädchen, als Schülerin bei Fliegerangriffen im Bunker sitzen oder draußen sogar zusammen mit ihrer besten Freundin *Deckung!* im Straßengraben nehmen musste.
Da dachten wir, es wäre alles aus! Wir wollten wenigstens zusammen sterben!

Und dass sie mit der *Kinderlandverschickung!* vor den Russen fliehen musste, quer durch Deutschland, *Immer nach Süden!* und deshalb lange ihre Mutter nicht mehr finden konnte. Und dass Hermann froh sein solle, dass jetzt kein Krieg mehr war.
Du hast es gut!
Du ahnst gar nicht wie gut!
Die Mutter war nämlich vor ihrer Flucht in ihrer Heimatstadt Berlin mit dem Fahrrad zur Schule gefahren, hatte sich noch ein Liedchen gepfiffen und da war die Schule einfach nicht mehr da, als sie angeradelt kam. Weggebombt. Trümmer. Rauch.
Betreten verboten!
Und alle Freundinnen hatten geweint. Die Mutter auch. Und nun spielte Hermann Fliegerangriff. Mit den anderen vom Hof.

Hilfe!
Ich kriege keine Luft mehr!
Wenn der Vater um Hilfe schrie, und er tat das oft, rannte er immer ins Schlafzimmer, riss dort das Fenster zur Hofeinfahrt und sein weißes Oberhemd auf, schrie noch lauter und keuchte ganz furchtbar. Vorher hatte er noch mit Schweißtropfen auf der Stirn in der Küche gesessen und schwer geatmet. Die Mutter hatte ihm einen feuchten Lappen auf die Stirn gelegt. Doch dann war er noch unruhiger geworden und losgerannt.
Jetzt stand er immer noch am Fenster und keuchte.
Draußen schien die Sonne. Amsel, Drossel, Fink und Star wünschten Glück und Segen, die Kastanien hatten weiße Kerzen aufgesteckt.
Und nun diese Schreie.
Hermann bekam Angst, umarmte den großen Körper von hinten, legte den Kopf an seinen Rücken, roch die Hemdstärke, die von Hoffmann, aber der Vater stöhnte nur.
Is schon wieder gut!
Bring mir mal meine Pillen!
In einem braunen Glas waren die. Weiße Pillen. Die nahm der Vater und legte sich aufs Bett. Später tat er sich wieder Brisk in die Haare, kämmte sie straff nach hinten, legte sie behutsam in Wellen und ging in die Kneipe.
Hermann fragte die Mutter, warum der Vater schrie.
Eine Neurose, meint der Arzt! Vom Krieg wohl!
Mehr sagte sie nicht.
Hermann hatte keine Ahnung, was eine Neurose war.

Er wusste nur, dass die Mutter ihn am Abend, wenn es schon dunkel war, wieder einmal losschicken würde.
Hol Deinen Vater aus der Kneipe! Los!
Dann ging er. Rein in die Kneipe. Und der Vater sah ihn gleich, rief *Mein Kronensohn!* und bestellte ihm eine Flasche gelbe Brause mit einem echten Strohhalm.
Mitkommen wollte der Vater nicht.
Hermann sollte sich neben ihn setzen und warten.
Und Hermann wartete. Und war stolz – so klein und schon in der Kneipe. Und so spät am Abend! Derweil spielte der Vater mit dem dicken Kohlenhändler und dem kleinen Beckmann vom Haus gegenüber Karten, haute seine Trümpfe, *Zack!*, auf den runden Tisch, trank helles Bier und klaren Korn. *Einer geht noch rein!*

Irgendwann stand der Vater auf und schwankte. Dann nahm Hermann ihn bei der Hand, führte ihn aus der Kneipentür, half ihm auf, wenn er stürzte, ganz schön schwer war das, brachte den großen Mann heim. Die Mutter schrie schon und schimpfte. Doch der Vater winkte nur ab, lallte, legte sich aufs Bett und die Mutter zog ihm die Schuhe aus. Und schimpfte weiter.
Du versoffenes Aas!
Irgendwann war es dann ruhig.
Die Mutter saß im Wohnzimmer und weinte.

Genau um diese Zeit putzte Hermann immer die Schuhe. Die großen Schwarzen vom Vater, die mit den flachen Absätzen von der Mutter und seine eigenen. Erst die Schuhcreme mit dem Lappen auftragen bis die Finger schwarz, braun oder sonstwas sind und dann feste bürsten. Er bürstete die Schuhe immer so lange, bis sie so toll glänzten, dass man sich drin spiegeln konnte.
Danach ging er ins Bett und betete, wie die Mutter es ihm beigebracht hatte.
Ich bin klein, mein Herz ist rein,
soll niemand drin wohnen als Jesus allein!

Auch mittags, bei Tisch, musste er beten. Immer nur er, weil sich das für ein Kind so gehörte, das später mal in den Himmel mit den kleinen Engelchen kommen wollte und nicht in die finstere Hölle, in der miese gehörnte Teufel mit Dreizack und Pferdefuß ungezogene Kinder mit end-

losen Qualen bestrafen. Also besser die Hände falten bis die Knöchel weiß sind, den Kopf senken, die Augen schließen.
Komm Herr Jesu und sei unser Gast und segne,
was du uns bescheret hast, Amen!
Die Mutter sagte auch Amen. Und wenn der Vater mal da war, der auch. Nach dem Amen gab es Eintopf. Oder Kohlrouladen. Oder vielleicht Bratwurst.
Mmmh, braun gebratene Bratwurst!
Und dann wieder beten.
Wir danken Dir Herr Jesu Christ,
dass du unser Gast gewesen bist!
Amen!
Manchmal ratterte Hermann das zu schnell runter.
Los, bete noch mal! Oder es setzt was!
Dann betete er ein zweites Mal, aber viel langsamer. Und durfte endlich aufstehen.

Nur einmal, als die Mutter allein mit einer dampfenden Terrine Linsensuppe am Küchentisch mit der Wachstuchdecke saß, da wurde nicht gebetet.
Da kommt Hermann von der Schule, zieht erst gar nicht den Anorak aus, lässt auch den Tornister auf dem Rücken, weint ohne Ende, sein Gesicht ist angeschwollen, die Haut aufgeplatzt und blutig.
Da will die Mutter natürlich wissen, was los war in der Schule. Und er hat zunächst Angst, es ihr zu sagen, weil er dann vielleicht den Teppichklopfer holen muss. Aber das braucht er diesmal nicht, verspricht die Mutter.
Erzähl jetzt! Mach schon! Hör auf zu Heulen!
Und dann erzählt er von der Religionsstunde in seiner Volksschule. Und dass da alle aufstehen mussten und singen.
Ein feste Burg ist unser Gott
ein gute Wehr und Waffen!
Einer hatte dabei so falsch gesungen, dass Hermann unterdrückt, aber dennoch lachen musste.
Da spürt er plötzlich wie eine Hand ihn an den Haaren durch die Bankreihen nach vorne zum Lehrerpult zieht. Und dann sieht er schon das Gesicht mit den irren Augen des kleinen Lehrers darin. Dann sieht er die mit braunen Flecken übersäte Hand, dann den großen Ring mit dem wunderschönen blauen Stein an einem der dicken Finger, dann

kommt all das mit Wucht auf ihn zu und er wird links und rechts geohrfeigt.
Immer wieder.
Hermann wird ganz dumpf im Kopf, vor seinen Augen verschwimmt alles, er macht sich klein, klitzeklein, zieht sich ganz hinter seine Herzwand zurück, plötzlich empfindet er nichts mehr, alles ist ruhig und er zählt einfach mit.
Vierundzwanzigmal schlägt der Lehrer zu.
Dann muss Hermann sich mit geschwollenem Gesicht vor die Tür stellen. *Zur Strafe!*
Dein Lachen werde ich dir austreiben! Hatte der Lehrer noch gesagt.

Abends kam der Vater. Noch bevor der wieder in die Kneipe gehen konnte, erzählte ihm die Mutter alles. *Stell Dir vor!*
Und am nächsten Tag gingen sie tatsächlich alle gemeinsam in die Schule, Hermann in die Klasse zu dem Lehrer mit dem dicken Ring und den knapp fünfzig anderen Kindern, die Eltern eine Treppe höher zum Direktor. Um sich zu beschweren, sagten sie und waren noch immer empört. Weil der Ringträger zu weit gegangen war.
Mittags war die Mutter wieder zu Hause.
Es gab grüne Erbsensuppe mit goldgelb gebackenen Semmelbröseln und winzigen gebratenen Speckstückchen darin.
Und gute Nachrichten. *Der Rektor hat sich bei uns entschuldigt! Der Krieg, weißt du! Dein Lehrer ist nervös!*
Hermann wusste nicht genau, was das bedeuten sollte, ihm wurde nur sonnenklar, dass wer im Krieg war und nervös ist, Kinder schlagen muss.
Immer wieder.
Aber danach nicht mehr mit so vielen Schlägen auf einmal.

Ob der Lehrer den Bruder später auch schlagen würde?
Die Mutter war zu Hermann ins Kinderzimmer gekommen und hatte ihm zwei kleine Zuckerstücke in die Hand gegeben.
Leg' die auf die Fensterbank, dann bringt der Storch Dir ein Brüderchen!
Am nächsten Morgen war der Zucker weg.
Wochen später trug die Mutter seltsam weite Kleider, weil sie *In anderen Umständen!* war und ging kaum noch auf die Straße. *Das gehört sich nicht!* Also fuhr sie mit der Straßenbahn nur noch zur Omama. Da war sie am allerliebsten, weil sie es zu Hause einfach nicht aushielt. Und blieb dort auch über Nacht. Und auch am nächsten Tag.

Dann schloss Hermann sich nach der Schule immer ganz glücklich selbst die Wohnungstür auf und schmierte Stullen mit *Guter Butter!* Oder kochte Maggi-Suppen aus den kleinen weißen Schachteln mit der roten Schrift.
Erbsensuppe, Frühlingssuppe, Tomatensuppe.
Alles nur Pulver und ganz einfach.
Topf mit Wasser auf den Herd, kochen lassen, Pulver rein, mit dem Holzlöffel rühren und *Laß es Dir schmecken, Hermann!*
Beim Essen setzte er oft seinen Teddybären neben den Teller auf den Küchentisch. Der hatte zwar schon einen Arm im Krieg verloren, aber er war ein ganz Lieber. Hermann nahm ihn manchmal, mit vollem Mund sogar, ganz fest in die Arme und vergrub sein Gesicht in Teddies Bauch.
Teddy war schwer in Ordnung.

In Ordnung waren auch die Frauen beim Kaufmann.
Die, bei denen er jeden Nachmittag einkaufen gehen musste. Ganz in der Nähe der Wohnung. Zwei Straßen weiter. Mit einem Einkaufszettel der Mutter, der schwarzen Geldbörse, dem Einkaufskorb und der Milchkanne. Die Frauen mit den weißen Schürzen nannten ihn den *Einkaufsminister!*
Du sorgst immer so schön für Deine Familie! Gut machst du das!
Dann füllten sie ihm satte weiße Milch aus der Pumpe in die Blechkanne.
Bis obenhin voll. Deckel drauf.
Dann noch Käse. Frisches Brot. Gemüse. Obst. Und eins von den fetten gelben Zitronenbonbons als Belohnung. Beim Kaufmann war Hermann immer richtig froh.
Es roch so gut. Nach grauem Brot. Nach reifen rotbackigen Äpfeln. Nach Tilsiter-Käse. Nach Leberwurst und so. Eine duftende Melange, die er tief einsog und im Bauch wie Heimat spürte.
Und alle waren freundlich.

Wenn der Korb voll und er wieder auf der Straße war, versteckte er sich oft im Eingang des nächstbesten Hauses, knabberte an der frischen Kruste vom Brot und trank ein wenig aus der Milchkanne. Gerade soviel, dass es hoffentlich keiner merken würde.
Manchmal ging er auch mit seinem Einkauf in die Kneipe, wo der Vater oft schon am Nachmittag saß, wenn er mal wieder Luft bekam.
Dort trank er ein bisschen gelbe Brause, aß ein Frankfurter Würstchen

und ließ alles stehen und liegen, als eines Tages der kleine Herr Beckmann von gegenüber ganz glänzende Augen hatte.
Nun schaut Euch doch mal mein neues Auto an!
Alle gingen raus aus der Kneipe und sagten *Ah!* und *Oh!*
Mensch, eine Isetta! Hellblau war die und ziemlich rund, hatte nur eine Tür und zwar vorne. Die konnte man zur Seite aufklappen.
So'ne Isetta macht glatte 35 Kilometer in der Stunde!
Der kleine Beckmann war ungeheuer stolz, quetschte den Vater und Hermann neben sich auf die Bank, klappte die Tür zu und knatterte einmal die Straße rauf und einmal die Straße runter.
Als sie wieder bei der Kneipe ankamen, grinsten alle und die herbeigerannten Kinder durften sich nacheinander ins Auto setzen.
Der Sohn vom kleinen Beckmann machte trotz aller Begeisterung ein sorgenvolles Gesicht.
Aber so schnell wie der Stirling Moss kannste mit der Isetta nicht fahren!
Hermann nickte.
Nee! Niemals!
Der Rennfahrer Stirling Moss war so schnell wie kein anderer. Da konnten weder der Opel vom Vater noch ein Volkswagen mithalten. Auch nicht der dreirädrige Goliath vom Kohlenhändler, mit dem der immer seine schweren Säcke durch die Straßen fuhr.

Natürlich kam Hermann oft zu spät nach Hause, wenn er den Vater in der Kneipe besucht hatte. Und die Mutter derweil wartete. Wieder einmal zu lange gewartet hatte.
Das wusste Hermann genau und hatte dann immer schon vor der Haustür Angst. Viel Angst. Die mit dem steifem Nacken und dem Summen im Kopf.
Wo warst du so lange? Etwa bei deinem Vater in der Kneipe?
Und schon musste er wieder zum Besenschrank in der Küche gehen. Und weinen. Und den Teppichklopfer vom Haken nehmen. Ihn der Mutter in die Hand geben. Und ins Schlaf- oder ins Esszimmer, *Weil es da nicht jeder hört!*, und die Hosen runterziehen. Auch die weiße Unterhose.
Halt still, sonst schlag ich überall hin!
Da liegt er über dem Stuhl. Mit nacktem Hintern. Rutscht runter vom Stuhl. Liegt auf der Erde. Halbnackt. Und die Mutter schlägt weiter. Überall hin. Und schreit.
Warum musst du mir solche Sorgen machen? Du bist genauso schlimm wie dein Vater!

Mit dem Vater lag Hermann gern am Sonntagmorgen im Ehebett. Wenn die Mutter bei der Omama schlief, gehörte ihnen das Schlafzimmer samt Inventar ganz allein – Spiegelkommode, Kamm, Haarbürste, Kleiderbürste, Parfümzerstäuber, großer Kleiderschrank mit Glastüren, Bettvorleger, aber im Bett Kissenschlachten, oder sie tobten und kitzelten sich gegenseitig. Oder der Vater erzählte ihm Geschichten von früher, als er selbst noch klein war.

Wie er mit seinem großen Bruder den Pfarrer geärgert hatte, *Den Gartenzaun haben wir dem abmontiert!* oder wie sie in ihrem Wohnviertel Bandenkriege geführt, die Feinde mit Pflastersteinen beworfen und sich dabei blutige Köpfe geholt hatten. *Wir hatten schon unseren Spaß damals!*

Manchmal erzählte er auch ein bisschen vom Krieg. Manchmal. Selten. Und wirklich nur ein bisschen.

Dass er schon mit achtzehn Jahren in Russland Sanitäter gewesen war und die verwundeten Soldaten verbinden musste. Mehr erzählte er nicht – nur noch, dass alle ihn toll gefunden hätten. Vor allen Dingen die Frauen in den Städten und Dörfern, durch die sie *LinksZwoDreiEin-Lied!* marschieren mussten.

Die haben gewinkt und Hurra geschrien!

Doch dann gab es kein *Hurra!* mehr, weil der Vater sich, *Ganz aus Versehen!* beim Pistolenreinigen in die Hand geschossen hatte. *Vor Leningrad war das! Von dort haben sie mich mit einer Ju 52 in die Heimat geflogen!*

Die Ju 52 war ein ganz liebes Flugzeug, hatte den Vater gerettet und zurück zur Oma gebracht.

Als ich plötzlich zu Hause vor der Tür stand, hat die Oma geweint, mir sofort was zu Essen gemacht und den Verband gewechselt!

Hermann bestaunte im Bett immer wieder die Narbe in der Handfläche, die der Vater ihm zeigte.

Ganz vorsichtig fasste er die Narbe an.

Manchmal.

Ganz vorsichtig!

Als die Mutter plötzlich mit einem Baby nach Hause kommt, darf er es anfassen. *Ganz vorsichtig!*

Das also ist das Brüderchen. Das mit dem Zucker. Es liegt in einem Korbwagen. Und schläft. Hat einen roten Kopf. Blonde Haare. Die Ärmchen hat es links und rechts neben den Kopf gelegt.

Da hat der Storch sich aber angestrengt!
Die Mutter lacht und freut sich.
Der Vater ist stolz, und da sie inzwischen auch ein schwarzes Telefon bekommen haben, dreht er an der Wählscheibe und ruft Opa, Oma und all seine Freunde an.
Das Kind ist gesund und munter! Jetzt ist es endlich bei uns zu Hause!
Auf einmal war da eine Wickelkommode in Hermanns Kinderzimmer und sein altes weißes Gitterbett wurde wieder aufgebaut. An die Wand darüber wurde ein Wandteppich gehängt mit Rehkitz, Hase und Igel drauf.
Dann zog die Mutter in das Kinderzimmer ein. Machte sich sein Klappbett zurecht, deponierte Puder, Öl und Windeln auf der Kommode. Fortan musste Hermann im Ehebett schlafen. Im Bett der Mutter. Neben dem Vater. Wenn der spät nach Hause kam und schwankte, zog ihm Hermann die Schuhe aus. Die Mutter schloss sich derweil im Kinderzimmer ein. Und wenn der Vater mit den Füßen gegen die verschlossene Tür trat, flüsterte sie von drinnen messerscharf und furchtbar spitz durchs Schlüsselloch.
Pssth, das Kind schläft! Mach es bloß nicht wach!
Dann zog der Vater immer ab ins Schlafzimmer. Zu Hermann. Band die Krawatte ab, zog sich die Kleider aus. Hielt sich dabei an der Wand fest. Rutschte ab, fiel hin, manchmal. Fiel ins Bett, schlief ein und schnarchte. Oder knurrte noch ein wenig.

Nicht am Samstag. Da wurde nicht geschimpft. Da war alles anders. Da heulten die Fabriksirenen, mittags um zwölf Uhr, wenn die Schule gerade zu Ende war und die Arbeiter mit ihren Butterbrotdosen aus Aluminium nach Hause gingen. Oder in die Kneipe. Mit der vollen Lohntüte.
Iss wieder Lohntütenball heute!
Der Vater kannte sich aus und ein paar Stunden nach dem letzten Sirenenton fuhren alle zusammen mit dem kleinen Bruder zu den Großeltern. In deren ganz und gar neue Wohnung. *Zu Oma und Opa!*
Immer samstags. Auch alle anderen kamen – die ganzen Tanten und Onkel und deren Kinder, alle rein in die neue Zweizimmerwohnung mit Balkon und Innenklo. Aufs Sofa und in die Sessel. Da gab es schon kein Klavier mehr und auch kein Kontor.
Das Kontor war jetzt in einem Büro in einer anderen Straße. Zwei Räume, mit Sekretärin – *Ein tüchtiges Fräulein!* Also keine Bleistifte,

kein Anspitzer, keine Ordner mehr in der Wohnung, kein Leierkastenmann, keine Kreise auf Papier, kein kleines Hänschen, dafür hing das Bild mit den Hirschen wieder an der Wand.
Und es gab Senfbrote.
Mmmh Senfbrote!
Die Großmutter band sich immer die Schürze mit den Taschen vorne um, ging in die Küche und machte große Teller mit Stullen für alle fertig. Stullen mit Wurst und Käse. Gewürzgurken auf dem Glasteller dazu. Für Hermann aber machte sie Senfbrote. Helles frisches Brot, *Gute Butter!* und nichts als Löwensenf darauf. Die Senfbrote aß er immer in der Küche bei der Oma. Heimlich. Weil seine Mutter das nicht sehen durfte. *Senf macht dumm! Kommt gar nicht in Frage!* Also heimlich. Hermanns Schürzenoma war schwer in Ordnung.

Wenn die Stullen aufgegessen und die Schnappverschlüsse der Bierflaschen offen waren, dann wurde erzählt.
Dass die Geschäfte gut laufen, dass der alte Papa Heuss es auch nicht mehr lange macht und der junge Martin Lauer ein ganz Schneller beim Lauf über die Hürden ist.
Die Frauen standen derweil um die Mutter herum. Die zeigte allen den Bruder und der lachte schon, genau wie der Vater es gereimt hatte.
Heute morgen früh um achte,
kam der Klapperstoch und brachte,
unserer Mutter einen Sohn
und der Bengel lachte schon!
Unser Sonnenschein, freute sich die Mutter und leuchtete stolz. Später schlief der Sonnenschein ein und wurde im Schlafzimmer der Großeltern ins Bett gelegt.

Dann kam irgendwann der ganz große Moment. Eines Samstags:
Oma und Opa haben jetzt einen Fernseher!
An dem durfte Hermann, ganz dumm von seinen Senfbroten, auf einen weißen Plastikknopf drücken und alle warteten – der Wulle-Wulle-Onkel, die Blaue-Augen-Tante, der Opa mit der stolz geschwellten Brust in der Weste, die Oma mit der Schürze, die leuchtende Mutter mit dem schlafenden Sonnenschein im Arm, der Vater mit hochgekrempelten Ärmeln und die Krawatte locker.
Und warteten.
Bis der Apparat warm wurde. Und dann kam aus der warmen dunklen

Röhre ein Bild. Da war einer mit Schlips und Anzug, den alle Kulenkampff nannten, der rieb sich immer die Hände und machte ein Quiz.
Sieben auf einen Streich!
Diesen Titel konnte Hermann sich nun wirklich ganz einfach merken: Das tapfere Schneiderlein und der Kulenkampff. Beide in einer einzigen Sendung.
Ganz klein waren die Leute in dem Fernseher und keiner im Zimmer redete mehr, alle schauten auf den Apparat, und erst als die Röhre wieder kalt und dunkel war, gab der Vater seine Entscheidung bekannt.
So einen kaufe ich uns auch!
Der Vater kaufte einen Fernseher mit Tür und Schloss und Schlüssel. Eine Fernsehtruhe, mit schräg gestellten Beinen und einer Netzbespannung über dem Lautsprecher.
Fernsehen ist schlecht für Kinder!
Davon war die Mutter überzeugt. Nur die Erwachsenen durften die freundlich dauergewellten Ansagen der dürren Irene Koss hören und danach *Familie Schölermann!* oder *Stahlnetz!* schauen. Dazu mussten sie jede Menge Salzstangen und kleine Brezeln essen.
Die Mutter liebte Clemens Wilmenrod, den Fernsehkoch, der sein eigenes Porträt vorne auf der weißen Schürze trug, und sie lachte fröhlich, wenn der sie am späten Nachmittag begrüßte. *Brüder und Schwestern in Lucullus!* Und dann eine seiner Dosen aufmachte.
Hermann durfte manchmal und ganz und gar ausnahmsweise und kurz nur dabeisitzen und sehen, wie die Mutter strahlte und begeistert nickte. Ansonsten hockte er so oft wie möglich vor dem Radio, hörte vor allen Dingen am Sonntag um die Mittagszeit die Kinderstunde, Kalle Bloomqvist, den Meisterdetektiv! oder legte Platten auf – Aschenputtel, Der Wolf und die sieben Geißlein, Peter und der Wolf und Der Wind hat mir ein Lied erzählt.

Fernsehen ist schlecht für Kinder!
Wenn du den Apparat alleine anmachst, gibt es Ärger!
Die Mutter sorgte dafür, dass der Fernseher immer abgeschlossen war. Nur am nächsten Heiligen Abend nicht, nach der Bescherung. Als die Omama gekommen war und alle, nur der kleine Bruder in seinem blauen Strampelanzug nicht, schon längst gesungen hatten.
Oh du Fröhliche!
Oh du Selige!

In jenem Jahr hatten sie *Für die armen Berliner!* eine gnadenbringende rote Kerze Richtung Osten ins Fenster gestellt, die Hermann in der Schule für ein Markstück gekauft hatte. *Ich leuchte für Dich!* Das stand am unteren Kerzenrand geschrieben.

An jenem Heiligen Abend, *Heute wollen wir mal alle friedlich sein!*, durfte Hermann zum ersten Male länger als fünf Minuten Fernsehen schauen. Was er in dem Kasten sah, ausgerechnet daran erinnert Hermann sich nicht mehr – vielleicht las ja jemand die Weihnachtsgeschichte vor oder ein Chor besang den *Oh, Tannenbaum!*
Die Hoffnung und Beständigkeit
bringt Trost und Kraft
zu jeder Zeit!
Woran er sich allerdings genau erinnert, in Zukunft immer und mitunter tränenreich erinnern wird, ist der Glanz, dieser ganz und gar märchenhafte Glanz des Weihnachtsbaums, der da, umflort von einem zarten Schleier, auf dem kleinen Tisch steht, mit seinen weißen Kerzen hingebungsvoll leuchtet und das silberne Lametta an seinen tiefgrünen Zweigen geheimnisvoll glitzern läßt. An diesen Baum wird er sich erinnern und auch daran, dass das Tännchen immer erst Wirklichkeit wurde, nachdem ein Glöckchen im zuvor fest verschlossenen Wohnzimmer geklingelt hatte.
Hell, freundlich, wie ein Versprechen tönt das Klingglöckchen, dann darf er eintreten und sieht den lichten Baum, herabgeschwebt vom Himmel ist der und der Abglanz einer anderen wunderschönen Welt.
Stille Nacht, heilige Nacht!
Holder Knabe mit lockigem Haar!
Nur am Heiligen Abend zu singen, kurz bevor Hermann sich hinstellt, mit dem Baum um die Wette leuchtet und als holder Knabe sein Weihnachtsgedicht vorträgt. Auswendig und mit großem Gefühl im kleinen Herzen.
Von drauß vom Walde komm ich her
ich muss euch sagen, es weihnachtet sehr!
Und draußen, vor dem Eisblumenfenster, hinter dem gerade das Gedicht vorgetragen wird und alle hören zu, wirklich alle, liegt Schnee, eine Menge Schnee, ein verdammt fürsorglicher Schnee, der all das Graue zudeckt.
So viel hatte es geschneit, dass Hermann mit den anderen Kindern am nächsten Tag im Hof ein Iglu bauen konnte, so wie die Eskimos es tun.

Und einen Schneemann mit schwarzen Kohlenaugen und Mohrrübennase.

Schnee lag auch, als die Mutter eines Abends, als der Vater wieder mal, *Hoch die Tassen!*, in der Kneipe war, ihre Fäuste mit den spitzen roten Fingernägeln ballte und meinte, nun würde sie es endlich und ein für alle Mal schaffen. Zu gehen.
Jetzt reichts! Ich lasse mich scheiden!
Sie packte zwei Koffer, nahm den Bruder auf den Arm, gab Hermann den blauen Anorak, die graue Pudelmütze und bestellte eines von den schwarzen Taxis.
Zur Omama?
Ja, wir fahren zu Deiner Großmutter!
Die schaute ihre verzweifelte Tochter mit grossen Augen und ziemlich traurig an, nahm Hermann in den Arm, drückte ihn an ihren großen Busen und strich ihm übers Haar. *Ich lasse mich scheiden!*
Die Omama schüttelte den Kopf. *Das hast du schon oft gesagt! Zieh Dich erstmal aus und setz' Dich hin!*

Hermann machte derweil die Küchentür einen Spalt weit auf, spähte hinaus in den dunklen Flur, um zu sehen, ob irgendwo die Nachbarin, die alte Hexe, zu sehen war.
Alles still!
Als die Mutter schließlich mit einem zerknüllten Taschentuch in der Hand dasitzt und redet und redet, der kleine Bruder auf dem neuen blauen Sofa unter seiner Mulledecke schläft und die Mutter immer noch redet, steht die Omama plötzlich auf und schaut Hermann geheimnisvoll an.
Los komm! Ich zeig Dir was!
Nimmt Hermann bei der Hand, geht mit ihm durch den dunklen Flur, vorbei an der Tür der alten Hexe, raus auf den beleuchteten Hausflur und zeigt dort auf eine Holztür.
Nun mach schon! Da rein!
Es geht ein paar Stufen hinauf, hoch zu einem klitzeklitzekleinen Raum unterm Dach, in dem das alte Sofa der Oma und ein kleiner Tisch stehen. Auf dem Tisch ein Philips-Radio und ein kleine Nachtischlampe. In der Dachschräge eine Fensterluke.
Das Zimmerchen habe ich dazugemietet! Hier kannst du schlafen, wann immer du willst! Und zwinkert mit dem rechten Auge und gibt ihm einen Kuss.

Die Nächte in der kleinen Mansarde waren für Hermann die Sterntaler, die das kleine Mädchen mit den nackten Füßen in seinem dünnen Hemdchen auffängt.
Jede Nacht und immer wieder.
Seine eigene kleine Welt.
Hier war er sicher. Hier konnte er abends das Licht aus- und das Radio anmachen, bis die Sendertafel spärlich vor sich hin leuchtete und die Röhren leise summten. Dann drehte er am Einstellrad und besuchte die Stimmen der Sender.
Eine nach der anderen.
Hörte fremde Sprachen, hörte fremde Musik.
Elvis! und die englischen und amerikanischen *Soldatensender!* Auch den deutschen Soldatensender.
Tomm, Tomm, Tomm!
Hier spricht der Deutsche Soldatensender!
Sie hören uns täglich ...!
Auf irgendeiner Frequenz sendete der. Hermann erinnert sich nicht auf welcher. Aber daran, dass sich diese Ansage sehr unheimlich anhörte. Düster. Gefährlich.
Vom Vater war auf dem Sender nichts zu hören. Dabei war der doch auch Soldat gewesen. Und sogar verwundet worden. Aber keiner sprach darüber.
Egal, der nächste Sender. Weiterdrehen.
Wenn bei Capri die goldene Sonne im Meer versinkt!
Fischer schwangen im weiten Bogen ihre Netze, er lauschte nächtlichen Wunschkonzerten, dem Suchdienst des Roten Kreuzes oder auch diesem Buddy Holly, dessen Namen er im Dunkeln vorsichtig nachsprach.
Baddi Holli!
Hermann weiß noch sehr genau, wie er, erfüllt von all der Musik, immer wieder hinauf durch die Dachluke in den glitzernden Sternenhimmel schaute oder mit den Wolken in all die fernen Länder zog, aus denen die wunderbar fremden Stimmen kamen.
Oft schlief er beim Lauschen und Schauen ein. Und wachte Stunden später wieder auf.
Dann spielte das Radio immer noch. Und Hermann war glücklich.
Es gab nichts Besseres.

Montage Zwei

Fotografien, aufgenommen unter südlicher Sonne – Urlaub in Spanien. Die Mutter im einteiligen Badeanzug, mit großem Strohhut und Sonnenbrille, bäuchlings am Strand auf der Luftmatratze. Daneben Sonnenschirm, Matchbeutel, Korbtasche, ein leerer Kinderwagen. Im Hintergund eine Strandbar namens »Rio Plata«. Dann der Vater mit Bauch und Sonnenbrille, liegt auf einem Handtuch. Hermann kniet, etwas fett um die Hüften, neben ihm. Auf dem nächsten Foto sieht man, wie er, bekleidet mit hellen Shorts und weißem Nylonhemd, zaghaft einen Esel streichelt. Sein braun gebranntes Gesicht zeigt einen etwas ängstlichen Ausdruck.

Auf der Couch. Die Tante aus Berlin. Trägerin dicker Brillen. Sie grinst sympathisch schief, dazu Halskette, Armband und ein dunkles Kleid. Links neben ihr der Vater, etwas desorientiert in Anzug und Krawatte, rechts die Mutter mit schwer toupierter Turmfrisur. Darunter schaut sie ziemlich reserviert und kühl in die Kamera.

Vor dem Trio ein Couchtisch beschichtet mit weißem Resopal, darauf ein Wolldeckchen, darauf wiederum eine leere Porzellanschale mit abstraktem Muster, im Hintergrund ein Bambusspalier mit Kakteen und eine dunkle Fernsehtruhe.

Jede Menge Fotos von Hermanns Bruder.
Im Kinderwagen mit weißer Bommelmütze und Ohrenschutz. Im Sessel mit kurzem Russenhemdchen. In der Badewanne ohne alles. Ein liebes Gesicht. Eines, das fast immer lacht. Auch auf dem grauen Sandweg, in kurzen Hosen, mit kleiner schwarzer Joppe – da kann der Bruder schon stehen und sich am Stockschirm der Mutter festhalten.

Dann noch das Foto von Hermanns Klassenreise – dreißig bis vierzig Kinder, Jungen und Mädchen, auf einem Haufen. Alle mit gummibandgehalterten Pappsonnenblenden über den Augen. Auf einer Sanddüne. Alle lachen mehr oder weniger. Hermann steht etwas geduckt im Pullover da. Die Sonne scheint. Ein Junge hat an einem langen Stock ein Handtuch gehisst und jubelt himmelwärts.

Schließlich noch einmal der Vater. Beim »Preisskat«, steht hinten auf dem Foto. In einer voll besetzten Kneipe, alle Skatbrüder halten Zigaretten zwischen den Fingern, halbvolle Biergläser stehen auf dem Tisch. Eine Packung Astor liegt dazwischen. Obwohl es mindestens zehn großformatige schwarz-weiße Fotos von Hermanns Vater beim Preisskat gibt, lacht er nie. Der Vater schaut eher griesgrämig. Manchmal mit einem angewiderten Zug um den Mund. Er trägt ein weißes Oberhemd mit Manschettenknöpfen aus Messing. Und eine tiefschwarze Krawatte um den Hals.

Wir wollen niemals auseinandergehen

Der Vater weinte.
Er hatte wirklich und wahrhaftig Tränen in den Augen, dann drehte er den Kopf zur Seite drehte und schneuzte sich verlegen in sein großes Taschentuch – damals, als sie wieder mal alle zusammen vor der Fernsehtruhe saßen. Auch Hermann, denn der Vater hatte darauf bestanden.
Heute darf der Junge mal mitschauen!
Die Mutter war da ganz anderer Meinung gewesen.
Das ist nichts für Hermann, dafür ist er noch zu jung!
Doch der Vater setzte sich durch.
Red' keinen Quatsch! Komm her, Junge, hock dich endlich hin!

Hermann hockte sich und war sofort von dem Film, der da schwarz auf weiß flimmerte, beeindruckt.
Soweit die Füße tragen! Ein Soldat flieht aus Sibirien. Aus einem Gefangenenlager. Kämpft sich durch Schneestürme, verfolgt von Russen und Wölfen.
Hermann sieht heute noch alles genau vor sich – die weißen Wüsten, die gefährlichen Wölfe, ihre wütenden Attacken, den Soldaten im Sturm mit dem Schal vorm Gesicht, der sich zusammen mit seinem treuen Schäferhund mühsam vorwärtskämpft und eine lange Spur im Schnee hinterlässt.
Der Vater sprach während des Films, den Blick immer fest auf dem Bildschirm, von Zehen, die abfrieren, von Fingern und Beinen, die amputiert werden mussten.
Damals im Lazarett. In Rußland.
Und Hermann sah kleine blaue Zehen vor sich, ohne Füße, einen ganzen großen Haufen, und auch Finger, die schon blau waren und im Schnee lagen. Manche der Finger bewegten sich noch.

Zum gemeinsamen Fernsehen musste Hermann immer Bier aus dem Keller holen. *Hol mal ein paar Flaschen, Junge!* Dann war die Mutter sofort wütend. Und ihre Stimme bebte.
Muss das sein? Du hast doch schon genug!
Trotzdem nahm Hermann den Kellerschlüssel vom Schlüsselbrett, den Korb in die Hand, ging auf den Hausflur, zur Kellertür, machte das

Treppenlicht an und schaute die scheinbar endlosen Stufen hinunter, an deren Ende die schwarze Dunkelheit begann.
Vor dieser Dunkelheit hatte er Angst.
Herzklopfende Angst. Er muss aber durch diese Dunkelheit, um an den nächsten Lichtschalter zu kommen. Also rennt er die Stufen hinunter, macht unten die Augen zu, streckt den Arm aus, tastet sich hektisch vorwärts. Schweiß auf der Stirn. Dann fühlt er den Schalter, dreht ihn um und ist in heller Sicherheit. Nicht ganz.
Hinten im Kellergang gibt es noch eine Tür, die wieder ins Dunkle Richtung Waschküche und Heizungskeller führt, aber dort schaut er einfach nicht hin, sondern fummelt den Schlüssel ins Schloss der Kellertür, aufschließen, Bierflaschen in den Korb, abschließen, wieder am Schalter drehen und dann noch der olympiareife Spurt die Treppen hoch ans Tageslicht.
Während dieses Spurts hatte Hermann immer das Gefühl, irgendetwas greife von hinten nach ihm. Etwas ganz und gar Schwarzes, Unheimliches. Erst wenn er die Wohnungstür hinter sich schloss, war alles vorbei.

Manches aber durfte einfach nicht vorbei sein.
Obwohl die Mutter das so wollte. Sich trennen. Weg vom Vater. Ausziehen. Immer wieder und immer öfter sagte sie das.
Bloß raus aus diesem Irrenhaus und endlich weg! Ich reiche die Scheidung ein!
Und heulte dem Vater, der sie gern *Irre von Chaillot!* nannte, mitten ins aufgedunsene Gesicht.
Ich zieh zu meiner Mutter und nehme die Kinder mit!
Ich geh zum Anwalt!
Du wirst schuldig geschieden! Wegen seelischer Grausamkeit!

Wenn der Vater aus der Kneipe kam, schwankte und all das, war es oft soweit – die Mutter holte den braunen Schweinslederkoffer vom Schrank im Kinderzimmer. Und der Bruder stand mit großen Augen in seinem Gitterbett, hatte den Zeigefinger im Mund und wollte gar nichts mehr von den Rehlein und Hasen auf seinem Wandteppich wissen, die er sonst so gern anschaute.
Da! Hase! Mümmel!
Die Mutter begann zu packen, aber Hermann wollte nicht weg vom Vater. Bloß nicht! Keine Scheidung. Das durfte nicht sein.

Also ging er zu den streitenden Eltern. Stellte sich vor sie hin. Jedes Mal, wenn der Koffer vom Schrank genommen wurde.
Du blödes Weibsstück! sagt der Vater gerade zur Mutter.
Das ist das Signal. Hermann schluchzt.
Ihr dürft euch nicht scheiden lassen!
Nimmt den Vater bei der Hand, zieht ihn aus dem Kinderzimmer, durch den Flur ins Wohnzimmer, setzt ihn dort in einen Sessel und fleht und bettelt ihn an.
Vertragt euch doch wieder!
Der Vater schaut seinen Sohn groß und erstaunt und mit matten Augen an. Hermann weint inzwischen heftig, gibt aber dem Vater klare Anweisungen.
Warte hier! Bleib da sitzen!
Dann läuft Hermann zur weinenden Mutter ins Kinderzimmer zurück und fleht in ihr nasses Gesicht. *Bitte, Bitte!*
Der Papa wird bestimmt nicht mehr trinken!
Alles wird wieder gut!
Bleib doch!
Und heult und fleht und schaut und bittet und zieht jedes Register. Läuft hin. Läuft her.
Schließlich hört die Mutter auf zu weinen und Hermann geht noch einmal ins Wohnzimmer, nimmt den wartenden Vater bei der großen Hand, führt ihn zurück zur Mutter.
Gebt euch einen Kuß, bitte!
Vertragt euch jetzt!
Das funktionierte immer wieder.

In den Tagen darauf war dann alles normal und in vollster Ordnung. Mutters Teppichklopfer funktionierte ausgezeichnet auf seinem Hintern, seinem Rücken, einfach überall.
Auch das seit einigen Monaten nach der Prügelstrafe eingeführte Einsperren in die kleine fensterlose Speisekammer fand wie immer statt. Ein Schubs und er war drin.
Schluchzend erst. Ein Häuflein Elend. Doch nachdem er sich wieder beruhigt hatte, ließ er es sich im Dunklen gut gehen, richtig gut gehen.
Er futterte immer heimlich die Birnen aus den Einmachgläsern, die die Omama spendiert hatte – Gummi abziehen, Finger in den Saft tauchen und zugreifen. Lecker waren die Birnen, so süß. Man durfte sich nur

nicht beim Naschen erwischen lassen und musste zwischendurch horchen, ob die Mutter kam, um die Tür wieder aufzuschließen.

Und immer noch war er oft genug allein in der Wohnung, mit Radio und Plattenschrank und veranstaltete sein Wunschkonzert. Wenn die Mutter floh. Und den Bruder mitnahm. Und der Vater im Büro war oder in der Kneipe.
Dann wurden wieder Platten aufgelegt.
Am Tag als der Regen kam! und alle naß wurden oder *Komm auf die Schaukel, Luise!* und fall nicht runter oder *Auf der Reeperbahn nachts um halb Eins!*, wenn er immer schon im Bett sein musste.

Das Lied von der Reeperbahn sang Hans Albers, der so blaue Augen hatte wie sein Vater.
Der Blaue Hans!
Der war neulich gestorben, hatte der Vater gesagt. Doch auf der Platte lebte er noch, sang wie einst im Mai. Und das Lied von der Reeperbahn wurde oft genug aufgelegt, gerade, wenn in der Wohnung Geburtstag oder sonstwas gefeiert wurde.
Wenn Opa und Oma kamen. Und der Bruder vom Vater und die Tante. Und die Omama. Wenn es Käsehäppchen mit Ananas auf Spießen gab und Mmmh! Fliegenpilztomaten mit Fleischsalat drin.
Wenn Wein aus braunen und grünen Flaschen, einmal sogar ein ziemlich versauter Cröver Nacktarsch!, auf den Tisch kam oder perlender Sekt zum Anstoßen, weil der Tag so besonders war.
Wenn Musik aufgelegt wurde, alle *LinksZwoDrei* tanzten, nur der Opa mit der grauen Weste nicht, der lieber vornehm in seinem Sessel sitzen blieb. Immer dann sang der Albers.
Gegen Mitternacht aber spielten sie ein anderes Lied – das von der Heidi Brühl – die Hymne.
Wir wollen niemals auseinandergehen,
wir wollen immer zueinander stehen,
mag auf der großen Welt auch noch soviel geschehen,
Wir wollen niemals auseinandergehen!
Das sangen alle aus vollem Herzen mit, weil es spät war und der Großvater schon ans Glas geklopft und seine obligatorische Geburtstagsrede gehalten hatte und danach, im Stehen und feierlich *Hoch soller Leben!* zelebriert worden war.
Dreimal hoch.

Bei solcher Gelegenheit wurde wieder viel erzählt und Hermann hörte gerne zu. Ganz genau.
Die Männer redeten über Politik. Natürlich.
Politik ist Männersache!
Frauen verstehen davon nix!
Die Männer kamen zur politischen Sache, wenn sie erstmal das Jackett ausgezogen hatten, die Krawatte gelockert, sich eine Ernte 23 oder eine Siehst-du-die-Kreuze-aus-Birkenholz-dort-liegen-die-Raucher-von-Overstolz angezündet hatten.
Und es gab immer Wichtiges zu bereden.
Da war Adenauer, der Alte, doch tatsächlich den Juden beigesprungen.
Weil *Irgendwelche Idioten!*, schimpfte der Vater, denen die Synagogen beschmierten und Drohbriefe an Juden verschickten.
Das waren bestimmt die von der Deutschen Reichspartei!
Hermann kannte keine Reichspartei, wusste auch nicht ganz genau, was Juden waren, nur die Omama hatte einmal von denen gesprochen und von einer schweren Schuld, die wir alle tragen.
Außerdem hatte ihn in der Schule mal jemand Jude Itzig, Nase spitzig! genannt und ihm war vollkommen klar gewesen, dass er dem dafür fest, sehr fest in den Hintern treten musste. Mehr wusste er nicht. Hörte aber noch von den Männern der Runde, dass der Adenauer gesagt hatte, solche *Reichspartei-Schmierlümmel!*, dürfe man, wenn man sie denn erwischt, auf der Stelle verprügeln.
Ohne Umstände. Auf offener Straße.

Sofort verprügeln. Das hätte Hermann gern gesehen.
Er beschmierte ja keine Wände, sondern kloppte sich nur ab und zu auf dem Schulhof mit dem saublöden Norman, wenn der ihn mit seinen Scheißhausparolen beleidigte.
Dein Vater ist ein Säufer! Dein Vater ist ein Säufer!
Hat mein Vater gesagt!
Dann rannte Hermann hinter ihm her, packte ihn, warf ihn in den Staub, setzte sich auf seinen Bauch und hielt ihn an den Armen fest.
Nimm das sofort zurück!
Die anderen aus seiner Klasse standen derweil im Kreis um sie herum und feuerten beide an.
Haut se, Haut se, immer auf die Schnauze!
Bis irgendeine Pausenaufsicht kam, den Kreis auflöste und Hermann mit Norman rauf ins Klassenzimmer schickte.

Meldet Euch nach der Pause sofort beim Klassenlehrer! Dann könnt ihr Eure Strafe kassieren! Also saßen sie stumm in der Klasse bis es klingelte und die anderen in Zweierreihen aus der Pause ins Klassenzimmer geführt wurden. Vom Klassenlehrer. Dem Kleinen mit dem Anzug, der Brille, der harten Faust mit dem großen Ring und den vierundzwanzig Schlägen in Hermanns Gesicht. Der führte die Klasse nun schon im vierten Jahr.

Das vierte Schuljahr!
Gerade jetzt wird Hermanns Erinnerungsfilm auf einmal zum Standbild. Das Kinderzimmer. Die Vorhänge sind zugezogen. Tagsüber. Schummriges Licht. Keine Lampe leuchtet.
Der Bruder, knapp drei Jahre alt, im Bett, liegt auf dem Rücken und schläft. Die Mutter steht neben dem Bett, beugt sich über das Gitter hinunter und streichelt ihrem Sonnenschein die Wange.
Dann bewegt sich das Bild wieder.
Die Mutter schaut besorgt. Ihre roten Lippen flüstern. *Dein Bruder hat Masern, sagt der Doktor!*
Masern kannte Hermann. Selber schon gehabt. Da darf man nicht ans Tageslicht. Und hat Fieber und Flecken auf der Haut.
Doch die Flecken beim Bruder blieben zu lang. Und der alte Weißkitteldoktor, der auch Hermann immer untersuchte, ihm regelmäßig den Holzspachtel bis zum Würgen in den Rachen schob, *Sag mal Aah!*, ihn dafür hinterher mit einer klebrigen Storck-Karamelle belohnte, der Alte in seinem weißen Kittel wusste nicht warum. Erst die Doktoren im Krankenhaus wussten warum.

Die Mutter kommt eines Tages mit dem Bruder nach Hause, weint. Sagt nichts, geht ins Kinderzimmer, öffnet die Vorhänge. Steckt dem Bruder ein Schlafzäpfchen in den kleinen Hintern, legt ihn ins Bett, sitzt danach starr in der Küche am Tisch und wartet bis der Vater vom Schokoladeverkaufen heimkommt. Der setzt sich zu ihr hin, geht nicht frischfrisiert in die Kneipe. Sondern hört zu, wie sie leise wimmernd nach Worten sucht.
Dann trinkt der Vater Baldrian direkt aus der Flasche, nimmt die neuen Tabletten aus dem braunen Fläschchen gegen Herzrasen, Atemnot und Hilfe-aus-dem-Fenster-Schreien, und er ruft Hermann, der seit Stunden wie Falschgeld vor der Küchentür herumsteht und nimmt ihn tatsächlich auf den Schoß.

Dein Brüderchen ist sehr krank!
Hat Leukämie!
Die Mutter schaut Hermann aus rotverweinten Augen an und der Vater sieht sehr bleich aus, furchtbar ernst und riecht aus dem Mund nach dem Baldrian.
Leukämie!
Das ist unheilbar, haben sie gesagt!
Unheilbar. Das hörte sich schlimm an.
Noch schlimmer.
Die Mutter zog mit dem Bruder ins Krankenhaus. Und blieb dort. Weg war sie. Weit weg. Und Hermann war allein mit dem Vater. Die Omama kam und kochte. Hermann war glücklich. Wenn er aus der Schule kam, nahm sie ihn in die Arme. Und er hielt sie fest. Ganz fest. Danach gab es gutes warmes Essen. Ohne vorher beten.
Nach dem Essen legte sich die Omama ihm Wohnzimmer aufs Sofa, stopfte sich ein Kissen unter den Kopf, deckte sich schön warm zu und las ihr Buch. Vom Günter Grass, antwortete sie ihm, als er fragte.
Die Blechtrommel heißt das Buch!
Und der darauf trommelt, heißt Oskar!

Auch der Bruder hatte eine kleine Trommel. Rot war die, weiß bespannt, mit kleinen Trommelstöcken dazu. Hermann trommelte leise darauf im Kinderzimmer. Manchmal kramte er auch in dem großen Bastkorb mit den anderen Spielsachen des Bruders, *Is ja nicht da!*, die er zuvor nie hatte berühren dürfen. Saß in der Mitte des Zimmers auf dem hellbraunen Linoleum, schob die Feuerwehr mit der gelben Leiter zu ihren Einsätzen, schlug mit dem Klöppel auf das kleine Xylophon und drehte am liebsten an der Kurbel der kleinen Spieluhr, auf deren Oberseite ein Mägdelein und ein Knäblein gemalt waren, die gar lieblich tanzten.
Heißa Kathreinerle,
schnür dir die Schuh!

Wenn Hermann sich die Schuhe geschnürt hatte, weil die Oma mit ihm den Bruder in dem großen übelriechenden Krankenhaus besuchen wollte, kaufte er immer einen kleinen Blumenstrauß.
Hier hast du Extra-Taschengeld! Kauf deinem Bruder was dafür!
So war die Oma.
Und der Bruder lachte immer. Immer. Saß in seinem Krankenhauskinder-

bett mit dem Klappgitter, streckte die kurzen Beine unter sein weiß gedecktes Betttischchen mit dem kleinen Blumenstrauß darauf und lachte und freute sich und war ganz dick geworden.
Das kommt von den Kortisontabletten!
Die Oma, die inzwischen als Sekretärin in einem Krankenhaus arbeitete, wusste Bescheid. Der Bruder war kugelrund von den schlimmen Tabletten. Ganz schlimm, dachte Hermann und fühlte sich nicht wohl. Aber der Bruder strahlte und wusste von nichts. Von gar nichts. Und kam sogar noch ein letztes Mal mit der Mutter nach Hause. Da spielten sie zusammen mit dem Xylophon, der Feuerwehr und der Spieluhr. Und Hermann nahm ihn in den Arm, den kleinen Dicken. Und alle, die das sahen, nickten dem großen Bruder Hermann zu.
Bist ein guter Junge! Hast deinen Bruder lieb!
Nach ein paar Tagen fuhr der Vater den Bruder und die Mutter in seinem neuen Opel-Kapitän auf Weißwandreifen wieder ins Krankenhaus, wo die beiden im gleichen Zimmer zusammen wohnten.

Wochen später brachte der Vater Hermann mit dem Opel zum Bus. An den Bus erinnert er sich nicht mehr ganz genau – irgendwie groß und mit Anhänger. Aber an den Rest der Klassenreise erinnert er sich.
An die Fähre, die sie über die wogende Nordsee zu einer kleinen Insel brachte. Auch an die braunen Kotztüten, die verteilt wurden. An die Barbara mit den langen Zöpfen, die danebenkotzte und an seinen fiesen Prügellehrer, der im Anzug danebenstand und alles auf die Hose mit den messerscharfen Bügelfalten bekam. Und danach fürchterlich stank. Schade, dass man nicht lachen durfte.
Auch nicht nach sieben Uhr im Schullandheim – nicht lachen, *Bettruhe!* In allen sechs Doppelstockbetten. In jedem Zimmer. Immer, wenn im Flur der Gong geschlagen wurde.
Absolute Ruhe auf den Zimmern!
Von wegen. Wer im Doppelstockbett unten lag, konnte nach oben gegen die Matratze treten. Ganz überraschend. Und es kam vor, dass der da oben aus dem Bett fiel. Der schrie dann. Aber nur kurz, damit es keinen Ärger gab und der fiese kleine Lehrer mit dem Ring und den Ohrfeigen nicht kommen musste.
Irgendwann lagen schließlich alle still, schliefen und Hermann hatte Heimweh. Das spürte er, wenn er sachte, ganz sachte seine Brust rieb. Heimweh.

Also schrieb er Ansichtskarten.
Liebe Eltern! Ich hoffe, es geht Euch gut. Wir haben viel Spaß hier und das Essen ist auch gut. Wie geht es meinem Bruder? Liebe Grüße!
Er dachte oft an seinen Bruder, aber nicht, wenn er in seinen schwarzen Gummistiefeln am Strand herumflitzte oder mit den Klassenkameraden Sandburgen baute oder Muscheln suchte oder sich in den Dünen versteckte, *Kannst kommen!* und schnell den Kopf in den Sand.
Erst in den Nächten dachte er wieder an den Bruder, rieb sich sachte, ganz sachte die Brust und träumte danach von Piratenschiffen mit Totenkopffahne, die untergehen. Morgens goss er sich aus einer der großen weißen Kannen den Früchtetee in die Tasse, aß graugebackenes Erdbeermarmeladenbrot, stellte sich danach draußen mit den anderen Schülern in Zweierreihen auf und sang *Wir lieben die Stürme, die brausenden Wogen!*, wenn es wieder mal losging, Richtung Strand.
Bis es eines Tages nicht mehr zum Strand ging, sondern nach Hause. Schiff. Kotztüten. Busfahrt. Ankunft vor der Volksschule.

Jede Menge Eltern warteten schon. Nahmen ihre Kinder auf dem Bürgersteig in Empfang. Griffen sich die Koffer und gingen oder fuhren heim. Bis keiner mehr da war.
Kein Bus. Keine Eltern. Nur Hermann und der fiese kleine Lehrer.
Keine Mutter. Kein Vater.
Er durfte den Koffer in der Schule lassen und geht, mit seinem grünen Stoffrucksack, dem mit den braunen Lederschnallen, auf dem Rücken, zu Fuß nach Hause, klingelt, auch keiner da und setzt sich auf eine der fünf Stufen vor der Haustür, wartet.
Legt den Kopf in den Nacken und schaut in einen blauen Himmel mit aufgeplusterten weißen Wolken, hört in der Ferne das Pfeifen einer Dampflokomotive und wartet.
Bis die Eltern mit dem Auto kommen und aussteigen. Und der Schreck groß ist. Ganz groß. Noch größer.
Vater und Mutter in Tiefschwarz.
Schwarze Schuhe, schwarzer Anzug, schwarze Krawatte, schwarzes Kleid, schwarzer Hut. Die Mutter hohlwangig, abgemagert, der Vater mit schwarzem Ernst nimmt ihn bei den Schultern.
Wir haben es mit dem Abholen nicht pünktlich geschafft!
Komm erstmal rein!
Mehr sagt der Vater nicht. Und die Mutter schwankt an ihm vorbei die Treppe hinauf, hält sich dabei mit dürren Fingern krampfhaft am

Geländer fest. Sie schweigt, schaut ihren Sohn nicht einmal an. Als sie den Flur der Wohnung betreten, überfällt Hermann ein Weinkrampf, er zittert wie Espenlaub und wird im Wohnzimmer aufs Sofa gelegt, bekommt eine Decke und einen warmen Kakao, die Mutter hockt im Sessel, weint Tränen in ihr spitzengesäumtes Taschentuch und der bleiche Vater setzt sich neben den schluchzenden Hermann, nimmt seine Hand, drückt sie fest, ganz fest, dass es fast weh tut.
Dein Bruder ist tot!
Morgen ist die Beerdigung!

Dann erinnert Hermann nur noch den kleinen Sarg, hinter dem gehen er, Vater, Mutter und all die Verwandten in schwarzen Kleidern und Anzügen. Ganz klein und ganz weiß ist der Sarg.
Und das macht ihm nasse Augen und lässt die Schultern zucken. Doch die Omama hält ihn fest an ihre Seite gedrückt und weint auch.
Jetzt kommt dein Bruder zu den Engelchen!
Und Hermann sieht den kleinen Bruder im weißen Gewand fliegen, mit kleinen Flügeln, so wie sie die pausbäckigen Christkindengel zu Weihnachten haben, und ein großer weißer Engel nimmt den Bruder da oben im Himmel bei der Hand und führt ihn zu anderen kleinen Engeln und die spielen dann zusammen und singen oder blasen klitzekleine Posaunen und schau doch mal, der kleine Bruderengel blickt herunter, winkt ihm zu und ist gar nicht mehr so dick.
Die schwarze Mutter sieht das alles nicht.
Sie sinkt nieder am Grab. Auf die Knie.

Dann kam das Gymnasium.
Nur für Jungen.
Für Hermann ohne Aufnahmeprüfung wegen der guten Noten aus der Volksschule. Ein Gymnasium mit einer meterhohen Bismarckfigur aus Bronze daneben. Die stand mit Zwirbelbart, Pickelhaube und Hand am Säbel auf einem massigen Sockel aus Stein, an den schon mal ein Hund gepisst hatte.
Tatsächlich!
Die Töle hat den Bismarck angepisst!
Das hatte Hermann selbst gesehen.
Dieses Gymnasium wird Hermann nicht vergessen.
Ehrwürdig, mächtig, aus Sandstein, mit vielen Giebeln, Türmchen und *Humanistisch!* sagten sie.

Alt- und neusprachlich.
Sexta, Quinta, Quarta, all das.
Man saß in alten Schulbänken aus Holz. Die hatten noch Löcher für Tintenfässer, Ablagen für Federhalter, waren voller Tintenkleckse und hatten ein Fach für die Schultaschen.
Der neue Klassenlchrer schaute besorgt aus seinem sanften bleichen Gesicht und war zuständig für Latein und Religion.
Ludus Latinus und Lobet den Herrn.
Warme braune Augen hatte der Klassenlehrer. Und zarte Hände. Mit denen schrieb er die Namen der neuen Lehrer an die Schultafel, die Hermann und die anderen Sextaner in Zukunft unterrichten sollten. Mathematik, Biologie, Geographie, all das.

Bei den neuen Lehrern gab es für Hermann in den nächsten Monaten allerhand zu lernen.
Vor allem die rechte Begrüßung. Auszuführen zu Beginn jeder Stunde, wenn der Lehrer in die Klasse kam.
Morgen Jungs! Aufstehen!
Neben die Bank treten.
Guten Morgen, Herr Lehrer!
Setzt Euch!
Das üben wir gleich nochmal!
Also wieder Aufstehen und Hinsetzen. Dann wieder Aufstehen.
Guten Morgen, Herr Lehrer!
Hinsetzen. Aufstehen. Hinsetzen.
Das war noch gar nichts!
Also immer wieder und immer öfter *Aufstehen!*, *Hinsetzen!* und alles *Zack, Zack!*
Auch wer im Unterricht aufgerufen wurde, musste sofort aufstehen, Haltung annehmen und wieder Zack! Und kaum ein Lehrer, der nicht prügelte – Ohrfeigen, Hiebe mit dem Zeigestock auf Schulter und Rücken, Katzenköpfe mit den Knöcheln der Faust und gut gezielte Würfe mit dem schweren Lehrer-Schlüsselbund. Beim geringfügigsten Regelverstoß.
Und dann die Tadel im Klassenbuch. Drei Tadel ergaben eine Stunde Arrest am Freitagnachmittag. Nach drei Stunden Arrest folgte die Androhung des Schulverweises. Eine klare Ordnung.
Das also verstand man unter Humanismus.
Der sanfte Klassenlehrer schaute weiterhin besorgt. Er war der Einzige, der niemals prügelte.

Hermann war ob solcher Ordnung froh, wenn er nach der Schule wieder zu Hause war. Der Vater trug noch immer schwarz, die Mutter ebenfalls. Ihre Wangen waren immer noch hohl, die Augen hatten schwarze Ränder. *Sie wiegt kaum noch was!*, sagte der Vater und fuhr die Mutter jeden Tag auf den Friedhof. Zum Bruder. Ans Grab. Mit Blumen, Harke, Gießkanne.
Schone deine Mutter, mach ihr keinen Ärger! Sie hat es sehr schwer!
Hermann nickte und freute sich auf Anne vom Nachbarhaus. Die war blond und, die Erwachsenen sagten, *Frühreif!*, was sich irgendwie verrucht anhörte, fast so wie Freudenmädchen!, zu denen der Vater bloß nicht noch einmal hingehen sollte, hatte die Omama gesagt. Anne kam nach den Schularbeiten und nur zu einem einzigen Spiel nach draußen auf den Hof. *Vater, Mutter, Kind!*
Kommt wir spielen Familie!
Hermann war der Vater, Anne die Mutter, und die Jüngeren aus dem Haus waren die Kinder. Eine alte Apfelsinenkiste aus Holz, in einer Ecke des betonierten Hofes platziert, diente als Tisch oder Herd oder Sitzbank.
Die Kinder mussten gehorchen und sofort kommen, wenn sie zum Essen gerufen wurden. Und sie mussten berichten, wie es in der Schule gewesen war. Vater und Mutter hörten mit strenger Miene zu und schickten die Kinder dann zu den Hausaufgaben, in die andere Ecke des Hofes.
Nun geht schon!
Denn Vater Hermann und Mutter Anne wollten Hochzeit spielen und deshalb endlich in die alte Wellblechgarage, in der tagsüber kein Auto stand. Bevor sie dort hineingingen, hielten sie sich neben der Apfelsinenkiste, dem hölzernen Altar, die Hand, schauten sich in die Augen, sagten *Ja!*, gaben sich mit fest zusammengepressten Lippen einen Kuß und ab ging's in die Garage.
Tür zu. Dunkel. Ganz und gar dunkel. Vater und Mutter hockten sich hin und nahmen sich in die Arme. Fassten sich an. Und hier setzt Hermanns Erinnerung weitgehend aus, er weiß nur noch, dass ihm bei all dem, was dann geschah, im Bauch ganz warm wurde.
Bis ihre Kinder draußen ungeduldig wurden, weil die mit den Hausaufgaben fertig waren und quengelig nach ihnen riefen.
Nun kommt doch endlich da raus!

Wenn Hermanns Mutter rief, dann pfiff sie aus dem Küchenfenster. Eine bestimmte Klangfolge, die irgendeinen Vogelruf imitierte. Einmal Vöge-

lein musste schon reichen. Dann sofort hoch in die Wohnung. Hatte sie zweimal gepfiffen, ehe er kam oder gar dreimal, gab es Ärger. Ihm wurde dann schon auf dem Weg zur Wohnung ganz dumm im Kopf, nach dem sie mehrmals schlug, wenn er hereinkam, nein, hereinrannte, sich duckte, deshalb traf sie ihn nicht genau, lief hinter ihm her, *Bleib sofort stehen!*, und er erreichte nicht einmal mehr das Kinderzimmer.
Du kannst einfach nicht hören und Dein Bruder ist tot!
Du bringst mich noch ins Grab!
Dann musste er zum Besenschrank schleichen, den Teppichklopfer holen. Danach weinte die Mutter.
Geh ins Kinderzimmer!
Stubenarrest.

Einmal aber rief der Vater aus dem Fenster.
Komm schnell hoch!
Da gab es keine Prügel. Überhaupt nicht. Die Eltern saßen vor dem Radio im Wohnzimmer, machten *Pssssth!*, als er hereinkam. *Hör mal!*
Der Vater schüttelte immer wieder den Kopf, irgendwann stand er auf und konnte nicht mehr zuhören.
Das gibt Krieg!
Und die ganz in Trauer gehüllte Mutter schlug die Hände vors Gesicht und wurde dadurch noch schwärzer als sonst.
Das gibt Krieg!
Hermann wußte sofort Bescheid – Fliegerangriff! also. Im Straßengraben Deckung suchen. Zerbombte Schulen. Trümmergrundstücke. Abgefrorene Zehen, Finger im Schnee. *Das gibt Krieg!*
Die Russen machen ihren Sektor in Berlin dicht! Sie haben angefangen, eine Mauer zu bauen!
Sogar die Omama kam etwas später dazu. Und schimpfte wie ein Rohrspatz.
Daran ist nur der Spitzbart schuld! Ach, unser Berlin!
Die Omama war in Berlin geboren und ihre Schwester wohnte immer noch da – die lustige Tante mit der furchtbar dicken Brille, die ab und zu auf Besuch kam und Geschenke mitbrachte.
Es gab aber keinen Krieg.

Dafür hatte er jetzt diesen Schmerz im Nacken.
Irgendwann kam der, und kam immer wieder. Er wollte ihn loswerden, krampfte die Nackenmuskeln, verdrehte den Kopf. Immer, wenn dieser

Schmerz kam. Dann fing er auch noch an, heftig mit den Augen zu zwinkern und riß sie ganz groß auf, um das Zwinkern zu vertreiben. Anfallartig schüttelte es ihn und war peinlich.
Keiner sollte sehen, welch häßliches Bild er bei so einem Anfall im Spiegel von sich gesehen hatte. Falls möglich, versteckte er sich, wenn es über ihn hereinbrach. Hinter den Mänteln der Garderobe, auf dem Klo. Aber das klappte nicht immer.
Sie sah alles.
Das kommt vom Fernsehen! Das verträgst du nicht! Kein Nachmittagsprogramm mehr! Kein Kulenkampff am Samstagabend!
Für die Mutter war der Fall sonnenklar – *Am Fuß der Blauen Berge* mit den mutigen Cowboys Slim und Jess, auch *RinTinTin!* und sein kleiner uniformierter Freund Rusty, sie alle wurden hinter die verschlossene Klapptür des Fernsehers verbannt. Und er riß die Augen auf und verkrampfte seinen Nacken. Also ging die Mutter mit ihm zu dem alten Weißkittel mit den Karamellen in der Tasche, der den krebskranken Bruder auf Masern behandelt hatte.
Der Kinderarzt hatte eine blaue Fliege mit weißen Punkten umgebunden, drückte das kalte Stethoskop auf Hermanns Brust, holzspachtelte in seinem Mund herum, schaute ihn lange aus seinem faltigen Gesicht an und brummte dann seine Diagnose.
Der Junge ist nervös, hat's mit den Nerven!
Gab ihm die übliche Karamelle und verschrieb ihm Tabletten. Nervenpillen. Forte. Kleine weiße Pillen, in einer Schachtel mit roter Schrift. Täglich einzunehmen. Hermann wunderte sich.
Nervös? Er war doch kein Lehrer, sondern noch ziemlich klein und gar nicht im Krieg gewesen.

Das war die Zeit, in der er auch schlecht schlief.
Da waren diese Träume, die immer wiederkehrten. Und die ihn schwitzen liessen. Träume von gekachelten Räumen, in denen man keine Luft bekam. Von Räumen mit Duschen, aus denen Gas strömte. Die Bilder für diese Träume hatte er vor einiger Zeit aufgeschnappt, vom Fernseher, in dem immer dieser kleine schmale Mann mit Anzug, Brille und Kopfhörer auf den Ohren auftauchte.
In einem Glaskasten stand der.

Und wenn von dem Mann im Glaskasten die Rede war, dann auch von Gaskammern, gekachelten Duschräumen und Ersticken. Und nun fürchtete er sich sogar vor den gelb gekachelten Duschräumen in der Sporthalle seines Gymnasiums, schloss sich, während die anderen nach dem Sportunterricht duschten, ins Klo ein, schlich dann unauffällig wieder heraus und zog sich an, ungeduscht. Obwohl er beim Bockspringen und danach beim Völkerball so geschwitzt hatte. Aber immer noch besser als Gas und Ersticken.

Wenn er später wieder die blonde Anne in der dunklen Garage an sich drückte, mit den anderen auf dem Hof auf Rollschuhen fuhr oder in der Wohnung des Nachbarjungen, *Das ist Schund!*, heimlich Micky-Maus-Hefte und Fix und Foxi las, dann ging es ihm gleich besser. Viel besser. Auch sonntags im Kino. Wenn er in dem dunklen Saal auf einem der gepolsterten Klappstühle saß, war sowieso alles Bestens. Aber vorher zahlen, bitte.
Einsfuffzig Eintritt!
Manchmal bekam er das Geld vom Vater, wenn der beim Kartenspiel in der Kneipe gewonnen hatte. Vor ein paar Jahren hatte der Eintritt an der kleinen Kasse mit der alten Frau darin noch eine Mark gekostet. Einsfuffzig jetzt.
Inklusive Fox Tönende Wochenschau – mit Sturmflut in Hamburg und abgestürzten Starfightern. Auch mit Vorfilm – Dick und Doof, die umeinanderwuseln, oder Buster Keaton, der nie lacht.
Aber Hermann.
Und dann dieser sagenhafte Hauptfilm, der in seiner Erinnerung heller leuchtet als alle anderen – Messala und Ben Hur beim Wagenrennen. Vierspännig. Das Volk jubelt. Und der miese Messala attackiert Ben Hurs Wagen. Will ihn umstürzen. Krachen lassen. Schlägt nach Ben Hur mit der Peitsche. Klar, dass der sich wehren muss. Sonnenklar.
Das muss man, sich wehren.
Aber nicht zu Hause, das darf man nicht. Wenn man sich da wehrt, *Dann setzt es nur noch mehr Dresche!*, droht die Mutter immer, wenn sie es auf Hermann krachen läßt. Zu Hause darf man sich nicht wehren. Das hatte der Vater ihm ganz und gar klargemacht.
Wer die Hand gegen seine Eltern erhebt, dem wächst sie aus dem Grabe! Geh mal nachts auf den Friedhof, dann wirst du schon sehen!

Also sich bloß nicht wehren. Aber beim Zahnarzt den Ben Hur geben, das wäre was.
Hermann hatte eine fürchterliche Angst vorm Zahnarzt. Die Angst mit dem Herzklopfen. So viel Angst, dass die Mutter ihm schon vorher Schmerztabletten und auch die weißen Forte-Pillen für die Nerven vom alten Kinderdoktor gab.
Trotzdem war bereits der Weg zum Zahnarzt eine schwere Plage.
Immer langsamer wurde Hermann. Blieb vor jedem Schaufenster, vor jedem Gartenzaun stehen, stellte sich vor, dass er fliegen könnte, weit weg, dorthin, wo man keine Zähne braucht. Doch er musste weiter.
Rückte langsam bis auf Los vor, bekam keine viertausend Mark, sondern musste ins Gefängnis, saß irgendwann im Wartezimmer.

Allein der Geruch des Wartezimmers ließ ihn würgen. Machte den Hals eng.
Du bist dran! Komm rein! Das Todesurteil. Es würde weh tun, das wusste er genau, lag da im Behandlungsstuhl, sah auf das Drahtseil am langen geknickten Folterarm, das den Bohrer antreiben würde. Sah das Gesicht mit der Brille, das sich über ihn beugte.
Nun mach mal schön den Mund auf! Na, da haben wir ja das Loch!
Er spürt den Finger im Mund, der am Zahn fühlt und beißt zu. Das Gesicht über ihm ist entsetzt, der Mund wird aufgerissen und schreit.
Lass sofort los!
Aber Hermann beißt immer fester zu. Jetzt oder nie. Ben Hur mit den scharfen Zähnen. Gegen den kommt keiner an.
Irgendwann läßt er dann doch los und der Zahnarzt schreit *Bist du verrückt?!* und die Sprechstundenhilfe kommt gerannt und sieht, dass der Finger anschwillt und blutet. Und jetzt darf Hermann endlich nach Hause.
Der Zahnarzt hatte zwar gar nicht gebohrt, rief aber noch am gleichen Tag zu Hause beim Vater an und verlangte Schmerzensgeld. Eine Woche konnte er nicht arbeiten. Der Vater zahlte und war nicht böse. Das machst du nicht nochmal, lachte er und die Mutter schwieg dazu. Und war noch immer in Schwarz gekleidet. Und immer noch ganz dürr.

Sie muss etwas essen! Ess doch was, Kind! Du bist ja nur noch Haut und Knochen!
Die Omama sorgte sich, immer wenn sie, inzwischen auch stolze Besitzerin eines Fernsehgeräts, auf ihren Internationalen Frühschoppen mit

Werner Höfer und den anderen Weißweintrinkern verzichtete und mit Hermanns kleiner Mutter-Vater-Kind-Familie am Sonntag ins Grüne fuhr, die keinen Kartoffelsalat, keine Würstchen mehr mitnahm, sondern Vaters Brieftasche, damit der das Essen im Ausflugslokal bezahlen konnte.

In dem Lokal gab es Kellner mit schwarzer Hose und weißer Jacke und großen Tabletts auf denen sie *Hier kocht der Alte selbst!* an die Tische trugen – Suppe, Rotkohl, Fleisch, Kartoffeln und viel dicke braune Soße.
Bloß nicht kleckern!
Sonntags durfte Hermann sich auf keinen Fall dreckig machen. Das weiße Nylonhemd nicht, die gestreifte Krawatte mit dem Gummiband nicht, die neue graue Flanellhose nicht, und die braunen Sonntagsschuhe auch nicht.
Bloß nicht kleckern!
Aufessen, was auf den Tisch kommt!
Der Vater musste die Rechnung schließlich vom schokoladensüß verdienten Geld bezahlen. Die Eltern und die Omama brauchten nicht aufzuessen – was sie nicht schafften, packte der Kellner ein. Zum Mitnehmen.

Für den Hund, sagte der Vater immer, wenn er im Lokal etwas einpacken ließ und Oma und Opa dabeiwaren.
Der Opa trug immer noch seine Weste, rauchte dicke Zigarren und hatte sich inzwischen einen Dackel zugelegt. Mit langen braunen Haaren. Und ganz lieb. Bellte, jaulte, holte Stöckchen und wedelte mit dem Schwanz. Der Opa war verliebt in den Dackel. Der Opa war ja auch Jägersmann. Also war die Oma ab und zu allein und der Opa mit dem Gewehr und dem kleinen Dackel auf der Jagd. Wo auch immer. Auf alle Fälle brachte er, wenn er wiederkam, immer einen Hasen mit, dem zog er das Fell über die Ohren, ließ sein dunkles Blut in eine Blechschüssel tropfen, waidete ihn aus und lachte mit großen Augen. *Halali!*
Die Oma band ihre Schürze um, bereitete einen Braten und Hasenpfeffer, all das. Das rochen die Verwandten und kamen zu Besuch an den großen Tisch in der kleinen Wohnung und aßen zusammen. Der Opa hatte den Vorsitz und bekam als Erster und das größte Stück, erst dann kamen alle anderen an die Reihe.
Und schmatzten und schwatzten und tranken. Und am Schluss ein Schnaps. Klar doch.
Einer geht noch rein!

Dann wurden die Ärmel der Oberhemden wieder hochgekrempelt, die Zigaretten und Opas Handelsgold qualmten und Hermann setzte sich neben seinen Vater und hörte, dass Uwe Seeler wieder mit einem Klasse-Fallrückzieher! ein Tor geschossen hatte, dass der Bundespräsident Lübcke aus dem Sauerland kam und nicht nur deshalb ein bisschen blöd war und dass der Eichmann aus dem Glaskasten inzwischen hingerichtet worden war, vielleicht an so einem Galgen, wie Hermann ihn mal heimlich in einer Illustrierten, *Verboten, weil Schund!*, gesehen hatte, mit einer Klappe unten im Gerüst, oder auf einer Guillotine, mit einem ganz scharfen Messer aus Solingen oder einfach von einem Scharfrichter mit nacktem Oberkörper, Kapuze überm Kopf, einem großen glänzenden Beil in der Hand und einem Richtblock.
Und *Zack!*
Beim Köpfen fiel dem Eichmann natürlich die Brille runter, sein Kopf rollte wie ein Fußball quer über den Platz und alle klatschten und johlten, weil er nicht wie Störtebecker an seinen Mannen vorbeilaufen konnte, um sie zu retten. Dann würde endlich die Gaskammer geschlossen und keiner musste mehr duschen.

Hermann hatte immer seine Bilder. Seine eigenen. Alles wurde ihm zum Bild. Selbst die Bücher, die er im Kinderzimmer zusammengekauert in der kleinen Nische zwischen Klappbett und Wand las, gerieten zu unvergesslichen Bilderserien.
Die Nibelungen!
Jung-Sigfried. Das Bad im Drachenblut. Das Lindenblatt auf der Schulter des Drachentöters, die verwundbare Stelle, die Hermann immer vergeblich auf seinem Rücken suchte, wenn er im Badezimmer vor dem Spiegel stand. Der finstere Hagen von Tronje, der feige Mörder mit dem langen schwarzen Bart. Die Tränen und die Rache der schönen Kriemhild.
Dietrich von Bern, der Gute.
Ritt Dietrich, der dreistherz'ge, Seevolks Führer,
des Südmeers Strand;
sitzt nun gerüstet auf seinem Roß,
den Schild im Gehäng,
der Heerschirmer!
Tapfer war Dietrichs Herz.
Dann Camelot, die Tafelrunde und Artus und Lanzelot. Der heilige Gral. Alle suchten den Gral und Hermann suchte mit und liebte Tristan, liebte Isolde und weinte als Nscho-Tschi starb und saß mit Old Surehand im

Busch, schlich sich an und lauschte heimlich den Gesprächen am Lagerfeuer.

Hermann war ein Späher für all die Guten, die das Böse mit dem Bärentöter um die Ecke bringen wollten. Und geriet in Verzückung über den Wal, der blies, und hörte das Holzbein vom bösen Kapitän Ahab tockern, wenn der an Deck Ausschau nach Moby dem Dicken hielt.

Und bestaunte oft das Buch, das er in Vaters Schublade im Wohnzimmerschrank gefunden hatte. Auf Walfang mit der Jan Willem!

Ein altes Buch. Abgegriffen. Hellgrün. Groß. Mit vielen Fotos von Männern, die von ihrem Schiff an langen Seilen Harpunen auf Wale schossen, die großen Tiere mit Winden an Bord zogen und sie mit langstieligen Säbelmessern aufschlitzten. Danach feierten sie, tranken und tauften den einen oder den anderen.

Hochseetaufe auf der Jan Willem!

Auf welchen hohen Seen die auf Walfang gingen, war vorne im Buch auf einer großen Weltkarte eingezeichnet – Deutschland und die Länder ringsum waren beflaggt. Mit einer Fahne, rot, mit weißem Kreis und einem Hakenkreuz darin.

Dieses verdammte Hakenkreuz hatte er schon oft genug versucht nachzuzeichnen, aber das war gar nicht so leicht. Er zeichnete es immer spiegelverkehrt. Seine Mitschüler am Gymnasium konnten das viel besser. Beim Zeichnen von Hakenkreuzen war Hermann einfach unbegabt.

Montage Drei

Ein 6x6-Foto mit Wellenschnitt. Hermanns Vater in der Mitte. Weißes Hemd, schwarze Krawatte, knapp vierzig Jahre alt mag er sein und schaut wie ins Herz getroffen. Er hat seine Arme um die Schultern der beiden Frauen gelegt, die klein und ganz in Schwarz gekleidet neben ihm stehen. Links die Omama, blonde dauergewellte, ziemlich kurze Haare. Sie schaut freundlich aus ihrem breiten Gesicht. Rechts die Mutter, schmal mit dunkler Sonnenbrille. Bitterkeit um den Mund.
Auf dem nächsten Foto haben es sich die Drei auf einer Waldlichtung, inmitten von kleinen Tannen, bequem gemacht. Im Gras. In der Sonne. Vater liegt auf dem Rücken, die Hände hinterm Kopf verschränkt. Mutter daneben, hat die Hände auf dem Bauch gefaltet und den Kopf samt Sonnenbrille in den Schoß der Omama gelegt. Die sitzt aufrecht und schaut mit besorgter Miene ihrer Tochter von oben herab ins Gesicht.

Ein Vogelbauer aus Messing.
Ein grün-gelb gefiederter Wellensittich mit Knopfaugen sitzt darin. Der Käfig ist bestens ausgestattet, mit Sitzstangen, Spiegel, kleiner Holzleiter, Schaukel, einem kleinen Artgenossen aus Kunststoff und Plastikbadewanne. Auf dem Käfigboden Sand und zwei Porzellan-Futternäpfe mit Körnern und Wasser. Der Wellensittich sitzt und starrt – auf Hermanns Mutter, die ihre Nase an die Gitterstäbe hält und dem Vogel mit gespitzten Lippen Flötentöne beibringt.

Ein runder Tisch, mit Tischdecke, Aschenbecher und zwei entkorkten Weinflaschen darauf. Der Vater hält ein gefülltes Weinglas in der rechten Hand, blickt ein wenig betreten auf seine Frau im dunkelgrauen Kostüm. Auch die Mutter hält ein Weinglas.
Sie scheint vereist.
Der Mund in ihrem hageren Gesicht deutet ein resigniertes Lächeln an.

Alle jubeln in die Kamera – die Tante, die Oma, die Mutter. Sie tragen Strohhüte mit bunten Bändern, sind fast vollständig in dezent gemuster-

te Stoffbahnen eingehüllt, zeigen die nackte linke Schulter, nur die Mutter trägt ein rotes Kleid unter all dem Stoff. Die Drei stellen keck den linken oder auch den rechten Fuß vor. Die Augen der Mutter scheinen etwas müde.
Hinter ihr ein Strauß rosa Nelken in einer bauchigen Porzellanvase auf braunem Sideboard.

Vier Jungen in Trainingsanzügen vor einem Klohäuschen aus Holz. Herz in der Tür.
Hermann mit drei Klassenkameraden.
Alle lachen ziemlich verwegen.
Auf dem nächsten Schnappschuß beginnen zwei von ihnen das Klohäuschen umzukippen. Die Schräglage des Klos ist bedenklich. Hermann grinst hier ziemlich dreckig.

Ein Schnellhefter aus grauem Karton – Hermanns Oster- und Herbstzeugnisse der ersten Gymnasialklassen darin. Große weiße Bögen mit Noten und Bemerkungen.
Hermann ist unaufmerksam und stört den Unterricht!
Hermann vernachlässigt seine Hausaufgaben!
Hermann kommt fast täglich zu spät!
Hermanns Versetzung ist gefährdet!
Dazu ein handgeschriebener Brief des Klassenlehrers, in dem der sich an die Eltern wendet.
Hermann ist oft unruhig und ich höre von vielen Kollegen, dass dies in deren Unterricht genauso ist. Er vergisst seine Schulbücher, kommt ohne Hausaufgaben und prügelt sich auf dem Schulhof. Ausschließlich in Deutsch, Geschichte und Religion bringt er hervorragende Leistungen. Doch das wird nicht reichen, um ihn in die nächste Klasse zu versetzen. Ich schlage vor, dass Sie mich am kommenden Elternsprechtag besuchen und wir die Situation einmal gemeinsam besprechen.
Hochachtungsvoll!

Schuld war nur der Bossanova

Da kamen Männer mit fürchterlichen Händen! Sie hatten lange scharfe Messerklingen an ihre Finger gebunden und die Männer verfolgten mich und ich bin weggerannt, aber dann haben sie mich eingeholt und mit ihren Klingenhänden auf mich eingehackt!

Hermann sieht heute noch vor sich, wie die Mutter ohne jede Schminke, bleich, mit zerzaustem Haar, im groß geblümten Morgenrock am Küchentisch sitzt, hört, wie sie der Omama von dem Traum der letzten Nacht erzählt.
Sie hatte ihre Mutter morgens, ganz früh schon, angerufen. *Komm schnell!* Als der Hörer wieder auf der Gabel lag, war die Mutter zum messinggerahmten Bild des toten Bruders auf dem Wohnzimmerbuffet gegangen und hatte die weiße Kerze daneben angezündet. Das tat sie jeden Tag und sprach danach leise mit dem Bild.
Mein kleiner Sonnenschein! Warum musstest du bloß sterben? Warum ausgerechnet du?
Dann hatte sie sich in die Küche gesetzt, Hermann in die Schule geschickt und gewartet. Lange gewartet, denn die Omama konnte erst nach Dienstschluß aus dem Krankenhaus kommen, in dem sie inzwischen Chefsekretärin geworden war.

Als Hermann wieder aus der Schule kam, lief die Mutter hektisch und ziellos in der Wohnung herum – durch den Flur, in die Küche, ins Schlafzimmer, dort ein fahriger Blick in den Spiegel, wieder in den Flur, ins Esszimmmer, Gardine beiseite, Blick auf die Straße, wieder in den Flur. Die ganze Zeit zündete sie sich mit zittrigen Fingern Zigaretten an, eine nach der anderen – steckte die Stengel zwischen ihre blassen Lippen und ließ die Lord-Extra hell und rot glühen. Und wartete immer noch.
Endlich! Da ist sie ja!
Nun rauchten beide und tranken starken schwarzen Kaffee.
Ich halte das nicht mehr aus!
Die Omama blickte ihr ernst ins Gesicht, ging zum Telefon und sprach mit ihrem Chef im Krankenhaus. Danach wusste sie, was zu tun war.
Zieh Dich an! Ich rufe ein Taxi! Wir fahren zum Professor!

Der Professor war einer der Psychatrie, stellte sich später heraus. In einem großen Krankenhaus. Omamas Chef kannte ihn gut. *Den kann ich empfehlen!*
Der Herr Professor empfahl der Mutter jede Menge Tabletten. Valium, Akrinor, Megaphen und all das.
Starkes Zeug, wunderte sich der Vater.
Gegen die schwere Depression der Mutter, gegen Störungen des vegetativen Nervensystems, gegen Angstzustände!
Der Vater zitierte oft die Diagnose.

Und Hermann versuchte zu verstehen – all die vielen Pillen gegen die Angst, gegen Weglaufen, Scheidung, Einsamkeit, schlechte Träume, böse Männer, schlimme Kinder und die vielen Tränen.
Der Professor führte Gespräche mit der Mutter, verordnete ihr neben den Tabletten zusätzlich Infusionen und war *Der einzige Mensch auf Gottes weitem Erdboden, der mich überhaupt versteht!*, sagte die Mutter mit einem großen, bitteren Vorwurf in den Augen. Und lag von nun an häufig im Ehebett, weil ihr alles weh tat, sie sich kaum noch rühren konnte und dauernd müde war. Ganz kleine Augen hatte sie, mit ganz schwarzen Rändern.

Da setzte sich Hermann schon mal nach der Schule zu der Mutter auf die hölzerne Bettkante und las ihr Artikel aus den Schund-Illustrierten vor – Frau im Spiegel und Quick und Stern.
Was willst du hören?
Natürlich den Artikel über Maria Callas und ihre herzzerreißende Stimme oder über den Tod der wunderschönen Marilyn Monroe – den Monroe-Artikel gleich zweimal. Wunschgemäß.
Meistens schlief die Mutter beim Vorlesen ein. Schlief, bis der Vater von der Schokoladenfront kam. Und manchmal sogar zu Hause blieb. Manchmal.
Dann lag die Mutter mit einer Wolldecke über den Beinen auf dem Sofa im Wohnzimmer, der Vater saß im Sessel und der Fernseher lief.
Meistens aber stellte er sich immer noch vor den Spiegel im Badezimmer, behandelte die Haare mit Brisk und legte sie in die üblichen exakten Wellen.
Ich geh noch mal kurz in die Kneipe! Komme gleich wieder!
Die Mutter rief ihm dann mit bleicher Stimme aus ihrem Bett hinterher.
Du hast mich krankgemacht! Du allein!

Daraufhin fiel die Eingangstür noch lauter als sonst ins Schloss und die Mutter wollte von Hermann nur das Eine.
Versprich mir, dass du nie wirst wie Dein Vater! Versprich mir das!
Ganz oft forderte sie das. Und er wurde immer einen Wimpernschlag lang unsicher, weil der Vater oft genug sagte, Hermann sollte auch mal Schokolade verkaufen und er wäre doch der Junior, der später in Vaters Fußstapfen treten muss. Dann aber fiel Hermann ein, was die Mutter tatsächlich hören wollte.
Aus mir wird später ganz bestimmt kein Säufer, das verspreche ich! Hoch und heilig!
Voll inbrünstiger Überzeugung sagte er das und die Mutter seufzte zufrieden und er durfte am nächsten Tag zehn Minuten länger als die übliche halbe Stunde fernsehen, denn die Forte-Tabletten brauchte er nicht mehr. Der Nacken wurde nicht mehr steif. Und auch die Augen funktionierten wieder normal. Außerdem wusste er inzwischen, wo der Schlüssel zur Fernsehtruhe versteckt war. Im Geschirrschrank, in der Suppenschüssel.

Nur war da jetzt immer dieses Würgen vor dem schleppenden Gang zur Schule. Hermanns ganzer Körper geriet in Aufruhr. Immer früh um Sieben, wenn die Welt anderswo noch in Ordnung war, wie es auf diesem Buch im Wohnzimmerregal geschrieben stand. Malpass. Das Buch stand gleich neben Mutters Lieblingsbuch, der *Unbezähmbaren Angelique!* von Anne Golon, aus dem er heimlich, weil *Nix für kleine Jungs!*, wunderbare Sätze auswendig lernte.
Sie sah sich auf den Landstraßen, barfuß, arm, eine Pilgerin der Liebe auf der Suche nach verlorenem Glück!
Solch verbotene Sätze erregten ihn. Und jetzt dieses Würgen.
Früh um sieben lagen Vater und Mutter noch im Bett. Schliefen. Er machte sich sein Frühstück selbst. Dunkelbraunes Kakaopulver mit Zucker und warmer Milch, dazu Kölln-Haferflocken aus der blauen Packung.
Genau dann passierte es immer. Hermann dachte, es sei der Geruch der Küche am Morgen. Der Geruch aus dem Abfluß, der alte Spüllappen oder sonstwas.
Der Junge ist ja so empfindlich!
Zunächst hielt er immer den Atem flach, um möglichst wenig einatmen zu müssen, doch das nutzte wenig. Der Geruch wurde zunehmend widerlich, immer ekliger, der Magen drehte sich wie wild und Hermann würgte heftig, beugte sich über das Spülbecken und hustete sich die Lunge aus

dem Leib, röchelte, riß nebenher schnell ein Geschirrtuch vom Haken, hustete da hinein, damit ihn die Eltern nicht hören konnten. Nach so einem Anfall war er jedes Mal total ausgelaugt, die Beine schwer, der Kopf dröhnte. Zeit, sich das Schulbrot zu machen, es in Pergamentpapier zu packen und loszugehen. Um zehn vor Acht begann der Unterricht am Gymnasium.

Natürlich kam er nach all dem heimlichen Würgen zu spät. Der gebohnerte Schulflur schien endlos lang. Die grauen Türen der Klassenzimmer waren schon geschlossen. Noch schnell vorbei an der Tür des Castellans, so hieß der Hausmeister auf seinem Türschild. Doch vergebens. *Ah, wen haben wir denn da!? Du bist spät dran, sag' mir sofort deinen Namen!* Der kleine Garstige mit der Warze auf der Nase leckte sich freudig die dicken Lippen und schrieb Hermanns Namen auf. In eine schwarze Kladde, deren Inhalt er später den Lehrern im hochehrwürdigen Konferenzzimmer vortragen würde.

Auch der Fachlehrer der ersten Stunde notierte Hermanns Namen. Im blauen Klassenbuch der Quarta. *Schon wieder zu spät! So geht das nicht weiter!* Der Krawattenträger nörgelte aus seinem Anzug heraus, und Hermann setzte sich schnell auf seinen Platz. Neben Gerd. Der war im letzten Jahr sein bester Freund geworden. Einer mit Brille, Kassengestell, doch keiner traute sich *Blöde Brillenschlange!* zu ihm zu sagen, weil Gerd dem dann *RuckZuck!* die Fresse poliert hätte.

Der Gerd war kräftig, hatte Muckis, kletterte sogar im Sportunterricht hastewaskannste die Stangen hoch, *Bis ganz oben!*, während Hermann wie ein nasser Sack am unteren Ende der fiesen Rohre hing und sich in Grund und Boden schämte. *Ich schaff das einfach nicht!* Gerd hatte immer auch eine zweite blaue Turnhose, aber leider keine Turnschuhe dabei, wenn sein Freund wieder mal den weinroten Stoffturnbeutel vergessen hatte. Also musste Hermann barfuß auf dem kalten Boden der Turnhalle antreten – in einer schnurgerade ausgerichteten Reihe mit den anderen Schülern *Guten Morgen!* brüllen und sich danach *Zack!* für den Rest der Stunde auf die Bank setzen und zuschauen. Da hockte er, bestraft, ein Aussätziger und plötzlich saß Huckleberry Finn in seinem viel zu großen und verdreckten Anzug neben ihm, spuckte verächtlich einen Pfriem Kautabak in Richtung Sportlehrer und griente danach wie ein Honigkuchenpferd.

Wenn wir n' Strick finden, können wir ausreißen!
Das Fenster is gar nich so hoch!
Genau, bloß weg hier.
Dich werd ich Mores lehren!
Der Sportlehrer nahm sich Hermann noch einmal am Ende der Stunde vor und schon wieder ein Eintrag im Klassenbuch.
Turnzeug vergessen!
Danach stand der miese Turnvater zufrieden wieder auf und ganz stramm, Hände an die Hosennaht!, vor den Schülern und ließ sie beim Schlußappell durchzählen – *Eins, Zwei, Drei, Vier, Zack!* bis Fünfundzwanzig oder sonstwohin.

Drei, Drei, Drei – Rom kroch aus dem Ei, so ein Zählreim war da schon besser. Geschichtsunterricht.
Die alten Römer, die alten Griechen – Helden, Götter, Sklaven. Schimmernde Rüstungen, Kurzschwerter. Riesige Schilde, feurige Rosse. Schlachtengetümmel und Tapferkeit ohne Ende.
Ach, Sparta!
Hart und mutig sein wie ein Spartaner, das wäre was. Keiner würde sich an ihn heranwagen. Und sogar verwundet und blutend würde er weiterkämpfen. Ein strahlender Achill, wie ihn sich die Götter und vor allen Dingen die Göttinnen wünschten.
Doch wie Achill war auch Hermann verwundbar, leicht verwundbar durch die feindlichen Heerscharen der Lehrer und ihre fürchterlichen Waffen – Ohrfeigen, Katzenköpfe, Schläge mit dem Zeigestock, brüllstarke Drohungen. Auch durch ihre Geheimwaffe – *Mathematik!*
Endlose Zahlenkolonnen, nie geschiente Brüche, Rechnen mit Unbekannten und *Zack!*
All dem galt es auszuweichen. Manchmal.
Dann schritt Achill, der Gottgleiche, mit Freund Gerd noch vor der fünften Sunde nach Hause. Zu Gerd natürlich.

Was macht ihr denn schon hier?
Die letzten beiden Stunden sind ausgefallen!
Gerds Mutter glaubte einfach alles. Sie war klein, freundlich, wirklich nett, stand meist in der Küche, kochte, putzte.

Und wurde ängstlich und unruhig.
Immer um die Mittagszeit herum.
Genau dann ging auch dem sonst so starken Gerd die Muffe.
Mein Vater kommt gleich!
Und schaute schon mal aus dem Fenster, ob der im Anmarsch war. Wenn Gerds Vater in der Mittagspause nach Hause kam, musste das Essen fertig sein und alles *ZackZack!* seinen gewohnten Lauf nehmen.
Ankunft des Vaters.

Gerd hilft ihm aus dem Mantel, die Mutter stellt noch schnell die blitzsauberen Teller mit dem Goldrand auf den Küchentisch, gießt dann die Kartoffeln ab und stellt die Gasflamme unter dem Topf mit dem Gemüse klein.
Gerds Vater bewegt sich derweil Richtung Wohnzimmer, hin zu seinem mächtigen Vatersessel. Sein Sohn hat inzwischen den Mantel an der Messinggarderobe aufgehängt, sich im Flur die braun-gelb gemusterten Pantoffeln des Vaters geschnappt, der lässt sich in den Sessel fallen, stöhnt, *Was für ein Tag!*, zieht sich die Schuhe aus und Gerd hilft ihm in die Pantoffeln.
Dann holt Gerd das Bier aus der Küche. Mit Glas. Das Bier eingeschenkt. Dem Vater gereicht. Der lässt es zischen.
Aah, das tut gut! – Was gibt es zu essen?
Gerds Vater war Staatsanwalt. Ein gestrenger Staatsanwalt. Einmal, es war gerade niemand zu Hause, zeigte Gerd seinem Freund Hermann die schwarzen Roben des Vaters. Die hingen im Kleiderschrank. Im dunklen Schlafzimmer. Man durfte die Roben nicht herausholen, erst recht nicht anziehen, höchstens mal anfassen. Aber selbst das war schon unheimlich genug.
Hoffentlich merkt er nichts! Schranktür zu und nichts wie raus.

Raus aus der Wohnung. Ins Freie.
Aufs Fahrrad und hin zur Eisdiele. Venezia. Blasse kleine Italiener aus Napoli verkauften dort noch kleinere Eiskugeln für einen ziemlich großen Groschen pro Stück. An Schüler mit ungefähr fünf Mark Taschengeld im Monat. Also konnte man sich durchaus pro Tag eine Kugel leisten. Und heute war ein besonderer Tag.
Erdbeer, Zitrone, bitte!
Dann ab zu Hermanns Wohnung. Vorsichtig aufschließen, Hermann macht den Spähtrupp, *Keiner da!*, und hin zum sündigen Zeitungsständer im Wohnzimmer und in den Schund-Illustrierten das Bild des

total verruchten Callgirls Christine Keeler anschauen, wie sie da lässig auf dem Stuhl sitzt. Lehne nach vorne.
Ganz ohne Klamotten, Mensch!
Oder im dicken Hauskrankenbuch blättern und nackte Frauen befingern. Oder den Bader-Pforzheim-Versandhauskatalog der Mutter bei der Abteilung Miederwaren aufschlagen. Hüfthalter! Strumpfhalter! Ach, Gerd und Hermann liebten Hüfthalter. Und sie verehrten Strumpfhalter! Und Nylonstrümpfe. Waren richtig scharf auf Nylonstrümpfe.

Nachdem sie Liebe mit den Nylonstrümpfen gemacht hatten, legte Hermann Platten auf. In der neuen Musiktruhe. Gab ein Konzert mit 45er-Geschwindigkeit und echter Mikronadel. Ließ die Manuela aus Berlin, *Du, da kommt meine Oma her!*, singen, wer wirklich an allem schuld war.
War's der Mondenschein?
No, no der Bossanova,
der war schuld daran!
Gerd und Hermann wussten zwar nicht, wie man den Bossanova tanzte, grölten aber begeistert mit und tanzten statt Bossanova einfach Twist vor der Musiktruhe. Denn Twist tanzten alle. Im Fernsehen. In den Zeitungen.
Also legte Hermann nach der Manuela auch den Peppermint-Twist auf – gesungen von Caterina Valente und ihrem Bruder, dem schnieken Silvio Franceso.
Wißt ihr, wo ich gestern abend war?
Gestern abend war ich in der Peppermint-Bar!
Ich weiß, wie man küßt, beim Peppermint Twist!

Und hörten sich auch die erste englischsprachige Platte im Hause an – der tanzwütige Vater, Löwe und Verführer auf allen auswärtigen Parties, die seine Kumpels gaben, hatte sie eines Nachts mit nach Hause gebracht.
Let's twist again!
Like we did last summer!
Chubby Checker. Und wieder twisteten sie, nach links, nach rechts und *Yeah, Yeah, Yeah!* und beugten den Oberkörper weit, ganz weit nach hinten. Bis sie umkippten, auf dem Teppich lagen und wild keuchten.

Damals war selten jemand zu Haus. Der Vater verkaufte Schokolade und mittlerweile auch Pralinen. *Alles feinste Ware!* Hatte neben dem Büro einen kleinen Süßwarenladen aufgemacht. Und plante schon den zweiten. Die Mutter lag im Krankenhaus. Da lag sie jetzt öfter und öfter. Infusionen, Spritzen, Tabletten, lange Gespräche mit dem Professor. Ihrem Professor.
Mein Professor!
Und schimpfte, dass sie im Krankenhaus besser aufgehoben sei als zu Hause. Zu Hause würde ihr ohnehin nichts Freude machen. Und überhaupt würde der Professor sich Hermann irgendwann auch noch vorknöpfen und ihm schon klarmachen, dass das Kind seine Mutter quält, zu Tode bringt mit all seinem Ungehorsam und seinen schlechten Schulnoten. Wäre nur der Bruder nicht gestorben. Und dann noch dieser Vater.
Ihr bringt mich ins Grab!

Dann aber stand er am Grab der Oma.
Auf dem Friedhof und alle Vögel sangen. Viele Blumen, Kränze, Schleifen. Das Telefon hatte geklingelt. Ein kurzer Anruf nur. Dann gab es sie nicht mehr.
Herzinfarkt!
Die Oma hatte die Schürze abgelegt, war zum Arzt und in dessen Wartezimmer *Für immer von uns gegangen!*
Sie hat es schwer gehabt! Vater, Onkels, Tanten wussten das genau.
Der furchtbare Krieg, fünf Kinder großziehen, und immer die ganze Familie durchbringen! Nur Not, Sorgen und Mühe!
Hermann fehlte die Oma. Sehr. Kein kleines Gespräch in der Küche mehr, kein Senfbrot, keine Umarmung, kein *Du bist mir aber Einer!*, niemand, der ihn in Schutz nehmen würde, wenn es wieder mal hart über ihn käme.
Laßt endlich mal den Hermann in Ruhe! Der Junge ist schon in Ordnung!
Nie mehr die rauhen Hände auf der Schürze und dies leise rasselnde Keuchen aus der Brust und dabei ihr tröstender Blick aus den schwarzgeränderten Augen. *Warte, Jungchen, wird gleich besser!*
Wurde aber nicht besser und am Grab trugen wieder alle schwarz. Auch die Mutter. Und der Opa war auf einmal viel kleiner geworden. Ganz traurig und weich im Gesicht. Selbst Opas Dackel war traurig. Saß still

auf den Hinterpfoten und schaute treu, wie ein Dackel das tun muss.
Hermann streichelte und tröstete das Tier.
Irgendwann sehen wir die Oma wieder!
Bis dahin musste Hermann weiter in die Schule gehen.
Doch das konnte auch sehr schön sein – immer nach dem Unterricht, wenn er zu den Chorproben ging.
Der Musiklehrer hatte ihn schon vor einiger Zeit vorsingen lassen.
Deine Stimme ist nicht übel!
Da hatte Hermann neben dem schwarzglänzenden Bechstein-Flügel im Musikzimmer gestanden, wo auch das Orff'sche Instrumentarium und die Notenblätter in Glasschränken lagerten, und irgendein Lied geschmettert.
Was er an diesem Tag sang? Daran erinnert er sich nicht mehr.
Nur, dass der Lehrer eine dicke schwarze Hornbrille trug und den Schulchor genauso dirigierte, wie Hermann es immer zu Hause vor dem Radio getan hatte.
Immer hübsch im Takt!
Sopran, Alt, Tenor und Bass. Schüler aus allen Klassen bis zur Oberprima. Proben nach der sechsten Stunde. Und dann dieses Lied.
Freiheit, die ich meine, die mein Herz erfüllt,
komm mit deinem Scheine, süßes Engelsbild,
magst du nie dich zeigen der bedrängten Welt,
führest deinen Reigen nur am Himmelszelt?!
Hermann sang dieses Lied inbrünstig und mit großem wundem Herzen.
Freiheit, die ich meine!
Da spürte er etwas ganz Besonderes und wusste nicht was, nur dass es wunderschön war, wenn sein Herz vor Freude hüpfte, genauso wie bei dem anderen Lied, das sie immer als Kanon sangen.
Die Gedanken si-ind frei,
ka-ein Mensch kann sie schießen,
mi-it Pulver und Blei,
die Geda-anken sind frei!

Der Klassenlehrer schoss mit Pulver und Blei. Direkt in Hermanns Brust.
In der nächsten Woche gibt es Herbstzeugnisse!
Aus mit der Freiheit. Die Eltern würden das Zwischenzeugnis mit einer Menge gefährlicher Runzeln auf der Stirn lesen, sich schwer über seine schlechten Leistungen wundern, beim Lehrer anrufen und Bescheid wis-

sen. Warum er so wenig Klassenarbeiten in den letzten Monaten vorgezeigt hatte, dass er die notwendigen Unterschriften unter den Arbeiten mit wenig Mühe gefälscht hatte, dass er häufig fehlte und dass im Klassenbuch der von den Mitschülern mit einem Pfefferminz-Kaugummi preisgekrönte Tadel stand.
Hermann spuckt aus dem Fenster!

Hermann würgte morgens noch mehr als sonst und wurde ganz wuschig im Kopf, als er kurz darauf das Zeugnis in den feuchten Händen hielt.
Das war wohl nichts, Hermann!
Der Klassenlehrer schüttelte noch besorgter als sonst den Kopf. Dreimal die Fünf, einmal die Sechs.
Dem Gerd ging es nicht viel besser. Der würde mittags vor seinem gestrengen Staatsanwalts-Vater stehen und hatte schon jetzt diesen ängstlichen Blick.
Das gibt einen Riesenärger!
Muss ich mir wieder mal ein Kissen in die Hose stopfen!
Und lachte. Mit einer großen Klage in den Augen.

Hermann erinnert sich sehr gut, wie sein Herz raste, als er sich in dem kleinen Park mit den Holunderbüschen, ganz in der Nähe der Wohnung, auf eine Bank setzte, den Füller herauszog, das Zeugnis nahm, das Ungenügend durchstrich, Ausreichend danebenschrieb und den Vermerk *Versetzung an Ostern gefährdet!* mit eiskalter Hand und einem schnellen Federstrich vernichtete.
Der Lehrer hat sich vertan!
Das verkündete er zu Hause und zunächst glaubte die Mutter ihm. Trotzdem gab es wegen der Fünfen Prügel auf den Kindskopf, der die Ausrede ersonnen hatte, sogar einen Tritt und Stubenarrest im Kinderzimmer. Bei abgeschlossener Tür.
Also Lesezeit.
Er las gerade in Homers Odyssee und konnte nachfühlen, wie es ist, an den Mast eines Schiffes gebunden zu sein, wenn die Sirenen gar fürchterlich heulen und du hast kein Wachs, um dir die Ohren zu verstopfen. Du wirst irre.
Doch Odysseus hatte Wachs, wurde nicht irre, kämpfte weiter, für sein herrliches Ziel – die schöne Penelope.
Dann kamen die Herbstferien.

Und danach der erste Schultag, an dem er das von den Eltern unterschriebene Zeugnis vorzeigen sollte, dessen Fälschung er in der Schultasche verwahrte. Niemand durfte die Fälschung sehen. Niemand. Also musste er zunächst einmal den sanften Klassenlehrer beruhigen. *Das Zeugnis habe ich vergessen! Bringe ich morgen mit!* Gleich in der nächsten Stunde, beim nächsten Lehrer, war es die Englischstunde?, kam der Klassenlehrer noch einmal herein, entschuldigte sich bei dem Kollegen.
Hermann, komm mal bitte raus! Und bring' Deine Schultasche mit!

Granateneinschlag, Bombentrichter, Fliegerangriff mit diesen Stukas aus dem Krieg, den gefährlichen Sturzkampffliegern, die schlimmer als Odysseus' Sirenen heulten.
Bildersturm in Hermanns Kopf.
Nichts kann schlimmer sein als dieser Moment, in dem er tief drinnen zu frieren beginnt, nichts mehr sich regt, Pfeifen in den Ohren und dann, ohne Vorwarnung das dröhnende Wummern seines Herzens. Er wird sterben.
Er würde tausendmal lieber sterben.
Draußen auf dem Schulflur schaut der Klassenlehrer ihn traurig an. *Mach die Tasche auf!* Nahm das Zeugnis, schaute darauf und nickte noch trauriger. *Ich habe deine Mutter angerufen! Sie ist erschüttert!*

In den nächsten vier Schulstunden ist Hermann nicht mehr anwesend.
Nicht mehr auf dieser Welt.
Nirgendwo ist er.
Er fühlt sich randvoll mit dunkler Angst, geht mit bleiernen Beinen nach dem Unterricht direkt nach Hause, Warum flieht er nicht?, wird mit erhobener Faust und wildem Schreien von der Mutter empfangen, es trifft ihn überall, er läßt sich schon im Flur auf den Boden fallen, steht unter prasselnden Schlägen wieder auf, wird in sein Zimmer gestoßen, der Schlüssel dreht sich im Schloss und die Mutter schreit draußen weiter.
Da bleibst du drin, bis Dein Vater kommt!
Der kam auch. Stunden später. Stellte sein Auto in die neu angemietete Wellblechgarage.
Ist besser für den Lack, wenn der Wagen nicht draußen steht!
Hermann hält den Atem an, hört die Motorengeräusche, das Verschließen der Garage, spürt heftige Schmerzen im Nacken, vernimmt

durch die Tür das sirenengleiche Klingeln des Vaters, auch die Mutter, die auf ihn einredet, ihm in der Küche alles erzählt.
Dann dreht sich der Schlüssel im Schloss, der Vater kommt im Anzug, mit Krawatte und gefährlichen Augen herein.
Was hast du jetzt schon wieder für eine Scheiße gemacht?
Versetzt ihm direkt und ohne Umschweife einen Faustschlag mitten ins Gesicht, *Eine verdammt harte rechte Gerade!*, die Hermann zu Boden stürzen läßt, direkt neben den Ständer, an dem der neue Käfig für den allerliebsten Wellensittich der Mutter aufgehängt ist.

Peterle hieß der Wellensittich und war ein Süßer und stand immer nachmittags in Hermanns Zimmer.
Da hat er wenigstens Gesellschaft!
Die Mutter fuhr nämlich jeden Nachmittag in die Stadt, zum Friseur, zum Juwelier, zum Schuhgeschäft, zum Modehaus, zum Pelzgeschäft, wenn sie nicht im Krankenhaus lag, keine Tabletten sortierte und schluckte, sich nicht die Nägel rosa bis rot lackierte, keinen Mittagsschlaf hielt und nicht zu ihrer Mutter fuhr, die Hermann inzwischen einfach Oma nannte, weil die schwarzen Männer die Schürzenoma tief in der kalten Erde eingegraben hatten.
Ständig fuhr die Mutter zum Einkaufen.
Der Vater gab ihr das nötige Geld dafür. Auch für größere, höhere Kleiderschränke. Bis unter die Decke reichten die. Das zweite Schokoladengeschäft war eröffnet und lief gut.
Könnte nicht besser sein! Schokolade geht immer!

Hermann liegt nach Vaters Faustschlag am Boden, neben dem Ständer mit dem Käfig und dem Wellensittich darin, der so aufgeregt flattert, dass das kleine Glöckchen im Käfig kräftig bimmelt. Der Vater geht wortlos aus dem Zimmer, dreht den Schlüssel wieder herum und Hermann kann aufstehen.
Sein Gesicht brennt lichterloh. Er ist froh, dass die Tür wieder verschlossen ist, so fühlt er sich wenigstens sicher. Für den Moment.

Dreimal eine Stunde Arrest jeweils am Freitagnachmittag, schriftlicher Verweis mit Androhung der Schulentlassung, blauer Brief und ein paar Monate später, zu Ostern, ganz klar, Nichtversetzung.
Das hast du davon!
Dann, zusätzlich neben den üblichen Hausaufgaben, ein Jahr lang täg-

lich Strafarbeiten. Das hatte die Mutter so gewollt und mit der Schule abgesprochen. Laufend telefonierte sie mit seinen Lehrern, hatte Termine mit ihnen und alles unter Kontrolle. Hermann bekam jedenfalls die volle Ladung und war nur froh, dass wenigstens Gerd nach dem Fest der dicken Eier in der neuen Klasse neben ihm saß. Sitzenbleiber waren sie nun beide, dafür aber auch die Ältesten in der Klasse. Das schaffte Respekt bei den Jüngeren, aber nicht bei dem neuen Klassenlehrer. Der hatte eine schwielige Hand, ein Gesicht mit Hamsterbacken und darin einen Mund, in dessen Winkeln seitlich immer etwas weißer Schaum klebte. Der Klassenlehrer sabberte regelrecht, wenn er zuschlug. Fest, sehr fest.
War aber auch ein fröhlicher Mensch, der gern lachte, nur wenn jemand unaufmerksam war, machte er sich in Nullkommanix über den Übeltäter her, der dann auch schon mal Kopfschmerzen bekam, was einige Eltern auf den Plan rief, die sich beschwerten.
Schläge müssen sein! Aber bitte nicht so harte!

Zu Hause erzählte der Vater, das mit den Schlägen sei schließlich schon immer so gewesen, erinnerte Hermann daran, dass ein Junge hart wie Kruppstahl sein muss, wenn er im Leben bestehen will. Auch ich musste durch eine harte Schule gehen!
Sein Bruder und er hätten oft genug vor die Klasse treten und die Hände aufs Lehrerpult legen müssen, hätten nicht zucken dürfen, wenn der Lehrer kräftig, sehr kräftig, hart, ganz hart mit dem langen Holzlineal auf die Finger schlug. Manchmal bis sie bluteten.
Und zu Hause dann der Opa mit dem Ledergürtel. Oder dem Rohrstock. Und zwar richtig derbe.
Erziehung muss sein, sonst wird nichts aus Dir!
Auch die Mutter war mächtig überzeugt davon.
Kinder brauchen eine strenge Hand! Mehr sagte sie nicht.
Dann ging sie an den Küchenschrank, nahm ihre bunten Tabletten und war ein paar Tage später wieder im Krankenhaus, bei ihrem Professor.

Trotzdem konnte die Familie im Sommer gemeinsam in Urlaub fahren. Mit einem neuen schwarz-weißen Opel Kapitän. Ohne Blumenvase. Aber in die Allgäuer Berge. An den kleinen *Still ruht der See*. Wie jedes Jahr. Kein Gymnasium, keine Hausaufgaben, keine Strafarbeiten, keine Lehrer. Die Mutter lag die ganze Zeit im Strandbad auf der Liege oder auf dem Balkon des Hotelzimmers und sonnte sich im einteiligen hellblauen

Badeanzug, mit riesigem Stohhut, dunkler Sonnenbrille und einer großen Flasche *Tiroler Nussöl!* zwecks besserer Bräunung. Wandern konnte und wollte sie nicht.
Aber der Vater wollte. Und Hermann auch.
Beide in kurzen Hosen rauf auf den Berg, *Ah, was für ein schöner Blick ins Tal!*, das Panorama genießen, dann weiter zur Hütte, den heißen Kopf in das eiskalte Wasser des bemoosten Holztrogs stecken, zünftig auf langen Holzbänken sitzen und einen Almdudler mit Strohhalm und ein fesches Bier bestellen.
Bergvagabunden sind wir!
Beim Abstieg schwärmte der sportbegeisterte Vater von Cassius-Ich-bin-der-Größte-Clay, der alle in Grund und Boden boxte. *Ein toller Neger!* Bewunderte auch gehörig Peter Müller und Bubi Scholz. *Richtige Dampframmen sind das!* Und Hermann fragte den Vater, als der später beim Anblick eines glitzernden Bächleins fröhlich das Lied vom *Schönen Westerwald!* anstimmte, über dessen Höhen der Wind so kalt pfiff, ob er nicht noch einmal diesen *Klasse-Russenwitz!* erzählen könnte.
Klar, das konnte der Vater, war ein großer Witzeerzähler, auf Spähtrupp in vorderster Linie gewesen und auf drei Russen gestoßen. Sofort hatte er seinem Feldwebel, der sich in sicherer Entfernung befand, lauthals über die Lage informiert.
Ich hab hier drei Russen, was soll ich machen?
Menschenskind, bringen Sie die doch her!
Kann ich nicht, die halten mich doch fest!
Der Vater lachte herzlich und gab noch einen von seinen berühmten Reimen zum Besten, weil er gerade so schön in Fahrt war.
Der Krieg ist aus, der Krieg ist aus,
alle Soldaten gehen nach Haus,
ach, wie die sich freuen,
es gibt bald wieder 'n neuen!

Da seid ihr ja wieder!
Die Mutter lag müde, schlaff, aber braungebrannt im Hotelbett. Die Tablettendosen auf dem Nachtisch.
Ich fühle mich so schwach!
Da setzt sich der Vater neben sie ans Bett und sagt nur Eines.
Ach, du!
Und will, dass sie jetzt noch ein wenig schläft, damit sie am Abend kräftig genug ist, mit zur Blasmusik zu gehen.

Lass uns ein bisschen tanzen! Das haben wir schon so lange nicht mehr gemacht!
Die Mutter legt den Kopf auf die Seite, hat Tränen in den Augen. *Nicht in meinem Zustand!*
Komm' doch, sagt der Vater und hält ihre Hand. Er hält wirklich und wahrhaftig ihre kleine Hand und schaut seine Frau lange an. Berührt sie. Und sie kommt mit.
Nach kurzem Schlaf, ausführlichem Schminken, 4711-Versprühen und Nehm-ich-dieses Kleid-oder-jenes? und *Welcher-Schmuck-passt-dazu?* Geht jedenfalls mit.

Die Musiker spielen in braunen Lederhosen und weißen Trachtenhemden auf glänzenden Tubas, Hörnern, Trompeten und Trommeln, der Vater bestellt sich einen großen Maßkrug Bier. Einen ganzen Liter für ganze Männer.
Und Wein für die Dame! Eine Limo für den Jungen!
Und dann tanzen die Beiden.
Der Vater lächelt schief, die Mutter ihn von unten an, sie berühren sich, wiegen sich, drehen sich elegant im Kreis und werden, für Augenblicke nur, zu dem Liebespaar, von dem Hermann schon immer geträumt hat, wenn er dies wunderbare Lied bei einem seiner heimlichen Wohnzimmer-Konzerte präsentierte.
Ich tanze mit Dir in den Himmel hinein,
in den siebenten Himmel der Liebe!

Montage Vier

Still ruht der See und ist spiegelglatt.
Im Hintergrund sieht man hoch aufragende schroffe Berge, Geröllhalden, stürzende Bäche, spärlichen Baumbewuchs und am Ufer ein Bootshaus auf Pfählen.
Im Vordergrund, mitten auf dem grünen See, ein kleines braunes Holzboot, die Ruder eingezogen, der Vater im dicken Wollpullover darin. Er hat sich vorgebeugt, eine Angel ausgeworfen und schaut aufs Wasser.
Auf dem nächsten Bild steht er im Boot und zeigt dem Fotografen den Fisch am Haken – eine Regenbogenforelle. Der Vater macht einen glücklichen Eindruck, sein ganzes Gesicht strahlt.
In dem Boot, das seitlich am Bug die Nummer Acht trägt, liegt ein bunter Sonnenschirm.

Hermanns Konfirmation. Alle tanzen. Nur der Opa nicht. Der sitzt mit ganz wenigen Haaren auf dem Kopf und einer ziemlich großen Nase im Gesicht an einer weißgedeckten Tafel vor einem Glas Bier, trägt einen dunklen Anzug, eine silbergraue Krawatte und schaut ernst bis abwesend.
Die elegant frisierte Mutter schwingt ziemlich fröhlich die Hüften im hellen Kleid, irgendeine Tante neben ihr tut das Gleiche im kleinen Schwarzen.
Ein Onkel im weißen Oberhemd twisted wild in der Hocke, schaut dabei zu Hermann hoch, der heftig die Beine verrenkt.
Hermann hat einen schmalen Lederschlips umgebunden, trägt einen dunklen Anzug und gefährlich spitze schwarze Schuhe.

Die Aufnahme eines kleinen Plattenspielers, ein tragbares Philipsgerät aus rotem und weißem Kunststoff mit abnehmbarem Lautsprecherdeckel. Drei Langspielplatten daneben.
The Beatles Greatest – die Pilzköpfe von John, Paul, George und Ringo auf dem Cover.
Beatles For Sale – Liverpooler Existentialisten in schwarzen Mänteln, mit schwarzen Schals um den Hals.
Die Beatles – die zentrale Tanzschaffe aus Liverpool mit Titeln wie *Please, please me* und anderen Knüllern.

Berlin-Tempelhof. Der Schriftzug ist in großen Lettern hinter Hermanns Oma am Flughafengebäude zu sehen. Sie steht ganz klein in Hut und Mantel auf dem Rollfeld, lächelt und wirft einen langen Schatten. Zwei Männer in Pilotenuniform gehen hinter ihr vorbei. Vor dem Fotografen liegen ein Mantel, ein Schirm und eine Ledertasche auf dem Boden. Dann ein Foto von Hermann auf dem Balkon eines Berliner Altbaus. Er trägt Jackett und Krawatte, die Haare ein wenig über die Ohren und am Revers einen Anstecker mit dem Brandenburger Tor darauf. Der junge Mann grinst blauäugig.

Ticket To Ride

Hallelujah, Hallelujah, Halleeelujah!
Gut, dass Hermanns endgültiger Stimmbruch noch ein wenig auf sich warten ließ. Sonst hätte ihn der Musiklehrer am Gymnaisum nicht in den Kreis der Auserwählten geholt – in den Kleinen Chor. Die besten dreißig Sänger der Schule, und Hermann durfte als Altstimme dabeisein.
Daran erinnert er sich mit ziemlichem Stolz. *Hallelujah!*
Einmal trugen sie in der vollbesetzten Aula des Gymasiums den Messias von Händel vor. Und Hermann mit rotem Kopf auf der Bühne, das Notenblatt in der Hand, den Mund beim Singen immer schön weit auf, die Augen auf den Dirgenten gerichtet, durfte sich nach dem Vortrag tief verbeugen und im Applaus warm baden.
Danke. Danke!

Wer im Kleinen Chor sang und regelmäßig an den Proben teilnahm, bekam automatisch im Fach Musik eine gute Note.
Überhaupt waren Hermanns Noten nach Sitzenbleiben, Verweis, Arrest und vielen Strafarbeiten besser geworden. Nicht in allen Fächern, in Mathematik, *Hau mir ab mit Mathe!*, nun wirklich nicht, aber immerhin wurde er von nun an ohne Probleme versetzt.
Glänzte später in Sprachen wie Englisch und Französisch. Durfte sogar eine Zeitlang – eine Auszeichnung war das – zusammen mit Freund Gerd die Unterrichtsmaterialien für den Biologieunterricht aus dem Kabinett holen.
Knochen, Skelette, Hirn in Spiritus, Wandkarten und jede Menge staubiger Mief, das war das Kabinett. Ein kleiner Raum unter dem Dach der Schule, in das sie der weißhaarige Biologielehrer schickte.
Holt mal eben das Mäuseskelett, Jungs!
Gerd hatte wieder eine Packung Juno in der Hosentasche.
Ohne Filter.

Mit dem *Holt mal eben!* ließen sie sich immer Zeit. Gerd zündete sich im Kabinett eine Aus-gutem-Grund-ist-Juno-rund an, aber Hermann traute sich nicht. Oder doch?
Nur einen Zug!

Gib mal her!
Und dann husten ohne Ende, sich aber trotzdem mächtig erwachsen und ziemlich wichtig fühlen.
Doch niemals so wichtig wie der Englischlehrer. Der kleine gelbhäutige Mann im grauen Anzug schlurfte morgens mit schwer gebeugtem Rücken in die Klasse, stank fast immer nach Alkohol, setzte sich hinter seinen Lehrertisch, legte die Füße samt Schuhen darauf und zündete sich mit dem Feuerzeug seine Eckstein an.
Die Kippe brauch ich jetzt! Ohne meine Eckstein bin ich am Morgen nicht zu gebrauchen!
Dann nahm er das blaue Klassenbuch in die Hand, schlug die Seite mit den alphabetisch geordneten Schülernamen auf, fragte englische Vokabeln ab oder ließ diverse Kandidaten das *TieeeÄtsch!* üben.
Bis zur Vergasung mussten sie das üben.
So sagte man, wenn es noch viel zu lernen gab.
Bis zur Vergasung!
Zunge zwischen die Zähne! THE Car! THE Tower! THE Teacher! TieeeÄtsch.
Wer seine Vokabeln nicht gelernt oder seine Zunge nicht recht unter Kontrolle hatte, der bekam eine *SechsSetzen!* oder der kleine gelbhäutige Mann stand auf, schwankte leicht, holte aus und *Zack!*
Auch bei Hermann.
Ich werde Deine Mutter anrufen! Die wir Dir schon die Hammelbeine langziehen!
Mit leichter Schlagseite setzte der Meister des Tieee-Ätsch sich dann wieder und schrieb etwas in sein Notizbuch.

Leere Drohungen. Der kleine Gelbe rief wegen der Hammelbeine nie an.
Never.
Und hätte der Lehrer am Nachmittag angerufen, hätte er die Mutter ohnehin nicht erreicht. Denn die war immer noch entweder im Krankenhaus, beim Professor, bei der Oma, beim Bruder auf dem Friedhof oder in den Läden der Stadt, um beruhigende und teure Dinge einzukaufen – *Mein Gott ist dieser Persianer schön!*, graugelockt mit Nerzkragen und das passende Collier dazu. Oder sie ging zum Friseur, weil ihr das gute Aussehen über alles ging.
Zuvor stand sie verzweifelt vor dem Spiegel.
Ach, wie seh ich nur wieder auf dem Kopf aus!
Dann ans rettende Telefon.

Bitte einen Termin bei Fräulein Erika!
Endlich war die Welt wieder in Ordnung.
Wie morgens um sieben.

Da schlief die Mutter noch. Fest. Wie tot. Stand erst Stunden später auf. Genau dann, wenn die kleine alte Frau mit der runden Brille an der Haustür klingelte – die Putzfrau kam bereits seit geraumer Zeit ins Haus. Die Mutter sei zu schwach geworden, um im Haushalt zu arbeiten, hatte der Vater befunden. Also musste die alte Frau mit der Brille her. Ganz dürr war die, trug ein schlecht sitzendes Gebiß und roch fast so wie früher die alte Hexe in Omas Wohnung. Aber das störte Hermann nicht weiter.
Mit der Alten konnte die Mutter reden.
Und die alte Frau konnte zuhören. Die beiden machten sich, immer um die gleiche Zeit, auch am Samstag, einen starken, einen sehr starken Kaffee, setzten sich an den Küchentisch und die Mutter, natürlich noch im Morgenrock, sprach aus ihren trüben Augen.
Das ist doch kein Leben! Warum kann ich nicht einfach sterben?
Klagte und weinte bitterlich. Und die alte Frau nickte und nickte dazu, die Furchen um ihren Mund wurden tiefer, dann ging sie ins Wohn- und ins Esszimmer und kämmte die Fransen der Orientteppiche mit dem großen weißen Kamm bis sie in Reih und Glied lagen.

Die haben mich erwischt!
Der Vater war vollkommen durcheinander. Außer sich. Wütend. Und roch wieder schlecht.
Er war am Abend spät nach Hause gekommen. Laut fluchend. Die Mutter war aufgestanden, Hermann auch. Nun standen sie alle auf den Fliesen der Küche und der Vater fluchte immer noch – er war in seinem Jeder-Popel-fährt-nen-Opel von einer Kneipe in die andere gefahren.
Ein paar Hundert Meter nur!
Beim Aussteigen hatte ihn ein zufällig vorbeistreifender Polizist erwischt.
Hauchen sie mich mal an! Aha, Alkohol am Steuer!
Ein Funkwagen war gekommen und sie hatten den Vater mitgenommen, ihn auf einem geraden Strich in Schlangenlinien spazieren, ihn den Finger neben die Nase führen lassen und mit einer langen Spritze eine Blutalkoholprobe mit jeder Menge Promille darin aus seinem Arm gezogen.

Wochen später fluchte der Vater gar nicht mehr, ging still und demütig ins dunkel-gefährliche Gerichtsgebäude der Gaskesselstadt und hörte dort sein Urteil.
Zwei Wochen Gefängnis! Ein Jahr Führerscheinentzug!
Nun schämte der Vater sich und wurde immer kleiner. Fast so klein wie Hermann.
Red bloß mit keinem darüber!
Keiner sollte etwas von dieser Schmach erfahren.
Vorbestraft!
Während der zwei Wochen Gefängnis war der Vater offiziell im Urlaub und danach leistete er sich eben einen Chauffeur.
Wer hat, der hat!
Die Schokoladengeschäfte gingen gut, immer besser, da war dies unvergessliche Bild einfach nur standesgemäß: Der Vater sitzt im Fonds seines geräumigen dunkelroten Opel Kapitäns, wird zu Hause vorgefahren, von einem kleinen Dicken mit grauem Anzug und grauer Schirmmütze, der ihm auch noch die Tür aufhält, dabei die Mütze abnimmt und *Zack!*, eine kleine Verbeugung andeutet.
Das sah nun wirklich verdammt vornehm aus.

Nur bei Gerd wussten sie Bescheid wegen Hermanns Vater, dem Gefängnis und so. Gerd war nach wie vor Hermanns bester Freund, außerdem verschwiegen, *Großes Ehrenwort!*, und Experte. Schließlich war sein Vater Staatsanwalt und erzählte zu Hause stolz von seinen Plädoyers, während er sein Bierchen im Sessel trank und damit die Pillen gegen Bluthochdruck runterspülte.
Trunkenheit am Steuer? Kleine Fische!
Da gab es ganz andere Fälle, bei denen Gerds Vater gerne mal Recht und Ordnung durchgesetzt hätte.
Die Twistkrawalle mit diesen Halbstarken damals in München! Oder jetzt diese Mods und Rockers in England! Ab ins Arbeitslager und basta!
Gerds Vater hatte immer einen roten Kopf, Schweißperlen auf der Stirn, einen riesigen Bauch und ganz kleine Füße. Doch zu Hermann war er freundlich und schickte ihn nicht ins Arbeitslager. Hermann war ja auch kein Rocker, obwohl er schon gern ein Moped, vielleicht eine Zündapp, *Seegrün mit Büffeltank!*, gehabt hätte und keinen Motorroller wie die Mods.
Hermann hatte wirklich rein gar nichts von einem Rocker – kein Leder, keine Nieten, keine Ketten und haute auch nur selten auf die Schnauze.

Schließlich ging er mittlerweile in den Konfirmandenunterricht seiner Gemeinde und glaubte täglich heftiger an seinen Gott.

Noch heute bewegt Hermann die Frage, warum er sich damals derart kompromißlos mit Gott verbündete.
Lag es an dem wunderbaren Pfarrer?
Könnte sein.
Der Pfarrer, der ihn und seine Eltern vor der ersten Konfirmandenstunde zu Hause besucht hatte, war ein alter Herr in schwarzem Anzug, mit weißen Haaren und einem durch und durch gütigen Gesicht. Die fleckigen Hände zitterten immer ein wenig, dafür konnte der Alte mitten aus dem Herzen lachen. Dann öffneten sich all seine Runzeln zu einem *Lobet den Herrn!* und seine leuchtenden Augen drückten nur einen Wunsch aus: *Lasset die Kindlein zu mir kommen!*
Hermann aber war kein Kindlein mehr, sondern wusste schon, dass es die Männer und Frauen in Ingmar Bergmanns Film *Das Schweigen* derart wild und unverschämt getrieben hatten, dass es in den empörten Augen der Mutter eine *Richtige Schweinerei!* gewesen war. *Da lob' ich mir doch meine Filme mit Doris Day und Rock Hudson!*
Doris Day war blond und *So süß!* und Mutters Liebling
Doch Hermann mochte diesen alten wunderbaren Pfarrer.
Der verströmte Liebe und roch gut nach Äpfeln aus dem Garten des Gemeindehauses, in das Hermann zweimal pro Woche am Nachmittag zum Konfirmandenunterricht ging.

Das Evangelische Gemeindehaus – ein backsteingefügter Traum-Ort, ein wahres Paradies, in dem es keine Prügel gab, keine Katzenköpfe, keine Ohrfeigen, keine Teppichklopfer, keine Strafen.
Nur Güte.
Güte auch dann, wenn Hermann dem Gerd während des Unterrichts diese fürchterlich versaute Stelle in der Bibel über die zwei schlimmen Weiber zeigte.
Hesekiel 23, Vers 3!
Die trieben Hurerei in Ägypten in ihrer Jugend und ließen ihre Brüste begreifen und den Busen ihrer Jungfernschaft betasten!

Über *Hurerei!* und *Brüste!* mussten sie immer prustend lachen und wenn die anderen Konfirmanden zischelnd fragten, was denn los sei, sagte Gerd nur *Hesekiel 23!* und die anderen konnten sich kaum noch halten.

Auch die Mädchen nicht, denn, unglaublich, auch Mädchen wurden konfirmiert und waren nicht von Unterricht, Klassenzimmer und Schulhof ausgeschlossen, wie an Hermanns Gymnasium.
Die Mädchen kicherten beim Hesekiel. Nur die blonde Gabi, die immer so fürchterlich wohlerzogen tat, die nicht. Die zog einen strengen Mund.
Ihr seid richtig unanständig!
Das waren sie auch. Doch den Pfarrer störte das nicht weiter. *Nun beruhigt Euch mal!* Dabei schaute der Alte regungslos, die Hände auf dem Rücken, mit einem leisen Lächeln im Gesicht aus dem Fenster in den Garten mit den Apfelbäumen.

Bei diesem Pfarrer lernte Hermann das *VaterUnserErlöseUnsVonDemÜbel* und jede Menge Lieder aus dem Gesangbuch auswendig, hörte die Geschichte vom wütenden Jesus, der die Händler aus dem Tempel vertrieb, begriff, dass Pharisäer und Schriftgelehrte richtig miese Typen sein konnten und dass es Aufgabe der Kirche sein musste, jedes Unrecht und jeden neuen Krieg zu verhindern.
Es hat genug Opfer gegeben!
Hermann ging jeden Sonntag zum Gottesdienst in die Kirche und hörte die Predigten des gütigen alten Mannes. Saß auf einer knarrenden Holzbank, schaute auf Altar, Kreuz, Kanzel und sang inbrünstig.
Ein feste Burg ist unser Gott!
Ein gute Wehr und Waffen!
Lachte nicht dabei, keiner zog ihn aus der Bank und gab ihm vierundzwanzig Ohrfeigen.
Und keiner konnte ihm den Kirchgang verbieten.
Zwar kamen Vater und Mutter nicht mit in den Gottesdienst, waren auch noch nie, außer bei Hochzeiten und Beerdigungen, mit ihm in der Kirche gewesen, doch konnten sie ihm diese eine Stunde am Sonntag, die er nur für sich, den Lieben Gott und die Freunde aus dem Konfirmandenunterricht hatte, einfach nicht ausreden.
Der Gott, der da als unsichtbar lächelnde freundliche Gestalt neben Hermann stand, war stärker als die Eltern. Dem hatten sie nichts entgegenzusetzen. Gott war eben auf seiner Seite.

Wohl deshalb sitzt Hermann eines Tages auf dem Rücksitz im Opel des Vaters, der seinen Führerschein inzwischen wieder in der braunen Lederbrieftasche bei sich trägt, und schreit ihn mit klopfendem Herzen und voller Wut an.

Du bist ein verdammter Heide! Du gehst nie in die Kirche! Nur in die Kneipe!
Hermann ist sich heute noch nicht sicher, was damals über ihn kam, aber es war wohl so etwas wie der Heilige Geist.

Kaum zu glauben, er gab tatsächlich Widerworte, er stand auf gegen seinen Vater und würde sicher schwer dafür bestraft werden, die Hand würde ihm aus dem Grab wachsen und alle auf dem Friedhof würden sehen, dass er kein folgsamer Sohn gewesen war.
Dennoch schreit er.
Der Vater hinter dem Lenkrad ist einen angsterfüllten Moment lang merkwürdig still, dreht sich dann um und grinst zu Hermanns großer Überraschung sehr schief und sehr verlegen.
Ich habe meinen eigenen Glauben! Ich geh nur nicht in die Kirche!
Und erzählt, dass er oft zu seinem Herrgott gebetet hätte, damals im Krieg in Russland, mehr erzählt er nicht, fügt aber noch mit schwerem Kopfnicken hinzu, dass Hermann ihm das ruhig glauben könne.

Und wie Hermann glaubte.
Er kaufte sich sogar ein Silberkettchen und ein kleines Kreuz. Fragte deshalb nicht um Erlaubnis. Gar nicht. Hatte einen beseelten Mut. Ging, ein paar gesparte Fünfmarkstücke in der Faust, zu dem kleinen Laden mit dem vielen gebrauchten Schmuck hinter dem staubigen Schaufenster, durch das er schon öfter gespäht hatte. Inmitten eines Gewirrs von Uhren, Ringen, Halsketten, Krawattennadeln lag das Kreuzlein samt Kettchen auf dem schwarzen Samttuch der Auslage und blinkte ihn verheißungsvoll an.
Gottes Segen auf allen Wegen, betritt er zögernd den schlecht beleuchteten An- und Verkaufsraum, stottert der Verkäuferin mit den langen pechschwarzen Haaren seinen Wunsch in das fragende Gesicht, die nickt nur und nimmt die Münzen aus seiner feuchten Hand. Gleich vor der Ladentür hängt er sich das Kreuz um den Hals, richtet sich tief drinnen auf, spürt die Kraft des gekreuzigten Sohnes und ein wohliges Schauern im Nacken und lässt von nun an den Kragen seines Hemdes ziemlich weit offen stehen.
Jeder sollte an diesem Kreuz sehen, dass er nur noch einem Höheren gehorsam sein wollte. Und dieser Höhere war ein guter Gott, kein böser. Gott stand wirklich auf seiner Seite, das spürte er, wenn er abends im Bett mit gefalteten Händen sein *Vater Unser!* betete und nicht mehr dies alte *Ich bin klein, mein Herz mach rein!*

Das sollen doch die Kleinen beten! Is doch Pippikram!
Und wurde immer größer. So groß, dass der Vater eines Nachmittags nach Hause kam und ihm ein kleines Transistorradio mitbrachte.
Habe ich von einem Kumpel gekauft! Für Dich!

Ein richtiges Transistorradio mit Batterie, in einer schwarzen Ledertasche, mit zwei kleinen Einstellrädern für Lautstärke und Sender an der Seite und einem klitzekleinen Fenster, in dem er die Frequenzen ablesen konnte. Eins von den neuen Radios, das nicht erst warm werden musste, wie das Röhrenradio im Wohnzimmer, sondern das sofort große Töne spuckte.
Auf Mittelwelle.
Das kleine Radio konnte er überall hin mitnehmen. In der Hosentasche.
Auch in die Schule.
In der Großen Pause stand er von nun an mit Gerd und ihrem neuen Kumpel Breitarsch-Willi in einer entfernten Ecke des Schulhofes und hörte irgendeinen Tommysender. Alles in Englisch. *Oh, yeah!* Auch die Musik. Willi, der bärenstarke Fettkloß in der Trachtenjoppe mit den Silberknöpfen, hatte die BRAVO nach draußen geschmuggelt und las mit wichtiger Miene vor, dass sich bei Siv Malmkvist Liebeskummer nicht lohnt, dass Pickel unbedingt mit Aknederm behandelt werden müssen und, was doch wohl das Wichtigste war, dass die Beatles wieder einmal die Hitparaden stürmten. *Ach, die Beatles!* John, Paul, George und Ringo.
Auch sie kamen damals als Heilige Geister über ihn und gaben das Signal zum Aufbruch, davon ist Hermann heute noch überzeugt. Klar, da waren dieser wunderbare Pfarrer, das Gesangbuch, die Bibel, der Konfirmationsunterricht, der Gottesdienst am Sonntag, und das alles nun schon im zweiten Jahr. Er trug auch immer noch das kleine Silberkreuz um den Hals und glaubte heftig an seinen Gott, aber er glaubte eben auch an die Beatles.
Und ebenso heftig.

Hermann war sicher, dass Gott nichts gegen Beatmusik hatte, deshalb brauchte er ihn auch nicht um Erlaubnis zu fragen, als er sich seine erste Beatles-LP kaufte.
Kaufen musste.
Denn sprachen nicht die Mädels im Konfirmandenunterricht, selbst die hochanständige blondgezopfte Gabi, immer begeistert kichernd von den

Beatles?
Paul ist mein Liebling!
Zum Knutschen!
Wenn John jetzt hereinkäme, ich würde sterben!
Die Zeitungen, allen voran die BRAVO, waren voll mit Fotos und Stories von ihnen. Im Kino hatte *A Hard Day's Night!* alle Rekorde gebrochen, und ihr nächster Film wurde schon heiß erwartet. Beatles im Transistorradio auf Mittelwelle, röhrengewärmte Beatles auf UKW, Beatles im schwarz-weißen Fernsehen. Beatles auch im Schaufenster des Plattengeschäfts, in dem die Mutter ihre Platten von Dean Martin, Max Greger, von Helmut Zacharias und seinen Zaubergeigen oder für den Vater die Scheiben seines heißgeliebten Peter Alexander zum Geburtstag kaufte.
I marschier mit mein Dulidulijeh,
nachts allein durch die Grinzinger Allee!
Aus dem Schaufenster eben dieses Plattengeschäfts schauten ihn nun vier finstere junge Männer an, die ihre Haare lang über den Ohren trugen. Magische Pilzköpfe.
Oh yeah, Hermann trägt plötzlich imaginäre Beatstiefel, schwarz, spitz, mit Gummizug an den Seiten, eine Schlaggitarre unter dem Arm und alle Mädchen um ihn herum kreischen, schlagen die Hände vors Gesicht und weinen vor Begeisterung, so wie sie es in Beatles-Konzerten immer machen.
Dann stiefelt er, *Oh Baby!*, mit dem Zwanzigmarkschein, den er aus seiner kleinen grünen Spardose gefischt hat, in den Laden, mutig direkt zu der vollbusigen Verkäuferin mit dem Ringelpulli und hat doch einen ganz trockenen Mund. *Die Beatles For Sale, bitte!*

Er will sich die Scheibe gar nicht erst in einer der gläsernen Boxen des Geschäfts anhören, in denen Plattenspieler samt Lautsprecher bereitstehen, nein, er zahlt seine achtzehn Mark, klemmt sich die Plattenhülle ungeschützt, *Ohne Tüte bitte!*, unter den Arm, stakst mit den imaginären Beatstiefeln, die ihm seine Mutter, *Nur über meine Leiche!* kaufen würde, aus der Tür, latscht, immer schön lässig in den Hüften und die Gitarre am Gurt über der Schulter, die Straße hinunter, spürt, dass nun alles anders werden wird und kommt nach Hause, Keiner da!, zieht die staubig gewordenen Stiefel vor der Tür vorsichtshalber aus, versteckt den Traum von einer Gitarre im Kleiderschrank und geht zur Phonotruhe im Wohnzimmer, gibt sein legendäres erstes Beatles-Konzert mit einer Langspielplatte von Odeon.

Was er dem kreischenden, dem tobenden Wohnzimmerpublikum da präsentiert, fährt ihm selbst mittenmang ins Herz, in die Glieder. Kein Körperteil bleibt ohne Impuls, jede Note, jedes Gitarrenriff, jedes Wort springt ihn an und lässt ihn nicht mehr los.
I'm a loser
and I am not
what I appear to be!
Hermann hat sich vor der Beatles For Sale zwar schon irgendwelche Langspielplatten mit *Locomotion!* und *Twist!* und *Lucky lips are made for kissin', Lucky lips are never blue!*, gekauft und sich damit von Heidi Brühl, Manuela, Gus Backus und sogar von Bill Ramseys *Heut ist Maskenball bei Scotland Yard!* verabschiedet, aber diese Beatles stärken ihn mehr als eine ganze Tüte voll mit Köllns Haferflocken.
Baby's in Black and I feel in blue,
Ooh what can I do?
Beseelt summt er mit, merkt sich jede Melodie, schnappt sich ein Schulheft und schreibt auf die Linien der leeren Seiten die Texte der Beatles-Songs. Wenn er die englischen Worte nicht auf Anhieb verstehen kann, läßt er die einzelnen Titel mit vielen Wiederholungen laufen, das Ohr am Lautsprecher.
Oooh I need your love babe,
guess you know it's true!

Die Beatles kamen nicht gut bei seinen Eltern an.
Langhaarige Affen! Die sollten sich erstmal die Haare schneiden lassen!
Hermann hatte all die letzten Jahre kaum Haare auf dem Kopf gehabt. Faconschnitt und kein Ende. Also Protest.
Jesus hat auch keinen Faconschnitt gehabt!
Der Christus mit den langen Haaren am Kreuz war jetzt immer wieder sein Argument, wenn er zum Friseur musste und seine Mutter flehend bat, im Nacken einen tiefergelegten Haaransatz zu erlauben.
Ich will endlich einen Rundschnitt!
Kommt gar nicht in Frage! Bist du verrückt geworden?
Und Hermann war verrückt.
Hatte plötzlich wieder diesen verrückten Mut. Überzog den fälligen Friseurtermin mit allerlei Ausreden so lange es ging, ließ die Haare wachsen, so schnell sie konnten, ging dann zum Friseur, dem alten grauen Mann mit Schere und Kamm in der Kitteltasche, setzte sich in den dick gepolsterten Stuhl, warf einen kurzen Blick auf die zeitungslesenden

Damen unter ihren riesigen rosa Frisierhauben, und als der Alte, der ihm seit Jahren die Haare auf Facon und Ruhe und Ordnung getrimmt hatte, fragt *Wie immer?*, antwortet er.
Nein!
Der Alte tut, als habe er nicht richtig verstanden.
Da wird Hermann schon wieder unsicher, doch dann ist ihm plötzlich alles total egal und er gibt die Order.
Einen Rundschnitt, bitte!
Hast du denn deine Mutter gefragt?
Klar doch, einen Rundschnitt, bitte!

Der Weg nach Hause war schlimmer als der zum Zahnarzt. Viel schlimmer. Er schlenderte, stolperte, schlich, kroch, von bösen Vorahnungen zu Boden gedrückt, Richtung Strafgericht.
Du warst doch gar nicht beim Friseur?!
Doch!
Da sieht man aber nichts von!
Ich habe mir einen Rundschnitt machen lassen! Das ist jetzt modern!
Die Mutter knallte ihm ein- oder zweimal die Hand ins Gesicht, schrie, dass sie jetzt wohl gar nichts mehr zu sagen hätte, dass er schon sehen würde, was ihm blühe, und wollte ihn gleich wieder zum Friseur schicken.
Sie schlug ihn jetzt nur noch mit der Hand, nur noch ins Gesicht und in den Nacken immer dann, wenn er sich wegduckte. Der Teppichklopfer blieb im Schrank.
Für den war Hermann zu groß geworden. Größer als die Mutter.
So groß, dass er Nein sagte:
Nein, ich geh nicht nochmal zum Friseur!
Dafür fing er sich noch eine, bekam zu hören, dass am Abend der Vater schon für Gehorsam sorgen würde und dass Hermann schuld sei. An allem und überhaupt.

Lass den Jungen doch!
Der briskfrisierte Vater mit den inzwischen leicht angegrauten Schläfen war zu Hermanns Überraschung kompromissbereit.
Solange die Haare nicht über die Ohren wachsen, kann er den Haarschnitt so lassen!
Die Mutter weinte, warf dem Vater vor, dass er ihr in den Rücken falle und dass man ein Kind *So nicht!* erziehen könne.

Der Vater winkte ab.
Seit dem letzen Arztbesuch hatte er andere Sorgen.
Die Leber!
Das war neu. Nicht wie sonst das Herzrasen, nicht die übliche Enge in der Brust, nicht die Atemnot, nicht die schreiende Todesangst, nein, nun auch noch die Leber. Vaters große Hand drückte immer öfter besagte Stelle unter dem rechten Rippenbogen. Dabei verzog er das Gesicht. Die Leber schmerzte, die Werte waren gar nicht in Ordnung. Überhaupt nicht.
Der Alkohol!
Der Arzt hatte es ihm ohne Umschweife gesagt.
Wenn Sie so weitermachen, gebe ich Ihnen noch ein, höchstens zwei Jahre!
Der Vater war schockiert gewesen, überprüfte nun täglich voller Angst vor dem Spiegel seine Augen auf Vergilbung, schlief des Nachts kaum noch und hörte wirklich auf zu trinken.
Kein Bier!
Kein Schnaps!
Trotzdem spielte er weiter zweimal die Woche seinen Skat in der Kneipe und sang dort mit einem mächtig zynischen Klang in der Stimme das alte Lied, das immer aus den blauen Uniformen der Heilsarmee tönte.
Schon wieder eine Seele vom Alkohol gerettet,
schon wieder eine Seele vom Alkohol befreit!
Saß am Stammtisch mit dem großen Jägermeister-Aschenbecher, qualmte mächtig und bestellte Selters. Und fing sogar noch mit dem Angeln an – Rute, Haken, Wurm und Köcher. Fuhr ganz allein am Wochenende an irgendwelche Seen, Talsperren oder sonstwas, mietete sich dort ein Boot und fuhr hinaus, den Fisch zu fangen.
Petri Heil!
Das beruhigt die Nerven! Hat der Arzt mir empfohlen!
Und trank auch nach dem Fischfang keinen Tropfen Alkohol.
Alle waren erstaunt.

Auch der Opa war erstaunt.
Der trank inzwischen nur noch Diätbier, wegen seiner Diabetes, aber nicht einmal das Diätbier rührte der Vater an, wenn er den Opa in der kleinen Wohnung besuchte, die ohne die liebe Oma und ihre Schürze so einsam und trostlos geworden war.
Der Opa arbeitete nicht mehr oft mit dem Vater im Büro, sondern saß

meistens bewegungslos in seinem alten Polstersessel und starrte vor sich hin. Eine Haushälterin hatte vor einiger Zeit begonnen, ihn liebevoll zu versorgen. Doch der Opa greinte Tag für Tag gegen ihr mitfühlendes Lächeln und sah ziemlich dürr und todtraurig aus. Auch der Dackel war inzwischen gestorben.
Ab und zu schlurfte der alte Gramgebeugte deshalb zu seinem Plattenspieler und legte eine ganz bestimmte Platte auf, nur die eine und nur diese.
Ein kleiner Hund kann der allerbeste Freund sein,
er kommt ins Haus und die Welt sieht anders aus!
Hermann hat bis heute keine Ahnung, wer dieses Lied eigentlich sang, aber es war zum Heulen.
Und der Opa weinte. Bei den ersten Takten des Lieds wirkte sein Gesicht noch wie versteinert, doch dann liefen die Augen voll mit Tränen, dann perlten sie die Wangen hinunter, dann zuckten die Augenwinkel, dann der Mund, dann griff der Opa in die Hosentasche, holte ein großes zerknautschtes Taschentuch hervor und schluchzte sein ganzes schmales Gesicht hinein.

Der Vater versuchte, den Opa zu trösten, auch die Onkel und Tanten versuchten das, wenn sie den Opa besuchten, ihre Kinder mitbrachten und vom Leben da draußen erzählten, von gut laufenden Geschäften und dass man schon daran dachte, sich ein Haus zu bauen.
Aus allen meinen Kindern ist etwas geworden!
Der Opa freute sich und hörte auf zu weinen. Hatte dann aber gleich wieder die Augen voller Tränen, weil er doch wollte, dass seine Frau sich auch über die wohlgeratenen Kinder freuen könnte.
Doch die war tot.
Und Hermann hatte ein paar von den kleinen Platten seiner neuen Sammlung mitgebracht, um sie seinen jüngeren Cousins und Cousinen vorzuspielen – She loves you, Please, please me oder auch diese irre Scheibe von Casey Jones.
Ah, ha, ha, ha,
Ay ay oh,
Doo bah, doo bah, doo bah, doo bah!
Grölen, laut sein, wie die halbstarken Governors mit dem Motorrad nachts durch die Straßen rasen, Haare über den Ohren, mit Gerd, Breitarsch-Willi und ein paar anderen, dann vor dem Haus des kleinen gelben Englischlehrers die Motoren volle Kanne aufdrehen, und wenn

der dann aus dem Fenster schreit, sich diesen Lärm streng verbittet, dann die Hose runter, ihm den nackten Hintern zeigen und das Arschloch auslachen. *Ay ay ho!*
Das wäre echt Klasse.

Natürlich durfte Hermann die verpönte *Negermusik!* nicht auf Opas Plattenspieler vorspielen. Das würde den alten Mann aufregen. Und die Onkel und Tanten und den Vater auch.
Kein Problem, Hermann hatte ja gerade deshalb diesen kleinen tragbaren Plattenspieler von seiner Chefsekretärin-Oma bekommen.
Batteriebetrieben! Jetzt kannst du Platten hören, wann und wo du willst!
Also raus auf Opas Geranienbalkon, den Tonarm nach rechts, *Klick!*, *Plattenteller läuft!*, alle Cousins und Cousinen staunen nicht schlecht, scharen sich um den kleinen Lautsprecher und spitzen die Ohren.
She said that livin' with me
was bringing her down,
that she would never be free
when I was around!
She's got a ticket to ride!

Noch heute, wenn er diesen Song hört, denkt Hermann an den Augenblick, in dem er seiner Prügelmutter den Laufpass gab, ihr klarmachte, dass sie ihn nicht mehr stoßen, treten, schlagen durfte. Der Pfarrer hatte ihm Mut gemacht.
Die große Konfirmationsfeier stand in wenigen Wochen bevor und sie sprachen mit dem gütigen Alten über die Zehn Gebote. Auch darüber, dass man Vater und Mutter ehren soll.
So stand es im Kleinen Katechismus und fertig und *Zack!*
Alle aber wussten, dass dieses Gebot in Wahrheit längst einen Zusatz bekommen hatte, den sich Hermann und die anderen nach dem Unterricht begeistert gegenseitig vortrugen.
Du sollst Vater und Mutter ehren,
wenn se dich schlagen,
sollste dich wehren!
Alle kichern, glucksen, lachen, stoßen sich begeistert in die Rippen.
Wenn'se um die Ecke gucken,
sollst'se in die Fresse spucken!
Grölen und noch mehr Gelächter.

Kein Gelächter, als der alte Pfarrer, ohne dabei in den Garten des Gemeindehauses zu blicken und ohne jede Vorwarnung fragte, ob es denn nicht manchmal schwer sei, das Gebot der Elternliebe zu befolgen?
Keiner wusste, was er damit meinte.
Da setzte der Pfarrer sein Lasset-Die-Kindlein-Zu-Mir-Kommen-Lächeln auf und erzählte, dass er neulich bei einer Familie der Gemeinde zu Besuch gewesen sei, in der ein Kind so heftig geschlagen worden war, dass es ins Krankenhaus musste, und ob man Eltern, die so etwas tun, auch ehren müsse?
Schweigen.
Hermann wird es mulmig. Erst recht als der Gütige mit ernstem Gesicht fragt, wer denn von ihnen schon mal richtig und auch öfter von den Eltern verprügelt worden sei?
Hermann wird unruhig.
Irgendwie werden alle unruhig. Füße scharren, Stühle knarren.
Ihr braucht einfach nur die Hand zu heben!
Noch mehr Unruhe. Dann heben sich die ersten Hände und immer mehr.
Fast alle melden sich.
Auch Hermann hebt vorsichtig die Hand, nur halbhoch, damit man sie vielleicht doch nicht sieht und fühlt sich schuldig dabei.
Schuldig wie nie.
Über diese Dinge wurde nicht gesprochen, so etwas wurde niemals verraten, nur von Gerd und Willi wusste er, dass sie regelmässig zu Hause *Die Hucke voll!* bekamen, die prügelnden Lehrer im Gymnasium mal nicht eingerechnet – die verschonten nur den Klassenprimus. Kein Pardon für den Rest der Klasse.

Ihr könnt die Hände runternehmen!
Der Gütige verkündete, dass Gott nicht will, dass Eltern ihre Wut an Kindern auslassen, dass man Vater und Mutter zwar Gehorsam schuldet und auch manch gerechte Strafe annehmen muss, aber nicht jede und immer und erst recht keine Strafe, nach der man blaugeprügelt im Krankenhaus liegt.
Ihr könnt jederzeit mit mir reden! Macht aus Eurem Herz keine Mördergrube!
Und Hermann konnte es kaum glauben. Da stand einer auf und sprach gegen die Prügelstrafe. Ganz öffentlich!
Zum ersten Mal in seinem Leben hörte er solche Worte. Von einem Pfarrer.
Und erlöse uns von dem Übel.

Klar, dass er zu Hause nichts von all dem erzählte. Der Vater heilte seine Leber aus, die Mutter rang mit ihrer schweren Depression. Hermann freundete sich derweil zunehmend mit Paul McCartney an – Linkshänder müsste man sein, Baß spielen und endlich Haare bis über die Ohren haben.
Say the word and you'll be free!
Und geht irgendwann zwischen Morgen und Abend in den dunklen Keller des Hauses, der ihm zwar nach wie vor Unbehagen bereitet, irgendwas will da immer noch nach ihm greifen, aber er rennt schon längst nicht mehr davon, versucht die Hektik, die in ihm entsteht, auszuhalten, will eigentlich laut singen, aber diesmal besser nicht, geht zum Heizungskeller, in dem die Mutter auf ihn wartet.
Er soll, wie immer, seit die Mutter so schwach geworden ist, Koks in den Ofen schaufeln. Und die Mutter wird neben ihm stehen, um zu sehen, ob er alles richtig macht.
Wie immer.
Hermann ist ihr nicht sofort hinterhergegangen, hat noch kurz ein paar Zeilen von *Ticket to Ride!* aufgeschrieben, kommt deshalb zwei oder auch drei Minuten nach der Mutter im Heizungskeller an.

Jetzt laufen Hermanns Erinnerungsbilder in Slow Motion.
Und ganz ohne Ton.
Die Mutter steht neben dem Ofen. Ihr Gesicht ist verzerrt, auch der Mund, der nur einen riesigen Vorwurf formt.
Zu spät!
In der Hand hält sie den Schürhaken, der immer neben der Kohlenschaufel an der Wand hängt. Hinter ihr ein Berg von schwarz-glänzendem Koks und die vergitterten Kellerfenster. Die Glühbirne an der kohlenstaubigen Spinnenwebdecke beleuchtet matt die Szene. Und der Schürhaken in Mutters Hand hebt sich ein wenig.
Ganz langsam.
Ihre Augen haben den irren Ausdruck, den er so gut kennt.
Nun sieht er sich selbst, wie er dasteht, gebannt von diesen Augen, gebannt von dem Schürhaken, der sich hebt, wieder nur ein wenig. Dann spürt er, wie er sich von ihrem Blick löst, mit einem riesigen Ruck, der ihm fast das Herz zerspringen läßt, und er sieht, wie er sich umdreht, fühlt, wie er dieses wunderbare große NEIN denkt, schaut zu, wie er aus der Tür geht, sie hinter sich schließt, ganz langsam und durch den dunklen Gang zur Treppe und dann hinauf in den hellen Tag.

Da ist er fast fünfzehn Jahre alt und nun laufen die Bilder wieder mit normaler Geschwindigkeit.

Gesprochen wurde über diesen Moment nie.
Der Vater erfuhr nichts. Gar nichts. Die Mutter schlug Hermann nie wieder. Nie wieder. Sie schrie, brüllte ihn danach immer noch an, erpresste, bedrohte ihn, aber sie erhob ihre Hand nicht mehr gegen ihren Sohn – sicher hatte sie Angst, die Hand mit den rotlackierten Fingernägeln würde ihr aus dem Grab wachsen. Später mal.
Gleichzeitig schien sie seltsamerweise ein wenig erleichtert.
Der Vater merkte das sehr genau, schaute manchmal verwundert, aber er sagte nichts. Ging Skat spielen, arbeitete zunehmend, verkaufte gut und roch nicht mehr schlecht. Auch am Tag von Hermanns Konfirmation nicht.
Selters! Nur Selters trank er!
Alle anderen tranken Sekt und Wein und der Opa sein Diät-Bier.

Viele feierten damals mit Hermann – all die Onkel und Tanten und Cousins und Cousinen, alle, nur der nette Großonkel nicht, der Bruder vom Opa, der Lampenschirmverkäufer, der, als die Uroma noch lebte, so wunderbar den *Kleinen Grünen Kaktus!* auf dem Klavier gespielt hatte.
Mit dem reden wir nicht mehr! Der ist für uns gestorben!
Seit Jahren hörte Hermann das schon und sah ihn nicht wieder. Mehr wurde nicht über den Großonkel gesagt, das musste reichen.
Alle anderen kamen pünktlich in die Kirche.
Festlich gekleidet waren sie und Hermann, *Selbstverständlich!*, im blauen Anzug mit schwarzem Lederschlips, weißem, frisch gestärkten Oberhemd samt Manschettenknöpfen, in spitzen schwarzen Schuhen.
So stand er nun mit den anderen Konfirmanden auf den Stufen des Altars, vor ihnen der alte Gütige, reichte Ihnen Wein und Oblaten. Alle waren aufgeregt, alle versuchten ein feierliches Gesicht zu machen, alle Jungens, auch der Gerd, trugen ebenfalls blaue Anzüge, fast alle Mädchen, auch die Gabi, hatten die Haare schwer toupiert, mit Haarspray befestigt und trugen Nylons in den aktuellen Modefarben – Kastanie und Muskat.
Die Orgel spielte, weiße Chrysanthemen links und rechts vom Altar, die Verwandten waren gerührt, der Gottesdienst zu Ende und er hielt die Urkunde mit seinem Konfirmationsspruch in der Hand.
Nun aber bleibt Glaube, Liebe, Hoffnung, diese drei;
aber die Liebe ist die größte unter ihnen!

Korinther 13, Vers 13.
Den Spruch hatte er mit seinem alten Pfarrer ausgesucht.
Was ist Dir das Wichtigste im Leben, mein Junge?
Und Hermann hatte ihm nach einigem Zögern und Hin und Her geantwortet. *Liebe! Liebe ist mir das Allerwichtigste!*
Und spürt noch heute, wie eine milde Wärme in ihm aufsteigt.

Dann die Feier im Hotel.

Der Vater hatte einen großen Raum angemietet, ein Essen mit herrlich braun paniertem Schnitzel und beißfestem Schwetzinger Spargel und Neuen Kartoffeln geordert, bei dem alle immer hübsch feierlich auf ihre Teller und in die Runde schauten, doch dann tanzten sie. Hermann hatte seinen tragbaren Plattenspieler und seine Platten mitgebracht.
Hey, shake it now Baby, Twist and shout!
Es funktionierte.
Shake it now Baby and work it all out!
Es funktionierte wirklich. Weißwein, Sekt und Beatmusik, plötzlich war die Welt in neuer Ordnung. Die Mutter tanzte, die Tanten ebenfalls, die anderen versuchten dies und das, der Vater lächelte schief, verdrehte die großen Fü?e, schwitzte und zog das Jackett aus.
Hermann sang alle Titel mit. Auch den von den McGoys.
Sloopy lives in a very bad part of town
and everybody, yeah,
tries to put my Sloopy down!
Ihn durfte heute keiner fertigmachen.
Hang on Sloopy!
Hermann rockte nach links, rockte nach rechts, ging aber zwischendurch immer wieder zu dem Tisch mit seinen Geschenken:
Die goldenen Manschettenknöpfe vom Patenonkel, eine goldene Krawattennadel mit Diamantsplittern von den Eltern, eine neue Armbanduhr, aber da war auch dieses Buch von der Oma, das sie ihm mit einem *Lies das in aller Ruhe, mein Junge!* in die Hand gegeben hatte.
Wolfgang Borcherts Gesammelte Werke.
Mit dem Beckmann, der nach dem Krieg *Draußen vor der Tür!* stand, ohne Kniescheibe, aber mit den Ratten, die nachts doch schlafen.
Hermann legt das Buch beiseite und will gerade wieder eine neue Platte auflegen, als der Vater an sein Glas mit Selters klopft, alle um Aufmerksamkeit bittet.
Ich habe da noch eine Überraschung!

Der Vater geht kurz vor die Tür des Festraums und kommt mit einem Koffer wieder herein. Hermann wird ganz kribbelig, sein Atem geht schneller, sein Herz klopft, er rennt auf den Vater zu und reißt ihm den Koffer aus der Hand.
Mensch, das ist ja ein Gitarrenkoffer!
Die Mutter stellt sich neben Hermann, lächelt wirklich richtig freundlich und spricht aus knallroten Lippen in die große Runde der Verwandten.
Da habe ich mich extra gut beraten lassen!
In dem mit blauem Samt ausgeschlagenen Koffer liegt eine Schlaggitarre, rot, aus Holz, mit Schaller-Pick-up und allen sechs Saiten aus Stahl.
Hermann hebt die so heiß gewünschte Rote vorsichtig aus dem Koffer, nimmt sie sanft, ganz sanft auf das linke Knie und zupft ein wenig, behutsam, vorsichtig an den Saiten.
Pling! Plong! Plang!
Alle schauen ihn an, staunen, freuen sich. Es fällt zwar niemand in Ohnmacht, es gibt auch kein Kreischen zu hören, aber es ist ein Anfang.
So sitzt er eine Weile da, glüht mit seinem roten Kopf Richtung Publikum und kann doch nicht auf der Gitarre spielen.
Natürlich wirst du jetzt auch Unterricht nehmen!
Der Vater hatte offensichtlich an diesem Tag seine ganz großen Spendierhosen angezogen.

Trotzdem musste Hermann auch weiterhin zur Schule gehen. Saß jetzt auf richtigen Stühlen hinter richtigen Tischen, nicht mehr in alten Schulbänken.
Untertertia, Obertertia, Untersekunda.
Neue Fächer, *Französisch!*, waren in den letzten Jahren hinzugekommen und auch neue Lehrer. Sprachen interessierten ihn, immer wieder auch Deutsch und Geschichte, außerdem konnte er beim Sport die Kugel weit hinaus in den Sand stoßen, fertigte begeistert Papiercollagen aus Zeitungsausschnitten im Kunstunterricht und war froh, als der kleine gelbe Englischlehrer plötzlich auf Dauer krank wurde, *Wohl die Leber, was?* und dafür ein Neuer kam.
Allmählich nahm die Zahl der Lehrer ab, die täglich ihre Schlagkraft beweisen musste. Hie und da ein Hieb mit dem Zeigestock oder Schläge auf den Hinterkopf erhöhen das Denkvermögen.
Nur der neue Lateinlehrer machte eine Ausnahme.
Caesar, Cicero, all ihre ehern gefügten Reden sollten sie bei dem übersetzen und alle wussten, Gerd, Breitarsch-Willy, alle, auch die Neuen, die

Sitzenbleiber aus den oberen Klassen, die auf der Straße schon rauchen durften und zu denen die Lehrer *Sie!* sagen mussten, alle wussten, wenn für die erste Schulstunde Latein angesagt war, blieb man am Besten zu Hause, schwänzte, war einfach nicht da, unsichtbar.
Denn die Luft brannte, wenn der Lateinlehrer die erste Stunde zu geben hatte. Schmale Lippen hatte dieser Mann, eine Goldrandbrille und ein bleiches, kantiges Gesicht. Seine Bewegungen waren eckig bis steif.
Militärisch.
Doch trug er keine Uniform, keinen Stahlhelm, kein Koppel, keine Knobelbecher, geschweige denn ein Gewehr, wie die Soldaten von der neuen Bundeswehr, die viele, auch die Eltern, immer noch bei ihrem alten Namen nannten.
Komm du nur zur Wehrmacht! Da werden sie dir Zucht und Ordnung beibringen!
Das hatte die Mutter oft genug drohend erwidert, wenn er von langen Haaren geschwärmt hatte. Doch Hermann wollte kein Soldat werden. Wollte nicht einmal Sanitäter sein, wie der Vater damals in Leningrad. Wollte auch kein Ekelpaket werden wie dieser Lateinlehrer.

Das Ekel kam immer genau fünf Minuten zu spät, stürmte in die Klasse. Knallte die Tür hinter sich zu, warf die Aktentasche auf den Lehrertisch. Sein Blick wurde stechend, die Lippen noch schmaler. Dann forderte er die Hausarbeiten. Bereits hohnlächelnd.
Stellte sich in die hinterste Ecke des Klassenzimmers und hörte eine der Übersetzungen an. Irgendeine, von irgendwem. Wenn ihm an der Übersetzung etwas nicht passte, kam es wie immer – der Bleiche zog das schwere Lehrerschlüsselbund aus der Hosentasche und schleuderte es blitzschnell und recht zielgenau auf den Schüler.
Traf ihn. Meistens.
Der Getroffene musste dem Bleichen das Schlüsselbund zurückbringen. Tat er das nicht umgehend, holte der es sich selbst und langte noch einmal zu. Kräftig.

Einmal soll Hermann ad hoc einen schwierigen Absatz aus einem Cicero-Text übersetzen, an dem bereits zwei seiner Mitschüler folgenreich gescheitert waren. Als sein Name aufgerufen wird, starrt er kurz auf den Lehrer und trägt seine Übersetzung vor.
Ohne Probleme.
Da läuft der Steife vor Wut rot an.

Entweder du bist ein Genie oder du benutzt einen Pons!
Hermann besitzt aber keine dieser vielgeliebten kleinen Übersetzungshilfen. Hat nicht gespickt. Was für ein mieser Vorwurf.
Hermann ist bis in den letzten Winkel seines Herzens entrüstet.
Dann bin ich ein Genie!
Das Schlüsselbund fliegt ihm direkt an den Kopf. Er bringt das schwere Ding nicht zurück, bleibt mit schmerzendem Schädel sitzen.
Es ist still im Klassenzimmer. Draußen steht der angepisste Bronze-Bismarck vor dem Fenster und hält sich an seinem Säbel fest.
Der Steife wartet kurz, kommt dann langsam durch die Tischreihen auf Hermann zu. Den durchwogt statt der üblichen Angst erstmals das absolut sichere Gefühl, im Recht zu sein. Unbedingt und ohne Frage. Also steht er auf, wartet zornig, mit geballten Fäusten neben dem Schlüsselbund, das unten auf dem Boden liegt.
Und der Lateiner kommt näher.
Es gibt kein Entrinnen. Kein Starfighter stürzt vom Himmel, schlägt vor dem Fenster in die Erde, ein Riesenkrater, der all die miesen Pauker verschlingt, nicht einmal die Pausenklingel wird ihn retten.
Der Steife kommt noch näher, zittert vor Wut, baut sich vor Hermann auf, starrt ihm voller Mordlust ins Gesicht, fasst ihn aber nicht an, bückt sich, greift nach dem Schlüsselbund, geht wieder nach vorne und schreibt einen Tadel ins Klassenbuch. *Widersetzt sich dem Lehrer!* An anderen Tagen der Woche unterrichtete der Lateinlehrer in der dritten oder vierten Schulstunde. Da blieb das Schlüsselbund immer in der Hosentasche. Bis wieder eine dieser ersten Stunden kam.

Widersetzt sich dem Lehrer!
Das gefiel dem Klaus. Der war einer von den Sitzengebliebenen, trug ein graues Wolljackett, Blue Jeans und hatte schon jede Menge rote Aknenarben im Gesicht, Narben, die bei Hermann erst noch kommen würden. Hermanns Pickel auf Gesicht und Schultern waren noch taufrisch, mitunter ziemlich eitrig und es waren viele. So viele, dass er sich schämte und deshalb zu einem treuen Käufer von Aknederm und Stepin-Puder geworden war.
Morgens, vor dem Spiegel, setzte er immer seine hellbraune Maske auf.
Und fühlte sich gleich besser.

Klaus, der Ältere, gratulierte ihm also.
Dem Arschloch hast du's aber gegeben!
Und lud Gerd, der seine Pickel wie Trophäen auf der Haut trug und Stepin-Hermann ein, nach der Schule mit in die nahe gelegene Kellerkneipe zu kommen, in der sich die älteren Schüler trafen.
Auf'n Bier oder so?
Klar doch!
Und saßen nach der Schule zum ersten Mal in der dunklen Kneipe, bestellten beim Wirt mit der Lederschürze ein kühles Glas Dortmunder Aktiengebräu und waren noch keine sechzehn Jahre alt. Sahen aber älter aus.
Für sechzehn gehe ich immer durch!
Alle in der Kellerkneipe trinken, rauchen, quatschen. Jungen und Mädchen. Die Mädchen kommen vom Lyceum, von der Klosterschule, sonstwoher. Jedenfalls sitzt auch Gabi in der finsteren Kellerkneipe, die wohlerzogene Blonde, die zusammen mit Hermann konfirmiert worden ist, redet gerade mit einer Freundin und fummelt an ihren niedlichen Rattenschwänzen mit den roten Schleifen, als sein Blick sie aufspürt und nicht mehr loslassen kann.
Gerd erzählt dem Klaus wohl gerade von seinen Stürmerqualitäten im Fußballverein oder von seinem Rennrad mit sage und schreibe zehn Gängen, da steht Hermann auf, traut sich rüber zu Gabi und spricht sie an. *Hallo! Auch hier? Und wie geht's denn so?*
Dann erinnert Hermann nur noch Augen. Große blaue Augen, mit Lidschatten und Wimperntusche, dann, Gabis Freundin ist längst gegangen, die Hand, die sich auf seine legt. Dann ein Streicheln, dann ein Hand-in-Hand auf dem Weg zu Gabi, eine Treppe, die zu ihrer Haustür führt und ein Kuss. Wild entschlossen auf ihre Lippen gedrückt.
Nach dem Kuss rennt er weg. Ganz schnell. Sie ruft noch, er hört nicht, kann nichts hören und schwebt, irgendwo zwischen Himmel und Erde, heimwärts. Immer noch schwebend erreicht er mit heißem Herzen seinen Plattenspieler und zieht die neue Revolver.
Got to get you into my life!

Um diesen Sound ging es.
Was nutzte ihm da die klassische Götz-Gitarrenschule, die ihm sein Gitarrenlehrer verordnet hatte. Seit Monaten latschte er zweimal die

Woche mit der Gitarre unterm Arm zur Wohnung eines alten Meisters, spielte nach Noten, zupfte kleine Arrangements für Konzertgitarre und hielt doch eine echte Schlaggitarre auf dem Knie. Mein Gott, die Animals, die mit Eric Burdon, hatten im neuen Fernseh-Beat-Club dieses *We gotta get out of this place!* gespielt.
Und zwar tierisch, gut und wild.
Also besorgte er sich im Musikgeschäft Noten für die Beat-Gitarre.
Der Gitarrenlehrer wehrte sich nicht.
Na, wenn's sein muss!
Und Hermann schlug neue Saiten an.
Beatles, Birds und The Who, aber bloß nicht die Gitarre zertrümmern, wie der vollkommen irre Pete Townsend – später vielleicht. Später. Nur Eines war jetzt schon klar.
I wanna die before I get old!
Vorher mussten aber noch die Haare länger werden.

Hermann trug inzwischen zwar schon einen schwarzen Rollkragenpulli, aber die Haare durften immer noch nicht über die Ohren wachsen.
Willst du aussehen wie diese Gammler?!
Was die Höchstlänge der Haare betraf, war der Vater immer noch beinhart, aber die Mutter meinte zu Hermann, surprise, surprise, dass sie ihren Mann schon überreden würde.
Ein bisschen länger ist ja nicht so schlimm!

Hermann begann sich über seine Mutter zu wundern. Sehr zu wundern. Sie schien beim täglichen Lackieren der Fingernägel ziemlich entspannt zu sein, seit sie ihn nicht mehr prügeln konnte und der Vater nicht mehr trinken durfte. Sie kam sogar in Hermanns Zimmer und erzählte ihm, dass sie ja im Grunde selbst ein Fan der Beatles sei.
Dieses Yesterday höre ich doch selber gern! Wenn nur die Haare von denen nicht ganz so lang wären!

Immer wieder setzte sich jetzt die Mutter auch auf dem Wohnzimmersofa neben ihn, rückte seltsam nah an ihn heran, schaute ihm tief und schwer verrucht in die blauen Augen und hatte anstelle der alten Hiebe eine ganz neue Botschaft für ihn. *Du, nur du bist mein Mann!* Hermann war hin- und er war hergerissen.
Die Mutter behauptete tatsächlich, dass, wenn ihr großer Sohn endlich einmal Arm in Arm mit ihr durch die Stadt spazieren würde, dass dann

alle Passanten die Beiden für ein Liebespaar halten und die Mutter um ihren jungen Freund beneiden würden.
Hermann fühlte sich ob der Wünsche seiner Mutter höchst unwohl. Sie hatte doch einen Mann. Aber von dem hielt sie wohl nicht viel, wenn sie noch einen zweiten brauchte.
Doch das verführerische Strahlen in ihren Augen machte ihn schwach. Also widersprach er nicht. Und tanzte später sogar mit der Mutter auf dem Abschlussball seiner Tanzschule. Da hatte er sich angemeldet. In einer Schule für Gesellschaftstanz. Einer Schule für die Dame und den Herrn.

Bitte auffordern!
Bei diesem Signal ging es los aufs glattgebohnerte Parkett.
Hermann stürzte auf die junge Dame seiner Wahl zu, *Mist!*, da ist schon ein anderer, wilder Blick nach einer anderen, *Verbeugung, Darf ich bitten?*, dann möglichst der Gebetenen nicht auf die Füße treten und das Kaugummi aus dem Mund nehmen, damit es nicht schon wieder eine Rüge des Tanzlehrers über Mikrofon und Lautsprecher gibt.
Und *Links, Zwo, Seit, Ran!*
Langsamer Walzer, Foxtrott, ChaChaCha.
Wegen der Standardtänze war er nun wahrlich nicht in die Tanzschule gegangen, sondern wegen der Gabi. Die hatte ihm nach ein paar weiteren Küssen erzählt, dass sie demnächst eine Tanzschule besuchen würde. Natürlich hatte er seinen Vater um das nötige Geld angefleht und der hatte es nur ganz *Selbstverständlich!* gefunden, dass ein junger Mann das Tanzen erlernt.

Hermann lernte gerade soviel Tanzschritte, wie seine Füße erlaubten, hatte nur Schwierigkeiten beim Linksrum-Tanzen. Schwankte dann immer leicht und der schwarzhaarige Tanzlehrer, Arroganz im Gesicht und Schmalz in der Stimme, kam, um ihn zu korrigieren.
Die Partnerin führen, nicht über sie stolpern!
Solche Korrekturen waren nicht weiter schlimm, richtig schlimm war nur, dass er nicht immer mit Gabi tanzen konnte. Bei der Damenwahl stürzten andere Mädchen der Gabi vor die Füße und forderten ihn hastig zum Tanzen auf – schön, so begehrt zu sein, aber er wollte die süße Blonde mit den Rattenschwänzen.
Und hatte sie, *Gott sei Dank!*, immer am Sonntag. Nachmittags. Wenn im abgedunkelten Clubraum der Tanzschule Platten aufgelegt wurden.

Kein Walzer, sondern Beat.
Denn auch ein Tanz namens Beat stand auf dem Programm des Tanzkurses.
Die Damen und Herren stellen sich gegenüber auf, fassen sich bitte nicht an, halten die Füße geschlossen, und nun den rechten Fuß drehen, nach rechts schieben, den linken Fuß nachziehen, Füße schließen, den linken Fuß drehen, nach links schieben, den rechten Fuß nachziehen, Füße schließen undsoweiter und alles schön im Rhythmus und *Eins, Zwei, Drei!*

Nur gut, dass es wenigstens am Sonntag in der Tanzschule kein festes Reglement gab. Da konnten Hermann und Gabi endlich die Hüften im twistähnlichen Freistil schwenken, wenn Sam the Sham mit seinen Pharaonen den Volle Pulle, Wolly Bully gab.
Und dann gab es da noch die Garderobe der Tanzschule. Im Keller, vor den Toiletten. Während der sonntäglichen Beatveranstaltung ohne jede Aufsicht.
Viele Mäntel hingen da und dahinter Hermann und Gabi, *Mit Zunge!* und ganz wild fummeln, *Nein, nicht da, Hände weg!* und dann doch und Hermann mit einem feuchten Fleck im Schritt.
Linksseitig.
Das war nicht mehr wie beim Hochzeitsspiel mit Anne in der Wellblechgarage, sondern Keuchen, Hitze und überall bunte Farben. Und er hatte wirklich ihre Zunge im Mund gehabt. Sie hatte mit diesem sauscharfen Zungenkuß angefangen, nicht er, er hatte doch keine Ahnung, nur mal davon gehört.
Als ihre Zunge aber nun tatsächlich drängend und groß in seinen Mund schlüpft, zittert er plötzlich am ganzen Körper, seine Mitte wird irgendwie heiß und dann geht es flott in die Hose. Und nun können das alle sehen.
Und es ist ihm peinlich. Nimmt seinen Mantel, zieht ihn an, Gabi an die Hand und nichts wie weg.

Später, allein zu Hause, packt er die Unterhose mit dem feuchten Fleck in altes Zeitungspapier, läßt das Ganze in der Mülltonne verschwinden, versteckt die ebenfalls lustbefleckte Hose seines Anzugs unten im Kleiderschrank und freut sich unbändig.
Ein wunderbarer Tag.

Montage Fünf

Das Wohnzimmer der Eltern.
Hellgraue Damasttapete. Eine dunkle Schrankwand mit offenen Regalfächern, darin Vasen, Schalen, Aschenbecher, alles auf kleinen Wolldeckchen. Ein Orientteppich mit Fransen. Ein marokkanisches Sitzkissen. Ein dunkler Couchtisch mit weißem Deckchen. Zwei graue, kantige Sessel mit breiter Armlehne auf Drehkreuzen.
In einem davon sitzt Hermanns Mutter, im hellgrauen Kleid, in der linken Hand eine Zigarette, die rechte Hand ruht auf der Sessellehne, am Handgelenk glänzt ein Armband. Die Fingernägel sind lackiert. Sie versucht mit halb geöffnetem Mund zu lachen.
Ihre großen Augen schauen ein klein wenig ängstlich.

Eine kleine Kutsche mit zwei Sitzbänken.
Davor ist ein langmähniges graues Pferd gespannt. Auf dem Kutschbock sitzt Hermann im Lederjackett, schwarzes Hemd mit langem spitzen Kragen, eine blonde Locke in der Stirn. Neben ihm der kurzhaarige Gerd, im Lederbluson mit grosser Sonnenbrille. Dahinter stehen aufrecht zwei weitere Jungs in zugeknöpften Parkas, abgewetzten Jeans und feixen mit erhobenen Fäusten Richtung Kamera. Die Kutsche steht auf einer schmalen, gepflasteren Straße. Im Hintergrund reetgedeckte Häuser.

Geburtstagsfeier.
Der Opa sitzt in einem Gartenstuhl, weißes Hemd, Hosenträger, silbergraue Krawatte, große Ohren, große Nase, lacht fröhlich und zeigt mit dem Finger auf die bunten Lampions, die an langen Schnüren über ihm hängen.
Eine große goldene 70 im Ährenkranz aus Pappe glänzt dazwischen.
Der Vater schaut den Opa ernst an und prostet ihm mit einem Glas Sekt zu. Neben ihm sitzt die Mutter, schaut Richtung Kamera und freundlich.
Auf dem Tisch stehen brennende Kerzen, Weinflaschen, Sektflaschen, Gläser. Am Boden eine angebrochene Flasche Weizenkorn.

Eine junge Frau im Hosenanzug.
Das Revers ihrer Jacke hochgeschlagen, die Sonnenbrille im schwarzen

Haar, ein zartes Gesicht mit braunen Augen und ein Mund, der ein Lächeln andeutet.
Neben ihr Hermann.
Er hält die Attraktive im Arm, ist genau einen Kopf größer als die junge Frau, versucht gelassen aus seinem hellen Rollkragenpulli zu schauen und kann doch einen Widerschein von Stolz auf seinem Gesicht nicht verbergen. Lange blonde Locken. Haare bis über die Ohren. Im Hintergrund ein glattpolierter See. Berge ragen auf.

Zwischen diesen Seiten des Fotoalbums findet sich ein länglicher Briefumschlag, auf dem Hermanns Mutter in runder Schrift einige Zeilen notiert hat:

Es ist bestimmt in Gottes Rat,
dass man vom Liebsten,
das man hat,
muss scheiden!
Im Umschlag steckt eine Karte, auf der Verse von Karl Friedrich Harttmann, 1743 – 1815, gedruckt sind.
Leiden sammelt unsere Sinne,
Dass die Seele nicht zerrinne
In den Bildern dieser Welt,
Ist wie eine Engelwache,
Die im innersten Gemache
Des Gemütes Ordnung hält.
Über den Versen schwebend Harfe und Ölzweig.

Getting Better

Das Essen kommt, klapp mal Deinen Tisch runter!
Die Oma hatte längst ihre Handtasche vom Schoß auf den Boden gestellt und fummelte jetzt nervös an ihrem Haar, als ob Besuch vor der Tür stände. Dabei kam lediglich die Stewardess und brachte das Essen. Hühnerfrikassee mit Reis.
Das bleibt Hermann unvergesslich – auf dem ersten Flug seines Lebens gab es eine richtige warme Mahlzeit. Serviert auf Tellern aus Porzellan. Mit Messer, Gabel und Stoffserviette. Draußen dröhnten die großen Propeller und durch das kleine Fenster neben ihm konnte man die Häuser unten in der Zone sehen. Klein waren die. Mehr sah man nicht.

Er war schon öfter mit der Oma nach Berlin gefahren, um seine Großtante, die Schwester der Oma, zu besuchen. Allerdings in dem Zug, den alle *Interzonenzug!* nannten und in dem die Oma immer Angst bekam, sobald der über die Grenze fuhr.
Der bleibt plötzlich mitten auf der Strecke stehen und dann holen sie dich raus!
Wer genau ihn da rausholen sollte, das wusste er nicht, aber es hörte sich ziemlich gefährlich an. Auf alle Fälle konnte man einfach in irgendeinem Zonenzuchthaus verschwinden. Eine schwere Tür fällt zu, ein Schlüssel dreht sich, und da sitzt du und verrottest.
Was wusste er schon von der DDR? Dass man besser aus diesem Land in den Westen floh. Viele taten das und immer wieder. Gruben Tunnel, flüchteten in Ballons, in Sportflugzeugen oder paddelten wie der Teufel mit dem Boot durch die Ostsee über die feuchte Grenze – Vaters Tagesschau im Ersten und seit ein paar Jahren auch die Nachrichten im neuen Zweiten Programm, für dessen zusätzlichen Empfang dieser kleine weiße Kasten auf dem Fernseher stand, meldeten das immer wieder.
Grenzwischenfall!
Klar war auch, dass man bei der Flucht erschossen werden konnte. Dann hingen die Flüchtlinge im Stacheldraht oder lagen als kleiner schwarzer Fleck im hellen Sand des Grenzstreifens und verbluteten. Das hatte er selbst in der Zeitung gesehen.

Regiert wurde dieses DDR-Land, das beim Blick aus dem Fenster des Fliegers so harmlos wirkte, von Omas *Spitzbart!*, der eigentlich Ulbricht hieß und gegen Miniröcke, Beatmusik, lange Haare und Rowdytum wetterte. Von Blue-Jeans ganz zu schweigen.
Ein Spießer!
Genauso spießig wie die meisten Alten im Westen – die Jungen nannten die Eltern jetzt die ALTEN und waren sich einig darüber, dass sie Spießer waren. Von gestern eben und verstaubt. Man kam einfach nicht mit ihren dauernden Vorwürfen und Klagen zurecht.
Was soll nur aus dir werden?
Wie kannst du uns das antun?
Geh endlich mal wieder zum Friseur!
Zieh' dir mal was Anständiges an!
Komm pünktlich um Zehn nach Hause!
Denk dran, dass du die Beine immer noch unter meinen Tisch stellst!
Hermann hörte die Ermahnungen, Drohungen, Anweisungen und spürte Widerwillen. Mächtig pulsierenden Widerwillen. Auch wenn er noch längst keine 21 Jahre alt und volljährig war, aber immerhin schon ganz und gar offiziell rauchen durfte, tat er trotzdem, was er wollte. Meistens. Nicht immer. Schließlich brauchte er die Eltern noch ein wenig.

Auf alle Fälle war es gut, jetzt neben der Oma zu sitzen und nach Berlin zu fliegen. Und Hühnerfrikassee zu essen. Eines seiner Lieblingsgerichte. Dann wurde abgeräumt, die Oma griff nach ihrer Handtasche und las weiter in ihrem Buch vom *Ende einer Dienstfahrt!* – Heinrich Böll. Von dem hatte er schon im Deutschunterricht am Gymnasium gehört, aber nichts von ihm lesen müssen. Johann Wolfgang hingegen war obligatorisch. Schiller ebenfalls.
Festgemauert in der Erden
steht die Form aus Lehm gebrannt
heut' noch soll die Glocke werden
Frisch, Gesellen,
seid zur Hand!
Von Schillers Räubern hatte der Deutschlehrer indes nichts gehalten. Gar nichts. Kein Sturm, kein Drang, keine Zweifel an der Ordnung der Welt. Immer nur Glockengeläut und fegende Zauberlehrlinge.
Und das ewige Zack!

Die Oma war eine Leseratte, hatte schon immer viel gelesen, erzählte sie. Und las meist solche Bücher, die bei den Eltern nicht zu finden waren. Zu Hause gab es nicht einmal einen Bücherschrank, wie die Oma einen hatte, sondern nur die Nußbaum-Schrankwand im Wohnzimmer mit einem kleinen offenen Regal, in dem die alten Bücher vom Vater, die Bände über Anne Golons wunderbare Angélique, Pasternaks Schiwago und die Krimis von Raymond Chandler standen.
Und dieser kleine Band mit dem seltsamen Titel. *Kind und Volk!* Der Vater hatte das Buch vor Jahren aus Opas kleiner Bibliothek der alten Schwarten mitgebracht.
Schaut doch, dieses Buch hat meiner Mutter gehört! So also hat sie sich damals auf ihre Mutterschaft vorbereitet! Was für ein schönes Andenken!

Hermann hatte schon immer die alten Bücher vom Vater geliebt, das Walfangbuch mit den Hakenkreuzen, das zerfledderte Buch mit den Geschichten vom Lügenbaron Münchhausen, dessen Pferd oben am Kirchturm hängt, während der Baron staunend unten im Kirchhof liegt, auch den großen Band mit Wilhelm Buschs Geschichten von Fips, dem Affen, der beim Friseur den Kunden die Ohren blutig schneidet, und von der Frommen Helene, die säuft bis sie verbrennt. Doch mit diesem Buch, diesem Kind und diesem Volk, konnte Hermann sich nicht anfreunden. *So ist das Wirken der Mutter sinnig still, von Sorgen und Schmerzen durchwebt, im verborgenen Heim, wo ihre wärmende Liebe waltet! Der verklärende Glanz der Übernatur durchleuchtet ihr Herz und ihr Tun!* Wenn Hermann daheim in seinem Zimmer vom Wirken der übernatürlichen Mutter las, musste er an die eigene Mutter denken, an ihre ständigen Klagen, an den toten Bruder, ihre schlimmen Albträume, vermochte aber beim besten Willen nicht ihre wärmende Liebe zu erinnern, sondern nur seine heiße Angst, den verdammten Teppichklopfer und ihre verrückten Augen.

Die Großtante in Berlin war auch verrückt.
Aber herrlich verrückt.
Arbeitete als Steuerberaterin. Ohne Mann und ohne Kind und ohne Kegel. Sie war so anders, so fröhlich, lachte viel und lebte im Bayerischen Viertel. Im vierten Stock eines Altbaus. Dort oben schaute ihn die kleine dünne Frau durch ihre dicke Brille mit Argusaugen prüfend an, dann nahm sie Hermann fest in den Arm.

Mein Gott, bist du groß geworden! Und diese langen Haare!
Dann lachte sie und stellte ihm die anderen vor, die in der großen schwarz-weiß gekachelten Küche am runden Tisch saßen – lauter braunhäutige Menschen, mit pechschwarzen Haaren. Junge Frauen in langen bunten Gewändern, junge Männer in dunklen Hosen und weißen Hemden. Und alle lächelten freundlich, sagten *Hallo!* und verbeugten sich dabei.
Das sind meine indischen Freunde! Meine Kinder!
Inder. Hermann hatte noch nie welche gesehen, aber gehört, dass die Großtante seit seinem letzten Besuch freiwillig die Betreuung von indischen Studenten der Berliner Universität übernommen hatte. Jetzt lernte er, dass die langen Gewänder der Frauen Sari genannt werden, und die Großtante zeigte ihm ein Foto, auf dem sie, anläßlich irgendeines Festes, auch so einen Sari trug. Und wie sehr sie sich freute, dass sie bald nach Kalkutta fliegen würde. *Meine indischen Kinder haben mich eingeladen!* Die Großtante war schon eine.

Während der Hitlerzeit haben wir beide unsere jüdischen Freunde im Keller versteckt!
Die Oma erzählt ihm das, als sie mit dem 19er-Doppeldecker-Bus den Ku-Damm hinauf Richtung Funkturm fahren. *In unserem Viertel hatten damals viele Juden gewohnt*, schaut sie ihn traurig an, *aber die wurden von Uniformierten oder Zivilen abgeholt oder mussten fliehen.* Hermann denkt wieder an das Gas, an die Kacheln, an die Duschen, vor denen er manchmal immer noch Angst hat. Denkt an den Eichmann. Fragt die Oma.
Eichmann? Ein Schwein war das! Der hätte den vielfachen Tod verdient!
Hermann schaut aus dem Busfenster.
Freiheit für Teufel! hat jemand in großen roten Buchstaben an eine Hauswand geschrieben. Später liest er *Schluß mit dem Kieg in Vietnam!* und sieht dann unweit der nächsten Haltestelle einen Jungen seines Alters stehen – so einen im grünen Parka, Gitarre auf dem Rücken, und der tritt gegen einen Zigarettenautomaten, der an einer Hauswand hängt. Immer wieder.
Keiner hindert den daran.
Der Bus dieselt einfach weiter.

Zu Hause war alles ganz anders als in Berlin.
Doch auch hier wurde es besser. Ein wenig besser. Genau wie es John, Paul und die anderen auf ihrem Sergeant-Pepper-Album sangen.

I used to get mad at my school,
the teachers that taught me were cruel,
but I have to admit it's getting better,
a little better all the time!
Gut, dass er nicht mehr zur Schule gehen musste. Das war vorbei. Zum Schluss, in der Untersekunda, hatten ihn die Lehrer mit Sie angesprochen und auch er war, wie alle anderen, einfach nicht mehr aufgestanden, wenn ein Pauker in die Klasse kam.
Guten Morgen, meine Herren!
Junge Referendare waren im Unterricht aufgetaucht, nicht steif, nicht traurig, ohne jedes *Zack!* Die konnten richtig lachen und einer hatte sogar ganz offen im Geschichtsunterricht kritisiert, dass der gramgebeugte Lehrer mit dem gewalttätigen Zeigestock aus Bambus den Zweiten Weltkrieg, überhaupt die ganze *Nazizeit!* nie zum Thema gemacht habe. Danach hatten sie den Referendar allerdings nie wiedergesehen.

Noch eine letzte Klassenfahrt hatte es gegeben. Auf eine der ostfriesischen Inseln. Gerd, Breitarsch-Willy, Klaus, alle waren dabei gewesen. Wild hatten sie ausgesehen, in Lederjacken und Parkas und die Insel unsicher gemacht. Vor allen Dingen spät abends, wenn bereits Bettruhe angesagt war – raus aus dem kleinen Toilettenfenster des drögen, übel riechenden Schullandheims, ab in die Dorfkneipe, ein paar halbe Liter Bier getrunken, nette Mädchen angequatscht. Und dann zum Strand, Strandkörbe zusammengestellt und geknutscht. Mit Zunge.
Damals knutschte Hermann schon nicht mit mehr der Gabi. Fummelte auch nicht mehr mit ihr. Eines Tages war ein anderes, noch blonderes Mädchen gekommen, mit noch größeren Brüsten, also konnte das mit der Gabi nicht mehr weitergehen.
Am Nachmittag in der Kellerkneipe hatte er es ihr gesagt.
Du, ich geh mit einer anderen! Is wohl besser, wir machen Schluss!
Gabi hatte geweint und ihm in sein erschrockenes Gesicht geschrien.
Ein ganz mieser Typ bist du!
Er war einfach aufgestanden und gegangen, weil er nicht wusste, was er noch hätte sagen sollen. Hatte ein schlechtes Gewissen, spürte Gabis Wut im Nacken und ging die paar Meter weiter zu dem Tisch, an dem die Neue saß.
Da bin ich wieder!

Das Mädchen mit dem Zungenkuß im Strandkorb hatte er erst Stunden zuvor auf der Insel in der Kneipe mit den Fischernetzen überm Tresen angesprochen. Ihr Gesicht erinnert Hermann heute nicht mehr, nur dass er mit seinen Freunden am letzten Abend der Klassenfahrt hoch oben auf den Strandkörben steht und alle in weitem Bogen in das brennende Lagerfeuer pinkeln, das danach unten mächtig zu qualmen beginnt.

Ich mache kein Abitur! Nicht an dieser Schule und überhaupt nicht!
Das brauchst du auch nicht!
Der Vater hatte verständnisvoll reagiert. Hermann wollte nach der Untersekunda nur weg von diesem Gymnasium. Diesem Hort des Humanismus oder was. *Lieber gehe ich arbeiten!* Abitur war nicht wichtig. Der Vater hatte auch keins, das brauchte ein Landser vor Leningrad nicht, aber eine kaufmännische Lehre hatte er gemacht.
Also machst du auch eine Lehre! Dann bist du Kaufmann!
Der Vater wollte, dass Hermann in einem seiner gut gehenden Geschäfte arbeitete und mit *Schokolade geht immer!* viel Geld verdiente, wollte, dass sein Sohn nach einer gründlichen Ausbildung, *Von der Pieke auf!*, in seine Fußstapfen träte, damit all die schokoladensüße Arbeit nicht umsonst gewesen wäre.
Und hatte wieder zu trinken begonnen. Nicht soviel wie früher. Aber immerhin.
Meine Leberwerte sind wieder in Ordnung! Ab und zu ein Bierchen oder ein Glas Wein! Nur keinen Schnaps, das ist Gift, sagt der Arzt!
Als die Mutter das hörte, weinte sie erbärmlich, bettelte, flehte. *Trink doch nicht wieder!*
Nutzte aber nichts. Also hatte die Mutter weiter die knüppelharten Medikamente gegen die Finsternis ihrer Depression und immer wieder Hermanns Hand genommen.
Du bist anders! Du musst mir Freude machen!

Das tat er. Machte ihr Freude.
Saß jetzt, während bereits irgendwelche Hippies wilde Love-Ins im Londoner Hydepark veranstalteten, mit einer bunt gestreiften Krawatte um den Hals hinter einem großen Schreibtisch mit je zwei Schubladen rechts und zwei Schubladen links, eine Menge Ablagekörbe oben drauf und verdiente ganze Hundert Mark im Monat. Das war das Lehrlingsgehalt, das in dem Betrieb, in dem er zum Kaufmann ausgebildet wurde, im ersten Lehrjahr üblich war – ein großer Metallbetrieb mit einem rie-

sigen umzäunten Firmengelände, das an allen vier Ecken von einarmigen Pförtnern bewacht wurde.
Ansonsten gab es viele Angestellte und viele Arbeiter. Die Angestellten in weißen Kitteln, die Arbeiter in blauen Arbeitsanzügen, deren Meister in grauen Kitteln, die Sekretärinnen in Blusen, langen oder kurzen Röcken, die Chefs in ein- oder zweireihigen Anzügen. Die männlichen kaufmännischen Lehrlinge mit Sakkos, die weiblichen kaufmännischen Lehrlinge im Kostüm. Die gewerblichen Lehrlinge von der Drehbank in blauen Latzhosen.
Eine Viertel Stunde Frühstückspause, eine halbe Stunde Mittag.
Vorgesetzte waren zu grüßen. Alles hatte seine Ordnung.
Nicht mehr lange.

Hermann wurde eingearbeitet. Im Verkauf. Anfangs saß er neben staubigen alten Damen, schaute zu, wie die jede Menge Bestellungen für Werkzeuge, Hämmer, Meißel, Schrauben, Nägel, all das, bearbeiteten, blaue und grüne Karteikarten führten und sortierten, Korrespondenz auf ihren mechanischen Schreibmaschinen mit Kohlepapier und zwei Durchschlägen tippten und die Ablagekörbe füllten.
Ablage war Sache der Lehrlinge. Hunderte von Ordnern, sauber beschriftet, eine vielstufige Holzleiter, ein großer schwerer Locher und vor ihm die vollen Ablagekörbe.
Ordnung muss sein! Und immer schön nach Alphabet!
Zwischendurch präsentierte man ihm die hochmoderne Lochkartenabteilung, in der die Rechnungen fakturiert wurden.
Die Lochkarten gehen an das Rechenzentrum! Dort werden sie in das neue IBM-System eingelesen!

In der Fakturierabteilung musste er eine Woche lang mal keine Rechnungen und keinen Schriftverkehr ablegen, sondern durfte beim Stanzen der Lochkarten zuschauen. Saß neben einer fülligen blonden Frau, sie mochte um die Vierzig sein, die zeigte ihm, wo es langging.
Die Blonde trug keinen Rock unter ihrem weißen Kittel, nur ihre Nylonstrümpfe. Mit Strumpfhaltern. Das konnte er sehen, weil sie die unteren Knöpfe ihres weißen Kittels offenließ.
Wenn die scharfe Mutti ihm mit einem Glitzern in den grünen Augen von all den kleinen Löchern in den Lochkarten erzählte, dann rückte sie mit ihrem Holzdrehstuhl immer so nah an ihn heran, dass ihm die Krawatte mit dem großen Knoten am Hals zu eng wurde.

Mein Gott, ich habe ihr fast zwischen die Beine sehen können! Hermann war begeistert.
Und dann wieder Registratur.
Ablage, Ordner, Alphabet.
In jeder Abteilung des Betriebs.

Allmählich lernte er die anderen Lehrlinge der Metallbude kennen. Auch die älteren Jahrgänge, aus dem zweiten, dem dritten Lehrjahr. Auch den Bernd.
Der war fast drei Jahre älter als Hermann, schon knapp zwanzig Jahre alt, hatte bereits die Handelsschule hinter sich, war im zweiten Lehrjahr, trug einen krausen roten Bart über der Krawatte und meinte beim Hofgang in der Frühstückspause, dass Hermann sich nichts gefallen lassen sollte.
Immer nur Ablage! Da lernste ja nichts!
Also klopfte Hermann an die Tür des nächstbesten Prokuristen, um ihm zu sagen, dass er eigentlich lieber etwas Neues lernen wollte.
Herein!
Der Prokurist war ein grauhaariger Spießer, der kackbraune Anzüge trug und sich ob Hermanns Dreistigkeit entrüstete.
Im ersten Lehrjahr wird ausschließlich Ablage gemacht!
Und die Ausbildungsordnung?
Das hatte Hermann vom bärtigen Bernd gehört, dass es da irgendeine Ausbildungsordnung geben sollte und sogar eine Gewerkschaft, die solche Ordnungen aushandelte und in der Bernd Mitglied war.
Hermann bekam seinen Ausbildungsplan.
Und saß in den nächsten sechs Monaten am immergleichen Schreibtisch und verwaltete den Werkzeugverkauf für den immergleichen süddeutschen Postleitzahlbereich.
Gut machen Sie das, grinste der Prokurist.

Das ist doch Ausbeutung pur!
Bernd war es, der losschimpfte, von miesen Profiteuren und brutaler Ausbeutung sprach, als sie zusammen in der kleinen Dachkammer im Haus von Bernds Eltern saßen – Vater Finanzbeamter, Mutter Hausfrau, Einfamilienreihenhaus mit kurzgeschorenem Rasen, Stiefmütterchen im Frühjahrsbeet und drumherum ein Jägerzaun.
Schön hier!
Und feixen. Eben hatten sie noch über die kleine Müller, Leiterin der

Zentral-Registratur, gelacht, weil die den Hermann neulich gefragt hatte, ob er nicht mal kurz mit in den Lagerkeller für die alten Akten kommen wollte. *Da können wir einen durchziehen! Ich hab was dabei!*
Klar war er mitgegangen, war ihr in den matt beleuchteten Keller mit den kilometerlangen Regalen gefolgt, hatte aber nicht an dem fetten Joint gezogen. Ihn interessierte an dieser jungen Frau mehr der schwarze Minirock mit den Nylons darunter.
Nur Angucken, mehr nicht.
Also stand er so locker wie möglich neben ihr, schaute ihr beim Kiffen zu, schnupperte dem süßlichen Rauch hinterher und hörte ihr Sonderangebot.
Ich nehm' die Pille! Komm schon!
Als sie das sagte, hatte die kleine Müller schon zu Ende geraucht, sich verführerisch mit dem Rücken gegen ein Regal gelehnt, die Hand nach ihm ausgestreckt und Hermann hatte es, Nylons hin, Nylons her, plötzlich verdammt eilig gehabt, wieder nach oben zu kommen. *Die Pille!* Das hieß ja, dass sie ihn im nächsten Moment an ihr Höschen gelassen hätte. Auch darunter. Und noch mehr.
Undenkbar. Hermann war doch noch Jungfrau.

Bernd aber nicht.
Der hatte schon mit ihr. Unten im Keller, *War echt geil!*, aber jetzt dozierte er hilfsweise über die miesen Ausbeuter der Metallbranche, die einem Lehrling Hundert Mark im Monat zahlten und ihn für die armselige Kohle ohne Gnade auf einem Angestelltenposten schuften ließen, nur um höheren Profit zu machen.
Auch für Hermann war die Sache klar. *So geht es nicht weiter!*
Tranken ein blondes Pils aus der Flasche, sprachen über ihre Bosse, dann über ihre Väter und darüber, dass sie nicht so werden wollten wie die alten Spießer mit ihren Brisk-Frisuren.
Niemals!
Und wenn Bernd in der Dachkammer die Scheibe von Franz-Josef Degenhardt auf den Plattenteller knallte, das Lied über Vati, der mit der Jugend von heute endlich mal ein sogenanntes und vernünftiges Wörtchen zu reden hatte, dann wollten sie erst recht nicht wie Degenhardts Horsti Schmandthoff sein, von wegen *Statt Bier nur noch Möselchen!* trinken und auch nie mehr die blöden Sprüche von ihren Alten hören, von wegen *Du streckst die Beine immer noch unter meinen*

Tisch und Leiste erstmal was Anständiges, bevor du die Schnauze aufmachst.
Ärmel aufkrempeln, Zupacken, Aufbauen!
Erst reiten sie Deutschland in die Nazischeiße! Und dann spucken sie große Töne über Aufbau und Anstand!
Bernd war schwer empört, nahm noch einen Schluck aus der Pulle und wischte sich den roten Bart.
Das mit den Beinen unterm Tisch hatte Hermann zu Hause oft genug vom Vater gehört – wenn er mal wieder spät und verschwitzt und mit einem feuchten Fleck in der Hose aus der Disko nach Hause kam und nachts seinen neuen Dual-Plattenspieler laut aufdrehte. Oder wenn er die SPONTAN, nix mehr Pickel-Bravo, sondern Sex und Politik, auf dem Tisch in seinem Zimmer liegen ließ und der Vater *Diesen Schund!* in den Mülleimer beförderte.
Das hier ist ein anständiges Haus!
Aha.

Da war der Klassenlehrer in der Berufschule ganz anders drauf.
Der hätte einer von diesen flotten Referendaren aus dem Gymnasium sein können und brachte die SPONTAN sogar in den Bürgerkunde-Unterricht mit.
Diskutierte mit seinen Schülern.
I have a dream!
über den Mord an Martin Luther King zum Beispiel, über die Black Panthers, die Luther Kings Tod rächen wollten, oder über Vaters einstigen Lieblingsneger Cassius Clay, der jetzt Muhamad Ali hieß und wegen des Vietnamkriegs in den USA den Kriegsdienst verweigert hatte.
Dieser diskutierende Lehrer hatte ein offenes freundliches Gesicht, das gern lachte, lange feingliedrige Hände und trug immer, höre und staune, eine Blue Jeans – ein Lehrer in Blue Jeans, der im Jahre 1968 mit seinen Berufsschülern nach dem Unterricht in die nahegelegene Kneipe ging und ein Bier trank oder zwei.
Das war schon richtig irre.
Und es war heilsam.
Keine Angst vor Zensuren und Schlägen, keine fliegenden Schlüsselbunde, keine vergreisten Pauker, kein steifer Nacken, kein Würgen, kein Zuspätkommen, nicht einmal seine Zeugnisse musste er fälschen – Hermann gehörte nach einem Jahr zu den Besten und hatte sogar noch Zeit,

den Mädchen in der Klasse unter die kurzen Röcke und nach ihren Höschen zu schielen. Eigentlich wusste er nicht, wie ihm geschah. Alles wurde plötzlich anders. Einfach so.

Natürlich war auch mit dem Gitarrenunterricht Schluss. Er brauchte den alten Lehrer nicht mehr, um die Akkorde von Barry McGuires *Eve of Destruction!* oder die von *She's leaving home!* zu greifen.
Quietly turning the backdoor key,
stepping outside she is free!
She is leaving home!

Da sitzt er nachts in seinem Zimmer auf dem Fußboden, nur eine Kerze brennt, die Eltern schlafen schon, Vater schnarcht und Hermann hat nur einen Wunsch.

Endlich fortgehen von zu Hause.

Die ganze Elternscheiße hinter sich lassen. Ein neues Leben führen. Endlich den Abschiedsbrief schreiben.

Wenn sie den gefunden hat, wird die Mutter oben im geblümten Morgenmantel allein auf der Treppe stehen und heulen und stöhnen und fluchen. Vielleicht.

Wie konnte er mir das antun!

Aber dann wird Hermann schon weit weg sein. Ganz weit weg. In London vielleicht, in der Penny Lane, trifft dort den Feuerwehrmann mit dem Porträt der Queen in der Tasche, nimmt den Uniformierten in den Arm, tanzt mit ihm und lacht, lacht, lacht. Und wird nie mehr in die Gaskesselheimat zurückkehren. Nie mehr.

Endlich frei.

Wenn ich das Schwein kriege!

Bernd war außer sich. Wütend. Zupfte nervös an seinem roten Bart. Sie saßen an den weißen Resopaltischen der Kantine ihres Werkzeugbetriebs und aßen Fisch. Panierten Fisch mit wässerigen Salzkartoffeln. Und fetter Remouladensoße.

Es muss ein Freitag gewesen sein. Freitag gab es immer Fisch. Immer. Alle hier aßen diesen goldgelb panierten Fisch. Zumindest alle Angestellten aßen den Fisch, denn die Arbeiter aus den Maschinenhallen hatten eine gesonderte Kantine – so musste der empfindsame Angestellte nicht die schmutzigen Finger der Malocher sehen, die sie auch mit dieser Handwaschpaste namens Grüne Tante! nie richtig sauber bürsten konnten. Selbst ihre Blaumänner waren dreckig.

Staub, Maschinenöl, Sie wissen schon!
Aber vielleicht aßen auch die Arbeiter Fisch. Immerhin war es Freitag und Bernd war außer sich. Schon vor ein paar Tagen hatte er schlechte Nachrichten mitgebracht.

Attentat auf Rudi Dutschke!
Drei Kugeln in Bauch und Kopf!
Diese Schweine!
Es war zwar nur ein einziges Schwein namens Bachmann gewesen, das den Dutschke auf dem Ku-Damm niedergeschossen hatte, so stand es jedenfalls in der Zeitung, doch Bernd hatte seit der Geschichte mit dem Tod von Benno Ohnesorg die Nachrichten über die Berliner Studenten verfolgt, Zeitungsausschnitte gesammelt, selbst diese Zeitschrift namens 883 aus Charlottenburg mit ihren aufrührerischen Parolen auf dem Titelblatt hatte er sich schicken lassen. *Wenn Ihr uns ans Bein pisst, treten wir Euch ins Knie!*
Einmal war Bernd sogar mit seinem alten Volkswagen nach Berlin gefahren und hatte mit Studenten demonstriert. *Auf dem Ku-Damm!*
Gegen was auch immer. Dabei hatte er gelernt, dass es nicht nur ein Schwein auf dieser Welt gibt.
In Berlin ist der Teufel los, das sage ich Dir!

Und jetzt zeigt Bernd, ganz fickrig ist er, dem Hermann die Fotokopie eines Briefes, die ihm ein Freund aus Berlin geschickt hat. Ein Freund, sagt Bernd, der im Republikanischen Club ein- und ausgeht. Clubs mit solch tollen Namen hatten sie damals nicht in der Provinz. Und solche Briefe bekamen sie auch nicht.
Lieber Rudi, hau ab aus Deutschland!
Ihr Roten ahnt noch nichts von Eurem Glück!
Bachmann hatte eine schlechte Waffe!
Meine Männer haben bessere!
Gute Besserung!
Heinrich M., genannt Gestapo-Müller!

Bernd will unbedingt herausbekommen, wer dieser Heinrich M. ist, denn immerhin könnte der Brief aus der Stadt stammen, in der sie wohnen und Freitags immer Fisch essen. Doch es gibt zu viele Müller im Telefonbuch. So provinziell ist das Kaff, in dem sie leben, nun auch wieder nicht. Es verfügt sogar über ein Büro der NPD, die am liebsten immer noch alles

Fremde zum Duschen in Kachelräume schicken will, um es dann sauber zu begraben.
Deutschland den Deutschen!
Keine Überfremdung!
Die haben Schlägertrupps. Das liest man andauernd. Und die Trupps werden auch eingesetzt. Saalschutz und so. Gegen die Schläger werden Hermann und Bernd nichts machen können, wenn sie den Gestapo-Müller in seinem NPD-Büro besuchen wollen.
Also legt sich die Aufregung.
Sturm und Wasserglas.

Hilfsweise beriefen Bernd und Hermann erst einmal eine Versammlung der kaufmännischen Lehrlinge ein. Alle sollten die miese Ausbildung diskutieren, nicht länger in großen verstaubten Abteilungen mit Ablage und Ordnung muss sein! klein gemacht werden.

Eine Lehrlingsversammlung hatte es aber noch nie gegeben.

Gut, sie hatten Betriebsversammlungen besucht und ihre Chefs mit weißen Kragen vom hohen Pult herunter sagen hören, *Wir sind alle eine große Familie!* und dann Applaus.

Solche Familien fanden sie lächerlich.

Hermann rief also mit ziemlich seriöser Stimme bei der zuständigen Stelle für die Vergabe von Konferenzräumen an.

Hier Abteilung Verkauf! Wir brauchen um 11.00 Uhr einen Raum! Vertreterbesprechung!

Raum Drei wurde ohne Umstände reserviert. Fette Ledersessel, Eichentisch, Gummibaum, Mineralwasser, Salzbrezeln in silberner Gebäckschale.

Alle kamen vollzählig. Während der Arbeitszeit. Einige schleppten Kartons mit diesen neuen Ex-und-Hopp-Bierflaschen an, andere hatten afghanischen Stoff der Extraklasse dabei.

Willste mal ziehen?

Es wurde gequatscht, geknutscht, geraucht, getrunken, gefummelt und einstimmig beschlossen, dass die spießige Kleiderordnung des Betriebs ab sofort außer Kraft gesetzt sei.

Keine Krawatte mehr! Auch keine Röckchen!

Irgendwann schaute eine Putzfrau mit Kopftuch durch die Tür in den verqualmten Raum, ging aber sofort wieder. Dafür kam Minuten später ein Herr mit frisch gestärktem Oberhemd aus der Personalabteilung und griff schockiert an den kleinen Knoten seiner Krawatte.

Meine Güte, was machen Sie hier?
Hermann sah Bernd an. Bernd sah Hermann an.
Eine Lehrlingsversammlung!
Ob die denn angemeldet worden sei, wollte der Herr noch wissen.
Aber selbstverständlich!
Der Herr entfernte sich, schien irritiert.
Später verließen alle in ziemlich loser Ordnung den Raum. Von nun an gab es kein Halten mehr.

Auch Freund Gerd war mit von der rebellischen Partie.
Zwar ging er weiter auf das Gymnasium mit dem angepissten Bismarck vor der Tür, um sein Abitur zu machen, trotzdem gesellte er sich oft zu der kleinen Lehrlingstruppe, die da fast jeden Abend im *Love-Inn!*, der neu eröffneten Schüler- und Studentenkneipe der kleinen Stadt, hockte, Poolbillard spielte, Bier trank und mächtig politisierte.
Wenn sie da in den alten Sesseln und verschlissenen Sofas saßen, der bärtige Wirt mit seiner erloschenen Gauloise im Mundwinkel den flüssigen Stoff gebracht hatte, die Billardkugeln auf dem grünen Tuch klickten und Dave Brubeck direkt aus der Musikbox sein Take Five! in die Räume blies, dann standen die Zeichen auf Revolte. Pläne wurden geschmiedet. Revolutionäre Vorsätze gefasst.
Betriebsbesetzung, wie neulich in Frankreich!
Haare wachsen lassen, bis über die Schultern!
Ich ziehe Cordsamthosen an, wenn's mir paßt!
Sogar Gerd konnte sich endlich auskotzen – wie sehr sein Vater, der ehrenwerte Herr Staatsanwalt, seine Mutter immer noch fertigmachte, dass die immer kleiner und blasser wurde, und dass er das alles nicht mehr aushalten wollte.
Die Pantoffeln bringe ich ihm schon lange nicht mehr! Kann er sich in den Arsch stecken!
Gerd zündete sich die übliche runde Juno an und fluchte mit rollenden Augen, dass der Alte bei Drogenvergehen jetzt grundsätzlich Höchststrafen forderte.
Ein paar Gramm Haschisch und du bist weg vom Fenster! Damit prahlt er immer! Dass er's den Roten schon zeigen wird!

In der Sperrmüllkneipe, beim bärtigen Wirt war Hermann zu Hause.
In der Wohnung der Eltern hingegen hielt er sich nur noch selten auf.
Schlief lieber auf dem durchgesessenen Sofa in Bernds Dachkammer als

die Füße unter seines Vaters Tisch zu stellen – obwohl die Eltern sein Zimmer renoviert und neu eingerichtet hatten: Ein Traum in blau-grünen Polstern, weißem Schleiflack und gelb-orange-gemusterten Pop-Tapeten.
Sonst lief alles wie gehabt. Die Mutter nahm ihre legalen Drogen und den Sohn mit auf Shoppingtour. *Zieh dir doch das graue Jackett an! Bitte, du siehst so gut darin aus!*
Dann parkt sie das Auto im Zentrum der Gaskesselstadt, im Halteverbot, schwenkt die Beine in züchtigem Parallelschwung aus dem Fahrzeug, steigt von all ihren Drogen benebelt und leicht schwankend aus, richtet sich vorsichtig auf, rückt mit einer fahrigen Geste ihren Hut zurecht, ist stolz wie eine Schneekönigin, hakt sich bei Hermann ein, blickt suchend durch ihre schwarze Sonnenbrille und freut sich.
Was für einen jungen Liebhaber ich habe! Schau mal, wie die alle staunen!
Und nimmt ihren Liebhaber mit zum Einkaufen in ein nahgelegenes Modehaus. Mit Verkäuferinnen, die ihr die Tür aufhalten. Ein Kostüm will die Mutter kaufen. *Den Rock kniefrei, bitte! Nichts Altmodisches!*

Ihr Ehemann arbeitete derweil mit zunehmendem Erfolg, verdiente gutes Geld mit *Schokolade geht immer!*, fuhr keinen Opel mehr, sondern einen Mercedes mit Lederpolstern und nahm ebenfalls eine Menge Tabletten und Tropfen.
Für die Leber, für die Galle, für die Nerven.
Hatte Angst, immer noch.
Horchte inzwischen auf jedes Anzeichen, jedes Zwicken und Zwacken seines Körpers, ließ sein Herz rasen, fühlte allerorten seinen Puls, sorgte sich gar um die ersten braunen Altersflecken auf dem Rücken der rechten Hand, nannte sich selbst bei dem Namen, den der Arzt ihm gegeben hatte. *Hypochonder!*
Spürte auch immer wieder den Tod nahen und lachte mit dünnen Lippen, ohne sich zu freuen.
Heute gehe ich auf den Friedhof! Probeliegen!
Spielte nach Feierabend Skat, trank sein Bierchen und ermahnte Hermann mit ernstem Blick, wenn der ihn auf eine Runde Flipper bis zum *Tilt!* in der Kneipe besuchte.
Benimm dich wenigstens, wenn du zu Hause bist! Deine Mutter hat's schwer! Das wird einfach nicht besser mit ihr!

Ein Urlaub sollte helfen.
Ein extravaganter, teurer Sommerurlaub. In einem exquisiten Hotel. Hoch droben, mitten in den italienischen Dolomiten. Mit uniformiertem Liftboy. Mit erstem und zweitem Portier. Mit einem Barmann in Livreé. Mit schwarz-weiß gekleideten Zimmermädchen.
Mit Maître de Plaisir, Tea-Time und Musik-Combo.
Mit ChaChaCha und Walzer, mit See, Bootssteg, Chalet und Tennisplatz.
Sie waren bereits des öfteren im Urlaub dort gewesen.
Ich komme nicht mit, sagte Hermann. *Dies Scheiß-Hotel ist doch nur was für miese Ausbeuter und Kapitalisten!*
Ein letztes Mal noch, bat der Vater.
Da fuhr Hermann mit. Lockenpracht bis weit über die Ohren, weiße Leinenturnschuhe, Blue Jeans, grüne Cordjacke, rotes Halstuch. Dazu eine Umhängetasche aus Wildleder. Mit langen Fransen.
Aber auf keinen Fall in diesem Bonzen-Hotel wohnen.
Hermann wollte sich lieber irgendetwas Billiges suchen, einen armseligen Stall, auf Stroh schlafen oder sonstwas, wollte nicht protzen, nicht den Dicken machen, nicht von hinten und vorne bedient werden. Nicht dazugehören.
Wie der Vater. Wie die Mutter.
Ich mach mein Ding, klar?
Beide waren sofort einverstanden und Hermann wunderte sich sehr.

Nun saß er also nicht für die 150 Mark, die es im mittlerweile zweiten Lehrjahr gab, im Betrieb am Schreibtisch, plante keine neuen betriebsinternen Rebellionen und musste sich auch nicht von nervenden Vorgesetzten anhören, dass er sich sehr, wirklich sehr zu seinem Nachteil verändert hatte.
Saß stattdessen auf einer verdammt grünen Alm mitten im grauen Granit der Dolomiten. Auf einer alten Holzbank ohne Lehne. Hinter einem rohgezimmerten Tisch, der vor der windschiefen Tür der Almhütte stand, die der Vater für ihn klargemacht hatte.
Die Hütte lag zehn Wegminuten vom Hotel entfernt und gehörte dem ewig schwarz gekleideten Hotelbesitzer, dem mit dem Gilb statt dem üblichen Weiß im Augapfel, der seit Jahren und täglich ein Glas Pernod nach dem anderen trank, Angestellte am Morgen entließ, am Abend wieder einstellte, und seinen beiden Kindern gerade einen Deutschen Schäferhund geschenkt hatte.
Ein alter Saufkumpan vom Vater.

Dem Hotelier brauchte Hermann hier auf der Hütte nun endlich nicht mehr ins gelbe Auge schauen, auch der elegante Fünfuhr-Tanztee auf der sonnigen Terrasse des Hotels, all die kerzenbeleuchteten Dinners konnten ihm Spießerscheiße und wirklich Schnuppe sein.
Stattdessen kaufte Hermann, der alte Einkaufsminister, im nahegelegenen Dorf seine dürftige Bergbauernnahrung, kochte sich ein Ei oder zwei im zerbeulten Blechtopf auf dem Holzofen der Hütte, aß Käse, trockenes Anisbrot, trank billigen roten Kalterersee und war sehr glücklich.
Zwei Tage lang.
Dann ödet die Alm ihn an. Er geht zum Hotel hinunter und sieht sie. Nicht *Siebzehn Jahr, Blondes Haar!*, wie bei Udo Jürgens, sondern ein wenig älter.
Schwarzes Haar, braune Augen und ein Lachen im Gesicht, das ihn mitten ins rebellische Herz trifft.
Sie steigt aus einem gelben Fiat 500, kurz *Knutschkugel!* genannt.
Und Hermanns Vater kommt gerade aus dem Hoteleingang, begrüßt sie, gibt ihr die Hand und lächelt schief.
Nichts wie hin.
Plötzlich ist Hermanns Mund trocken. Sie schaut ihn an. Sein Herz purzelt.
Buongiorno! Va bene?
Da ist ihre Hand, er legt die seine vorsichtig hinein und weiß nicht, was er sagen soll. Der Vater weiß es auch nicht. Er hat die Braunäugige öfters im Speisesaal des Hotels gesehen. Mit einem älteren Herrn, sagt er. Die junge Frau ist Italienerin. Und spricht kein Deutsch. Und Hermanns Vater nur Französisch.
Sie spricht auch kein Französisch. Aber Englisch.
Auch Hermann spricht Englisch.
Der Vater geht grinsend fort.

Dann stehen die beiden allein auf dem Parkplatz.
Marisa heißt sie, macht demnächst ihr Abitur, ist mit ihrem wohlhabenden Vater, *Papa verdient sein Geld mit Metallschrott!*, hier und bleibt noch zwei Wochen. Aber ja, klar will sie mit ihm auf dem kleinen See beim Hotel Ruderboot fahren. Nur noch umziehen muss sie sich. Ganz schnell. Und er wartet auf dem verwitterten Bootssteg. Verschränkt die Arme, weiß nicht, wo er damit hin soll vor lauter Glück. Landet mit den Händen in den Hosentaschen und leuchtet still vor sich hin.

Er wird sie über den See rudern, die Majesät der Berge gebührend bewundern, später an der Bar des Chalet eine kühle Cola mit ihr trinken und von nun an nur noch zum Schlafen auf seiner Almhütte sein.
Er wird ihre Hand nehmen, den Arm um sie legen, zart ihr Gesicht erforschen, durch Nettigkeiten das Wohlwollen ihres Vaters erwerben, aber er wird sie nicht küssen.
Bis es soweit ist.

Als es soweit ist, nimmt sie ihn in ihrer Knutschkugel mit. Und lacht ihn von der Seite an. Und fährt irgendwo rechts rein, an einem kleinen Bach entlang, in ein dunkles Waldstück, hält an, steigt aus, klappt ihren Sitz nach vorn, steigt wieder ein, setzt sich auf die Rückbank. Hermann macht das Gleiche, zwängt sich neben sie, schaut in ihre dunklen Augen, weiß nicht wohin mit seinen Beinen, doch dann fällt er umstandslos in sie hinein.
Gimme some lovin'!
Es ist wirklich eng in diesem Fiat. Er spürt sein Verlangen bis in die Fingerspitzen, als er ihr Gesicht streichelt, ihr bebend unter den Pullover fährt und zart, ganz zart nur ihre Brust berührt.
Und hört auch in den folgenden Tagen nicht auf zu beben.
Da waren die Almhütte, Marisas liebes Gesicht und die alte knisternde Strohmatratze, auf der sie lagen. Da waren weiße Wolken am Himmel, tiefes grünes Gras mit saftigen Kuhfladen und kleinen Liebesnestern, da waren Hände, die tasteten. Nicht überall, aber schon mal ein Anfang.

Und dann ist Hermann traurig.
Todtraurig.
Aufgelöst in Tränen sitzt er hinten im Fonds des Mercedes. Alles in ihm zuckt. Kein Trost möglich.
Die Mutter dreht sich nach ihm um.
Mein armer Junge! Ist es so schlimm?
So etwas hat sie noch nie zu ihm gesagt. Doch daran wird er erst viel später denken. Jetzt ist Weltuntergang, tiefste Dunkelheit, wieder mal keine Rettung in Sicht.
Sie fahren heimwärts.
Er hatte Marisa stundenlang im Arm gehalten. Hinten in der Knutschkugel. Und sie hatten gesprochen, versprochen, besprochen. Adressen ausgetauscht. Pläne gemacht. Und sie hatte geweint. Und er hatte geweint. Dann hatte sie ihm nachgewunken. Sagte der Vater. Denn Hermann hatte sich vor lauter Weh nicht einmal umschauen können.

Und lebt doch weiter.

Belegt einen Italienischkurs an der Volkshochschule, schreibt Briefe nach Milano, schickt Fotos, telefoniert, packt die nackte Sehnsucht in jedes einzelne Wort und sah doch Marisa nie mehr.

Findet sich Tage später im Verwaltungsgebäude seiner Werkzeugfabrik wieder. Zwischen Regalen, Karteikästen und Ablagekörben, zwischen drögen Weisungsbefugten und einigen bedürftigen Sekretärinnen, von denen eine, dazu noch eine Chefsekretärin, ihn ob seiner ungehemmten Sehnsucht unbedingt trösten will.

Er sitzt in dem von ihr regierten Vorzimmer, ein Traum in Palisander, mit Kaktus und Drehaschenbecher, wartete auf dies oder das, bläst, ganz ohne Krawatte, ein wenig Trübsal, *Ach!* und *Seufz!* und *Herrjemineh!*, da stellt sie sich neben ihn.

Schlank ist sie, gut aussehend, immer kokett.

Und steht da, schaut ihn mit einem Zwinkern der grünen Augen provozierend an, hebt den kurzen Rock ihres grauen Kostüms.

Hoch, ganz hoch hebt sie den Rock. *Schau' doch mal! Ich habe extra mein Tigerhöschen für Dich angezogen!*

Diese Chefsekretärin half ihm, den Schmerz, den furchtbaren Verlust Marisas zu ertragen. Denn Tigerhöschen können Trostspender sein.

Hermann ahnte, dass er noch viel zu lernen hatte.

Montage Sechs

Farbige Fotos. Der Vater braungebrannt mit gezaustem Haar, gelbem Pullover, brauner Freizeithose, grauen Cordschuhen, den linken Arm in die Hüfte gestemmt. Er steht auf dem Deck eines Segelboots. Lehnt am Mast. Die weißen Segel sind gerefft. Vaters Lachen scheint ein wenig unsicher. Hinter ihm das blaue Meer.

Die Mutter. Auf einem Parkplatz. Sie trägt eine weite weiße Hose, eine Bluse mit einem bunten Blumenmuster darauf, ein weißes Stirnband im Haar, eine große dunkle Sonnenbrille, um jedes Handgelenk ein breites goldenes Armband. Lehnt an einem gelben Sportwagen der Marke Fiat. Ihr Gesicht deutet ein Lächeln an.

Der Großvater. Brustbild. Ein schmales Gesicht mit großen Augen, großer Nase, mächtigen Ohrmuscheln. Der Mund ist leicht geöffnet, der Blick unter den buschigen Augenbrauen ein wenig empört. Seine schmale Hand greift zum Knoten der silbergrauen Krawatte. Sein Hemd ist blütenweiß.

Rot-weiß gemusterte Kaffeetassen mit Inhalt, entsprechende Kaffeekanne, Kristallaschenbecher, Zigarettenpackung, Bierflasche, Gläser – alles auf einem braunen Couchtisch samt einer alten Reiseschreibmaschine aus schwarzem Metall. Davor Gerd, mit Brille, Jeans und Pullover und ein paar roten Pickeln im Gesicht, sitzt auf einem Stuhl und hämmert hochkonzentriert mit zwei Fingern auf die Tastatur ein.

In einer Kneipe, Disko oder sonstwo. Luftschlangen, Tische voller Sektflaschen. Hermann im schwarzen Rollkragenpullover, langhaarig, das Gesicht ein wenig rund, lächelt recht freundlich, sitzt auf einer Bank, hält ein Mädchen im Arm. Sie ist blond, trägt ein rotes Minikleid, schmiegt den Kopf an seine Brust, schaut von dort mit verträumtem Blick in die Kamera, hält seine Hand.

Rotblonder Vollbart, lange Haare bis auf die Schultern, steckt in einem grünen Parka mit Kapuze, die Augen ein wenig zusammengekniffen – Bernd.

Hinter ihm die Teilnehmer einer Demonstration.
Bernd deutet mit ausgestrecktem Arm auf ein Transparent, das in einiger Entfernung vorbeigetragen wird.
Nazis raus!
Rote Lettern auf weißem Stoff.

Freedom

*Spiel nicht mit den Schmuddelkindern,
sing nich ihre Lieder,
geh doch in die Oberstadt,
mach's wie deine Brü-ü-ü-der!*

Die Griffe für das Lied saßen schon einigermaßen, zumindest so, dass alle mitsingen konnten. Hermann hatte seine Schlaggitarre für gutes Geld verkauft und sich eine Protestklampfe zugelegt, wie er sie bei Degenhardt und Süverkrupp, den Lästerbarden, gesehen hatte. Kunststoffsaiten ließen sich ohnehin leichter greifen.
Außerdem sah das Emblem der Atomwaffengegner samt dem Schriftzug *PEACE!* darüber auf der Höfnerklampfe einfach besser aus als auf der roten Fender.

Sie saßen auf dem Fußboden.
In Bernds Wohnung – ein ungemachtes Bett, ein altes Sofa, ein Holztisch mit gesprungenem Furnier, ein zweiflammiger Gaskocher, ein hellgrüner Küchenschrank, ein alter Besenstiel als Kleiderstange in einer Zimmerecke an Nägeln aufgehängt. Und ein Bücherregal. Natürlich ein Bücherregal. Die erste eigene Wohnung! *Endlich!*
Für 60 Mark im Monat ein Altbau-Zimmer unterm Dach mit Außenklo. Bernd hatte es geschafft. *Leaving home!* – raus aus dem Elternhaus. Jetzt erst recht, wo er doch eine feste Freundin hatte. Eine wirklich feste.
Auf die habe ich immer gewartet! Die Frau meines Lebens!
Bernd meinte es ernst mit Sylvia, der krausgelockten Schwarzhaarigen mit den großen dunklen Augen. Sozialpädagogik studierte sie und hatte ein paar richtig clevere Kommilitoninnen, alle älter als Hermann. Über Gefühle, über Aggressionen sprachen die und von Emanzipation. Saßen jetzt alle gemeinsam auf den braun gestrichenen Dielen von Bernds Bude, sangen Schmuddelkinder-Lieder und von Kaninchenställen.
*Wo man, wenn der Regen rauschte,
Engelbert dem Blöden lauschte,
der auf einen Haarkamm biß
Rattenfängerlieder blies!*
Diskutierten natürlich danach weiter über Kinder, über autoritäre und

antiautoritäre Erziehung, über das neue Buch von A.S. Neill und sein Modell Summerhill. Sozialpädagogen konnten einfach nicht anders. Wo alle harmlos schwiegen, diskutierten sie. Ohne Ende. Auch und gerade über das, was autoritäre Erziehung, all das dumpfe *Zack!* mit Kindern anrichtete.
Strenge Disziplin ist eine Projektion des Selbsthasses!
Und damit hat der Neill Recht!
Guck dir doch die Kriegsgeneration an!
Alles hasserfüllte Meister der Verdrängung!
Das hörte sich wirklich total bewusst an – Hermann spürt noch heute die Kraft dieser Worte, die er allerdings nicht ganz und nicht gar verstand.

Was er bei all dem Antiautoritären allerdings kapierte, war, dass die Lehrlinge in seinem Werkzeugbetrieb ganz bestimmt auf dem rechten Weg waren – ihre Disziplin nahm rapide ab, und dabei hatten sie richtig Spaß und immer mehr.
Machten sich lustig. Über ihre Vorgesetzten und immer wieder. Erst recht als gestandene Lehrlinge im dritten Lehrjahr mit 200 Mark Monatsgage, zu denen Hermann nun auch gehörte.
Erschienen bei Betriebsversammlungen nur noch im großen Pulk. Hermann im langen grauen Regenmantel aus schwerem Gummi und einem Schlapphut über den langen Locken. Auch der bärtige Bernd – obwohl längst kein Lehrling mehr, sondern Sachbearbeiter – in grünem Parka, lässig bis schlapp, mit selbstgedrehter Zigarette im Mundwinkel. Überhaupt viele grüne Parkas.
Auch die Mädels in Jeans und Armeejacken.
Und dann alle Arm in Arm in den letzten Reihen und *Buuuh!* und *Aufhören!* – immer dann, wenn da vorne die Rede auf die angeblich hervorragende betriebliche Ausbildung kam oder wieder mal auf die große behämmerte Betriebsfamilie, in der alle zusammengehören und fest zusammenhalten müssen. *Alles Lüge!* Verwundert drehten Blaumänner und Weißkittel die Köpfe. Und der jeweils vorgesetzte Redner hielt sich verzweifelt an seinem Pult fest, irrte mit den Augen durch den vollbesetzten Saal und kam ins Stocken.
Was wollten diese Halbwilden nur?
Was ging hier auf einmal vor sich?
Es herrschte ziemliche Rat- und Hilflosigkeit bei allen Verantwortlichen.

Der Feind ist erschöpft und demoralisiert!
Diesen Satz hatte Hermann im Bürgerkundeunterricht der Berufsschule

zitiert. In einem Referat über Mao-Tse-Tungs Theorie des Guerillakriegs. Für seinen Beitrag zum Thema Dritte Welt hatte er ein *Sehr Gut!* von seinem locker-flockigen Klassenlehrer bekommen.

Ein *Sehr Gut!* also auch für die forsche Behauptung, dass der Revolutionär in den Massen schwimmen muss, wie ein Fisch im Wasser – ein herrlich erfrischendes Bild. Obwohl sich Hermann heute wirklich nicht mehr erinnert, wie er damals ausgerechnet auf den Dicken mit der Warze kam.

Präsent ist ihm allerdings noch, wie sein Vater wütend aufhorchte, als er zu Hause mit ziemlichem Stolz den Beginn seiner Mao-Studien verkündete und sich dabei auf Sebastian Haffner berief, der das Vorwort zu einem Rowohlt-Bändchen über den Dicken geschrieben hatte.

Das sind doch alles kommunistische Spinnereien! Bist du ganz und gar verrückt geworden?

Was Hermann bislang selten genug geschafft hatte, das brachte er jetzt mit Leichtigkeit – den Vater auf Hundertundachtzig. Laut wurde der und regte sich furchtbar auf, wenn Hermann von Kapitalismus und Ausbeutung und revolutionären Fischen im Wasser sprach. Schließlich schrien sich die beiden immer solange an, bis einer von ihnen unter lautem Protest und Türenschlagen die Küche verließ und Mutter stöhnte und klagte.

Demonstrativ ging sie dann immer zum Küchenschrank, öffnete irgendein Tablettendöschen, schluckte zwei, drei, vier *Mothers Little Helper!* und schaute ernst aus ihrer zentnerschweren Depression.

Der Professor hat mir jede Aufregung verboten!

Und legte sich ins Bett mit diesem Schaut-was ihr-da-angerichtet-habt!-Ausdruck in den Augen.

Wenn sie da als armes Würstchen lag, fühlte sich Hermann wieder mal schuldig bis sehr schuldig. Diese Schuld spürte er im Nacken, der wurde steif, tat weh und wollte massiert werden. Immer wieder.

Also setzte er sich neben die Mutter aufs Bett und sagte ihr solange, dass alles wieder gut wird, bis sie weinte und endlich einschlief. Und dachte beim Blick auf ihr blasses Gesicht daran, dass er immer noch zuckte. Wegzuckte. Zur Seite wegzuckte. Abwehrend die Hände hob.

Immer dann, wenn jemand neben oder hinter ihm eine schnelle Bewegung machte, der Bernd zum Beispiel den glänzenden Metallkamm aus der Jeanstasche zog und den Arm hob, um sich zu kämmen – Derlei nahm Hermann sofort in den Augenwinkeln wahr, duckte sich weg, nahm hektisch den Kopf zur Seite, hob im Reflex die Arme. Zur Verteidigung. Peinlich.

Was hast du denn? Ich tu dir doch nix!
Doch er zuckte auch weiterhin und wurde dabei ganz klein.
Und rieb sich den Nacken.
Und machte von nun an die Nächte durch. Setzte sich in seinem Zimmer an die alte Schreibmaschine, die ausgemusterte aus dem Büro seines Vaters, die er sich eines Tages geholt hatte, weil man dieser Welt sagen muss, was man von ihr hält und will.
Hackte schwarze Buchstaben. Auf weißes Papier.
Schrieb. Vor allem über diese Kinder, denen es noch viel schlechter gegangen war als ihm. Die waren schon tot, die Kinder von My-Lai, auch deren Eltern, deren Großeltern ebenfalls. Massakriert von US-Soldaten in Vietnam. Sie liegen da, haben eben noch geatmet, gesprochen, gegessen, und dann sind sie schon erschossen und ausgelöscht. Das hatte er im Fernsehen gesehen, in den Zeitungen gelesen, und konnte nicht schlafen und wurde die Bilder nicht los.
Kriech! Ganz schlimm!
Verbrannt von den Napalmbomben der Amerikaner rannten die Kinder weg, die Haut hing in Fetzen, sie heulten übers ganze Gesicht, auch mit ihren kleinen Körpern und waren doch einfach nur Kinder und wurden bestialisch gequält. Er sah diese Qual in ihren Augen, spürte ihre Angst wie die eigene und schrieb sie auf.
Tränen in den Augen, manchmal.
Schrieb in Versen. Dabei kannte er aus der Schulzeit nur die Verse von Goethe und Schiller. Solche Verse wollte er nicht schreiben. Sich keinen Reim auf Vietnam-Verhältnisse machen. Den Reim darauf gab es nicht. Die Zeilen bluteten aus seinem Herzen heraus. Einfach so, ungereimt.

Hörte von nun an nicht mehr auf zu schreiben.
Schrieb auch darüber, dass keiner die Wahrheit wissen will, dass die Ratten nachts doch schlafen und dass niemand mehr ein Holzbein brauchen soll. All sowas. Alles, was er nicht aus seinen eitrigen Pickeln drücken konnte, die ihn immer noch und schon viel zu lange plagten, all das drückte er in Worten aus. Versuchte es wenigstens und meinte, andere sollten das lesen.
Gerd zum Beispiel.
Der nickte begeistert und gemeinsam begannen sie nachts in Hermanns Zimmer bei Kaffee und Zigaretten die Zeilen auf Wachsmatritzen zu hacken. Die spannten sie später in irgendeine Ormig-Abzugsmaschine in

irgendeinem Jugendheim, druckten, hefteten und gaben dem Ganzen einen Titel.
Problem Mensch!
Und verteilten das Blättchen im Love-Inn, in der Sperrmüllkneipe beim bärtigen Wirt.
Hier, lest mal!
Setzten sich dann tief hinein in eines der alten Sofas und schauten aus nervöser Distanz den anderen Gästen, den bunten Hippies und langhaarigen Freaks, beim Lesen zu. Wie die kurz oder lang blätterten, dabei ihre Joints oder Halfzware-Samson rauchten, Tee oder Bier tranken, das Problemding in ihre befransten Umhängetaschen steckten und nach Hause trugen.
Da war Gerd froh.
Und Hermann stolz.
Obwohl er ein paar Tage zuvor noch sehr geweint hatte.

Dein Großvater ist tot! Dein Vater hat ihn im Badezimmer der Wohnung gefunden!
Die Mutter hatte Hermann in seinem Metallbetrieb angerufen. Kurz nur. Und er war sofort ganz still geworden. Unheimlich still. Ganz hohl hatte er sich plötzlich gefühlt. Hart hinter den Augen. Und hatte seine Arbeit liegen gelassen.
Ich muss gehen! Ein Todesfall!
Rein in die Straßenbahn mit der Jägermeister-Werbung, zahlen hinten beim Schaffner, wie betäubt aus dem Fenster starren. Vor der riesigen Waschbetonhalle mit dem begrünten Flachdach, die sie *Neues Museum!* nannten, umsteigen in den Bus. An den gesichtslosen Fassaden der Neubausiedlungen vorbei. Immer noch hohl und starr. Dann aussteigen und zu einem der alten Reihenhäuser mit den kleinen Fenstern und den Geranienbalkonen. Den Klingelknopf gedrückt. Mit fliegendem Herzen und schnellem Atem. Krampf im Bauch. Enge im Hals. Das Summen des Öffners. Tür aufdrücken, ein paar Stufen hoch, hinein in Opas Wohnung. Und ruckartig stehenbleiben.
Der Vater, mit hochgekrempelten Hemdsärmeln, nimmt Hermann bei der Hand und schaut ihn mit Tränen in den Augen an. *Komm! Ich zeig ihn dir!*
Ich hab ihn schon gewaschen und angezogen!

Da weint Hermann, schluchzt tief drinnen, wie ein Beben, nein, wie ein Würgen fühlt sich das an, geht mit ins Schlafzimmer.
Die alte Spiegelkommode, das klobige Eichendoppelbett, die Nachttische mit den weißen Spitzendeckchen, der riesigmächtige Eichen-Kleiderschrank, die Vorhänge zugezogen.
Die kleine Nachttischlampe mit dem verkohlten Kunststoffschirm leuchtet dem Opa ins Gesicht.
Groß ist Opas Nase. Viel größer als sonst. Die Augen geschlossen. Der Mund schmal. Frisch gekämmt, blütenweißes Hemd, silbergraue Krawatte, wie immer. Und sagt nichts mehr. Nichts mehr.
Nie mehr.
Hatte in den letzten Monaten ohnehin wenig gesagt, wenn man ihn besuchte. Hatte bewegungslos in seinem alten Lehnstuhl gesessen, vor sich hingestarrt. Die Haushälterin hatte nur die Schultern gezuckt.
Er spricht mit seiner toten Frau! Sagt, dass er bald kommt!
Der Vater ist plötzlich so zärtlich. Streicht dem Opa die Wange und richtet ihm noch einmal die Krawatte. Und nimmt Hermann in den Arm.
Wirklich und wahrhaftig in den Arm.
Vielleicht hat er es jetzt besser!

Der dunkle Eichensarg wird versenkt.
Und Hermann schaufelt, wie alle anderen, braune Erde darauf. Jetzt ist die Heide nicht mehr grün, die Rosen sind nicht mehr rrrot, sie sind verblüht. Auch kein Hochsollerleben! mehr. Wie gern hat der Opa gesungen. Kein Hase läuft mehr vor dem wackeren Jägersmann davon, der hat keinen Schrot mehr im Lauf und erzählt keine Kriminalgeschichten mehr wie damals, als sie noch alle zusammen wohnten und die Mörder durch Phantasie und Wohnung schlichen.
Alles vorbei. Und Tränen.
Später sitzt er beim Leichenschmaus in der Kneipe und wird von seinem Patenonkel gefragt, wie denn seine Lehre so läuft.
Da weint Hermann nicht mehr, agitiert aus seinem schwarzen Anzug heraus gegen Ausbeutung, behauptet, dass man sich wehren muss, dass die Zeiten sich ändern und dass der Dylan Recht hat.
Come Mother and Fathers throughout the land
and don't criticize what you can't understand!
Der Wulle-Wulle-Onkel schaut ihn entgeistert an.
Du spinnst doch wohl!
Und schreit wütend, dass ihm diese Flausen schon bald ausgetrieben

würden. Doch Hermann bleibt bei seinen Flausen, fühlt sich stark, flausenstark, erzählt seinen Tanten und Cousins beim Leichenschmausen gleich noch begeistert von den fetten Zeitungsberichten – Woodstock!
We were half a million strong
and everywhere there were songs
and celebrations!
Eine halbe Million Hippies, Freaks, Stirnbandträger, alle auf einem Haufen!
Dazu Jimi Hendrix und Janis Joplin!
Und während er sich heiß redet, spielt auf einmal die Musik dieses Zahnlosen in seinem Kopf – Richie Havens, schwarz wie Hermanns Seele und nichts war ihm wichtiger als das.
Freedom! Freedom!

Und dann die sexuelle Freiheit auf Rädern. Ein Volkswagen. Ein grauer Käfer. Mit großer Heckscheibe und luftgekühltem sage und schreibe 40-PS-Boxermotor.
Gebraucht! 3000 Mark!
Und läuft und läuft und läuft!
Der Vater spendierte ihm den Wagen. Genauso wie den Führerschein ein Jahr zuvor.
Eine mobile Liebeslaube.
Kein Necking mehr in Hauseingängen, kein Heavy-Petting mehr im blühenden Heidekraut – da hatte er nämlich liegen müssen, weil es sonst keine Herberge für seine Liebe gab.
Neben ihm die blond gelockte Yvonne aus der Berufsschule. An einem Sonntag. Die Glocken hatten schon lang geläutet, er fasste ihr unter den Pullover. Und sie hielt dabei die Augen mit den langen Wimpern fest geschlossen. Wartete. Zitterte ein wenig mit ihren wunderbar feuchtgeschminkten Lippen.
Wartete.
Ganz fest hat Hermann sich vorgenommen, dass es jetzt passieren muss. Dann fährt er mit der Hand langsam unter ihren Rock, spürt den aufregenden Samt ihrer Schenkel, sie stöhnt ganz leise, rührt sich immer noch nicht und er fühlt den Stoff ihres Höschens, zittert mit den Fingern darauf herum und kann sich nicht vorstellen, wie es nun weiter gehen soll.
Natürlich steht alles an ihm.
In Aufruhr.
Und er küsst sie. Ihre Zunge antwortet zaghaft. Dann schlägt sie die Augen

auf, schaut ihn ein wenig ängstlich an. Nur kurz reibt er sich noch an ihrer Seite. Dann ist es vorbei. Das Heidekraut liegt niedergedrückt. Und er ist immer noch Jungfrau. Das darf er nun wirklich niemandem erzählen. Eine Schande.

Dabei hatte er eine Menge Gelegenheiten gehabt – viele Mädchen, junge Frauen, mit Strumpfhosen oder ohne. Es war ein mächtiges Gefummel in den letzen Jahren gewesen.

Nach Yvonne hatte es sogar Mädels gegeben, die hatten die Augen bei all dem offen gehalten, doch jetzt, im UndläuftUndläuft, gab es tatsächlich welche, die seinen Reißverschluß öffneten, ihn anfassten und ihn feucht rieben, genau wie er sie.
Komm' in meine Liebeslaube, in mein Paradies!
Vorzugsweise die Sozialpädagoginnen aus Bernds Bude kamen in seine 34-PS-Kiste, wenn er sie nach all dem Rotwein und den herrlich-revolutionären Sätzen stolz bis vor die Haustür fahren und überall dort berühren durfte, wo es die Emanzipierten wild Stöhnen machte. Herrlich. Auch die Verrückte aus dem Tanzschuppen, in dem sie damals zu Led Zeppelins Hardrock tobten.
Whole lotta of love!
Diese Schwarzhaarige mit dem Glitzermini machte ihn eines Nachts vollkommen wuschig. Er sah sie im Stroboskop-Licht auf der Tanzfläche, quetschte sich zu ihr hinüber. Sie lachte ihn ohne Umstände an und er sagte nichts als die Wahrheit.
Ich find dich echt Klasse!
Noch fünf Minuten Lachen, dann tranken beide ein Bier zusammen. Noch einmal fünf Minuten später stellt sie ihm die Frage.
Hast du ein Auto da draußen?
Und schaut ihn ungeheuer aufregend an, nimmt ihn bei der Hand, setzt sich zu ihm in den Wagen auf den Beifahrersitz, öffnet ohne Umstände seine Hose, macht ihn groß und saugt mächtig.
Give you every inch of my love!
Saugt mit dem Mund. Das kennt er nun gar nicht. Er greift vollkommen verwirrt nach ihr, sucht ihre Zentrale, doch sie schiebt seine Hand weg und macht ihn fertig. Ein Kuß mit rotierender Zunge noch, dann steigt sie aus und geht zurück zu Jimmy Page oder sonstwem.
Hermann blieb im Wagen sitzen, verschloss sich wieder und war verwundert.
Und ziemlich dankbar.

Immerhin war es vor ein paar Jahren noch so gewesen, dass er für ein bisschen Gefummel einen Verlobungsring hätte kaufen müssen. In den 50ern kamen Paare sogar noch wegen Verlobtenbeischlaf vor Gericht, hatte der Vater mal erzählt.
Verliebt! Verlobt! Verheiratet!
Erst dann war an eine entspannte Nummer im Bett zu denken. Ansonsten gab es schließlich den *Kuppeleiparagraphen!* Der galt eigentlich sogar jetzt noch. Ganz am Ende der 60er-Jahre. War nur außer Kraft gesetzt.
Kupplerin! Kuppelei!
Niemand durfte unverheirateten Paaren Räume zum Treiben von Unzucht zur Verfügung stellen. Wenn Eltern wirklich mal Einen mit Glied bei ihrer Tochter übernachten ließen, gerieten sie in schweren Verdacht.
Un-Zucht!
Und dann Zuchthaus. Mit diesem Spießerdenken war es jetzt vorbei. Jetzt wurde gesaugt und gefummelt. Obwohl weder Vater noch Mutter jemals mit ihm über all das geredet hatten. Keinen Ton. Und er hatte auch nicht gefragt.
Natürlich hatte er gerade sie nicht gefragt. Er konnte und er wollte sich gar nicht vorstellen, wie die beiden miteinander und all das.
Widerlich!
Im Gymnasium hatte er auch nicht nachgefragt.
Da hatte es nur dieses Schaubild im Biologieunterricht gegeben – weiblicher Körper ohne Kopf mit Kind im Bauch.
Und das war's dann.
Nur der Axel, der hatte geredet. Nachts im Schullandheim. Während einer der letzten Klassenfahrten. Da hatten sie alle in ihren Doppelstockbetten gelegen. Im Dunkeln und hellwach. Draußen der weiße Mond am klaren Sternenhimmel, das rotierende Licht des Leuchtturms wischte am Fenster vorbei und Axel hatte mit geiler Stimme vom *Weiblichen Kerbenduft!* und vom *Männlichen Stangenduft!* erzählt.
Von Brüsten und Warzen, an denen man besser reibt, weil das gut tut. Da hatte Hermann probehalber auch seine Brustwarzen steif gerieben und eine Reaktion zwischen den Beinen gespürt.
Hey, ich glaub, da rührt sich was!
Das war seine Aufklärung gewesen.
Doch nun kam alles ganz und noch anders.

Sexuelle Krüppel lassen sich leichter beherrschen!
Bernd lag bäuchlings in seiner Bude auf dem immer noch ungemachten Bett, die halbleere Rotweinflasche daneben, und las Hermann wieder einmal aus der *Linkeck!* vor.
Wie aus einer Bibel verkündete er daraus Sätze, Leitsätze und Parolen. Hatte im vorigen Jahr ein paar Exemplare der ehemaligen Untergrundzeitung von einem seiner revolutionären Berlin-Trips mitgebracht und konnte es nicht lassen, daraus zu zitieren.
Damit wir nicht verkrüppelt werden,
halten wir es für unerläßlich,
unseren Sexualtrieb so befriedigend und
so oft wie möglich auszuleben!
Radikalinskis, so nannten die sich, hatten das geschrieben.
In der Linkeck gab es sogar unzensierte pornographische Bilder vom *Lutschen! Spritzen! Lecken!*, die als *Dämliche Augenhurerei!* gebrandmarkt wurden.
Es gab aber auch Schnittmuster für Bananen, die Aufforderung Vergiftet Whiskas, Bezugsadressen für Anti-Nazi-Spray, Bastelanleitungen für Brandflaschen und Tipps für *Das lautlose Erledigen der einheimischen Polizei!*

Bernd grinste dreckig, wenn er Hermann die Linkeck vom Bett aus präsentierte. Denn Hermann machte immer nur große Augen und staunte und schüttelte den Kopf und konnte kaum glauben, dass man über Lautloses Erledigen der Polizei öffentlich und einfach so schreiben durfte. Dann grinste Bernd immer noch dreckiger.
Darf man ja auch nicht!
Deshalb wurde die Linkeck ja laufend von den Bullen beschlagnahmt!
War halt ne Untergrundzeitung!

Was war da schon Hermanns kleine Blättersammlung, sein Aufbegehren gegen Schmerz und Qual, sein unbedeutendes Eintreten für die Kinder in Vietnam, sein Heulen gegen den Krieg, was war schon sein Pamphlet mit dem ganz und gar nicht radikalen Titel *Problem Mensch!* gegen diesen bebenden Untergrund, der da in Berlin existierte?
Wie sollten seine Verse die *Zerschlagung der Justiz des Tausendjährigen Reiches!* bewirken, die in der Linkeck gefordert wurde. Harmlos wirkte seine Gaskesselheimat gegen dieses Babylon an der Spree mit seinen Demonstrationen, Straßenschlachten, Kommunen und Rauschgift für alle.

Haschisch, Opium, Heroin,
für ein freies Westberlin!
Soweit war er noch nicht. Er wollte nicht einfach alles schlachten und sich daran berauschen. Haß machte ihm Angst.
But if you want money for people with minds that hate,
all I can tell you is Brother you have to wait!

Die Hippies hatten ihm gut gefallen.
Make love not war!
Make love not babies!
Die Blumen im Haar. Die bunten Jacken. Barfuß laufen. Dreckige Fußsohlen. Der Friede in Woodstock. San Francisco. Hemmungslos träumen.
The world will be a love-in there!
Nun aber bleibt Glaube, Liebe, Hoffnung, diese drei, aber die Liebe ist die größte unter ihnen!

Und doch hatte er auch immer wieder diese Wut gespürt. Diese rote Wut, von der Degenhardt in einem Lied sagte, dass sie das weiße Piano zerschlägt. Spürte diesen Hass.
Hass auf Gewalt.
Erst hatten sie Jack Nicholson totgeprügelt. Des Nachts. Dann Dennis Hopper und Peter Fonda erschossen. Am hellichten Tag.
Lass dir mal dir Haare schneiden!
Und dann der Schuss mit dem Gewehr. Aus dem fahrenden Wagen heraus. Dann noch ein Schuss. Und der Traum vom freien Leben ist aus. Endgültig.
Miese, dreckige Spießer!
Das hatte er gedacht und gefühlt, nachdem er *Easy Rider!* gesehen hatte. Noch Stunden, Tage nach dem Film hatte in ihm die Wut gekocht. Auf großer Flamme.
Du willst dein Leben leben, und sie machen dich fertig.
Du läßt dir die Haare wachsen, und sie nennen dich einen miesen Gammler.
Du trägst einen Parka, und sie lassen dich nicht in den Tanzschuppen.
Auch der Vater brüllt ihm in der Küche nach dem Abendbrot sein brutales Spießerdenken mitten ins Gesicht, während die dunkle Mutter mit leerem Blick im Morgenrock neben ihrem Mann am wachstbetuchten Küchentisch sitzt.

Wenn ich den Jungen so anschaue, hätte ich mein Sperma lieber in den Müll gespritzt!

Weg wollte Hermann. Endlich weg. Weit weg.
Leaving home!
Bald schon würden die Lehrjahre zu Ende sein, die eigentlich keine Herrenjahre sein sollten. Ein paar Wochen nur noch. Die Prüfung fiel ihm leicht. Gute Noten. Kaufmannsgehilfenbrief. Und Ende.
Zuvor hat er noch einen Termin beim Personaldirektor. Steht vor dessen mächtig teurem Teakholzschreibtisch, möchte ihm gern den schweren Briefbeschwerer aus glänzendem Messing an den dummen Kopf werfen und hält doch still und hört.
Hätte ich gewusst, wie Sie sich entwicklen! Ich hätte Ihren Lehrvertrag niemals unterschrieben! Sie sind eine Enttäuschung für mich!
Als Hermann seine Papiere aus der Personalabteilung abholen will, darf er nur noch in Begleitung eines einarmigen Pförtners aufs Betriebsgelände.
Anweisung von oben! Das werden Sie verstehen!

Kurz danach passierte die Sache mit Jürgen.
Viel hatte Hermann bislang nicht mit ihm zu tun gehabt. Wie Jesus in Öl sah der aus – lange blonde Haare bis weit über die Schultern, trug auch die Latschen, die der Gekreuzigte nie getragen hatte, Jesuslatschen. Trug sie im Sommer, auch im Winter, dann aber mit Socken.
Sie waren zusammen zur Berufsschule gegangen. Nun fragte der ölige Jesus ihn, ob er nicht übers Wochenende mit nach Berlin fahren wolle.
Du hast doch einen Wagen! Und ich weiß, wo wir schlafen können!

Nach Berlin. Zum ersten Mal mit dem eigenen Auto. Ohne die Oma, aber nicht ohne ihre Ratschläge.
Fahr bei deiner Großtante vorbei und bestell' ihr alles Gute! Und grüß mir den Willy Brandt, falls du ihn am Schlachtensee siehst! Da wohnt er nämlich, wenn er nicht in Bonn ist!
Die Oma mochte den Willy. *Weinbrandt-Willy!* sagte sie immer, weil er eine Zeitlang ganz schön gesoffen hatte, als er noch Regierender Bürgermeister von Westberlin gewesen war. So erzählte es zumindest die Großtante, und die wohnte schließlich nicht weit vom Rathaus Schöneberg entfernt.

Die Oma mochte den Willy, weil er kein Adenauer war und kein Strauß und kein Kiesinger. Und sie hatte vor dem Fernseher in die Hände geklatscht, als der Brandt neulich mit *Mehr Freiheit!, Mehr Demokratie!* die Bundestagswahlen gewonnen hatte.
Also würde er den Willy grüßen.
Vielleicht.

Erstmal mussten sie nach Berlin kommen. Und vorher über die Grenze. Die Demarkationslinie. Bei Helmstedt. Das würde gar nicht so einfach sein. Der Vater hatte ihn ernsthaft gewarnt.
Pass bloß auf die Russen auf! Flieg doch lieber!
Doch sowas durfte man einem nicht sagen, der froh war, endlich einen eigenen Käfer mit zwei verchromten Auspuffrohren zu haben. Außerdem war der Jürgen schon öfter über die Transitstrecke gefahren und auch unversehrt zurückgekommen. Mitsamt seinen Jesuslatschen. Und hatte sogar die langen Haare behalten dürfen, obwohl es in Hermanns Gaskesselheimat Leute gab, die behaupteten, dass die Grenzpolizei der DDR kein Pardon mit Gammlern und anderem Gelichter kennen würde.
Die schneiden Dir einfach die Haare ab!
Mit solchen Zotteln lassen die Dich nicht weiterfahren!
Alles Unsinn, oder?

Doch als er Last Exit Helmstedt, die Uniformen vom westlichen Grenzschutz und auch das warnende Schild *Reisende meldet Vorkommnisse!* hinter sich hatte, im vorgeschrieben Kriechtempo auf das Gelände des Ost-Kontrollpunkts Marienborn fuhr, wurde ihm doch mulmig – die hohen Wachtürme mit Bewaffneten darin, der rostige Stacheldraht, links und rechts Maschendrahtzäune zwischen Betonpfeilern, Schlagbäume, graue Kontrolltürme, geduckte Baracken, in denen sie Straßenbenutzungsgebühren zahlen und ihre Visa beantragen und abholen mussten, die grauen Uniformen, die brrrh-eiskalten Kontrollen der Grenzbeamten. Zackig waren die. Bauten sich ungeheuer wichtig mit gespreizten Beinen neben der Fahrertür auf und winkten ihn mit einer knappen Bewegung aus dem Auto.
Machen Sie mal Ihren Kofferraum auf!
Nehmen Sie ihr Reserverad da raus!
Öffnen Sie die Motorhaube!
Jetzt mal die hintere Sitzbank hochnehmen!
Handschuhfach öffnen!

Haben Sie Waffen oder sonstige genehmigungspflichtige Gegenstände dabei?
Machen Sie mal das linke Ohr frei!
Mit einem fahrbaren Spiegel kamen sie, kontrollierten den Käfer von unten, rissen die Türverkleidungen ab, schauten dabei gnadenlos wie aus Gewehrläufen und ließen kein lebendiges Wort zwischen sich und die beiden Transitreisenden.

Hermann fühlte sich plötzlich eingeschlossen, verschlossen, weggeschlossen. Wie im Knast. Nix freedom. Wenn die nicht wollten, würde er hier nicht wieder rauskommen. Ein falsches Wort von ihm würde schon genügen, das spürte er genau. Und wurde kleiner.
Versuchte freundlich zu sein, *Ich bin zum ersten Mal hier!*, kam damit nicht an. Erntete eisiges Schweigen. Wurde noch kleiner.
Und erst wieder größer, als alles vorbei war, er den Käfer durch die tiefen Schlaglöcher der Ostautobahn jagte und Jürgen gehässig lachte.
Das sind doch alles Nazis!
Der Jürgen auf dem Beifahrersitz wusste offensichtlich Bescheid, nickte noch einmal und drehte sich eine Zigarette nach der anderen, bis sie endlich den letzten Schlagbaum hinter sich hatten.
Fahr erstmal zum Treffpunkt! Oben am Ku-Damm! Da warten Leute auf mich!

Der Treffpunkt war ein Schuppen.
Ein High-sein-Frei-sein-Schuppen kurz vor Halensee.
Als sie, beide im Kapuzenparka, eingelassen werden, wabert aus den Lautsprechern gerade der Elektroniksound von Pink Floyd.
See Emily play!
Auf der Leinwand, die von der hohen, nikotingelb geräucherten Decke hängt, fliegt eine Möwe über ein schäumendes Meer hinauf in den blauen Himmel.
An den Wänden entlang hocken viele wie Jürgen auf dem Boden. Jesusmäßig, aber ganz sicher ohne Konfirmationsspruch.
Rauchen Joints wie Ofenrohre. Manche haben Schlafsäcke dabei und ziemlich glasige Augen im Kopf. Pärchen schmusen, fummeln oder halten sich seltsam abwesend im Arm.
In der Mitte des riesigen Raums wird getanzt, gezuckt, geschwebt, rumgestanden.
Hermann kannte diesen Laden nicht. Er kannte keinen dieser Schuppen

in Berlin. Wusste nicht, was auf dieser ummauerten Insel angesagt war. Die Oma, mit der er früher hergefahren war, hatte andere Ziele gehabt – den Funkturm, das Café Möhring, das Kaufhaus des Westens, die Siegessäule, die Philarmonie und immer wieder das Holzpodest an der Mauer. Mal wieder nach drüben schauen!
Potsdamer Platz. Todesstreifen, Panzersperren, Grenzpatrouillen mit Schäferhunden, Wachtürme mit regungslosen Fernglassoldaten drin, Ruinen mit zugemauerten Fenstern, ansonsten Wüste.
Freies Schussfeld.
Auf dem Podest war die Oma immer ganz still geworden und hatte ihre Handtasche so fest gehalten, als würde gleich jemand kommen und sie ihr klauen.
Verdammter Krieg!
Du weißt gar nicht, wie schön es mal in Berlin gewesen ist!

In dieser Kiffer-Disko war es nicht schön. Aber es war beeindruckend. Also schaute Hermann.
Staunte. Schaute.
Weit nach Mitternacht hatte Jürgen endlich seine Kumpane gefunden. Die Kumpane mit den rotgekifften Augen, mit der Wohnung im Wedding, der Schlafstelle, den alten Matratzen, dem Fernseher auf dem Fußboden, der Küche mit den buntbemalten Stühlen, dem Nescafé, den Teebeuteln, dem alten Ausguss voll mit schmutzigem Geschirr und den ganzen Tag schlafen, am Nachmittag aufstehen, Brot mit Marmelade, dann Zigarette, Joint, Lambrusco aus der Zweiliterflasche und los, ab in die U-Bahn, natürlich in einen der Raucherwaggons, ab durch die Schächte und später nach oben ins Freie.
Berlin ist eine Reise wert!

Und kurz darauf wieder dieses ungute Gefühl im Bauch. Auf der Rückfahrt. Auf der Transitstrecke. An den Grenzübergängen der DDR, die auch die Sogenannte! hieß. Da war der westdeutsche Zoll in Helmstedt schon eine Erlösung.
Fahren Sie mal rechts ran! Ausweiskontrolle!
Dann weiter Richtung Westen.
Irgendwann stöhnt der Jürgen erleichtert auf.
Endlich! Geschafft!
Greift vorne in seine Hose und fummelt an sich herum. Hermann wird unruhig, da zieht der langhaarige Jesus irgendetwas aus der abgewetzten

Jeans heraus, was die Größe von gut zwei fetten Tafeln Schokolade hat. Dieses Etwas ist in Aluminiumfolie eingewickelt.
Mit dem glänzenden Etwas in der Hand schaut der Jesus den Hermann triumphierend an.
Davon lässt sich erstmal wieder leben!
Mit seinen langen Fingern öffnet er das Etwas. Grinst zufrieden.
Hermann kann sich kaum noch halten. *Bist du wahnsinnig?! Bist du vollkommen irre geworden?!*

Hatte der Typ die ganze Zeit diesen Stoff in der Hose – Haschisch, Dope, Schwarzen Afghanen, Roten Libanesen oder sonstwas. Auf alle Fälle den Stoff, aus dem die brutalen Strafanträge von Gerds Vater, dem Staatsanwalt, den man nicht küsst, gemacht sind, mit denen der Anständige Deutsche all den miesen Gammlern zeigen will, wo's lang geht – in den Knast, in die Buchte.

Und hinter Gittern sitzen. Vielleicht sogar in diesem beschissenen Osten, wenn sie einen an der Grenze erwischen. Gesiebte Luft atmen. Eingeschlossen. Im Dunkeln. Wie damals.

Keiner sollte ihn jemals wieder einsperren dürfen. Keiner niemals.

Du hast doch wohl ein Rad ab!

Hermann ist wütend. Bleich und zornig. Zittert ein wenig.

Jürgen versteht nicht warum.

Ist doch alles gut gegangen!

Nichts ist gut und der Jürgen kann ihn mal. Soll der doch schwafeln, dass seine Kumpane in Berlin auch vom Dealen leben und nicht einmal schlecht. Dass Arbeit eben Scheiße ist und die ganzen Spießer ihn ankotzen.

Hermann fühlt sich belogen und betrogen und wird ohne ein Wort, mit einem mächtigen Kloß im Hals, den Rest der Strecke in die Gaskesselheimat fahren und den Jesus-Dealer an der erstbesten Straßenbahnhaltestelle rausschmeißen.

Eigentlich sollten wir zu dem hinfahren und ihm eins in die Fresse hauen! Oder auch zwei!

Bernd kann Hermann bestens verstehen. Hermann hat die Story vom Dealer-Jesus in der Runde auf Bernds Bude erzählt. Und nochmal laut geflucht. Und von Bernd gehört, dass mit Typen wie dem Jürgen politisch nichts anzufangen ist.

Die sind für den revolutionären Kampf verloren!
Dann tranken sie, was schon?, Rotwein, machten Ravioli aus der Dose heiß und die Sozialpädagoginnen sprachen mal wieder darüber, dass die ganze Rollenscheiße endlich ein Ende haben muss.
Ich scheiß auf die drei Ks!
Zum Teufel mit Kindern, Küche, Kirche!
Sylvia zog dabei heftig am Filter ihrer Stueyvesant, in ihren dunklen Augen glühte der Kampfeswille gegen das miese Patriarchat, dann raunzte sie mit spöttischem Lächeln Bernd und Hermann an.
Ihr müsst noch ganz schön an Euch arbeiten! Euer Mackerverhalten ist doch widerlich!

Wenn sie das so sagte – und sie sagte das wirklich oft –, dann fühlte sich Hermann ziemlich schuldig.
Kurz nur, immer ganz kurz nur, aber er spürte es genau.
Ich genüge nicht!
Und wollte doch akzeptiert und geliebt werden. Hatte derbe Schwierigkeiten mit solcher Kritik. Wollte kein Spießer sein, kein Unterdrücker der Frauen. Ausgerechnet er. Er meinte es doch gut.
Das reicht aber nicht, mein Lieber!
Immer wenn Sylvia ihm mit diesem Satz den Todesstoß versetzen wollte, wurde er wütend und tat sich eiskalt mit Bernd zusammen, der meinte, die Frauenfrage! sei nichts als ein mieser kleiner Nebenwiderspruch.
Der Hauptwiderspruch der Gesellschaft liegt im Verhältnis von Lohnarbeit und Kapital!
Frauenrechte kann es erst nach der Revolution geben!
Das hörte sich richtig nach Klassenkampf und schwer aufgeklärt an und provozierte beim Rat der Weiber empörte Attacken bis in die tiefe Nacht.
Hermann immer dabei, so gut er konnte.

Kurze Zeit später steht er mitten in dieser Demonstration. Seiner ersten Demonstration.
Zweihundertfünfzig Parkas, Lederjacken und all das um ihn herum. Auch Fahnen. Rote. Eine schwarze. Und Transparente.
NPD verbieten! Nazis raus! Nie wieder Krieg!
Bernd hat ihn mitgenommen. Sylvia ist auch dabei. Die anderen sozialpädagogischen Mädels ebenfalls. Sogar Gerd ist gekommen, hat aber seinem väterlichen Staatsanwalt nichts gesagt.

Der würde mich umbringen!
Und zieht den Reißverschluß seiner schwarzen Lederjacke bis obenhin zu.
Für alle Fälle!
Immerhin gehören sie zu einer Gegendemonstration. Über vier Prozent der Stimmen hatte die NPD bei den letzten Wahlen zum Bundestag bekommen. Zuvor war sie in einige Landtage eingezogen. Die Postnazis wollen das Land endlich wieder braunhassen und all die Tonio Schiavos an ihre Hakenkreuze nageln. Deshalb machen die Nazikameraden siegheilende Stimmung gegen Spaghettis, Ithaker, Gastarbeiter, die nicht ins deutsche Land gehören, immer ein Messer in der Tasche haben und Deutsche Frauen belästigen, sagen sie. Und kein Politiker tritt gegen die Hakenkreuzler auf.
Keiner traut sich, wie damals der Adenauer, Prügel für diese Lümmel zu fordern.

Schau mal, was ich hier habe!
Man kann ja nie wissen!
Bernd hat Hermann beiseite genommen, den Reißverschluß seines grünen Parkas geöffnet und lässt ihn in die Innentasche schauen. Noch ein paar Minuten später weiß Hermann nicht, ob er richtig gesehen hat. Eine schwarze Pistole. Mit krummem Abzug, matt glänzendem kurzem Lauf und allem, was dazugehört.
Is nur ein kleines Kaliber! Aber mich fassen diese Nazis nicht an!
Bernd wollte sich nicht *Zack!* von den Heilsuchenden in die Fresse hauen lassen. War aber auch nie jemand gewesen, der sich überhaupt schlug. Hatte eher Angst vor Gewalt. Wie Hermann auch. Der hatte nur einmal einen Hieb abbekommen, der nicht von Vater, Mutter, Lehrern war. Vor knapp zwei Jahren. Auf dem Rummel. Auf der Amorbahn.

Gerade lief die Scheibe von den schwarzen Equals.
Baby come back,
oh, won't you please come back!
Hermann hatte sich mit Gerd auf das Holzgeländer des Karussells gehockt, zugehört, dabei lässig in die Gegend geschaut. Eben hatte der Diskjockey noch ins Mikro gegrölt.
Und jetzt ein Nummer-Eins-Hit für die flotten Bienen in Wagen Nummer acht!
Da kommen sie plötzlich mit Nietenjacken, schweren Stiefeln, Motorradhelme unterm Arm.

Scheiße, das sind Rocker!
Ihr Chef trägt seinen Helm auf dem Kopf. Einen ganz besonderen Helm mit je einem Engelsflügel links und rechts anmontiert. Ein Götterbote. Vom Himmel geschickt. Der Götterbote bleibt vor Hermann stehen, schaut ihm lange in die Augen. Nickt bedächtig, kaut dabei sein Kaugummi zu Brei.
Hermann fühlt sich ganz plötzlich mies und schwach, versucht aufrecht stehen zu bleiben, den Blick zu erwidern. Hört die Frage des Götterboten, die so seltsam profan klingt.
Willste was? Los sach!
Hermann denkt, dass er antworten sollte. Und haucht dem Geflügelten angstzart ins Gesicht. *Nein, ich will nichts!*
Wirklich nicht!
Und schon explodiert das Bild. Denn das wusste Hermann damals noch nicht – Götterboten schlagen bevorzugt mit geballter Faust auf fremde Nasen und lachen dabei ungeheuer dreckig.
Zweimal schlägt dieser hier zu. Schnell hintereinander.
It's the first time of year today
that you have run away!
Baby come back!
Da ist Hermann schon unter dem Geländer nach hinten weggetaucht, in den Staub des Rummelplatzes gesprungen und rennt los.
Sie kriegen ihn nicht. Und Gerd rennt neben ihm.
Schande.
Aber vorbei.

Doch das mit Bernd konnte Hermann immer noch nicht glauben. Eine Knarre?
Mensch bring' die weg! Ins Auto! Wenn dir die Polizei draufkommt, gibt das ne Menge Ärger!
Bernd schüttelte nur den Kopf.
Dann zogen sie los.
Vorne etwa Hundert heilsuchende Nationale, dann jede Menge grüne Polizei, dann die Parkas und Lederjacken.
Megaphone. Sprechchöre.
Bernd hatte die ganze Zeit eine Hand in der Innentasche seines Parkas. Schaute sich andauernd um. Witterte Gefahr. Doch es kam nicht zum Schußwechsel.
Hier nicht.

Montage Sieben

Es ist dunkle Nacht. Alle sitzen im Kreis auf einer Wiese. Sylvia, klein, schwarzgelockt, mit ernstem Blick, die Beine an den Körper gezogen, einen bestickten Poncho um die Schultern. Neben ihr Gina mit einer Bierflasche in der Hand, lange dunkelblonde Haare, Holzclogs an den Füßen, Jeansjacke umgehängt, prustet ein Lachen heraus.
Rudi hockt auf einem Bierkasten – braune Lederjacke, Haare bis auf die Schultern, runde Brille, Leninbärtchen. Er lacht ebenfalls. Noch mehr Leute sitzen da, von denen aber nur die Rücken zu sehen sind. Alle in Parkas. Einer spielt gerade Gitarre.
In der Mitte des Kreises steht Hermann, eine Mundharmonika in der linken Hand. Jeans, abgewetztes Lederjackett, jede Menge Locken, lange Koteletten, Kinnbart.

Eine Zimmerwand. Tapeziert mit Aluminiumfolie. Regalbretter mit Büchern daran montiert. Auf dem Boden ein Heizlüfter, ein Sitzkissen, ein paar Bücher.
Vor der Wand Gina. Mit dem Rücken zur Kamera. Ihr Rücken ist nackt. Von der Hüfte abwärts trägt sie eine Schlafanzughose, die ziemlich zerrissen an ihr herunterhängt. Man sieht eine nackte Hinterbacke.

Rudi. Lehnt an einer Litfaßsäule, auf der für 40%igen Bommerlunder Werbung gemacht wird.
Rudi trägt wieder seine Lederjacke, Jeans, eine dunkel getönte runde Brille auf der Nase. Grinst verächtlich. Hält eine Bild-am-Sonntag Richtung Kamera. Artikel über Skandalminister werden auf der Titelseite angekündigt, auch solche über Putschversuche, über Callgirls und über den Sieg von Schalke 04.

Mehrere Fotos vom gleichen Motiv.
Hermann sammelt Unterschriften. In Berlin. In der *Potsdamer Straße*, steht auf dem Straßenschild, vor dem sich Hermann postiert hat. Gerade hält er einer gestiefelten jungen Frau in kurzem Rock und Karojacke einen Stapel Listen vor die Nase. Sie greift nach dem Kugelschreiber des

Vollbärtigen und lacht. Eine ältere Frau geht hinter den beiden vorbei, schaut skeptisch. Sehr skeptisch.
Dann steht er mit einem Pärchen zusammen. Der bärtige Brillenträger im dunklen Mantel unterschreibt gerade. Seine Freundin steht still unter ihrer Strickmütze.
Auf dem nächsten Foto ein Schwarzhaariger mit extrem langem Bart, ziemlich klein, trägt eine große Umhängetasche über der schmalen Schulter und spricht mit ernster Miene auf Hermann ein. Der hört zu, den Kugelschreiber wie eine Waffe auf sein Gegenüber gerichtet. Die Normaluhr mit der Commerzbankwerbung im Hintergrund zeigt 12.35 Uhr.

Eine Ansichtskarte. Nordseeinsel. Leuchtturm. Dünen. Sand.
Adressiert an Hermann. Verfasst von Gerd.
Eng beschrieben.
Hoffentlich hast du dich gut in Berlin eingelebt. Ist ja ganz schön was los bei duch da oben. Hast du schon eine eigene Wohnung gefunden? Dann könnte ich dich doch mal besuchen. Neulich war ich nochmal mit Bernd und Sylvia in unserer Kneipe. Sylvia hat eine Frauengruppe gegründet, stell dir vor!
Ich mache jetzt nochmal richtig Urlaub, bevor ich mit meinem Jurastudium in Frankfurt anfange.
Bin gespannt, was da so los ist.
Mach's gut!

Ich will nicht werden, was mein Alter ist!

Keine Damenbesuche!
Und Herrenbesuche nur bis zehn Uhr abends!
Die Küche dürfen Sie morgens zwischen acht und zehn Uhr und abends zwischen sechs und acht Uhr benutzen!
Ihre Wäsche können Sie mir geben!
Endlich in Berlin. Hermann hat fürs Erste ein Zimmer zur Untermiete genommen. In Neukölln. In einem grau verputzten Altbau mit allerliebsten Putten über der Haustür. Bei einer etwas klein geratenen, schlesischstämmigen Offizierswitwe mit strengem Haarknoten und geblümter Kittelschürze.
Alles hatte schnell gehen müssen – Anfrage beim Makler, dann sofort Mietvertrag. Da hatte er keine Zeit gehabt, sich eine Untervermieterin auszusuchen, die auch mal lachen konnte.

Nur weg aus der Gaskesselheimat.
Der Vater war zunächst ob seines Ansinnens sehr wütend gewesen.
Nach Berlin? Da kommst du garantiert unter die Räder!
Außerdem hatte er doch *Besseres!* mit ihm vorgehabt – Hermann war schließlich schon bei seiner Geburt für die Fußstapfen des Vaters gebucht worden.
Schokolade geht immer!
Die mittlerweile drei Süßwarenläden des Alten liefen gut, und bei allen Kunden und Lieferanten war bereits angekündigt worden, dass demnächst der *Junior!*, allemal gut bezahlt, an der Seite des Seniors im Familienbetrieb arbeiten würde.
Doch Hermann wollte nicht. Wollte keine Schokolade verkaufen, wollte kein *Gutes Geld!* verdienen, wollte nicht den versprochenen Mercedes fahren, wollte dem Vater aber auch nicht wehtun und hatte ihn getröstet.
Ich studiere erstmal! Am besten Wirtschaft, das ist gut für den Betrieb!

Für ein Studium war nur Berlin in Frage gekommen.
Natürlich Berlin, die von der DDR sogenannte Selbstständige Politische Einheit Westberlin, in der niemand zum Wehrdienst eingezogen werden konnte. Erster Wohnsitz und Basta. *Viermächtestatus!* Wer wollte schon

beim Barras mit der Waffe in der Hand durch den Dreck robben und Hurra! brüllen? In einer Uniform stecken, in Reih und Glied antreten und Befehle von scheißautoritären Offizieren ausführen?
Lange hatte er mit Bernd und den anderen über die Folgen einer Verweigerung und die neue Wehrmacht diskutiert.

Soldat werden? Wie der Vater? Wie der Vater, der krank und atemlos geworden war am Krieg, dessen Herz immer noch und oft wie verrückt raste, der auch jetzt noch voller Angst steckte, soff, Pillen fraß und meinte, jedes Wehwehchen könnte seinen Tod bedeuten?
Für Kriege ausgebildet werden, in denen Gaskammern gebaut werden und Juden abtransportiert, wenn Großtante und Oma sie nicht verstecken?
Für Kriege, in denen Kinder in Luftschutzbunkern zittern und Mütter weinen?
Für Kriege, in denen Schulen zerbombt werden und Sturzkampfjäger heulen?
Für Napalmkriege, Atomkriege, My-Lai-Massaker?
Für neue Nachkriegszeiten, in denen er wie Borcherts Beckmann mit Gasmaskenbrille und steifem Bein keinen Frieden mehr finden würde?
Hermann wollte nicht. Wollte auch sein Gewissen nicht von irgendwelchen Topidioten erforschen lassen. Wollte nicht zum Soldaten ausgebildet werden, wollte kein Schokoladenverkäufer werden, wollte einfach fort, weit weg.

Es hatte keinen großen Streit gegeben deswegen. Nur dies kurze Aufbegehren des Vaters, und ein *Laß den Jungen doch gehen!* der Mutter. Dann Schweigen zu Hause. Aggressive Stille.
In diese Stille hinein hatte er begonnen, seinen Umzug zu organisieren.
Leaving Home! War zunächst zur Großtante nach Berlin gefahren. Die hatte ihn freundlich durch ihre dicken Brillengläser angeschaut und seine Hand genommen.
Komm du ruhig mal zu uns nach Berlin! Da biste schon richtig!
Dann hatte er sich für ein Jahr an einem Kolleg eingeschrieben, um nachträglich seine Studienberechtigung zu bekommen. Hatte sich von der Großtante einen Makler nennen lassen, der ihn zu der Offizierswitwe mit dem Haarknoten schickte. Und die schaute Hermann nicht freundlich, sondern erbarmungslos an.
Einen Vertrag gibt's aber nur, wenn Ihr Vater für die Miete bürgt!
Da hatte er sich geschämt. Bekam keine Stipendien vom Staat, die er

hätte vorweisen können, sondern vom Schokoladen-Vater monatlich ein paar Hunderter.
Damit musst du auskommen! Mehr gibt's nicht!
Jetzt stand sein alter Käfer unten auf der Straße.
Berlin.
Er hatte sich bereits in dem Eichensarg, der angeblich ein Zimmer sein sollte, eingerichtet – Buffet, Eichenschrank, Doppelbett, Schreibtisch, alles aus dunkler Eiche. Ein großes Fenster, davor dicke weiße Gardinen.
Die lassen Sie bitte immer zugezogen!
Die Offizierswitwe machte ihm manchmal Angst. Doch nicht allzu viel. Sie machte ihn auch zornig. Sehr. Auf alle Fälle mied er in den folgenden Monaten zunehmend den Kontakt mit ihr.
Immer Ruckzuck rein in die Wohnung und ab in den Sarg mit den Gardinen. Benutzte ab und zu nur schnell mal das Klo. Nie die Küche. Da hätte er ja die Alte getroffen.
Seine Lebensmittel vom Aldi-Markt um die Ecke deponierte er hinter der Gardine auf der Fensterbank – Brot, Margarine, Leberwurst im Glas, Schmalz, Salz. Das alles stellte er sorgsam neben die beiden Porzellanteller, das Besteck, den Tauchsieder und den dazugehörigem Aluminiumtopf.
In dem Topf kochte er sich sonntags ein Fünf-Minuten-Ei und unter der Woche schonmal eine Suppe. Aus der Tüte.
Während er aß, setzte er immer seinen kleinen Kassettenrekorder samt Simon & Garfunkel in Gang.
When you are weary, feeling small, when tears are in your eyes, I will dry them all!

Und wusste nicht, warum er traurig war. Warum bittere Tränen in die frisch gebrühte Frühlingssuppe tropften. Er war doch hier. In Berlin. In Spree-Babylon. Hatte es geschafft.
Your time has come to shine,
all your dreams are on their way!
Und war allein. Spürte Leere. Ziemlich schwarz war die. Dann wieder Kraft. Hell und licht und manchmal auch Wut.
Große Wut.
Die sprang ihn immer wieder an. Wenn er in voller Montur auf dem Bett lag, dann packte ihn diese Wut aus *Easy Rider!* Aber auch die noch viel größere Wut, die IF in ihm erlöst hatte.

IF!
Der Film aus England war ihm zum Fanal geworden. Den hatte er noch mit Bernd und Sylvia im einzigen Filmkunstkino seiner Gaskesselheimat gesehen. Die Bilder hakten sich fest in seinem Körper, weckten Erinnerungen. Böse. Immer wieder.
Dies Gestraft- und Gequält-Werden. Von sadistischen Lehrern, von einem brutal-autoritären System ohne Gnade. Du wehrst dich, wirst kleingemacht, du wehrst dich, wirst wieder kleingemacht. Noch kleiner. Bist ein mieser kleiner Schüler, der jedem Sadismus schutzlos ausgeliefert ist.
Und dann diese wahnsinnig einfache Lösung im Film, an die er bisher nie zu denken wagte – mit Maschinenpistolen und Gewehren auf dem Dach liegen und die Peiniger abschiessen. *Einfach abknallen!*
Was für eine geniale und irre Phantasie!
Hermann war vollkommen aufgewühlt aus dem Kino gekommen. Sylvia hatte schwer und sozialpädagogisch genickt.
In unseren Fürsorgeheimen ist es nicht anders! Nur greift keiner zur Waffe!
Heiß und fasziniert hatten sie in ihrer Sperrmüllkneipe jedes Bild, jede Szene von *IF!* Revue passieren lassen.
IF, ja, IF, ja wenn!
Dieses Wenn erzeugte Kraft, unbändige Kraft. Und es machte Angst, riesengroße Angst. Hermann lief jedesmal ein Schauer über den Rücken wenn *IF!* in seinem möblierten Eichensarg über ihn kam. Und dachte haltsuchend an seine Freunde.
An seine neue Freundin.
Gina war nicht da. Niemand war da. Nur Neukölln, die Witwe mit der Kittelschürze und in Wilmersdorf die Großtante. Und er lag einsam in diesem Eichensarg. Also rieb er sich hilfsweise mit der Hand das Heimweh und den Liebesdurst in kleinen Spritzern von der Seele.

I'm free to do what I want any all time!
Gina war seine Neue, schlank, dunkelblond, langhaarig, Rechtsanwaltsgehilfin und stand irre auf Mick Jagger.
Ein total geiler Typ!
Hermann hatte Gina auf einer Solidaritäts-Fete, *Keine Ahnung für wen!*, an der Pädagogischen Hochschule seiner Gaskesselheimat ins Herz getroffen und war kurz darauf selbst mordsmäßig verliebt gewesen. Keck war die Gina, hatte Lippen wie Samt und las gerne Comics auf dem Klo. Zwischen ihren Beinen hatte er seine Unschuld verloren.

Spät, sehr spät eigentlich!
Weiß nicht, warum so spät!
Aber immerhin. Endlich war da mehr als immer nur dies Fummeln, Stöhnen, Naß und Feucht, sondern wild bis sanft hineingleiten, herausgleiten und keine Angst, weil Pille. Und dann immer wieder und immer öfter schön – bei Bernd und Sylvia auf der Bude, wenn die gerade mal unterwegs waren, die alten Kuppler. Scharf war das gewesen. Das Kuppeln und alles, was dazugehört.
Gina würde ihn besuchen. Hier in Berlin. *So oft ich kann!* Vielleicht würde sie demnächst auch nach Berlin ziehen. Die ewigen Schriftsätze bei ihrem Anwalt kotzten sie an und Arbeit als Tippse könnte sie auch hier finden. Jobs gab es genug.

Und nun war er allein in Babylon.
Doch das war längst nicht so schlimm, wie er es im Dunkel seines Eichensargs phantasierte – schon wenige Wochen, nachdem das Kolleg begonnen hatte, war er nicht mehr allein. Ganz und gar nicht.
Komm doch mit zu mir nach Hause! Wir kochen was zusammen!
Rudi war einige Jahre älter als Hermann. Ging aber trotzdem in seinen Kurs. Wie noch ungefähr fünfundzwanzig andere, ein bunter altersgemischter Haufen, junge Frauen und Männer, die alle schon in Betrieben gearbeitet, auch eine Lehre hinter sich, all das einfach satt hatten und raus wollten aus dem Trott.

Die Bundesbahn ist doch ein mieser Beamtenhaufen!
Rudi grinste aus seinem Leninbärtchen heraus. Von Berlin-Zoo nach Paris-Nord und retour war er zuletzt immer gefahren. Als Schlafwagenschaffner. *Gute Trinkgelder kriegste da!*
Gelernt hatte er Industriekaufmann. Noch in Lübeck. In einer Marzipanfabrik. Dann musste Berlin sein. Und eine Wohnung. ZweiZimmer-KücheInnenkloSeitenflügel.
Die Küche grellrot gestrichen, mit Gasherd, Pfanne drauf und Schnitzelecken rein. Die Schweinefleischreste gab es *Billig, Billig!* beim Fleischer, dazu ein duftendes Brot vom Bäcker und jede Menge braun gebratene Zwiebeln. *Echt lecker!*
Besser als ewig nur Tütensuppen!
Nach dem Essen ging es ihnen gut. Und noch besser, wenn Rudi eine Schachtel Zigarren besorgt hatte. Irgendwelche Stumpen, die mächtig qualmten.

Zigarren kannste nicht den Bossen überlassen!
Und lagerten auf Matratzen im großen Zimmer, qualmten die Bude voll und fanden sich ziemlich großartig.
Auch das Kolleg war Klasse. Und Thema auf dem Matratzenlager. Vor allem der Brecht aus dem Deutschunterricht.
Galileo Galilei, der Widerständige, Gute Menschen aus Sezuan, Mutter Courage und Soldaten wohnen auf den Kanonen.
Es war wirklich besser, in diesem ummauerten Babylon zu wohnen als im Westen, auf den Kanonen vom Barras.

Grausam aber war es, für ein Geschichtsreferat Kogons Buch über den SS-Staat zu lesen.
Duschen. Kacheln. Gas.
Hermanns Albtraum. Seit Jahren und immer noch. Hier, beim Kogon, stand dieser Traum aufgeschrieben.
Schwarz auf weiß. Sehr schwarz.
Vom Auskleideraum führte der Weg direkt ins Bad, wo aus den Duschen und den Ventilatorenpfeilern das Blausäuregas einströmte, sobald die Türen geschlossen waren!
Hermann sieht diese Kachelbäder und Duschen noch heute genau vor sich. Bilder, die den kleinen Hermann in Schweiß und Angst getrieben haben, damals nach der Berichterstattung über den Eichmann-Prozess, die er irgendwie im Fernsehen mitbekommen hatte. Keiner hatte mit ihm und die Oma nicht mehr als zwei oder drei Sätze über diesen Wahnsinn gesprochen.
Seit den Kinderjahren hasst er gekachelte Räume, hat immer noch ein mächtiges Klemmen in der Brust, wenn er in Berlins dreckig gelb oder weiß gekachelte Stadtbäder zum Schwimmen, Baden, Duschen geht.
Hermann atmet auf in Freibädern. Vergeht in den alten Kachelhallen.
Und ist voller Schrecken, als er auf dem Bett der Witwe liegt und in Kogons Buch weiterliest.

Was meinste, wieviele von den alten Nazis noch in Amt und Würden sind?
Rudi sieht ihn eines Abends durch seine runde Brille provozierend an.
Erzählt von Staatssekretären und Ministern, von EX-Kanzler Kiesingers NSDAP-Mitgliedschaft, von EX-Bundespräsident Lübke und dessen Beteiligung am Bau von KZs.
Zählt nie bestrafte prominente Täter auf. Immer mehr.

Zählt auf und lässt die Luft im großen Zimmer gefährlich dünn werden. Dann trinken sie Lambrusco aus der großen Flasche für zwei Mark. Liegen rücklings auf den Matratzen und starren an die Decke. Dann ist die Flasche leer und Rudi holt eine zweite.

Was hast du eigentlich in Rußland gemacht, außer Verwundeten zu helfen? War da was mit der SS? Warum hast du mir so gut wie nichts vom Krieg erzählt?
Hermann ist ganz elend vor Angst und Wut, als er den Vater fragt. Und dennoch direkt in dessen Hans-Albers-Augen schaut, als er wieder mal in der Wohnung der Eltern auf Besuch ist.

Da hatte er schon zusammen mit Rudi die Transitstrecke, die Uniformen, die DDR-Großkotze mit ihren arroganten Blicken, ihre hämischen Kontrollen und all ihr *Zack!* hinter sich gebracht.

Hatte Rudi bei Bernd und Sylvia abgesetzt.

Hatte dort auch Gina getroffen.

Hatte sie lange fest im Arm gehalten, Kaffee getrunken, geraucht, ihre Haut berührt.

Dann war er losgefahren, hatte auf dem Hof vor der alten Wellblechgarage geparkt und vom Vater ein Glas Möselchen vorgesetzt bekommen. Wie immer, wenn er in den letzten Monaten die Eltern besucht und rapportiert hatte, dass in Berlin alles in bester Ordnung sei.

Jetzt plötzlich ist nichts mehr in Ordnung.

Jetzt und hier in der Küche der Eltern, erinnert Hermann plötzlich wieder den Vater, wie der atemlos am Fenster brüllte *Ich sterbe!*, und will von dem ziemlich grauhaarigen Mann, der da samt Weinglas vor ihm am Tisch sitzt, endlich die Gründe für diese Panikattacken wissen. Von wegen Neurose, Krieg und so. Und die Augen des Vaters werden groß, der stützt sich auf den Tisch, zieht sich halb hoch, brüllt wie ein wundes Tier.

Was ich durchgemacht habe, kannst du dir doch gar nicht vorstellen! Das wirst du nie verstehen!
Ich war einfacher Landser, ein Sanitäter!
Doch Hermann will verstehen. Fragt weiter.
Und einfache Landser haben keine Russen umgebracht?
Du hast doch nicht alle Tassen im Schrank! Verschwinde aus meiner Wohnung!
Die Mutter steht mit müden Augen daneben und will, dass Frieden ist.

Wenn der Junge schon mal auf Besuch ist!
Doch der Vater stöhnt, dass Berlin den Herrn Sohn schon jetzt versaut hat und Hermann stöhnt zurück.
Du verschweigst doch was!
Sieht den Vater auf sich zukommen. Rasend. Und warnt ihn.
Fass mich nicht an! Ich schlage zurück!
Flieht. Mit geballten Fäusten. Mit Tränen in den Augen. Fährt mit dem Käfer zu Bernd, Sylvia und Rudi. Gina ist auch noch da.

Sylvia sah ihn aus ihren großen schwarzen Augen mächtig mitfühlend an. Er lag auf dem immer noch ungemachten Bett und hatte seinen Kopf in Ginas Schoß gelegt. Bernd schwieg, grübelte. Rudi schaute ernst durch seine runde Brille.
Jetzt haste aber schlechte Karten zu Hause!
Kann man nichts machen!
Sie kochten sich auf dem Zweiflammenherd noch ein paar Pellkartoffeln, Butter und Salz dazu, quatschten sich frei und hörten zum grünen Götterspeisen-Nachtisch nochmal Ginas breitmäuligen Mick mit seinen Stones.
Summer's here and the time is right
for fighting in the streets boy!

Gehören Sie auch zu dem roten Gesockse da draußen?
Als die Witwe ihn das fragte, war es schon Winter. Die Alte war ohne jede Vorwarnung brüsk zu ihm in den möblierten Eichensarg gekommen, hatte die Gardine beiseitegeschoben, das Fenster geöffnet, anklagend mit dem Finger nach draußen gewiesen und ihn dann wütend fixiert.
Rotes Gesockse? Was meinte die Alte?
Dann hörte er irgendwelche Sprechchöre. Eine Demonstration zog in der Nähe vorbei.
Nein, ich gehöre nicht dazu! Und ich weiß auch nicht, was Sie meinen!
Das will ich aber auch hoffen!
Dann war sie wieder draußen. Kurze Zeit später auch er. Unten auf der Straße. Blaue Polizeiwagen. Und Grölen.

Rauch-Haus muss bleiben!
Wir lassen uns nicht vertreiben!
Das waren die Besetzer aus Kreuzberg – einfach rein ins alte Schwesternhaus vom Bethanien-Krankenhaus, Polizei ausmanövriert, Pflastersteine

geschmissen und ein Wohnkollektiv für flüchtige Heiminsassen ausgerufen. *Für Trebegänger!* Das hatte er in der Zeitung, war's der *Abend?*, der *Telegraf?* gelesen.

Das Schwesternhaus hatten die Besetzer inzwischen nach Georg-von-Rauch, dem umherschweifenden Haschrebellen, benannt, der neulich von der Polizei in Schöneberg erschossen worden war.
Kugel ins Auge. *Notwehr!*
Sollte angeblich zu den Leuten von Baader und Meinhof gehört haben.
Den Terroristen. Viel wußte er nicht darüber. Doch jetzt war er hier.
Mit Lederjacken und Helmen waren die Treber und ihre Freunde auf dem Fahrdamm unterwegs, manche hielten sich untergehakt aneinander fest. Jung waren sie, wild irgendwie. Mit roten und schwarzen Fahnen. Eines der Transparente, das sie trugen, ist Hermann noch in Erinnerung.
High sein, frei sein, Terror muss dabei sein!
Da ging er mit. Aber bitte auf dem Bürgersteig, in angemessener Distanz, nicht in dem wilden Haufen.

Und plötzlich hört er es zum ersten Mal. Und er wird es in Zukunft noch öfter hören, und es wird ihn jedes Mal mit schwarzem Zorn erfüllen.
Abschaum!
Die gehören doch ins Arbeitslager!
Vergasen müsste man das Pack!
Da stehen Männer mit glasigen Augen vor einer Eckkneipe, Biergläser in der Hand, johlen Gaskammersprüche, schütteln die Fäuste. Hermann bleibt stehen, kann es nicht fassen, sein Herz rast durch den ganzen Körper, da wirft einer von den Eckenstehern seinen glasigen Blick auf ihn.
Ach, da haben wir ja einen von denen! Den schnappen wir uns!
Der Saufnazi will hin zu ihm, die anderen Kerle schwanken ebenfalls vorwärts und Hermann muss wieder rennen.
Angst habe ich keine, aber schnell laufen kann ich!
Rennt und bleibt erst ein paar Hundert Meter weiter stehen.
Hat die Typen abgehängt.

Er folgt der Demonstration bis zum Mariannenplatz. Bis an die Auffahrt zum Bethanien-Krankenhaus.
Nähert sich vorsichtig den Wilden. Steht plötzlich mittendrin und spürt, so glaubt er, den Geist des Aufruhrs und hört, die warten auf irgendetwas, auf irgendwen.

Dann eine Kolonne schwarzer Limousinen, Herren in Anzügen darin, wollen die Auffahrt hoch und vor den Eingang des Bethanien fahren. Empörung wird laut. *Scheiß-Bonzen!*
Plötzlich löst sich ein Junge, er mag achtzehn Jahre alt sein, aus dem Demonstrantenpulk. Lange Haare, viel zu große Lederjacke und Fallschirmspringerstiefel an den Füßen. Stellt sich der Kolonne mitten auf der Auffahrt in den Weg.
Der Fahrer des ersten Wagens wird langsamer. Fährt auf den Jungen zu, stoppt, als der Wagen ihn fast berührt.
Der Junge beugt sich vor, knallt seine Hände, die in riesigen Handschuhen stecken, auf die Motorhaube und belegt die Insassen mit dem Bösen Blick.
Steht da und rührt sich nicht.
Der Fahrer des Wagens wird unruhig, will rückwärts fahren. Doch hinter ihm warten die anderen Fahrzeuge. Blockieren den Fluchtweg.
Im nächsten Augenblick richtet sich der Junge wieder auf, tritt beiseite und winkt mit einer eleganten Handbewegung die schwarze Kolonne vorbei.
Hermann ist beeindruckt. Schwer beeindruckt.

Und fängt an, sich nach einer eigenen Wohnung umzuschauen. Die Witwe hat er satt.
Und geht weiter zum Kolleg. Trifft dort täglich Rudi und die anderen Kollegiaten. Mit ein paar von denen freunden sie sich an, werden zur Clique. Sitzen nachmittags, abends, nachts zusammen auf Rudis Matratzen am runden Tisch mit den abgesägten Beinen, trinken, rauchen, hören Musik, träumen gemeinsam zum Sound von Dylans Nasaltenor.
How many roads
must a man walk down
before you can call him a man?
Rudi hat inzwischen einen gefährlich aussehenden Dreschflegel aus Holz an die Wand gehängt und daneben einen gelben Bauarbeiterhelm drappiert.
Beim Trödler gekauft! Falls die Demos mal härter werden!
Und lacht.
Afro-Peter, der mit der riesigen Kraushaarfrisur, raucht vollkommen entspannt seinen Joint und träumt.
Legalize it!

Der Kleine mit der runden Brille, dem krummen Rücken und dem Fuselbart am Kinn, den alle Professor nennen, wirft derweil begeistert die vollkommen irre Fragestellung aus dem neuesten Buch seines bevorzugten Propheten in die Runde.
Was God an astronaut?
Ein Erich-von-Däniken-Fan. Ein Astronautenprofessor, der sich gern im Weltall und in astronomischen Büchern verlor, wenn es ihm auf der schnöden Welt zu anstrengend wurde.

Nach Mitternacht räsonnierte Hermann noch ein wenig über den verdammten Vietnamkrieg, darüber, dass das Morden, Foltern und Blutbaden endlich ein Ende haben muss.
Und die anderen nicken müde.

Alles, was uns fehlt, ist die Solidarität!
Heiser schreit der kleine schlacksige Sänger seinen Text ins Mikrofon. Und die Lederjacken und Parkas im Saal toben. Eine Band wie ein Gewitter.
TonSteineScherben.
Die Typen rotzen, kotzen, stampfen, schleudern Dreck und Wut. Rudi gibt sich, Hände in den Hosentaschen, gelassen, obwohl das Audimax der Technischen Universität vibriert. Und Hermann hat, eingewickelt in seinen Parka, so etwas wie eine Erweckungsphantasie. Nicht etwa bei dem Solidaritätsgegröle, das war ihm zu plump, aber bei der Nummer über den Sohn und seinen Alten.
Schon beim zweiten Refrain macht Hermann seinen eigenen Vater nieder und wünscht sich nur noch das Eine.
Ich will nicht werden, was mein Alter ist!
Ich möchte aufhören
und pfeifen auf das Scheißgeld,
ich weiß, wenn das so weitergeht,
bin ich fertig mit der Welt!
In dem verrauchten Audimax gab es viele, die nicht so werden wollten wie ihr Alter. Diese Meute um ihn herum war kein intimer Spaghettikreis, kein Lehrlingstreff der Werkzeugbranche, das hier war ernster als alles, was Hermann bisher erlebt hatte. Aus Hunderten von jungen Kehlen um ihn herum röhrte ein böser Un-Wille, stark und mächtig.
Wir sind viele und wir kennen die Scheiße, die Zuhause heißt!
Wir haben das alles satt, genau wie du, Hermann!

Die Scherben-Platte musste her.
Er fand sie in einem dieser Politischen Buchläden in Wilmersdorf – Roter Stern im Fenster, Vietcong-Fahne und Che-Poster an der Wand, jede Menge Aufruhr und Revolution zwischen den angebotenen Buchdeckeln und bärtige Genossen in Norwegerpullovern oder Lederwesten als Verkaufspersonal.
Genossen!
So sprachen die sich an.
Was darf's denn sein, Genosse?
Was für ein Unsinn. Der Buchladen lag schließlich nicht in der DDR, nicht im Osten, nicht im noch weiter entfernten Moskau. Sozialisten und Kommunisten waren Genossen und denen, die er davon kannte, traute Hermann schon lange nicht.
Hermann traute keinen Zentralkomitees, keiner Honneckerfigur, keinen stacheldrahtbewehrten Mauern, keinen Wachtürmen, keinem Stechschritt, keinen Panzern der Sowjetunion, die vor gut drei Jahren in Prag den Frühling plattgewalzt hatten.
Und denen, die unschuldige Kinder zu Pionieren irgendeiner neuen alten Zeit machten, sie in verdammte Uniformen steckten, in Reih und Glied antreten ließen und Immer bereit!, denen traute er schon gar nicht.
Drill und Zack!
Haben die eigentlich die Nazizeit vergessen?
Der Osten war Hermann schon ziemlich unheimlich.

Dann fand er endlich diese Wohnung. Seine erste Wohnung. In Kreuzberg. In einem Altbau, dessen ruinierte Gründerzeit-Fassade bis in den ersten Stock hinauf mit Einschußlöchern gegerbt war.
Einschußlöcher waren das Markenzeichen für viele Berliner Altbauten, Einschußlöcher, die nichts anderes bedeuteten als Achtung!, hier wurde vor kurzem noch geschossen und all das Elend ist längst nicht vorbei und Geld für neuen Putz hat der arme Hausbesitzer eh nicht und die Russen können immer wieder kommen oder auch nicht, auf alle Fälle sind wir Frontstadt.
Hermann dachte oft daran, wen die Kugeln, deren Einschüsse nicht in den Hauswänden zu sehen waren, wohl getroffen hatten. Der lag dann da, zuckte vielleicht noch, blutete und sah noch einmal den Himmel. Ganz kurz nur. Und der Himmel war blau.
Vielleicht.

Die Wohnung lag im ersten Stock. Wenn man sich weit aus dem Fenster lehnte und nach links schaute, konnte man die Spree sehen. Am anderen Ufer Mauer, Wachturm, Hundegebell. Ein Zimmer groß. Eines klein. Beide mit verwitteren Holzdielen und Kachelöfen. Eine Küche mit Feuerstelle, genannt Kochmaschine, und Ausguss, eine Kammer ohne Fenster, ein Innenklo ohne Fenster.
Miete Hundert Mark!
Gefunden in Springers Berliner Zeitung!
Die Hausverwaltung wollte nicht mal eine Bürgschaft vom Vater.
Die Hundert Mark monatlich werden Sie doch wohl aufbringen können!

Aber nicht das Geld für die Renovierung – von wegen Tapeten, Farben, Lacke. Also kaufte er bei Aldi Aluminiumfolie. Klebte sie mit Kleister vom Heimwerkermarkt auf der Köpenicker kreuz und quer an die Wände, damit er die eklige alte Tapete mit dem großen Blumenmuster nicht mehr sehen musste.
Möbel hatte er auch keine.
Die unsäglichen Eichenmöbel hatte er tunlichst im Untermiet-Sarg der Witwe stehen lassen, sie nicht des Nachts heimlich ausgeräumt, kein Freudenfeuer daraus und die alte Schlesierin obendrauf heiß gemacht – das war nur so eine herrlich funkelnde Idee gewesen, als er in der Telefonzelle vor dem Haus nach zig Wählversuchen (der Telefonverkehr mit dem westdeutschen Festland war immer schwierig) Gina an der Strippe hatte.
Komm' doch gleich am nächsten Wochenende!
Endlich sturmfrei!

Holt die Gina vom Bahnhof Zoo ab, liegt kurz darauf mit ihr auf den drei blaugemusterten Matratzen, die Rudi ihm spendiert hat und sieht vollkomen überreizt zu, wie ihre Hand mit den grünlackierten Fingernägeln den Gürtel seiner Hose öffnet.
Später serviert Hermann Kaffeepulver.
Aufgelöst in tauchgesiedetem Wasser.
Der Kaffee dampft, Holländer-Kekse dazu, jede Menge Glücksgefühle, *Endlich frei!* Und am nächsten Tag noch mehr Besuch.

Bernd und Sylvia.
Mit ihrem neu-gebrauchten, ziemlich hellgrünen Ford-Taunus, Modell Badewanne, waren sie gekommen, hatten Schlafsäcke dabei und eine Flasche Faber-Sekt.

Mensch, das wurde Zeit, dass du eine Bude für dich hast!
Lass es dir gut gehen hier! Prost!
Später kam auch noch Rudi, brachte Zigarren, kurz darauf Afro-Peter.
Der setzte sich auf den Fußboden, grinste in die Alufolie an der Wand, drehte eine Tüte zur Begrüßung, zog mit Bernd den Stoff durch und lächelte entspannt.

Und dann hatten sie alle Hunger. Aber keine Töpfe, keinen richtigen Herd, nichts eingekauft und wenig Geld.
Macht nichts!
Gehen wir in den Alligator!
Für sechs, sieben Mark konnte man sich dort satt essen. Das hatte Hermann mit Rudi längst getestet.
Rudi kannte sich in der Kneipenszene aus – *Kreuzberger Weltlaterne!* mit Klasse-Soleiern auf dem Tresen, die *Dicke Wirtin!* mit fleischigen Buletten, das *Natubs!* mit den fetten Schmalzstullen und eben der *Alligator!* – eine scharfe Eckkneipe am Landwehrkanal.
Ach, der Alligator!
Zwei alte Frauen kochten dort. Dick waren die, kugelig, in irgendwie weißen Kitteln, auf denen sämtliche Spuren der Genüsse abgebildet waren, die sie anboten – Roulade mit Rotkohl, Bratwurst mit Kraut, Hackbraten mit Soße. All das serviert von einem wunderbar schwitzenden, herrlich schwulen Kellner in viel zu enger weißer Jacke.
Harry, was gibt's denn heute?
Harry war eine Attraktion. Hochsensibel und *Kein Wort zuviel, bitte!*
Nie hatte er Zeit für einen kleinen Plausch, der Alligator war immer gerammelt voll.
Doch sie fanden einen Tisch, einen großen. Alle ran, Hackbraten bestellt, und schon waren die Teller leer. Und dann kommt Harry noch einmal.
Nachtisch? Pudding?
Und fängt an durchzuzählen. Deutet charmant mit langem Zeigefinger auf jeden einzeln.
Säuselt furchtbar süß.
Eins, zwei, drei, vier, fünf, sechs!
Mein Gott, so viele Puddings!
Wiegt sich sexy in den Hüften und schwenkt ab.
Harry war Gold wert.

Später rief Hermann doch noch zu Hause an. Seit der kriegerischen Auseinandersetzung mit dem Vater hatte er sich bei dem einfachen Landser nicht mehr gemeldet. Nun stand er vor der Telefonzelle, wartete. Drei Leute vor ihm.
Sein monatlicher Scheck war trotz des *Raus aus meiner Wohnung!* weiterhin gekommen. Abgeschickt vom Büro des Vaters. Aber sonst keine Zeile, kein Wort. Aber der Scheck.
Er hatte sich kurz nach dem Wutgeheul des Alten eigentlich schon damit abgefunden, dass er arbeiten gehen würde. Hätte er eben das Kolleg geschmissen.
Is doch sowieso alles egal!
War aber nicht egal, und der Scheck half weiter.
Dann ist er endlich an der Reihe, schließt die Tür der gelben Zelle hinter sich, wählt ein paarmal, hat Verbindung zur Mutter.
Mit Dir haben wir schon nicht mehr gerechnet!
Dann Stille und irgendwie wird es kalt.
Ich bin umgezogen!
Hab jetzt ne eigene Wohnung!
Wollte Euch nur die Adresse geben!
Verdammt, ganz klein ist er jetzt plötzlich wieder. Und hat auch diesen Kloß im Hals. Und noch immer die Nase voll.
Willst du deinen Vater sprechen?
Nein, lieber nicht!

Und musste sich einen Monat später doch schwer wundern, als er seine Großtante im Bayerischen Viertel auf ein Stück Schwarzwälder Kirschtorte, *Mit Sahne, nicht mit Creme!*, besuchte und die ihm aus ihrem Ohrensessel heraus verschwörerisch grinsend und mit einem Zwinkern hinter den dicken Brillengläsern mitteilte, dass seine Eltern nach Berlin kommen würden. Mit dem Flugzeug.
Die wollen mich besuchen, mal was ganz Neues!
Weiß noch nicht, ob sie dich auch sehen wollen! Aber laß mich mal machen!

Dann klingelt es. Samstag. Viel zu früh am Morgen. Und sie stehen vor der Tür. Ein Anzug, ein Kostüm. Wollen mal sehen, wie er so wohnt, sagen sie. Als wäre nichts gewesen.
Der Vater schaut sich kurz in den Räumen um und meint, dass er *Diese widerliche Armut!* nicht mit ansehen kann.

Hier kann man sich ja nicht mal vernünftig hinsetzen!
Fährt also mit Hermann im Käfer zu einem der Trödler in der Bergmannstraße, spendiert zwei braune Sessel, ein rotes Sofa, einen Couchtisch, einen Teppich mit Fransen. *Unglaublich günstige Preise habt ihr hier!* Läßt das Mobiliar binnen zwei Stunden in der Matratzenwohnung anrollen und kauft später noch eine gebrauchte Glotze samt Zimmerantenne beim Fernsehdiscounter Clavis in der Neuköllner Karl-Marx-Straße.
Ohne Fernseher ist eine Wohnung nicht gemütlich!

Währenddessen hat die Mutter ihre Kostümjacke ausgezogen, die Ärmel ihrer Bluse hochgekrempelt und mit dem einzigen Lappen sowie einer mächtigen Prise Ata Scheuerpulver das alte Lineoleum zum Glänzen und überhaupt die ganze Küche *Auf Vordermann!* gebracht.
So, jetzt kann man hier wenigstens mal was anfassen!
Sie ist zufrieden und Hermann weiß nicht, was er sagen soll.
Dann trinken sie noch einen Nescafé mit ihm, die Mutter zieht ihre Kostümjacke an und schon sind die beiden wieder fort.
Nur der Hundertmarkschein auf dem Tisch, die fremden Möbel und die blitzblanke Küche erinnern noch daran, dass seine Eltern tatsächlich hier waren.

Am Abend telefoniert er mit Gina, erzählt ihr alles.
Das war ne echte Invasion!
Muss aber lachen und stellt dann mutig die wirklich wichtige Frage.
Hast du dich jetzt entschieden?
Sie wird kommen. Wird umziehen. Bei ihm wohnen.
In ein paar Wochen schon!
Sie werden ein richtiges Paar sein, in einer eigenen Wohnung. Und Spaß haben, jede Menge Spaß.

Hermann ging einigermaßen schwebend nach Hause, setzte sich aber nicht vor den neuen 150-Mark-Schwarz-Weiß-Tisch-Fernseher, sondern klingelte bei den Nachbarn gegenüber. Bei dieser Wahnsinns-Familie. Eine Mutter wie eine Tonne, ein ewig unrasierter Vater, ein schwarzgelederter Rocker-Sohn und eine Minirock-Tochter, ziemlich sexy, verdammt jung, sechzehn. Dazu zwei Flipper, ein Spielautomat und eine schwarzweiße Promenadenmischung mit kleinem rosa Arschloch im Körbchen. All das untergebracht in zwei großen Zimmern mit diversen Schlafsofas.

Die muntere Truppe hatte ihn gleich bei seinem Einzug begrüßt, ihn rüber in ihre Wohnung gezogen, ein Bierchen aufgemacht, ihn neben das muffige Bettzeug aufs Sofa gesetzt, ihr Aquarium mit den Schleierschwänzen gepriesen, ihre Tochter ebenso.
Hübsches Mädchen, was?
Dann hatten sie Hermann nach *Woher?* und *Wohin?* gefragt und ihm Eines ganz klar gemacht.
Wenn du irgendwas brauchst, wir sind für dich da!
Einfach klingeln!

Also klingelte er. Immer noch schwebend.
Nahm die angebotene Flasche Bier, ließ den Saft die Kehle runterlaufen, schaute dem Mädel gegenüber ein bisschen zwischen die Beine, was die Tonnenmutter mit einem Augenzwinkern in seine Richtung registrierte, und erzählte, dass demnächst die Gina kommen würde, dass er sich deshalb freut.
Der unrasierte Vater in Blaumann und Feinripp-Unterhemd wieherte fröhlich.
Regelmäßiger Geschlechtsverkehr is schon wichtig! Is auch gut gegen Pickel!
Die Tonne zwinkerte Hermann wieder zu und der Rockersohn reichte ihm lässig noch ein Bier.
Darauf trinken wir einen!

Das war also das Proletariat, von dem jetzt soviel gesprochen wurde. Ein launiger Haufen, bei dem er sich irgendwie wohl fühlte. Hier schmeckte jeder Schluck Bier nach Familie und zusammenhalten und miteinander reden können oder auch mal nicht und am Flipper stehen und Tilt! und dann wieder von vorn.
Wie auch immer, Hermann war hier gern gesehen, akzeptiert und musste sich nicht verbiegen. Solch eine warme Nachbarschaft kannte er nicht. Hatte es nie gegeben.

Die kamen jetzt auch alle zu ihm rüber in die Wohnung, weil er mit seinem Fernseher nicht zurechtkam. *Hat keinen Empfang!*
Der Feinripp-Vater richtete die Angelegenheit mit dem Schraubenzieher in Nullkommanix, und dann hingen sie bei ihm in den Sesseln, besetzten die Couch und tranken roten Wein aus seiner Zweiliterflasche. *Kalterersee!* diesmal.

Und prosteten sich zu, quatschten mal wieder über Autos und der Rockersohn kicherte, dass er richtig froh sei, sich keinen BMW leisten zu können.
Mit so einer Kutsche kommste doch jetzt in jede Fahndung!
Is doch die Karre, wo die Baader-Meinhofs immer mit fahren!
Darauf tranken sie noch einen.

Montage Acht

Winter. Schnee. Absperrgitter. Davor Stacheldrahtrollen. Mannshoch.
Auf der asphaltierten Straße hinter den Absperrungen steht ein Mann mit Pelzmütze, dickem Mantel und schwarzen Handschuhen. Er hält eine kleine Super-Acht-Kamera vor dem Gesicht. Filmt ganz offensichtlich den Fotografen.
Hinter dem Pelzmützenträger stehen zwei LKWs, Einsatzwagen der Polizei. Daneben Polizisten mit weißen Helmen. Sie halten schwarze Gummiknüppel in der Hand.
Die Ordnungskräfte stehen vor einem zweistöckigen Flachbau, der an der Front einen Schriftzug trägt.
Amerikahaus.

Remmidemmi. Karneval, Sylvester oder ähnliches.
Man tanzt Polonaise. Eine Frau mit grüner Lockenperücke, dicken goldenen Ohrclipsen und Perlenkette um den Hals, wirft lachend den Kopf in den Nacken.
Hermanns Vater läuft hinter ihr, die Hände fest auf den Schultern der Frau. Er lacht übers ganze Gesicht, freut sich. Trägt lange breite Koteletten und ein Russenkostüm – rotes Seidenhemd mit schwarzer Borte am Hals, seitlich geknöpft und eine weiße Pelzmütze mit roter Feder auf dem Kopf.
Hinter ihm Hermanns Mutter im silberfarbenen Glitzerkleid, Lederband um den Hals und ein rotes Stirnband im halblangen Haar. Am rechten Ohr ein runder Ohrring mit enormem Durchmesser.
Die Mutter schmunzelt, legt gerade die Hände auf die Schultern ihres Mannes.
Von der Decke hängen bunte Luftschlangen und Luftballons.

Ein See.
Auf dem Uferweg gehen Gina und Hermann.
Er trägt ein bunt-gestreiftes Hemd, Ärmel hochgekrempelt, eine schwarze Cordhose, Zeitungen und Bücher unter dem Arm. Grinst. Auf den langen Haaren ein hellgrauer Schlapphut.

Gina lacht, rosa Pulli, schwarze Cordsamthose, Ledertasche, ein Buch in der Hand.
Die Sonne scheint.

Junge Frauen und Männer. Viele.
Sitzen im Kreis auf einer Waldlichtung, lesen in Büchern und Manuskripten, diskutieren, rauchen.
Hermann ist dabei, Haare bis auf die Schultern, trägt Sandalen.
Gina im weißen Herrenoberhemd, Zigarette im Mundwinkel.
Bernd und Sylvia daneben, schauen sich gerade ziemlich ernst an.
In der Mitte steht der, den sie Professor nennen – klein, bucklig, mit Jackett, Brille und langen dünnen Haaren.

Grüner Hut. Lange Federn daran.
Ein enormer Bauch. Weißes Hemd. Rote Weste. Darüber breite Hosenträger, die eine dreiviertellange braune Lederhose samt Latz und Stickereien halten. Weiße Kniestrümpfe und die üblichen Haferl Schuhe.
In der linken Hand blitzt eine Trompete.
Der ziemlich fröhliche Musikant steht auf einem Waldweg, Tannen im Hintergrund und hält behutsam Hermanns Mutter im Arm – knallrotes Hemd mit spitzem Kragen, blütenweißer Hosenanzug, weiße Schuhe mit weißen Schleifchen darauf, eine beigefarbene Handtasche mit Messingbeschlägen in der rechten Hand. Dazu tiefbraungebrannte Haut, eine riesige dunkle Sonnenbrille vor den Augen.
Dem Gesicht scheint das Lachen irgendwie übergestülpt zu sein.

Ein Schwarz-Weiß-Foto unter den farbigen.
In der linken Bildhälfte ein Fabrikgebäude aus Klinkersteinen mit vergitterten Fenstern. Ein Emblem in der Wand verrät das Baujahr: 1926.
Rechts daneben zwei mächtige gemauerte Pfeiler, ein circa drei Meter hohes Gittertor dazwischen, vor das ein Transparent gespannt ist.
Bal des Droits de l'Homme et de la Jeunesse le 13 Juillet.
Neben den Schriftzug ist eine Figur mit langen Haaren naivgemalt, die ein Banner in der Hand hält. Darauf steht in steilen Lettern CGT.
Auf einen der Torpfeiler ist eine Fahne montiert.
Sie dürfte rot sein.

Working Class Hero

Meine Damen und Herren!
Heute im Sonderangebot!
Das Auge Che Guevaras in Aspik!
Greifen Sie zu!

Es war schon irre, was diese bunte Schauspieltruppe in dem kleinen Theaterraum aufführte – die Inszenierung eines Stücks von Fernando Arrabal.
Im Forum-Theater. Am Ku-Damm.
Dem Auge Che Guevaras war die Lesung von BILD-Zeitungs-Schlagzeilen vorausgegangen. Vorgetragen von total überrumpelten Zuschauern – die Schauspieler waren von der Bühne in den Zuschauerraum gesprungen, hatten sich, kurz nur, suchend umgeschaut, dann ihre Kandidaten von hinten bei den Schultern gepackt.
Hier, lies mal!
Aber schön laut!
Auch Hermann hatte plötzlich eine BILD in der Hand gehabt und eine dieser Springer-Schlagzeilen-Schweinereien verlesen. Welche nun genau, daran erinnert er sich nicht mehr, aber irgendetwas in der bis heute üblichen hammerharten Art.
Deutscher Schäferhund leckt Marilyn Monroe den Brustkrebs weg!
Und danach wurde eben garstig provoziert. Nach links, nach rechts und immer geradeheraus. Natürlich in eben dem Theater, in dem seit Jahren Handkes *Publikumsbeschimpfung!* gegeben wurde.

Sie waren gleich im ganzen Trupp hergegangen – Rudi, Afro-Peter, der Professor, Gina und noch ein paar Leute mehr. Und waren begeistert. Auch noch Stunden später, nach Mitternacht, als sie schon längst ein paar Straßen weiter, im *Natubs!*, der Kneipe mit den Schmalzstullen und dem verdammt großen und wirklich sehr runden Tisch saßen und ein Bierchen zischten.
Das Forumtheater war einfach anders – eben nicht Heidi Kabels Ohnsorg-Theater, auch keine Millowitsch-Bühne, kein Lullmichein, kein Hier-können-Bürger-Frieden-finden. In diesem Theater ging es zur Sache.

Die bürgerliche Öffentlichkeit provozieren!
Oder noch besser.
Die Kunst muss dem Bürger im Nacken sitzen wie der Löwe dem Gaul!
Ach, es gab herrliche Parolen. Mächtige Wortfolgen, die Hermann antörnten, heiß machten. Antiautoritäre und wortgewaltige Fundsachen, die Hermann immer wieder mit Begeisterung aufstöberte, wenn es ihn stundenlang in politischen Buchläden umtrieb, wo er außerdem jede Menge linke Literatur raffte, um zu kapieren, in was er da eigentlich reingeraten war.

Seit einiger Zeit studierte er nämlich.
Seine Abiturprüfung am Kolleg hatte er erfolgreich, sehr erfolgreich abgelegt. Und nun studieren.
Wirtschaft!
Denn das war schon lange klar gewesen, dass der Vater nur ein Wirtschaftsstudium bezuschussen würde. *Für alles andere gebe ich Dir keinen Pfennig!* Schließlich wollte der Alte nicht die Hoffnung verlieren, dass sein Sohn doch irgendwann einmal in sein Schokoladengeschäft einsteigen könnte.
Das ist ein Familienbetrieb! Ich hab den Laden von deinem Großvater übernommen und du wirst die Tradition fortführen!
Hermann hatte den Vater angerufen und in der Telefonzelle nur genickt, Schon gut! gemurmelt und immer noch kein Bild vor Augen gehabt, das ihn mit Anzug und Schlips und Kurzhaar und Mercedes und Filiale leiten und immer hübsch freundlich und immer dem Geld hinterher zeigte. Trotzdem hatte er das Studium erst einmal angefangen. Gina hatte ihm zugeredet. *Kannst ja immer noch aufhören und was anderes machen!*

Gina wohnte jetzt bei ihm in der Wohnung mit der glänzenden Aluminiumtapete und dem Spreeblick um die Ecke.
Zusammen hatten sie, Monate war das jetzt her, Ginas Koffer, Kartons und sonstige Utensilien in seinem Käfer aus der Gaskesselheimat in die Mauerstadt gefahren, hatten unterwegs an der Grenze alles aus dem Wagen räumen müssen, *Kontrolle! Rechtsranfahren! Motor aus! Zack!*, all das bekannte Kleinmachen eben, waren aber unversehrt, ohne jede Schusswunde in Kreuzberg angekommen.
Hatten einen kleinen Hausstand gegründet. Mit Teller, Tassen, Spülschüssel und elektrischer Kochplatte. Immerhin hatte Gina ohne Probleme eine Anstellung als Tippse in einem großen Charlottenburger

Architektenbüro gefunden und verdiente einigermaßen gutes Geld mit Schriftverkehr und sonstigem Bürokram. Brachte aus dem Büro stapelweise Papier, auch Kugelschreiber, Bleistifte, Kohlepapier, Farbbänder für ihren Bettelstudenten mit. Keiner merkte etwas. *Is doch genug von da! Trifft doch keine Armen!*

Und alle nickten. Alle.
Denn Gina und Hermann waren selten allein. Fast ihr ganzes Leben spielte sich zunehmend nur noch in der Gruppe ab. Mit Rudi, Afro-Peter, dem Professor und den anderen. Die kamen nun fast täglich und immer wieder.

Sie kochten zusammen, tranken nach wie vor den billigen Roten von Aldi, diskutierten bis tief in die Nacht über Love, Happiness and Freedom und schliefen nach trunkenen Debatten oft genug gemeinsam ein – Matratzen waren in der Wohnung genug vorhanden. Mehr als zwanzig Stück. Fünf Mark kostete eine beim Trödler.

Matratzen standen für hochflexibles Wohnen – zweimal zwei übereinander und zwei oder drei dahinter senkrecht an die Wand gestellt ergaben zum Beispiel ein Sofa. Noch mehr, nach der gleichen Art sortiert, ergaben schon eine Wohnlandschaft. Alle zur Nacht auf den Boden nebeneinander gelegt ergaben ein Massenlager.

Die Möbel, die ihm seine Eltern bei ihrem Kurzbesuch geschenkt hatten, hatte Hermann günstig weiterverkauft, den Erlös investiert in eine große, weiß beschichtete Spanplatte, gekauft im nahegelegenen Altendorff'schen Heimwerkertreff, leere Bierkisten an den Ecken darunter und fertig waren Couchtisch, Esstisch, oder Schreibtisch.
Beim Bau des nächtlichen Massenlagers wurde die Platte einfach an die Wand gestellt, die Bierkisten in der Küche gestapelt, und haste nicht gesehen, lagen alle unter Decken oder in Schlafsäcken und im Tiefschlaf.

Und seit mehr als einem Jahr wurde also nun am nächsten Morgen studiert. Natürlich nur werktags und nicht zu früh bitte, erst ab zehn Uhr war mit Hermann zu rechnen. Zum Frühstück ein pappiges Käsebrötchen in der plastikbestuhlten Mensa und einen genügend starken Kaffee mit fettgelber Kondensmilch aus dem Styroporbecher. Auf den kunststoffbeschichteten Tischen lagen dann schon immer die kreischenden Flugblätter. *Vorwärts und nicht vergessen!* und *Auf zur Proletarischen Revolution!*

und immer schön *Im Dienst der Arbeiterklasse!* und *Den Monopolkapitalistischen Staatsapparat zerschlagen!*, *Arbeiterschaft und Intelligenz vereinigen!*, das *Marx'sche Kapital!* aber bitte gründlich lesen, *Massenhaft zur nächsten Sitzung des Akademischen Senats kommen!* und die *Reaktionären Pläne!* von wem auch immer verhindern.

Es brauchte lange, bis Hermann sich in diesem Chaos verorten konnte. Nur gut, dass seine Clique ebenfalls begonnen hatte zu studieren. An der gleichen Hochschule.
Im gleichen Semester.
Nur Rudi nicht, der wollte erst einmal wieder ein bisschen *Rumgammeln!*, reisen, Zigarren rauchen, viel lesen, Liebe machen, so oft wie möglich. Arbeitete nebenbei wieder in den Schlafwagen der Bundesbahn, fuhr zwei, drei Schichten die Woche.
Was ich da verdiene, reicht mir völlig! Studieren kann ich später auch noch!

Hermann erinnert sich noch sehr genau an die ersten Wochen in seiner Alma Mater. Sie hatten gemeinsam den Vorlesungsplan studiert, sich alle in die gleichen Lehrveranstaltungen eingeschrieben und in kargen neonbeleuchten Hörsälen mit Konservendosenaschenbechern der Professoren und Lehrbeauftragten geharrt, die da kommen würden.
Und die waren gekommen.
Im Anzug, mit Krawatte und mit ernstem Gesicht.
In Jeans, Flanellhemd und mit bärtigem Grinsen.
Bei den Anzugträgern saßen immer nur ganz wenige Studenten. Bei den Jeansträgern war die Bude gerammelt voll.
Irgendetwas stimmte da nicht.
Erst recht nicht, wenn plötzlich ein Trupp älterer Semester in Lederjacken oder sonstwas im Namen irgendeiner politischen Gruppe die Vorlesungen der Krawattenträger stürmte – Tür auf, Flugblatt hochgehalten und dann brüllten die Polit-Offiziere im Kasernenhofton ihre Message ins Publikum.
Nehmt Teil an unserer Veranstaltung zur Kritik der Politischen Ökonomie! Immer montags!
Nieder mit dem Monopolkapitalismus!
Kommt morgen zur Vietnamdemo!
Vorbereitung in Raum 312! Sieg im Volkskrieg!
Und nach links ab.

Die Krawattenprofessoren waren jedes Mal schwer beleidigt, verbaten sich die Störung.
Verlassen sie umgehend meine Vorlesung!
Dabei erhielten sie zwar Unterstützung von ein, zwei blaßen Studenten in Strick-Pullundern, doch Hermann und seine Freunde fanden die Aufführungen der Linken echt faszinierend. Einfach so reinstürmen und den Krawatten zeigen, was eine Harke ist.
Die sind ja heftig drauf!
Bewunderung war damals aufgekommen. Respekt. Aber auch das Gefühl, irgendwie nicht richtig zu sein, nicht dazuzugehören.
Fremd zu bleiben.
Dieses Gefühl hatte sich bei Hermann eingestellt, als er seinen allerersten Auftritt vor einer studentischen Vollversammlung hatte.
Ziemlich nervös geht er hin zum Mikrofon, um einen Redebeitrag zu irgendeiner mit aller Macht zu bekämpfenden, allemal unverschämten Reform des *Reaktionären SPD-Senats!* zu leisten. Stichworte dazu auf einem Zettel.
Der liegt jetzt auf dem Pult mit dem Mikrofon.
An dem Mikro hält er sich fest. Schaut unsicher auf die paar Hundert Gestalten da unten. Heftet schließlich seinen Blick auf die Gesichter der erwartungsvollen Freunde.
Spricht. Sich warm.
Und erinnert enthusiastisch daran, dass auch bei Reformen immer das Für und das Wider erörtert werden muss.
Kleine Schritte sind immerhin auch Schritte! Besser als gar nichts!
Und dass es doch Quatsch sei, wegen einer saublöden Senatsreform, gleich die Weltrevolution auszurufen und die große Verbindung zum Elend der arbeitenden Massen herzustellen. Studenten sollten besser nicht den Messias geben, den meisten Malochern in Deutschland gehe es ohnehin nicht einmal um eine klitzekleine Revolte. Schließlich habe er mal im Betrieb gearbeitet und dort seine Erfahrungen gemacht.

Dann Schluß. Und Applaus.
Wenig, ganz wenig nur.
Dafür jede Menge Buhrufe.
Er hatte sich mit seiner Rede unbeliebt gemacht. Sein Debüt war im Eimer. Doch es kam noch schlimmer.
Arbeiterverräter!

Der Typ hat lange Haare. Bis über die Schultern. Ein wenig fettig diese Haare. Extrem dünn ist er und hat seinen hageren Körper unter einer viel zu großen Lederjacke versteckt. Der Hagere tritt Hermann nach seinem Anti-Weltrevolutions-Auftritt zwischen den Stuhlreihen in den Weg und spuckt ihm nur dieses eine Wort mit unendlicher Verachtung ins Gesicht.
Arbeiterverräter!
Hermann spürt heute noch, wie sehr ihn dieser ungeheuerliche Vorwurf damals verunsicherte. Ihn, das Erstsemester, das doch nur dazugehören wollte. Ihn, der doch nun wirklich niemals die Absicht hatte, einen Arbeiter zu verraten – er verachtete die Proleten nicht, wohnte sogar Tür an Tür mit ihnen und gerne und hatte doch schließlich schon als Kind die gleichen Gefühle wie ein Working Class Hero gehabt.
They hurt you at home and they hit you at school,
they hate you if you're clever and they despise a fool,
til' you're so fucking crazy you can't follow the rules!
Fast alle Kinder hatten sie damals fertiggemacht, egal aus welcher Klasse, Schicht oder sonstwas. So ziemlich alle, auch der Lennon, hatten es in die Fresse gekriegt und mussten strammstehen und gehorchen und artig sein und durften nicht sagen, was sie dachten, nicht zeigen, was sie fühlten.
When they've tortured
and scared you for twenty odd years,
then they expect you to pic a career,
when you can't really function you're so full of fear!

Doch an der Hochschule sprach keiner von Angst.
Hier schienen Hermann alle taff und bestens organisiert. Fast jeder hatte ein politisches Gleis, auf dem sein Bewusstseinswaggon lief. Man hatte sich zuzuordnen. Hier musste man funktionieren.
Wer dazugehören wollte, der hatte die richtigen Begriffe und Parolen zum rechten Zeitpunkt in der nötigen Tonlage vor den maßgebenden Leuten auf die Reihe zu bringen. Sonst gab es Ärger.
Arbeiterverräter!

Ein paar Tage war es ihm richtig schlecht mit diesem Vorwurf gegangen. Er hatte gegrübelt, was wieder einmal falsch an ihm sein könnte, sich mit Rudi bei Rotwein und Zigarren beraten. Doch der hatte sich auf seinen Matratzen geräkelt und war nur herzerfrischend schnoddrig gewesen.
Die haben doch alle einen Kopfschuß! Mit ihrer Arbeiterscheiße!

Trotzdem. Hermann hatte schon damals gewußt, dass ihm Kopfschüsse als Antwort auf solch verheerende Tiefschläge nicht reichen konnten.

Jetzt, ein Jahr später, begann er endlich die allerersten Antworten zu finden. Nicht zuletzt wegen Ludwig.
Ludwig war einer seiner Dozenten. Trug, als Grundsatzprogramm, eine schwarze Lederjacke, dazu einen schwarzen Vollbart und ziemlich oft ein schiefes Lachen im Gesicht. Ein APO-Großväterchen.
War schon damals in den Berliner 60ern dabeigewesen, als der berühmte Dutschke noch unversehrt predigte, hatte in Roten Zellen gesessen, Probleme des Klassenkampfs diskutiert und war dann doch nicht auf den Arbeitertrip geraten. Hatte sich nicht einer dieser zahllosen Gruppen und Parteien angeschlossen, die Hermann immer mühsam auseinanderhalten musste.
Gruppe Internationale Marxisten!
Proletarische Linke!
Proletarische Internationale!
KPD/Aufbauorganisation!
KPD/Marxisten-Leninisten!
Aktion Demokratischer Sozialisten!
Spartacus!
Und verdammt, es gab noch viel mehr von diesen Volksbeglückern mit dem faustdicken Führungsanspruch, die einzig wahre Revolutionäre Vorhaut (sagte er immer) des Proletariats zu sein, die den Revisionistischen und Reformistischen Handlangern der Bourgeoisie Einhalt gebieten würde.
Zum Kotzen.
Da galt es einfach gegenzuhalten.

Keine Macht für Niemand!
Auch Ludwig war von dem neuen Titel der Scherben begeistert. Obwohl er ein Apo-Opa war.
Hermann schwärmte nach wie vor für die Politrocker aus der Kommune am Schöneberger Gleisdreieck. Wollte, wie der Sänger der Scherben, Rio Reiser, unbedingt Schritt für Schritt ins Paradies, wusste genau wie der Rio, dass der Weg dahin lang sein würde, wollte ihn trotzdem gehen. Wollte für diese Schritte aber auch lernen. Gehen lernen. Aufrecht möglichst.

Kritik muss den Gegner treffen!
Dazu muss man ihn kennen, studieren!
Ludwig lehrte im Grunde nicht Ökonomie, sondern Kritik. Gab Hermann die nötigen Werkzeuge für seinen studentischen Alltag in die Hand.
Keinen Hammer, keine Sichel, keinen Zirkel.
Nahm die bürgerliche Ökonomie und ihre Literatur auseinander. Stück für Stück demontierte er sie. Mit Hilfe der blauen Bände von Marx und Engels, mit Hegels Dialektik und Adornos Stichworten.
Mit Durch-Denken.
Dagegen-Denken.
Für-Sich-Denken.
Für-Uns-Denken.
Und mit abendlichen Diskussionen. Bei Ludwig zu Hause. Wo das APO-Großväterchen Frau und Kind hatte. Und ein buntes Kinderzimmer, keine Matratzen, sondern ein richtig großes Sofa und immer einen Kühlschrank voller Bier.
Aber keinen Gummibaum.
Und doch war Ludwig verheiratet.
Trug einen Ring am Finger.
Das roch nun wirklich schwer nach Establishment, reaktionärem Spießertum und war deshalb in revolutionären Kreisen verboten. Doch Ludwig konnte sich perfekt verteidigen. Schließlich hatte er noch in vorrevolutionären Zeiten geheiratet.
In den frühen 60ern war das einfach so üblich! Sonst hätte ich nie mit Regina zusammenziehen können! Wir hätten einfach keine Wohnung bekommen!

Ehefrau Regina arbeitete als Erzieherin in einem dieser Kinderläden, die auch auf das revolutionäre Konto der 68er gingen. Hermann hatte von solchen Läden in Zeitschriften gelesen – verruchte Brutstätten für den kommunistischen Nachwuchs, der zwischen Abfall und Agitation zur Bandenbildung gezwungen wurde.
Regina schüttelte den Kopf mit den ewig langen Haaren und lachte sich die wunderschönen Grübchen tief.
Alles Springer-Propaganda! Komm doch mal und schau dir unseren Laden an!
Unseren Tommi haben wir da auch untergebracht!
Also fuhr Hermann mit, als Ludwig in seine mit allen Farben des Regen-

bogens bemalte 16-PS-Ente stieg und es sogar schaffte, das Ding nach vielen Versuchen, *Ohne Handkurbel!,* zu starten, um Frau und Sohn nach getaner Revoluzzerarbeit vom Kinderladen abzuholen.

Die Roten Rüben!
So hieß der Laden. Und war wirklich ein Laden. Eine ehemaliges Möbelgeschäft. Mit zwei großen Schaufenstern. Mit einem Polit-Plakat an der Tür, auf dem schwarze, rote, gelbe, braune Kinder gemeinsam mit aller Kraft eine große Mohrrübe aus der Erde zerren.
Gemeinsam ziehen wir die Rote Rübe!
Und gleich hinter der Ladentür stand es dann – das Klavier aus Hermanns Kindertagen. Das wunderschöne, mit den Messingleuchtern, auf dem damals der Großonkel mit ihm gespielt hatte.
Hänschen Klein!
Ging allein!
Und stand doch nicht da. Denn dieses Klavier hier war nicht mehr wunderschön, sondern über und über mit Farben beschmiert, hatte schlimme Macken im Holz und war außerdem ziemlich verstimmt. Es war auch kein Großonkel in der Nähe, der den Kindern gezeigt hätte, wie man wenigstens ein kleines Liedchen darauf spielen könnte.

Tommi und seine kleinen Kumpels störte das wenig.
Die Gören lachten frech aus ihren Latzhosen heraus, hämmerten fröhlich auf dem Klavierding herum, stiegen auch schon mal mit den nackten Füßen auf die vormals schwarzen und weißen Tasten.
Als sie von den Attacken auf das arme Klavier genug hatten, stürzten sie sich auf ihre bunten Bauklötze, bauten damit Häuser und Brücken, bemalten später die Zimmerwände mit noch mehr windschiefen Kreisen und langen Strichen, hüpften wie toll auf ihrem Matratzenlager herum und kugelten danach keuchend durcheinander.
Der Lärm war außerordentlich.
Das blonde Mädchen blieb von all dem unberührt. Es lag zusammengefaltet in einer Ecke des Raums auf dem Boden, den Daumen tief im Mund. Mit der anderen Hand drehte es im immergleichen Rhythmus, wie in Trance, die langen Haare zu einem verfilzten Zopf.
Weit weg war die Kleine.

Wer sagt, dass Mädchen dümmer sind?
Im tobefreien Nebenraum hockte Regina im Schneidersitz vor einer alten

Musiktruhe und lauschte mit drei farbverschmierten Kindern in beiden Armen widerborstigen Gesängen von einer Schallplatte.
Balle, Malle, Hupe und Arthur!
Hermann erspähte auf dem Cover einen freundlich lächelnden Wladimir Iljitsch Lenin, Polizisten mit langen Giraffenhälsen und las auf der Rückseite, dass Einer keiner ist, aber Zwei mehr als einer und alle bestimmt mitmachen, wenn wir erst zu Dritt sind.

Das war also einer dieser verruchten Kinderläden, in denen angeblich Mao das Rotkäppchen verdrängt hatte und die Kleinen vor den Karren der Revolution gespannt wurden.
Na und?
Hier gab es wenigstens keine Schwestern mit Häubchen, kein Plumpsack ging rum, keinem wurde der Buckel blau gemacht, keiner stand in Reih und Glied und Zack.
Und wer es brauchte, wurde ganz lieb im Arm gehalten.
Also setzt er sich auf den Holzfußboden, Ludwig neben ihm und gemeinsam hören sie mit Regina und den Kindern die Balle-Malle-Platte bis zum Happy-End an, bei dem die Gören aus der Mülltonnenstraße trotz Meckertanten und Polizei endlich ihr Spielhaus erkämpft haben.
Und Hermann fühlt sich wohl. Wie lange nicht mehr.

Dann war es ganz plötzlich aus mit dem Wohlfühlen.
Tränen in den Augen, Schlaflosigkeit, an die Wand starren, Schweißausbrüche, Wutanfälle.
Eifersucht.
Gina hatte einen Freund. Einen zweiten.
Einen Reservefuzzy, mit dem sie ins Bett stieg.
Eben hatte Hermann noch mit ihr, als gerade sonst niemand in der Wohnung war, auf dem Matratzenlager gevögelt, er lag übrigens immer noch oben, eben hatte er noch vorsichtig leise gestöhnt, laut traute er sich nicht, eben hatte Gina noch ihr *Jetzt!, Jetzt!* geschrien, sie war richtig scharf gewesen, gerade noch hatten sie die obligatorische schwarze filterlose Gauloise danach geraucht, da war es auch schon aus gewesen.
Ich hab jemanden kennengelernt! Einen Künstler! Ein Klassetyp!
Hab schon mit ihm geschlafen! Kommste damit klar?
Kam Hermann nicht. Ganz und gar nicht. Er wollte den Typen auch nicht kennenlernen. Doch gerade das schlug sie ihm tatsächlich vor und mehr noch.

Wir können ja mal zusammen eine Nummer schieben! Stell dich nicht an!

Da stand Hermann nun wirklich nichts mehr. Erst recht nicht bei den Diskussionen darüber, dass selbstverständlich auch Frauen ein Recht auf mehrere Partner hatten, dass die Weiber endlich die ganze Chauvischeiße der sagenumwobenen Langhans-Kommune, wo allein die Männer dafür sorgten, dass sie ihren Spaß hatten und so fröhlich wie platt vor sich hin erigierten, zum Teufel schicken wollten.
*Wer zweimal mit demselben pennt,
gehört schon zum Establishment!*
Auch die Frauen waren inzwischen auf den Geschmack gekommen. Jedenfalls die Frauen, mit denen Hermann es zu tun hatte. Die sprachen davon, dass die Aufhebung der bürgerlichen Besitzverhältnisse da beginnen muss, wo der Mann versucht, die Frau als sein Eigentum zu behandeln.
Es war Sylvia gewesen, die in letzter Zeit immer heftiger gegen Rudi, Bernd und Hermann agitiert hatte.
Arschlöcher! Ihr mit eurer bürgerlich-reaktionären Charakterstruktur!

Egal, ob man sich in Berlin oder der Gaskesselheimat besuchte, kein Abend verging, ohne eine Attacke von Sozialpädagogin Sylvia, auch nicht ohne einen Verweis auf dieses großartige Buch, das die Herren Revoluzzer erstmal lesen sollten, um sich über ihre *Individuelle Angstsituation!* und das *Repressive Klima!* in den politischen Gruppen um sie herum, *Alles Männer übrigens!*, klarzuwerden.
Dieter Duhm! Angst im Kapitalismus!
Lest das erstmal und haut mir ab mit Euren Haupt- und Nebenwidersprüchen!

Hermann hielt eigentlich auch nichts von Haupt- und Nebenwidersprüchen, nichts von Repression, auch nichts von politischen Gruppen. Ohnehin wollte er mit der eigenen Befreiung nicht solange warten, bis die sozialistische oder sonst eine Revolution in Deutschland siegen und dann doch wieder abdanken würde.
Wollte auch keine Haupt- und Nebenbeziehungen. Wollte einfach nicht, dass Gina mit ihrem Künstler vögelte und er das aushalten musste, weil das jetzt so angesagt war.
Widersprüche aushalten!

Hermann wusste gar nicht, wie er dieses Aushalten bewerkstelligen sollte. Er würde ja doch nur auf seine Aluminumtapete starren und grübeln.
Treibt sie's immer noch mit dem Idioten?
Vielleicht gerade jetzt?
Aber er wollte Gina auch nicht aufgeben. Wollte eine neue Welt bauen, mit neuen Menschen, neuer Hoffnung, neuen Visionen.
Auf keinen Fall so werden wie die Eltern!
Nicht so leben müssen wie sie. Nicht so leblos, so abgefuckt hoffnungslos und autoritär und aggressiv und gewalttätig und ängstlich und krank werden wie sie. Wollte der armseligen bürgerlichen Beziehung etwas entgegensetzen.
Also musste er versuchen, seine eigenen Lebensverhältnisse zu ändern. Es wenigstens versuchen.
Den Schritt wagen.
Doch nur unter bestimmten Bedingungen.
Zieh aus! Ich will euch nicht auch noch dabei zuschauen!
Und Gina zog aus.
Wollte ohnehin weg. Suchte sich einen Freiraum. Ein paar Straßen weiter. Noch in Kreuzberg. Und vögelte in ihrer neuen Einzimmeraußenklowohnung mit dem Fuzzy-Künstler. Aber auch mit Hermann. Allerdings nacheinander.

Hermann gehörte inzwischen ein VW-Bus.
Grün-weiß lackiert, Klapptüren, geteilte Frontscheibe, Sitzbänke. Neun Leute passten da rein. Alle konnten mitfahren. *Nie mehr allein!* Man konnte sich gemeinsam stark fühlen. Bei Urlaubsreisen sogar im Bus schlafen, essen, singen, bei Regen Liebe darin machen.
Der Vater hatte auf Nachfrage und wider Erwarten für den Kredit gebürgt – 3 000 Mark. Und Hermann hatte wegen der Rückzahlung und sonstigen Geldnöten, Vaters 450 Mark reichten einfach nicht für den Monat, begonnen, neben dem Studium zu arbeiten.
Nachtschichten am Fließband. Angeblich echte Orientteppiche ausliefern. Für eine Gärtnerei Rasenmähen, Unkraut jäten, Betonplatten verlegen.

Und dann die Maloche in dieser Rinneisenfabrik – Neukölln, Hinterhof, ein Meister, zehn Arbeiter im Blaumann und mächtige Maschinen zum Schneiden, Biegen, Stanzen, Bohren.
Gleich ein paar Wochen lang hatte er für AchtMarkDieStunde Dachrinnenhalterungen produziert. Hatte mit den uralten Maschinen, *Immer*

schön auf die Finger aufpassen, sonst sind'se weg!, verzinkte Stahlbänder geschnitten, gebogen, auch gebohrt und die Resultate in riesigen Drahtkörben deponiert.
Immer mehr und immer schneller.
Frühstückspause eine viertel Stunde, Mittagspause eine halbe Stunde. In einem kleinen vermüllten Raum mit blinden Fensterscheiben, einem wackeligen Holztisch und unbequemen Stühlen aus Stahlrohr.

Auf den Stühlen hatten die Malocher gesessen, filterlose Roth-Händle geraucht, ein Schultheiß-Bier nach dem anderen getrunken, auch mal einen hochprozentigen braunen *Jacobi!* aus der Taschenflasche und dazu Springers Presse gelesen.
Ein vom Saufen aufgedunsener Kollege hatte Hermann in einer dieser Pausen mit lauerndem Blick aus trüben Augen hämisch gefragt, wie er es denn eigentlich mit dieser *Roten Armee!* von der Ulrike Meinhof hält, mit Bombenanschlägen und Schießereien.
Bist doch Student! Ihr seid doch alle Kommunisten!
Der Aufgedunsene hatte dabei die Fäuste geballt, erst gar keine Antwort abgewartet, sondern all den anderen klar gemacht, dass man doch wohl froh sein müsste, dass *Der Baader und die alle!* jetzt im Knast sitzen und dass mit denen endlich *Kurzer Prozeß!* gemacht werden muss.
Kurzer Prozeß! Verstehste, Mann?!
Hermann hatte sofort verstanden – Rübe ab, Gaskammer, Arbeitslager. Wie immer. Und alle Malocher hatten erwartungsvoll auf ihn gestarrt.
Er hatte einen Moment lang schweigen müssen, wegen dem Bildersturm hinter seiner Stirn – Bombenanschläge, Tote, Verletzte, Schusswechsel, halbstündiges Feuergefecht bei der Festnahme von Baader & Co., Aufruf zur Volksfahndung, immer mehr Festnahmen, ausgerechnet Großmutters Lieblingsschriftsteller Böll als Sympathisant denunziert, Treibjagd, Hetzjagd und Gute Deutsche und Schlechte Deutsche und Nur-Noch-Deutsche, Panik, Angst und wieder Morde und Bomben und Verzweiflung und wieder Hetzjagd, Kontrollen.
Kontrollen überall.

Diese Kontrollen kannte er.
Denn inzwischen kontrollierten, schickanierten ihn nicht nur die *Zack!*-feldgrauen Grenztruppen der DDR, Fahndungen gab es nun endlich auch im freien Westen.
Ein VW-Bus, ein paar Langhaarige in ausgefransten Jeans und ungebü-

geltem Flanellhemd aus Berlin darin, das reichte schon und dann kamen sie in Zivil oder Uniform mit ihren Fahrzeugen längsseits, Kelle raus und Stop!

Man wusste nie, wo sie herkamen, aus welchem Gebüsch, aus welchem Waldweg, aus welcher Einfahrt. Sie waren einfach und ganz plötzlich da. Vor allen Dingen dann, wenn Hermann von der Autobahn ab und über Land Richtung Gaskesselheimat und zu Bernd und Sylvia fuhr. Da waren sie sofort mit ihren Zivikarren neben ihm. Zwei oder auch drei von ihnen saßen immer darin. Und er stöhnte. Anhalten, Fenster runter.
Was denn nun schon wieder?
Steigen Sie mal alle aus! Aber hübsch langsam! Und bringen Sie ihre Papiere mit!

Wenn Rudi dabei war, kam immer Freude auf. Der machte die Fahnder an – auf die freundliche Tour.
Können wir ihnen irgendwie helfen? Gerade jetzt haben sie doch alle Hände voll zu tun! Diese Terroristen überall! Meine Güte!
Doch die strengen Herren fühlten sich verarscht.
Gegen sie liegt weiter nichts vor! Allerdings ist ihr Reifenprofil nicht in Ordnung, ihr Außenspiegel defekt und der Auspuff ebenfalls! Deshalb werden wir sie gebührenpflichtig verwarnen! Wollen sie gleich hier zahlen?

Nein, Hermann wollte nicht gleich hier zahlen.
Er fühlte sich unwohl. Ihm war mulmig. Gleichzeitig spürte er Wut ob seiner Hilflosigkeit. Diese unbändige Wut, vor der er Angst hatte. *IF!* Diese Wut kam aus irgendeinem Winkel angekrochen. Immer wieder. Genau wie jetzt bei den Sätzen des triefäugigen Rinneisen-Malochers in der Mittagspause.
Kurzer Prozess!
Rübe ab!
Diese innigen Wünsche hört er, seit er in Berlin lebt, immer wieder. Voller Hass werden die von Atze und Icke vorgetragen, mit einem eisigen Vernichtungswillen in der Stimme.
Auslöschen! Niedermachen!
Weg mit dem Gesockse!
Er möchte den rostigen Stahlrohrstuhl, auf dem er sitzt, packen und dem Malocher über die Rübe ziehen. Stattdessen versteift sich sein Nacken und seine Augen werden hart.

Mensch, lass den Hermann doch!
Was hat denn der damit zu tun?
Ein anderer, jüngerer Kollege will Hermann beistehen. Lächelt ihm samt Augenzwinkern zu.
Doch Hermann kann sich nicht mehr halten, schreit den aufgedunsenen Fettsack verzweifelt an.
Deine Nazisprüche kannste dir sparen! Mieses Spießerschwein!
Und wollte doch keine Bomben, keine Attentate, keine Toten und hätte dem Fetten an die Kehle springen können, ihn würgen, in den Wanst treten, mit dem Gewehr aufs Dach und den Typen abknallen.
IF!
Die mit dem *Ab-Ins-Arbeitslager!*, *Rübe ab!* und *Adolf-wüsste-schon-was-zu-tun-ist!*, die hatten kein Recht, so zu reden. Kein Recht, der Welt ihre selbstgerechte Schlächtermentalität aufzupfropfen, neue Duschen zu bauen und neue Gaskammern.
IF!
Gott sei Dank, bevor er das Arschloch mit seiner MP durchlöchern kann, hat der jüngere Kollege die weiße Fahne geschwenkt, kommt rüber, stellt sich vor Hermann und schaut ihm in die immer noch harten Augen.
Komm red' nicht mit dem! Der spinnt doch nur rum! Nimm den Dicken einfach nicht ernst!!

Kurz darauf der Urlaub in Griechenland.
Da waren sie hingefahren. Zehn Männer und Frauen. Und jung. Mit wenig Geld. Über Jugoslawien. Mit dem VW-Bus. Und einem Käfer.
In Titos Sozialismus hatten sie es sich für verdammt wenig Geld erstmal gut gehen lassen – *Schnaps, Fleischspieße, billig, billig!*, nachts am weißen Strand schlafen, in einer Reihe, alle nebeneinander, das Meer rauschte und da hatte er es versucht.
Was Gina konnte, wollte er auch können. Und Sylvia wollte können, was Bernd schon lange konnte.
Klar, dass Sylvia bemerkt hatte, dass Bernd immer öfter mit anderen Frauen ins Bett stieg. Er hatte sogar eine seiner Nebenbeziehungen mitgenommen. Mit auf diese Reise. Und in den Schlafsack. Hier am Strand. Eine Frau wie Sylvia machte kein großes Theater deswegen. Machte kein Fass auf, so wie Hermann. Sylvia hatte ihr bürgerliches Besitzdenken einfach aufgegeben.

In dieser lauen Nacht also, im von Mondschein getränkten Sand, versucht er es. Kriecht vorsichtig weg von Gina und legt sich neben Sylvia. Sie flüstern kurz, fassen sich an.

Die Sylvia hat schöne feste und große Brüste, streicht über die warme Beule in seiner Hose, Hermann berührt sanft die zarte Haut unter ihrem Bauchnabel. *Oh, Mann!*

Doch es wurde nichts. Da hinten lagen Bernd und die Nebenbeziehung und ein Stück weiter Gina, alle in Hör- und Sichtweite, und dann ohne Rücksicht auf Verluste losvögeln, das ging nicht.

Ging schon zweimal nicht.

Hermann spürte Schuld, dass er Hemmungen hatte, spürte auch Schuld, weil er sich dort schuldig fühlte, wo alle anderen scheinbar frei und ungehemmt waren. Nur er nicht.

Also Arm in Arm mit Sylvia einschlafen. Das musste reichen.

Reichte aber nicht. Hermann probte weiter.

Abends, an einem anderen Strand.

Da gab es ein Mädchen, eine junge Frau, von einer anderen Truppe, die auch Richtung Griechenland unterwegs war. Eine Französin.

Da saßen sie alle gemeinsam am Feuer.

Vive l'amour!

Vive la compagnie!

Ein großes Feuer am Strand. Das Meer schwarz und wieder Rauschen. Hermann klampft auf seiner Höfner, nicht etwa *Schöne Maid, hast du heut für mich Zeit!*, nein, sowas nun gerade nicht, sondern das obligatorische *Knockin' on heavens door!*, alle singen mit, danach rückt Hermann zu der französischen Maid rüber, gibt nochmal mit ein paar Griffen den Mr. Tambourine Man, danach schauen sie sich *Voulez Vous?* in die Augen, spüren heftig l'amour, liegen sich bald darauf voller Vin Rouge in den Armen und irgendwann ein Stück vom Feuer entfernt im schützenden Dunkel.

Im Sand kamen sie beide.

Wild und heftig.

Gina vögelte in dieser Nacht mit irgendeinem Franzosen. Viel mehr erinnert Hermann nicht.

Nur an die Panzer erinnert er sich sehr genau.

Später, in Athen war das. Hermann fuhr den Bus in der Nacht durch die Stadt. Vorher waren sie noch oben in den Bergen, in Daphne gewesen.

Beim Weinfest.
Holzbänke, Tische, Sternenhimmel, Musiker.
Sirtaki tanzen.
Ausgerechnet die Frauen hatten Sirtaki tanzen wollen. Gina und Sylvia, voll des tiefroten süßen Weines, hatten sich an den nackten Schultern gefasst und die Beine geschwungen wie einst der wunderbare *Alexis Zorbas!*, der eigentlich Anthony Quinn hieß. Die beiden weinseligen Frauen hatten sich schwer gewundert, als plötzlich niemand mehr tanzte. Außer ihnen.
Die Griechen standen mit verschränkten Armen und ernsten Mienen um sie herum – Männer.
Hier tanzten ausschließlich die Männer.
Und wenn die nicht tanzten und auch nicht gegen die Diktatur von Papadopulos revoltierten, fuhren sie eben Panzer. Nachts in Athen. Macht demonstrieren. Angst einflößen.
Auf Anweisung von ganz oben. Die Macht der griechischen Militärjunta kam aus Gewehrläufen und Kanonen.

Die Straßen Athens waren schlecht beleuchtet und menschenleer. Alles still. Nur die Fabulous Freak-Brothers aus Berlin in Volkes Wagen mal wieder mit kaputtem Auspuff unterwegs. Mit süßem Wein aus Daphne im Gepäck. Und weißem Schafskäse in Olivenöl im Einmachglas.
Und plötzlich Panzer von links.
Einer. Noch einer. Ohne Vorwarnung brettern die stählernen Ungetüme mit klirrenden Ketten auf die Hauptstraße, Hermann tritt schreiend auf die Bremse, der Bus bricht aus der Spur, reißt am Straßenrand ein paar Mülltonnen um, kommt zum Stehen. Der Käfer mit dem Rest der Truppe hinter ihnen bremst ebenfalls, kreischend.
Stöhnen, Flüche im Wageninnern, keiner ist ernsthaft verletzt.
Die Panzer fahren einfach weiter.
Griechische Panzerfahrer haben kein Interesse an fluchenden Freakbrothers.
Und noch immer ist niemand auf der Straße zu sehen.
Kein Fenster öffnet sich. Nirgendwo geht Licht an.
Stille.
Nur das Rasseln der Panzerketten ist noch zu hören.

Akropolis adieu!
Lass uns bloß abhauen!

Irgendwo ans blaue Meer – Sonne, weißer Strand, Zelte, Hundemeuten, noch mehr Rotwein, noch mehr Schafskäse, schon wieder Feuer, schon wieder Gitarrenspiel, schon wieder Mondenschein und ein glitzernder, funkelnder Sternenhimmel, wie die Mauerstadt oben im Norden nie einen haben wird.
Nie.
Und da war es dann aus. Mit Gina.

Nächtelang hatte er im Zelt auf seinem viel zu dicken Bundeswehrschlafsack gelegen und trotz der brütenden Hitze versucht nachzudenken. War ganz schwindelig geworden beim Denken daran, dass er nicht Ginas Einziger war, nicht ihr einziger Geliebter, dass er sie teilen sollte. Hielt es nicht aus, dass er nicht genügte. Wieder einmal.
Und Gina zog die braungebrannte Stirn kraus, merkte, dass er die Geschichte mit ihrem Künstler und all den anderen nicht packte und dass einer wie Hermann für eine wirklich offene Liebesbeziehung nicht zu gebrauchen war.
Wenigstens hast du es versucht!
Aber das reichte mal wieder nicht. Und deshalb war Schluss. Ganz plötzlich Schluss. Er sagte es ihr noch in Griechenland, eines frühen sonnenroten Morgens, als alle anderen noch in den Zelten schliefen. Und er sagte es sehr hastig, bevor er wieder einen Rückzieher machen konnte.
Ich will nicht mehr! Ich kann nicht mehr!
Es war wie ein Aufatmen.

Und dann brachten sie Salvador Allende um.
In Chile.
Allende. Der Kleine mit dem Bart. Der Sozialist. Der Kinderarzt. Das Obergeneralistenschwein Pinochet ließ in Chile alles niedermachen, was nach Demokratie und Opposition aussah.
Nix El Pueblo Unido!
Da mussten sie einfach in Berlin auf die Straße gehen. Stürmten in die Hinterhöfe der Altbauten, an denen die Demo vorbeizog, rissen dort die Deckel von den schweren Eisenmülltonnen, schnappten sich irgendwelche Knüppel, Äste, Latten, schlugen auf die Deckel wie auf Pinochet, lärmten, protestierten und richteten nichts aus. Konnten nichts ausrichten.
Doch schreien konnten sie. Laut. Sehr laut.

Sie schrien immer laut.
Oma runter vom Balkon!
Und all das. Auch Hermann schrie. Auf allen Demos. Auch auf den Vietnamdemos der letzten Jahre hatte er das getan. Weil er immer noch diese Kinder, diese flüchtenden, weinenden, schreienden vietnamesischen Kinder, My-Lai und all das vor Augen hatte – hat er heute noch, aber auch diese absurden Figuren, die bei den Demonstrationen auftauchten. In Blöcken. Jede politische Gruppe hatte ihren Block.
Ordnung musste sein.

Erst recht bei der A-Null.
Wenn man sie *A-Null!* statt *AO!*, wie Aufbau-Organisation, nannte, konnte man die Jungs von dieser Möchtegern-KPD prächtig ärgern.
Und es war richtig, ihnen Ärger zu machen, liefen doch nicht wenige von den Kommis auf den Demos im Anzug und mit Schlips oder gar im Blaumann, Schraubenschlüssel an der Seite, rum, um sich mit ihrer Befreiungs-Botschaft bei den Proleten anzubiedern.
Wir sind eure Revolutionäre Führung, wir werden euch missionieren bis zum Abwinken und ins gelobte Arbeiterparadies führen!
Und alles im Sonderangebot.
Zum Kotzen.
Erst recht, wenn die Nuller einen großen Hanomag gemietet hatten, auf dessen Führerhaus mit riesigen roten und Vietcong-Fahnen saßen und als Arbeiterdenkmäler posierten. Starr und leblos.
Genau das waren sie.

Eben deshalb war der Teddy traurig gewesen. Der war Mitglied im Studentenverein der A-Null, aber eigentlich ein ganz Lieber. Studierte im gleichen Semester wie Hermann und wollte ihm immer Flugblätter in die Hand drücken, die der jedesmal ablehnte, aber bitte recht freundlich, denn Teddy strahlte keine rotgeschmiedete Härte aus, da blickte ein richtig lebendiger Mensch aus einem braunen krausen Vollbart. Einer, der auch lachen konnte und nicht nur dummdreiste Parolen verbreitete.
Aber jetzt war Teddy traurig, saß in der neonbeleuchteten Mensa, allein am Tisch und hatte tatsächlich Tränen in den Augen.
Ich muss weg!
Im Auftrag der Partei!
Sie schicken mich nach Dortmund!
Sollte in irgendein Arbeiterviertel ziehen und dort für die A-Null

Arbeiter missionieren. War abkommandiert worden. Und folgte diesem Kommando.
Es war nicht zum Aushalten.

Ein wenig später muss es dann passiert sein. So um die Zeit des Vorexamens herum – Hermann kaufte sich eine neue Lederjacke. Eine fette schwarze statt der dünnen braunen. Eine gebrauchte, abgewetzte, mit Kragen zum Hochschlagen. Fand die schöne Schwarze inmitten des üblichen Getümmels auf dem Trödelmarkt, Klausener Platz, in Charlottenburg. Hing dort an einem alten Kleiderständer und hatte gewartet. Einhundertundfünfzig Mark. Viel Geld war das für ihn. Und schwer verdient. Mit eigener Hände Arbeit – drei Tage lang hatte er für eine Zigarettenfabrik in Neukölln Lagerbestände kontrolliert.
Auch Rudi kaufte sich eine Lederjacke.

Hermann zog seine in den folgenden Jahren kaum noch aus.
Sie wurde seine zweite Haut, machte ihn stark, gab Schutz und seinem wachsenden Bedürfnis nach, der autoritären Gruppen- und Parteischeiße etwas entgegenzusetzen und trotzdem irgendwo dazuzugehören – schwarze Lederjacke, Kragen hoch, Blue Jeans, Turnschuhe, schwarzes Halstuch, ungefähr das war die Uniform derer, die auch ohne Parteiabzeichen und Arbeiterkult auskamen. Ohne Stalin, ohne Mao, ohne Trotzki.
Das waren die, die bei den Demos immer in lockeren Haufen mitmarschierten, ohne Zentralkomitee, aber mit den Freaks von Ton, Steine, Scherben – die Band von Rio politrockte auf irgendeinem Anhänger, Traktor davor, heizte ein. Auch am ersten Mai, dem Kampftag der Arbeiterklasse.

Allein machen sie dich ein, schmeißen sie dich raus,
lachen sie dich aus
und wenn du was dagegen machst,
sperrn'se dich in den nächsten Knast!
Tausend Spontikehlen grölten mit, man zog den Reißverschluß der Lederjacke hoch, verlachte die rote Ordnung, stürmte mit einem gehässigen *Ho, Ho, HoChiMinh!* an den empörten Nullern und anderen roten Parteigenossen vorbei, setzte sich an die Spitze der Demonstration und ließ keinen von den bier- und todernsten Arbeiterführern vorne mitmarschieren.

Verpisst euch!
Und hatte ne Menge Spaß dabei.

Studierst du eigentlich noch! Und wie siehst du überhaupt aus?
Der Vater hatte immer weniger Haare auf dem Kopf und schwere Zweifel, als Hermann nach langer Zeit mal wieder seine Eltern in der Gaskesselheimat besuchte. Sah den Sohn ziemlich skeptisch an. Wollte gleich mit ihm in seinem neuen, weinroten 280er-Mercedes Richtung Herrenbekleider fahren.
Wir müssen dir was Anständiges zum Anziehen kaufen! So kann man sich mit dir doch nicht sehen lassen!
Da hatte der Vater aber die Rechnung ohne Hermann, den Wirt, gemacht.
Kommt gar nicht in Frage! Nehmt mich wie ich bin oder ich haue gleich wieder ab!

Die Mutter sprach sofort vom Sargnagel, die dieser vollbärtige, langhaarige Typ mit den ausgebleichten Jeans und der zerschlissenen Lederjacke für sie sei.
Und kreischt, heult, wankt ins Schlafzimmer, wirft die Tür hinter sich zu.
Heult weiter.
Der Vater schaut Hermann voller Empörung an.
Da siehst du, was du angerichtet hast! Wenigstens auf deine Mutter solltest du Rücksicht nehmen!
Und Hermann steht in der Küche.
Wie gut er hier alles kennt – die kleinen schwarzen und weißen Kacheln auf dem Fußboden, den weißen vierflammigen Gasherd, an dem sich der kleine Hermann den Kopf blutig geschlagen hat, als er sich einmal vergebens unter Mutters Wut wegducken wollte, die abwaschbaren Hängeschränke, die graue Keramikfensterbank, auf die er, lang ist's her, den Zucker für den Klapperstorch gelegt hat, damit der ein Brüderchen bringt, das nur drei Jahre leben durfte
Und wieder, schon wieder dieses Gefühl – *du machst alles falsch, du bist falsch, du genügst nicht, du bist nur eine Last* und *Warum haben wir ausgerechnet dich als Sohn, womit haben wir einen wie dich überhaupt verdient?*

Das alles füllt den Raum, nimmt den Atem.
All das schnürt ihm die Kehle eng. Und er wird klein. Kleiner. Aber bläst

sich plötzlich ganz groß auf und schreit den vollkommen überraschten Vater an.
Warum hältst du eigentlich nie zu mir?
Hermann erstarrt ob seiner Unverschämtheit und ahnt, einmal mehr wird ihm die Hand aus dem Grab wachsen. Doch er weiß sich diesmal in guter Gesellschaft. Viele wollen nicht so werden wie ihr Alter ist. Viele Gräber also, aus denen bei Nacht ungehorsame Hände wachsen.
Er weiß, er muss gehen.
Jetzt und sofort. Richtung Wohnungstür. Der Vater hinter ihm her.
Warte noch!
Du brauchst doch Geld! Hier nimm das!
Der Vater, schuldbewusste Augen, hektisch bis zum Anschlag, hat im Flur plötzlich einen Hundertmarkschein in der Hand, will ihm den Schein in die Hosentasche stecken.
Doch Hermann stößt den Arm des Vaters weg.
Lass mich!
Und geht.

Und ging auch aus seiner Kreuzberger Wohnung. Wollte da nicht länger allein wohnen. Von Gina hörte er nichts mehr. Ging auch nicht mehr hin zu ihr. Wollte nicht.
Hörte in den Tagen vor seinem Umzug voller Wehmut Leonhard Cohen. Den Dichter mit der Gitarre. Saß dabei auf seinem Matratzensofa, starrte in den zerknitterten Spiegel seiner Aluminiumtapete und spürte voll grausigem Behagen, wie ihm diese schwarze Suzanne ihre Hand auf die Schulter legte.
And you want to travel with her and you want to travel blind and you know that you can trust her cause she has touched your perfect body with her mind!
Das war herrlich düster. Und dunkel. Wunderbar aussichtslos. Hoffnung nur jenseits des Styx.
Dann eine Kerze anzünden. Hineinstarren.
Rauchen.
Zwar hatten die Proleten-Nachbarn versucht, Hermann vom Umzug abzuhalten, ihn zu trösten, vor allem die dicke Mutter von nebenan brachte ihm große Kuchenstücken auf Blümchentellern, schwarzen Kaffee dazu, lud ihn einmal sogar zum Essen ein – was gab's da noch? *Schweinebraten mit Rotkohl! So ein warmes Essen wird dir gut tun! Du brauchst was zwischen die Rippen!*

Doch egal, wie abgezehrt er auch aussah, Hermann zog trotz Rotkohl und Proletenwärme, aber auch ohne die düstere Suzanne zu Rudi, nach Wilmersdorf.
Gemeinsam organisierten sie Schreibtische, Lampen, Teppiche, Regale, all das, richteten sich aufs Allerfeinste ein.
Denn nichts war in jenen Berliner Tagen leichter zu haben als eine kostenlose Möblierung, seit diese Sperrmüllaktionen angelaufen waren, bei denen die Inhalte von Speichern und Keller auf die Straße geräumt wurden – richtige Volksfeste waren das. Der sperrige Müll war kein Müll, sondern extrem brauchbar und dazwischen begeisterte Menschen mit Karren und sonstigem Transportgerät.
Hey, der Küchenschrank ist noch vollkommen o.k.!
Hast du irgendwo noch einen Teppich gesehen?
Man traf sich, sah sich, plauschte, suchte, fand.
Eine Waschmaschine!
Ob die noch funktioniert?
Mit dem VW-Bus ließ sich sogar ein Sofa abtransportieren, eine Snap-Couch, grün, auch noch ein furnierter Ausziehtisch, außerdem irgendwelche Küchenstühle, Stahlrohrvariante, alles eben, was noch zum *Schöner Wohnen* fehlte.

Das kleine Zimmer von Rudis Wohnung wurde komplett mit Matratzen ausgelegt. Das Fenster mit einer alten Tischdecke zugehängt.
Gemeinsamer Schlafraum also.
Das große Zimmer mit dem Stuck an der Decke, dem mächtigen alten Kachelofen, dem Dreschflegel, dem Helm und der riesigen Schreibplatte wurde zum gemeinsamen Wohn- und Arbeitszimmer.
Funktionsräume!
Klar doch!
Bloß keine spießigen Einzelzimmer mit Bett und Schreibtisch, sondern Revolutionäre Räume, nur nach den Funktionen Schlafen, Arbeiten, Essen getrennt, in denen alles gemeinsam lief.
Aber wieviel gemeinsam?
Und was genau?

Und was würde geschehen, *GottStehUnsBei!*, wenn Rudi oder Hermann mal eine Frau mit nach Hause brachten? Nachts, nach der Kneipe. Aus der Kneipe. Aus der düster-bierseligen *Schuhmacherei!* am Ludwigkirchplatz oder dem *Pushen!* an der Monumentenbrücke, nachdem man dort,

quasi als süßes Vorspiel, morgens um fünf Uhr den obligatorischen frischgebackenen Apfelkuchen gegesssen hatte?
Die beiden einigten sich für den Fall der Fälle.
Wenn Frauen mitkommen – Licht aus!
Mehr aber auch nicht!
Warum sollte einer von ihnen im großen Zimmer auf der harten grünen Snap-Couch schlafen müssen, nur weil der andere Liebe machen will?

Also liegt Hermann eines nachts da.
Im dunklen Schlafraum. Hat zuvor lang am Schreibtisch gesessen und gelesen, hat in Raoul Vaneigems *Handbuch der Lebenskunst für die jungen Generationen!* gestöbert, Sätze gesammelt. Sätze, die ihn wieder einmal stark gemacht haben. *Das Universum, das wahre Liebende aus Träumen und Umschlingungen bauen, ist ein Universum der Transparenz; die Liebenden wollen überall bei sich zuhause sein!*

Dann knarrt die Wohnungstür. Rudi und ein Kichern. Nach einiger Zeit kommen sie ins dunkle Zimmer. Wieder das Kichern.
Huch, da schläft ja noch einer!
Legen sich hin und Hermann rückt ein wenig zur Seite. Atmet vorsichtig. Und dann hört er auch schon dies immer lauter werdende Stöhnen, die Freude, die Lust, das Gurren.
Verdammt, das hört sich gut an.
All die Sounds fahren bis in seine Mitte und erigieren, aber er traut sich nicht. Und hört nur zu. Bis zum Ende.
Und spürt die feuchte Hand der Frau, die sich zu ihm rüberschiebt, nach ihm tastet, sich dann wieder zurückzieht.
Gute Nacht!
Ja, schlaf schön!
Nochmal kurz das Kichern, dann war es geschafft, das für Hermann so verwegene Experiment, das die Kommunarden ein paar Tage später als *Vollkommen spießig!* brandmarkten.

Mit den Kommunarden und ein paar anderen trafen sie sich seit Neuestem bei Dreschflegel und Rotwein und debattierten. Und zwar heftig. Über den Tod der Familie und neue Wohnformen.
Die Kommunardenfraktion bestand aus Mitgliedern einer Kreuzberger Sponti-WG, die mehr sein wollte, als eine simple Wohngemeinschaft. Viel mehr. *Eine Kommune, Mann!*

Hatten sogar bereits den nötigen Eignungstest hinter sich, bei dem sie sich mit drei oder vier Paaren sieben Tage lang samt Vorräten in einer Einzimmerwohnung weggeschlossen hatten.
Alles musste bei diesem Test auf engstem Raum gemeinsam laufen.
Saufen, Fressen, auch der Sex. Mit wechselnden Partnern.
Bei voller Beleuchtung.
Und eine der Frauen hatte während der Experimentierorgie geweint, gezittert, fast einen Nervenzusammenbruch gehabt, konnte nicht mit ansehen, wie ihr Mann mit einer anderen rumvögelte!
Blöde Memme!
Natürlich völlig ungeeignet für das revolutionäre Projekt.
Eine harte Truppe, diese Kommunarden der zweiten Generation, die mit vergreisten APO-Opas wie Teufel und Langhans nichts mehr zu tun haben wollten. Hatten stattdessen immer dies kleine, blaue Handbuch dabei. Über den Versuch der Revolutionierung des bürgerlichen Individuums.
Alternativerfahrungen in Kommunen, verbunden mit den Alternativerfahrungen im politischen Kampf, können Prozesse in Gang setzen, in denen die bürgerliche Ideologie und die indivdualistische psychische Struktur nachhaltig überwunden werden!
Große Worte.
Die anderen in der Runde waren immer so angewidert wie fasziniert von den Provokationen der Kommunefraktion.

Und das tat dem blonden Hünen gut.
Dem Chef der Kommunarden.
Jan. Blond, breitschultrig, Augen so blau.
Ein deutscher Revolutionär der 70er.
Jan aus dem Ruhrgebiet, der gerade angefangen hatte, an Hermanns Hochschule zu studieren. Und schon jetzt alles auf einmal und sofort wollte – freie Liebe, freies Dope und ein befreites Deutschland.
Zumindest ein befreites Westdeutschland.
Westberlin inklusive.
Hast du ne Ahnung, wo man am besten Waffen vergraben kann? Und, sach mal, muss man die Knarren nicht in Ölpapier verpacken, damit'se nicht rosten?
Hermann meint, er habe nicht richtig gehört, als Jan ihm eines Tages diese Frage während einer der üblichen Diskussionen über revolutionäre Wohnformen ins Ohr raunt.

Konspirativ, geheimnisvoll.
Der Revolutionäre Jan spricht davon, dass es bald losgehen wird und dass man bereit sein muss. Allzeit bereit.
Aber Hermann hat keine Ahnung von Waffen, hält den Hünen sowieso für einen miesen Angeber, für einen echten Fuzzy und dreht sich weg und rüber zu Ute mit dem langen Pferdeschwanz und der feschen Goldrandbrille.

Mit der hat er neulich geschlafen.
Nach einer dieser rauschenden Feten, im leer geräumten Gemeinschaftsraum irgendeiner WG, mit Lambrusco, Graubrot von Aldi, Schmalz, Salzstreuer und Rios *Komm' schlaf bei mir!*, war sie mit Hermann gegangen.
Ohne ihren Mann.
Hermann hatte Rudi zuvor gebeten, vielleicht doch auf der grünen Snapcouch zu schlafen.
Ich glaube, ich kann das nicht, wenn du dabei bist!

Und war also entspannt, dann wieder mächtig gespannt und Ute hatte ihre Brille nicht abgenommen, aber die Strumpfhose ausgezogen, seine Lust in die Hand mit dem Ehering genommen und sich danach auf ihn gesetzt.
Einfach auf ihn drauf.
Das war ziemlich geil, aber es war nicht recht gewesen. Schließlich war Hermann mit Utes Mann befreundet.
Gut befreundet.
Sie besuchten die gleichen Vorlesungen, machten gemeinsam Musik – Hermann auf der Gitarre und Ulrich auf der Mundharmonika, *Spiel' mir den Blues, Alter!*, kochten mitunter zusammen, hatten jede Menge Spaß, debattierten, unter Männern, über Funktionsräume, freie Liebe und Partnertausch.
Beim Thema Freie Liebe hatte Ehemann Ulrich gar nicht schockiert und ganz unschuldig aus seinem lieben weichen Gesicht geschaut und nicht einmal die knubbelige Nase gerümpft.
Kann man ja mal probieren!
Hermann hatte aber schon probiert, ausgerechnet bei Ulrichs Frau, fühlte sich deshalb gar nicht frei und musste mit dem Freund über Utes Hand, ihren Ehering und all das andere sprechen. Ehe das nicht geklärt war, konnte er nicht nochmal mit Ute, obwohl es so schön gewesen war.

Also treffen sich alle drei in Schöneberg am Winterfeldplatz, in der *Ruine!*, einer Kneipe im Parterre eines obenrum ziemlich zerstörten Hauses, mit langem Tresen, klein und voll und verraucht und alle verschwitzt und Stones im Ohr und Hermann erzählt Ulrich von der Hand, dem Ring, verspricht auch, dass er es nie wieder mit Ute tun wird, wenn Ulrich nicht will, doch der schaut schon wieder ganz warm und zärtlich unter seinem blonden Haarschopf hervor.
Aber ich liebe dich doch!
Euch beide!
Dann halten sie sich plötzlich alle drei in den Armen, stecken die Köpfe eng zusammen, küssen sich mit weichen Zungen, eine den anderen, einer den anderen, ganz zartwild, mitten in dem ruinösen Gedränge und sind glücklich, frei und für einen Moment, einen ganz kurzen nur, ist ein Traum wahr geworden.

Und dann wollten die Kommunarden eines Tages nicht mehr zum Disput kommen.
Ihr seid doch ein viel zu schlaffer Haufen!
Der Revolutionäre Jan hatte mit seinem Gefolge ein Kommunehauptquartier gefunden und die Debatten der linken Spießer einfach nicht mehr nötig.
Hermann sah Kommune-Jan und seine revolutionären Kämpfer erst im späten Herbst wieder. November.

Holger Meins, der von der RAF, war gerade während eines Hungerstreiks gegen seine Haftbedingungen gestorben.
War kaputtgegangen an kaputten Verhältnissen, an kaputten Ideologien, die seiner Maschinenpistolenfraktion zum Auftrag gerieten.
Kommandotruppen bilden mit Genossen,
die man in persönlicher als auch in politischer Beziehung
gut kennen muss, um beurteilen zu können,
ob sie den Anforderungen und Belastungen
des bewaffneten Kampfes (insbesondere im Knast) standhalten
und unter allen Umständen (auch im Bett)
den Mund halten können!

An der Hochschule hatte irgendwer ein Flugblatt verteilt. Mit einem Foto des toten Holger. Auf dem der, wie gefordert, den Mund hielt. Und wie er den Mund hielt.

Und wie er aussah.
Wie einer dieser an Hunger, Schwäche, Erniedrigung, Hoffnungslosigkeit, Unmenschlichkeit und Gas und Gewehrkugeln krepierten KZ-Häftlinge, wegen denen Omas Willy Brandt, der bis vor Kurzem noch Kanzler gewesen war, in Warschau auf Knien um Vergebung gebeten hatte.
Beim Anblick des skelettierten Rotarmisten stürmte es wieder in Hermanns Kopf.
Konnte es sein, dass sich gerade jetzt dieser fette aufgedunsene Malocher aus der Rinneisenfabrik, mit dem Hermann sich angelegt hatte, konnte es sein, dass der sich beim Anblick des Fotos die Hände rieb, sich einen darauf runterholte, dass dieser Meins mit sich selbst kurzen Prozess gemacht hatte?
Und die Meuten vor den Kneipen, die immer *Gaskammer!* schrien, tranken die jetzt einen Klaren auf den Tod, der ein Meister aus Deutschland ist? Prost, Hurra und *Zack!?*
Was war da für ein finsterer Hass unterwegs?
Dieses Deutschland brachte ihn um den Schlaf.
Ach, Henri, alter Freund!

Und konnte deshalb beim Tod vom Meins nicht stillsitzen, zuschauen, nur die Hände ringen, und zog also los. Gegen abend und allein. Richtung Kranzlereck und Bahnhof Zoo. Da brannte es schon. Flackerte. Loderte. Man flüchtete und schrie und warf Steine auf Polizeiwannen und Cocktails von Molotow.
Auch der Revolutionäre Jan war unterwegs.
Natürlich nicht allein. Und war sehr geschäftig. Hatte ein paar Pflastersteine in der Hand.
Hey, Hermann, hier haste zwei! Mach sie fertig, die Bullen!
Rache für Holger!
Dann rannte der Revolutionäre Jan schon weiter. Alle rannten. Und Hermann hielt plötzlich zwei Steine in der Hand. Stand da allein und sollte sie alle fertigmachen.
IF!
Aber nicht doch. Nicht wirklich. Einen Moment stand er wie betäubt, dann ließ er die Dinger fallen und rannte. Fort, nix wie weg und hoch die Treppen zur S-Reichs-Bahn, in den nächsten Zug, atemlos und befreit. Er hatte es nicht getan.
Gut so.

Träumte lieber von Aufständen, die ihm keine Angst machten. Wollte Worte finden, auf die alle irgendwann einmal hören würden und fand doch nur später in der Nacht diese Hamburger Band, diese Volksrockband, die in einem Schöneberger Jugendzentrum zum radikalen Volkstanz aufspielte.

Ich steh auf der Bühne und spiel die Gitarre,
vielleicht kommt morgen schon die Bombe
und ich mit meiner Knarre
spring Dir mitten ins Gesicht!

Die Volksrocker wollten, genau wie der Jan, alles, Gangster, Bosse, Würdenträger in die Wüste jagen, das System zerstören, das uns alle zerstört, ein anderes Leben sehen.

Hart waren diese Typen. So hart wie der kalte Lauf der Knarren, die sie vielleicht irgendwo in Ölpapier vergraben hatten und irgendwann ausbuddeln würden. Eiskalte Engel, voller Hass und voller Wut. Nicht so herrlich fröhlich und anarchisch wie der Michel Piccoli in dem Film, den Hermann neulich zum vierten Mal gesehen hatte.

Themroc!

Die Außenwand der Wohnung raushauen, alle Möbel ebenfalls und den wilden Mann geben, den die Frauen heiß lieben, der die Fliques fängt, grillt, verspeist und der sich frei macht, bis auf einen Lendenschurz vielleicht.

Selten so gelacht. Und dann draußen vor dem Kino in die dunkle Nacht schreien.

Themroc! Rock them!

Und sich an die Brust schlagen. Und wieder lachen. Und sich über die Bürger freuen, die ob der Schreie schockiert sind, wie damals bei Rudi, als der nach einer Solidaritäts-Fete in Dahlem auf die Straße gerannt war und seinen verzweifelten Brunftschrei in die gepflegten Vorgärten geröhrt hatte. *Ich will ficken! Fickt denn keine mit mir?*

Hier aber ging es nicht ums Ficken.

Nicht in dieser Zeitung, bei der er seit Neuestem radikale Worte drechselte. In einer Fabriketage in einem Hinterhof irgendwo in Moabit. Rudi hatte ihm da einen Kontakt gemacht.

Schwärm nicht immer nur für die Spontis! Schreib mal was für die! Nicht immer nur Zitate in dein Notizbuch!

Und da hatte er mal vorbeigeschaut und die bunte Crew für undogmatisch, fröhlich und irgendwie herrlich anarchisch befunden – keine feste Redaktion, kein Zentralkomitee, keine Kader, keine Chefs. Dafür alles irgendwie Sponti, locker, links, mit Lederjacke und *Hey Mann, schreib über das, was Dich bewegt, was die Szene bewegt, was die Leute anmacht, in Ordnung?*

Genau das tat Hermann.
Schrieb über sein Lieblingsthema, *Die Lebenskunst der jungen Generationen!* und immer wieder darüber, dass es ein Lachen sein wird, das eines Tages die Welt verändert. Ohne Lachen wird nichts sein, da war er sich mit den Lebenskünstlern einig.
Den Teil echter Freude und echten Feierns zu verstärken, gleicht den Vorbereitungen eines allgemeinen Aufstands zum Verwechseln!
Bei diesen Sätzen Vaneigems ging ihm das Herz auf. Aber er tippte auch Beiträge über Zucht und Ordnung und was man dagegen tun kann, über Kommunen und wie man sie vielleicht überlebt und nicht zuletzt immer wieder klitzekleine Dokumentationen der Wandparolen, die er von einigen Trips aus Frankreich mitgebracht hatte, notiert von den Wänden der Rue Mouffetard, des Boulevard Saint Michel, der Sorbonne.
L'homme fait l'amour avec la chose!
Cache toi, objet !
La culture est l'inversion de la vie !
Sous les pavés, la plage !

Ein Graffito allerdings liebte er ganz besonders.
So sehr, dass er mit seinem fast täglichen Vortrag dem Rudi allmählich auf den Wecker ging.
Je prends mes desirs pour la realité
car je crois en la realité de mes desirs!
Den Traum leben, nicht an der Realität kaputtgehen, etwa in der Richtung schwärmte er damals. Wie ein Backfisch. Traf dabei auf freundliche Verwunderung bei den anderen Schreibern der undogmatischen Gazette, weil er in seinen Artikeln nicht so machtvoll kämpfte wie sie, sondern eher ziemlich aufwendig träumte, war aber mit seinen Texten doch schräg genug, dass er nicht unangenehm auffiel.
Konnte also seine Artikel bei den Spontis abgeben und sah seine Worte Tage darauf gedruckt wieder.
Und Wiedersehen macht Freude.

Freude kam auch auf, als Rudi eines Tages auf dem wasweißichwievielten *WG-Plenum!*, so hieß ihr Debattierclub zum Tod der Familie mittlerweile, aufstand, die Zigarre aus dem Mund nahm und sich räusperte.
Ich hab da eine Wohnung für uns!
Fünf Zimmer! In Schöneberg!
Vierhundert Mark!
Am Tag vorher hatte ein Kommilitone angerufen.
Wollt ihr unsere Wohnung übernehmen? Wir lösen unsere WG auf!

Und alle im Plenum waren aufgelöst und aufgeregt und wussten nicht, wer zieht nun mit wem zusammen und wer traut sich und wer kann mit wem und wer nicht und wie bloß die Zimmer aufteilen? Für Hermann keine Frage.
Auf keinen Fall Funktionsräume!
Kein gemeinsamer Schlafraum! Nicht mit mir!
Hermann blieb beim Vögeln eben ein Leisetreter.
Ein mieses spießiges Bürgerschwein.
Ein wenig hatte er deshalb schon das Gefühl, ein Versager zu sein. Aber es war halt immer so eine Sache mit dem eigenen Schatten und dem Darüberspringen.

Montage Neun

Ein großer Teddybär, ein LKW aus Kunststoff, bunte Holzklötze, ein weißer Hase mit nur einem Ohr, zwei Nuckelflaschen, all das liegt auf dem schwarz gestrichenen Holzfußboden. Dazwischen Kinder.
Der blonde Hannes.
Weißer Pulli, blaue Strumpfhose, neun oder zehn Monate alt mag er sein. Sitzt auf dem Boden, hält einen kleinen gelben Ball in der Hand, schaut das runde Ding mit großen Augen an.
Der glatzköpfige Christian.
Liegt auf dem Bauch, hält sich an einem blauen Kunststofflaster fest, versucht mit angestrengtem Gesicht, sich ein wenig aufzurichten.
Die schwarzhaarige Nina.
Im gelben Wollröckchen. Krabbelt und greift dabei nach einer der Nuckelflaschen.
Hinter ihr steht eine Kommode. Rot und braun lackiert.
Darauf liegen Windeln, Penatenöl, Puderdose.

Frühstück in der Wohngemeinschaft.
Um einen großen Tisch versammelt: Rudi, Gerda, Franz, Lilo, noch ein paar mehr. Franz hat seinen kleinen Sohn auf dem Schoß, schmiert sich gerade ein Brot. Der kleine Hannes, inzwischen nicht mehr ganz so klein, steht auf einem Stuhl und greift in eine Packung Haferflocken.
Lilo, blondgelockt, blau-kariertes Hemd, Jeans, hält ihm einen Löffel hin. Maren hat den Daumen im Mund, sitzt im Kinderstuhl.
Auf dem Tisch bunte Tassen, Brot im Korb, gelbe Marmelade im Glas, Milchtüten, Kaffee- und Teekannen, rosa Wurst in Scheiben auf Papier.
Hinter Franz hängt ein weißes Plakat an der Wand.
Darauf stehen Themenvorschläge fürs WG-Plenum geschrieben.
Zahlung der Stromrechnung,
Putzplan,
Kinderdienst.

Ein Bungalow samt Terrasse mit großen Korbstühlen und weißen Liegen darauf. Daneben leuchten Sträucher mit rosa und gelben Blüten, eine

Palme ragt in den blauen Himmel, ein paar Schritte weiter eine grüne Wiese, ein kleiner Swimmingpool.
Vor dem Pool stehen, bronzebraun, Hermanns Eltern.
Der Vater, mit Bauch und Brille, in gestreifter Badehose, blinzelt in die Sonne.
Die Mutter im blauen Strandkleid, rotes Stirnband, mit großer Sonnenbrille, lächelt fotogen.
Neben ihr groß, sehr schlank, fast dünn, kalkweiße Haut, mit gelber Badehose, blonden kurzen Haaren, die Hände auf dem Rücken – ein junger Mann. Wohl ein Freund der Eltern.

Hermann. Lange lockige Haare, die bis über die Schultern reichen, krauser Bart, Jeans, kariertes Flanellhemd, barfuß, sitzt auf einer Matratze. Schaut sehr ernst in die Kamera. Er macht einen erschöpften, fast deprimierten Eindruck.
An seinem rechten Knie lehnt Hannes – fleckige Latzhose, das Gesicht von Schokolade verschmiert.
Auf dem Parkettboden Spielzeugautos, Bilderbücher, eine rote Lokomotive, Plastikeimer, zwei Waschkörbe mit noch mehr Spielsachen.
An der Wand stehen zwei Kinderbetten, daneben gestapelte Matratzen.

Einer ist keiner

Müssen Sie immer so einen Lärm machen? Ich hol die Polizei!
Der Nachbar war genervt. Stand spätabends vor der Wohnungstür und schwitzte vor Wut. Klein war dieser Nachbar, fast ein Zwerg, in einen grün-grau-gestreiften Bademantel gehüllt, hatte dunkle Haare, geballte Fäuste und einfach Pech – warum wohnte er auch in einem Haus mit drei Wohngemeinschaften? Ein mieser Kleinbürger, der es nicht vertragen konnte, wenn sechs, sieben, acht Leute in ihrer Wohnung Spaß hatten, voll aufgedreht *Sympathy for the devil!* bekundeten, oder sich mal laut anraunzten, wenn es nötig war.
Pleased to meet you,
hope you guess my name!
Rudi hatte das Klingeln gehört und war an die Tür gegangen. Wusste schon, wer's war.
Bestimmt der Typ von gegenüber!

Immer wieder war der kleine Nachbar in den letzten Monaten mit seinen grauen Klagen vor die Tür gekommen. Hatte auch schon mal die Polizei gerufen.
Zwei Mann in blauer Uniform, Hand an die Mütze und *Zack!*
Drehen sie mal sofort die Musik leiser! Tut uns leid, aber das gibt ne Anzeige!
Tat ihnen gar nicht leid.
Sogar wegen des Kindergeschreis in Hermanns WG hatte sich der Nachbar aufgeregt
Das ist doch kein Kindergarten hier! Sorgen Sie umgehend für Ruhe!

Der Nachbar war einfach beliebt. Er gab den Spießer und hatte großen Erfolg mit seiner Kleinbürgernummer – Beifall auf fast allen Etagen des Altbaus: Im ersten Stock, wo der verrückte Puppenspieler mit seiner Theatertruppe gemeinschaftswohnte, aber auch im Dritten, wo sich Soziologen und Philosophen zusammengetan hatten, um über das Verhältnis von Revolution, Ästhetik und Rock'n'Roll zu diskutieren – jedenfalls war das in letzter Zeit immer ihr Thema gewesen, wenn Hermann mit dem kleinen Hannes auf dem Schoß oben bei den Rock'n'Rollern in

der rot gestrichenen Küche saß, schwarzen Tee mit viel weißem Zucker trank und gebannt zuhörte.
Hannes war die Ursache für Nachbars Klagen über Kindergeschrei.

Hannes war der Sohn von Lilo und erst drei Monate alt gewesen, als er mit Rudi, Hermann und den anderen in die neue Schöneberger Wohnung gezogen war.
Der sanfte Ulrich und seine Frau Ute vom Wilmersdorfer WG-Plenum hatten aufgegeben – sie blieben lieber in ihrer Schöneberger Dreizimmerwohnung, wollten dort ihren frisch gebackenen Nachwuchs zur Welt bringen – Utes Bauch war schon ziemlich dick.
So ein kleines Kind braucht erstmal seine Familie!

Auch andere waren abgesprungen und die restlichen vier Aufrechten hatten noch vor ihrem Umzug annonciert.
WG sucht Frau, die alles mitmacht!
Zum Auswahltermin hatten sie sich auf ihr Wilmersdorfer Matratzenlager gesetzt, die Kandidatinnen besichtigt, angehört, verhört.
Was für Ansprüche habt ihr denn so?
Wie habt ihr denn bisher gewohnt?
Hat eine von Euch einen festen Freund?

Die Arzthelferin Lilo war gleich mit ziemlich großen Brüsten und Kinderwagen angerückt, hatte ihr Kind raus und auf den Arm genommen, *Mein Süßer!*, sich in die Runde gesetzt und erzählt.
Dass der Vater des Kleinen noch während ihrer Schwangerschaft mit einer anderen *Tussi!* aus ihrer WG eine Beziehung angefangen, sie aber keine Lust auf eine Abtreibung, sondern das Kind gewollt hatte.
Auch ohne Vater!
Der Typ ist sowieso ein Schwein!
Also hatte sie das Gör im Kreißsaal allein zur Welt gebracht, *Ganz ohne Komplikationen!*, dann aber sofort nach Leuten gesucht, mit denen sie den Hannes gemeinsam aufziehen konnte. Und nun war sie eben auf die Anzeige gestoßen, saß auf dem schwarzgestrichenen Verhörstuhl vor dem Matratzenlager, sah aus wie ehedem Hanna Schygulla in Faßbinders *Katzelmacher!*, hieß aber nicht Marie, hatte dafür aber die gleiche Klasse-Figur und die gleiche Frisur, blonde Wuschellocken und diesen kleinen Süßen auf dem Arm.
Da bin ich also!

Genau an dieser Stelle hatte das Kind das Gesicht verzogen, geplärrt, die Lilo hatte ihr Hemd aufgeknöpft, den Still-BH ebenfalls, dem Hannes eine mächtige Brust mit braunem Nippel vor den kleinen Mund gehalten, das Schreien hatte sofort aufgehört. Dann nur noch Stöhnen und Schmatzen.
Nach eingehender Prüfung war die Lilo mit den anderen Kandidaten ins Freie entlassen worden.
Wir rufen Euch an, wenn wir uns entschieden haben!

Irgendwie hatte gerade die Lilo bei der anschließenden Beratung gute Karten gehabt.
Sie braucht das Zimmer am Nötigsten!
Die muss raus aus dieser Scheiß-WG!
Weg von diesem Typen!
Wohngenossin Rosi studierte Sozialpädagogik und wollte immer das Beste. Für alle. Immer.
Wie die Sozialen halt so waren. Lange lockige Haare, fürsorgliches Lächeln im Gesicht und, klar doch, immer zu guten Taten aufgelegt.
Aber auch Hermann sprach für Lilo.
Er verehrte Hanna Schygulla, große Brüste und vor allen Dingen kleine Kinder sehr – wie zart diese Händchen doch waren, mit süßen kleinen Fingerchen dran, diese unschuldigen blauen Augen.
Dies fröhliche Kreischen!
Und musste man einem Kind nicht Obdach gewähren, dessen Mutter von Tür zu Tür zog, Gemeinschaft suchte, Schutz und Unterstützung?

Nun werd' mal nicht sentimental! Mit Deiner Nächstenliebe kommen wir auch nicht weiter!
Rudi war noch skeptisch, gab zu Bedenken, was man sich *Mit so einem Gör!* alles an Arbeit und Veränderung auflädt.
Eckart hingegen lachte breit.
Warum denn nicht! Kinder bringen doch Leben in die Bude!
Eckart war ganz und gar nackt im Gesicht und eigentlich ein Stiller. Hörte immer lang und ernst zu, aber wenn er dann lachte, war es das Lachen der absoluten Erkenntnis.
Eckart studierte Philosophie.
Forschte an der Uni in Sachen Vernunft und Weltgeist. Und zum Ausgleich brauchte er Leben in der Bude.
Also waren Lilo und Hannes schließlich mit in die neue Wohnung gezo-

gen, hatten das Zimmer neben Hermann bekommen, Wickelkommode und Kinderbett mitgebracht, Nuckelflasche und Babyrassel, Windeln, Puder, Öl.

Dadada, WullewulleWulle!
Hattu Hunger?
Alle kümmerten sich inzwischen um den kleinen Hannes, hatten das Wickeln gelernt, wussten, wie man ein Fläschchen zubereitet, *Nicht zu heiß, Mensch!*, und den Kleinen auf dem Arm durch alle fünf Zimmer der Wohnung schleppt.
Schau mal, jetzt schläft er endlich!
Und abends kochen.
Dem Hannes wurde ein Glas *Hipp & Co!* warm gemacht und die anderen nahmen das Schlaraffenland in die Hand, wie es im neuen Wagenbach-Kochbuch für Kommunen, Wohngemeinschaften, Großfamilien und Einzelfresser empfohlen wurde.
Linsen mit Backpflaumen, köstlich, Huhn in Weinsoße, die reinste Gaumenfreude und dann dies verwegene Rezept für Peking-Ente.
Nach Peking fahren und Ente essen!

Hermann liebte es, wenn alle abends gemeinsam am Tisch saßen, die ganze große Wohnfamilie, wenn das, was das jeweilige Kochteam zusammen auf dem Gasherd gezaubert hatte, allen wohl schmeckte und *Ah!* und *Oh!*, dann war er richtig glücklich und dann wieder stinksauer, wenn nicht alle am Tisch saßen, sich noch irgendwo da draußen in Berlin rumtrieben – wenn Rosi irgendwo einen Lover bestieg oder Eckart abends mal wieder mit Kommilitonen in dieser neuen Kreuzberger Kneipe namens *Stiege!* saß, sich eine Pizza Margerita für zwei Mark reinschob und das durchaus vernünftig fand.
Man will ja schließlich nicht nur zusammen studieren!
Das sind meistens Arbeitsgruppen, mit denen ich da hingehe!

Doch Hermann war unerbittlich.
Forderte. Fühlte, wie er kalt und hartleibig wurde, ein fieser Diktator gar, wenn er Rosi oft genug anherrschte, sie solle gefälligst ihre Typen zum Vögeln mit in die WG bringen, und auf Eckart lostobte, er hätte sich abzumelden, wenn er abends nicht zum Essen käme.
Leute, das ist doch kein Hotel hier! Auch keine Gemeinschaftswohnung!
Wir sind eine Wohngemeinschaft!

Und tobte und wetterte und machte sich bei den wöchentlichen Wohngemeinschaftsdiskussionen – runder Spanplattentisch in Eckarts Zimmer und jeder packt drauf, was er zu sagen hat – ziemlich unbeliebt.
Du hast doch ne Macke mit Deinen Ansprüchen!
Und den Macker spielste außerdem!
Dabei wollte er doch nur, dass, wo Kind und Kegel sind, auch große Familie ist und Zusammenhalten und alle für einen und umgekehrt und alles funktioniert und nichts wird wie damals, in seiner Familie, die nicht einmal diesen Namen verdient hatte. In der immer irgendjemand auf der Flucht war. Damals.

Damals ist immer noch.
Immer wieder sagen sie ihm das an seiner Hochschule, an der er nach dem Vorexamen Tutor geworden ist. In einem Dozentenkollektiv. Natürlich arbeitet er eng mit dem APO-Opa zusammen, hat inzwischen viel von dem hoch und überhaupt Verehrten gelernt, steht also in seiner ranzigen Lederjacke vor den Studenten im Hörsaal, spricht über den Begriff der Kritik, über These und Antithese, verkündet, dass das gesellschaftliche Sein das Bewusstsein bestimmt, dass all das verdammt eng mit ökonomischen Verhältnissen zusammenhängt, so in etwa und steht da und wiegt dabei seinen Oberkörper nach links, wiegt ihn nach rechts, seine ganze Gestalt schwankt hin und her, und er merkt das gar nicht und Ludwig kommt, flüstert ihm ins Ohr.
Hör doch mal auf damit! Wer Dich ansieht, dem wird ja ganz schwindelig!

Immer schwankt Hermann damals, überall, wo er still stehen soll. Schwankt zur Seite. Nach links. Nach rechts.
Hin und her, her und hin.
Sylvia hat dies Schwanken bei seinem letzten Besuch in der Gaskesselheimat bereits diagnostiziert. Sie arbeitet jetzt in einem selbstverwalteten Jugendzentrum, liest deshalb viel, noch mehr über Kinder- und Jugendpsychologie, Störungen, Defekte, all das, und beurteilt ihn deshalb ziemlich analytisch.
Das sind Folgen einer hospitalistischen Schädigung! Kinder in Heimen stehen so am Gitter ihrer Betten!

Heute, erst heute, erinnert sich Hermann wieder an sein Gitterbett in der Küche der Großeltern, wo er als Omas Hosenmatz mit dem schwanken-

den Vater und der greinenden Mutter wohnte, macht sich ein Erinnerungsbild, auf dem er nachts hinter diesen weißen Gitterstäben steht, sich an ihnen festhält, schwankt und schreit und umgekehrt.
Und niemand holt ihn da raus.
Kurz vor ihrem Tod hat die Mutter ihm zum ersten Mal entschuldigend und mit müder Stimme gesagt, dass man Kinder *Damals!* schreien lassen musste, sie bloß nicht verwöhnen durfte, deshalb hat sie ihn immer im Bett stehen gelassen und ist aus der Küche gegangen, um das Schreien nicht hören zu müssen.
Ich habe das nicht ausgehalten! Ich konnte einfach nicht anders! Ich wusste es nicht besser!

Doch die Mutter lebt, überlebt ja jetzt noch, weit, weit außerhalb der Mauern dieser Stadt, und Hermann kann all das noch gar nicht erinnern, weiß nur, dass er mit seinem Schwanken bei Ludwig und den Studenten auffällt, unangenehm auffällt.
Auch dann, wenn er zuckt. Immer noch wegzuckt. Und wer's zum ersten Mal sieht, wundert sich.
Sei doch nicht so furchtbar nervös!
Leicht gesagt, doch was dagegen tun?

Er tat etwas. Immer tat er etwas.
Zum Beispiel hatte er, gleich nach Lilos Einzug, die Gitter von Hannes' Kinderbett abmontiert. Vier Flügelschrauben gelöst und *Basta!* Das Kind durfte sich nicht wie im Knast fühlen. Auf keinen Fall.
Und Hannes sollte nicht allein bleiben.
Bloß nicht zum neurotischen Einzelkind mutieren!
Hannes sollte nicht ohne einander, ohne andere Kinder, ohne andere Krabbler seines Alters aufwachsen.
Wegen seiner Erziehungsfragen hatte Hermann mit Ludwigs Frau, der Regina, gesprochen, die arbeitete immerhin und nach wie vor im Kinderladen Rote Rübe, war seit 1968, *In einem der ersten Kinderläden!*, revolutionäre Erzieherin und brühte immer einen starken Kaffee auf, wenn Hermann kam und wissen wollte.

Von Regina hatte er gelernt, dass Kinder als Kollektiv zusammengehören und nicht vereinzelt, nicht isoliert in der *Einkindfamlie!* aufwachsen sollen, dass Kinder die Gruppe brauchen, Erfahrungen mit anderen machen müssen, aber auf keinen Fall, *Auf gar keinen Fall!*, in eine staatliche

Kindereinrichtung gehören, wo *Gemeinste Repression!* und die *Permanente Reproduktion der Autoritären Persönlichkeit!* drohten.

Nach all diesen Warnhinweisen hatte Regina ihm noch schwer und gewichtig ein Buch in die Hand gedrückt.
Gewalt gegen Kinder! Musst du unbedingt lesen!
In diesem Buch hatten Wissenschaftler Mut gefaßt und endlich rettende Worte für die bleichen Kinder mit den traurigen Gesichtern gefunden, Worte, die die Kinder schützen sollten, bewahren vor noch mehr Gewalt. Schwer betroffen las er all die flammenden Plädoyers gegen Prügel, Misshandlung und Vernachlässigung der Kinder, las von Kindern mit Angstzuständen, Zwangsdenken, Zwangshandeln, Hemmungen, Stottern, Wutausbrüchen, Bettnässen.
Und fühlte sich auch diesen Kindern verbunden.
Nah. Ganz nah.
Hatte Mitleid, spürte Zorn. Ein kompromissloser, missionarischer Willen beseelte ihn, niemals ein Kind und erst recht nicht den Hannes, finsteren Autoritären zu überlassen.

Denn Hannes bedeutete ihm viel. Fast zuviel.
Erst recht, seit die Lilo nachts zu ihm ins dunkle Zimmer gekommen war.
Da schläft er schon, schnarcht noch nicht, das kommt erst viel später, und sie legt sich einfach zu ihm ins Bett.
Ist nackt. Und fasst ihn an. Dort, wo es gerade eben noch weich war.
Und reibt ihn hart, wie er es selber besser nicht könnte, obwohl er inzwischen ziemliche Übung im Reiben hat.
Sie reibt ihn also, er noch im Halbschlaf, spürt ihre Brüste an seinem Rücken, stöhnt, ist plötzlich hellwach und feucht und sie lacht. *Das war schon lange fällig!*
Seit diesem Erguss sind sie zusammen, fühlen sich als Paar und Hermann sich als Vater, will dem Hannes ein richtiger Vater sein, der sein Kind fest in die Arme nimmt und in den Augen des unschuldigen Kleinen einen Auftrag zu lesen glaubt.
Wir gründen einen Kinderladen! Kann man nicht früh genug mit anfangen!
Regina hatte ihm beim letzten Kaffeetrinken dringend dazu geraten.
Und wieder annoncierten sie, diesmal in Hermanns Spontizeitung, für die er noch immer schrieb. *Kinder für Kollektiv gesucht!*
Und die Eltern kamen.

Sie kamen mit ihren Kindern in die WG, legten sie auf den Teppich in Hermanns Zimmer und die Kurzen starrten, krabbelten oder robbten in alle Richtungen, räumten die unteren Bretter der Bücherregale leer, hauten ziemlich unkoordiniert auf den laufenden Plattenspieler, *Die Stones-LP kannste vergessen!*, griffen sich Bauklötze und Stoffbälle, plärrten laut, zogen sich mitunter kräftig an den Haaren und schliefen manchmal sogar ein, während die Eltern über antiautoritäre Erziehung, hautschonende Stoffwindeln und den Zuckergehalt in Bahlsen-Keksen diskutierten.
Später auch darüber, welchen Laden, wo und zu welchem Preis man anmieten könnte.
Die Annonce war ein Erfolg.

Es war ein wahres Wunder, dass er die Anzeige noch in der Spontizeitung hatte aufgeben können. Die wurde inzwischen per Gerichtsbeschluss immer wieder beschlagnahmt und gehörte in Zeiten wie diesen, ging es nach den Herrschaften, *Verboten!*, weil provokativ, aggressiv und staatsfeindlich.
Hermann versetzten die Deutschen Zustände zunehmend in herzrasende Panik, die ihn bis in die späte Nacht verfolgte.
Noch heute sieht er sich in seinem WG-Zimmer auf dem Bett liegen – ein selbstgebauter riesiger Spanplattenkasten, gut verschraubt, mit fünf Matratzen oben drauf – zwei längs, drei quer.
Er hat das Licht ausgemacht. Die Vorhänge sind nicht zugezogen, weil er hat keine, aber er hat Angst. Ist in Aufruhr. Kann nicht einschlafen.
Wenn sie nun kommen? Ausgerechnet heute nacht!
Er glaubt ganz sicher, dass die anderen in ihren Zimmern auch nicht schlafen können, dass sie wach liegen und grübeln.
Wenn sie nun wirklich kommen? Auch hier zu uns, in unsere Wohnung?
Mit Maschinenpistolen, Tritt gegen die Wohnungstür, alle werden in Bad und Küche getrieben, dann durchsuchen sie die anderen Zimmer der Wohnung, dann Abtransport im Mannschaftswagen.
Hermann, Rudi, Lilo, Rosi alle nehmen sie mit, sogar kleine Kinder, *Mein Gott, Hannes!*, haben sie schon mitgenommen, dann ab zum Verhör, danach in die Zelle.
Hinter Gitter.

Genau das war in den letzten Tagen oft genug passiert.
Kaum eine linke radikale WG, konnte sich sicher fühlen. Alle subversiven Elemente waren verdächtig.

Sie hatten in der Redaktion der Spontizeitung am großen Redaktionstisch darüber gesprochen. Sämtliche Schreiber waren gekommen, was selten genug geschah, hatten sich gegenseitig berichtet, was in Paranoia-City vor sich ging, seit der Entführung von Peter Lorenz, dem Berliner CDU-Vorsitzenden, den die selbsternannten Junirebellen für einen *Vertreter der Reaktionäre und Bonzen!* hielten und erst wieder freilassen wollten, wenn ihre gefangenen Kollegen aus den hochsicheren Knästen der deutschen Republik freigelassen und in den Jemen ausgeflogen würden.
Die Juni-Truppe hatte den Lorenz in ein Volksgefängnis, irgendeinen schimmligen Kreuzberger Keller wohl, gesteckt und ihn dort schwarz auf weiß fotografiert.
Ohne Brille und ganz traurig saß der Lorenz da.
Mit einem Schild um den Hals. *Gefangener der Bewegung 2. Juni!*

Darüber sprechen sie gerade am großen Tisch der Sponti-Redaktion. Hermanns Artikel für die nächste Nummer liegt bereits im Kasten – eine ziemlich irre Meditation über einen Satz von Adorno und Horkheimer. Diesen Satz verehrt er regelrecht, hat ihn mal wieder irgendwo eingesammelt, aufgeschrieben und in sich aufblühen lassen.
Die Menschen reisen streng voneinander
isoliert auf Gummireifen!
Er liebt ja solche Metaphern und plötzlich kommen Uniformen herein, mit Maschinenpistolen im Anschlag und *Hände auf den Tisch!*, *Beine auseinander!* und *Ausweise her!* und Namen notiert, Zeitungen, Manuskripte, auch seines mitgenommen und wieder rausgefeixt.
Bis zum nächsten Mal! Sie hören von uns!

Und jetzt liegt er da, zittert, hat Angst, vielleicht kommen sie auch in die WG, wäre ja nichts Neues und ganz furchtbar und *Ich bin kein Held, verdammt ich bin kein Held!*, sieht seine Zukunft schwarz und schwärzer, da kommt der mit dem allerschwärzesten Seehundsbart zur Tür herein, der Biermann aus dem Osten, der so herrliche Ermutigungen vortragen kann, legt sich auf den Plattenteller von Dual und röhrt ihm ins Gewissen.
Du, lass dich nicht erschrecken, in dieser Schreckenszeit,
das woll'n sie doch bezwecken, dass wir die Waffen strecken,
schon vor dem großen Streit!
Jetzt wär es schön, denkt Hermann, wenn er von Biermanns Röhren

tasächlich ermutigt wäre, aufstehen könnte und sagen, *Jawoll! Ich lass mich nicht erschrecken!*, klappt aber nicht, stattdessen bleibt er liegen, weiß nicht so recht, wie das noch werden soll, mit dem Großen Streit, dafür gefällt ihm aber umso mehr, dass der Biermann in dieser Schweigezeit, das Grün aus den Zweigen brechen lässt und das will auch Hermann allen zeigen – morgen vielleicht, wenn er sich beruhigt hat.

Doch das Grün brach nicht aus den Zweigen.
Erst recht nicht, als pötzlich einer aus Ludwigs zehnköpfigem Dozentenkollektiv verhaftet wurde.
Verhaftet. Weggeschlossen. Hinter Gitter.
Unterstützung einer Terroristischen Vereinigung!
Ein Teetrinker war der Verhaftete, Lederjackenträger und immer ein freundliches Wort, rund um die Uhr über den Büchern, und der sollte ein Unterstützer von Die Bomben Hoch und Immer Scharf Geschossen sein? Den Scharfschützen Ausweise und all das besorgt haben?
Unsinn!
Die spinnen, die Bullen!
Der angebliche Unterstützer kam nach einigen Wochen frei, konnte wieder seinen geliebten Darjeeling mit Sahne trinken, aber seinen Job war er los.
Berufsverbot!
So schnell konnte es gehen.

Trotzdem hatte Hermann noch seinen Spaß in den studentischen Vollversammlungen. Im Audimax saßen spontane Dozenten und Studenten gemeinsam auf den harten Holzbänken und lachten sie aus, die Arbeiterführer mit den großen Fäusten und Proletarier aller Länder *Vereinigt Euch!* und *VorwärtsZum!* und *NiederMit!*
Wenn es ganz hart kam, stürmte Hermann nach vorne, schnappte sich einen dieser arroganten Dummschwätzer über *Klassenanalyse!* und *Revolutionären Zusammenhang!* und drängte ihn weg vom Mikrofon.
Das reicht jetzt, Mann!
Dafür gab es Applaus. Ziemlich viel. Und Lachen.
Dann aber kein Lachen mehr, als Tage später frisch gedruckte Flugblätter von den Parteigängern der Dummschwätzer verteilt werden, die Hermann als *Gewalttäter!* und *Untragbar!* für die Hochschule bezeichnen. Erst recht kein Lachen mehr, als er daraufhin für das neue Semester keinen Beschäftigungsvertrag mehr bekommt.

Und Hermann weiß, jetzt ist er draußen, und die Proletarier aller Länder haben ihren eigenen Radikalenerlass durchgesetzt.

Es wurde also schon wieder schwierig. Auch mit dem Geld.
Der Hochschuljob war nicht schlecht bezahlt gewesen. Und jetzt saß Hermann ratlos auf seinem Spanplattenbett, hatte gerade sein Fachstudium mit echt guten Zensuren und der Berechtigung, einen hübschen akademischen Titel zu führen, abgeschlossen, hatte aber zu wenig Kohle. Und wollte immer noch nicht einsteigen in das Schokoladengeschäft des Vaters, wollte nicht den akademisch gebildeten Junior geben.
Sollte er auch nicht.
Jetzt plötzlich nicht mehr.

Viele Begegnungen mit dem Vater hatte es in den letzten Jahren nicht gegeben. Einige Anrufe, klar doch, mittlerweile vom Telefon in der WG, gemeinsam konnte man sich einen Anschluß leisten.
Wohngemeinschaft?
Der Vater war zunächst gar nicht begeistert gewesen.
Eine Kommune also! Hab doch gesagt, du kommst in Berlin unter die Räder! Deiner Mutter darf ich das gar nicht erst erzählen!
Hermann hatte versucht, dem Vater den Unterschied von Wohngemeinschaft und Kommune zu erklären, war aber nicht so recht durchgedrungen. Und hatte ihn noch einmal getroffen. Vor ihrer großen Trennung.
Ein einziges Mal.

Sylvia hatte ihm Mut gemacht.
Obwohl sie nicht mehr mit Bernd zusammen war.
Die beiden hatten ihre Liebe aufgegeben, ihr Hand in Hand und *Dein Bart kratzt beim Küssen!* und *Egal, was kommt, wir bleiben zusammen!*, all das galt nicht mehr. Stattdessen Trennung von Tisch und Bett und eine neue Frau in Bernds Dachwohnung – jünger, voller Bewunderung, ziemlich sexy und unkompliziert.
Nicht so wie Sylvia, kritisch und immer Nach- und Hinterfragen und Psycho und all das.
Trotzdem saßen sie abends noch alle zusammen beim Lederschürzenwirt in den Sesseln der alten Trödelkneipe, in der Hermann damals, lang' ist's her, seine ersten gedrechselten Worte unter dem Titel *Problem Mensch!* verteilt hatte, hörten aus der Musikbox aber keinen Dave Brubeck mehr, kein *Take Five!*, sondern den herrlich depressiven Neil Young, *It's only*

castels burning!, tranken helles Bier, drehten halbschwarze Zigaretten aus Samsontabak, als Sozialpädagogin Sylvia diese Idee kam. Wegen Hermanns Vater. Den der Sohn, *Gibt doch sowieso nur Ärger!*, seit einigen Monaten partout nicht mehr besuchen wollte, wenn er in der Gaskesselkheimat war.
Lad ihn doch mal nach Berlin ein! Vielleicht kommt er ja!

Nach ein paar Wochen Bedenkzeit hatte Hermann den Vater angerufen. Und als die Mutter mal wieder im Krankenhaus lag, durfte Hermann ihn abholen. Tatsächlich. Obwohl der Vater eigentlich, wenn schon, denn schon, mit dem Flugzeug fliegen wollte.
Durch die Zone fahr ich nicht! Kommt gar nicht in Frage!
Und reiste, nach einem freundlichen *Stell dich nicht so an!*, dann doch in Hermanns klapprigem Freak-Brothers-Bus mit und war zunächst entspannt und wie immer gut frisiert gewesen. Auch wenn die Haare immer weniger wurden. *Eine anständige Frisur öffnet dir alle Türen!* Bekam dann aber kurz vor Helmstedt feuchte Hände. Auch Herzklopfen.
Ich weiß nicht, ob ich das schaffe!
Am Grenzübergang Marienborn sprach der Vater gar nicht mehr. Sah Stacheldraht, Schlagbäume, Mauern, Grenzanlagen, hörte Hunde bellen, sah Uniformen, graue Gesichter und war still.
Ganz still.
Hermann schaut den Vater immer wieder von der Seite an, als sie sich von Kontrollstelle zu Kontrollstelle stauen. Der Alte hat die Augen geschlossen, sieht hinter den unruhigen Lidern vielleicht Bombentrichter, hört in seinem inneren Ohr gebrüllte Befehle, das Schreien von Verwundeten, Sterbenden, flieht vor Russen, die ihm die Wehrmacht heimzahlen wollen, leckt sich nervös die trockenen Lippen, umklammert den Haltegriff am Amaturenbrett.
Erst bei der letzten Kontrolle löst der Vater seine Starre.

Ein junger Grenzoffizier, sozialistisch, blond und blauäugig, hat sich Hermanns grünen Behelfsmäßigen Personalausweis geschnappt, die Seite mit dem Foto aufgeschlagen und in scharfem Ton das übliche Kommando gegeben. *Machen Sie mal das linke Ohr frei!*
Das freie Ohr reicht dem Grepo aber nicht, er muss noch einen Ratschlag loswerden.
Lassen Sie sich gefälligst das nächste Mal vor dem Grenzübertritt die Haare schneiden!

211

Da richtet sich der Vater auf, sein Kopf wird puterrot, seine Augen funkeln gefährlich und er brüllt den Blonden an.
Was erlauben Sie sich, junger Mann? Über das Aussehen meines Sohnes steht ihnen keinerlei Urteil zu!
Und funkelt immer noch.
Der Blauäugige gibt wortlos die Papiere zurück und dann nichts wie weg.

In Berlin nahm der Vater ein Zimmer im Kempinski, schlenderte mit Hermann über Ku-Damm und Tauentzien, aß mit ihm cremige Mokkatortenstücke im Kranzler, spendierte ein Glas perlenden Schampus im obersten Stockwerk des KaDeWe und besichtigte später die Schöneberger Wohngemeinschaft.
Kaufte aber diesmal keine neuen Möbel, sondern nickte, legte Hundert Mark in die Gemeinschaftskasse und ließ sich Rudis leckere Kartoffelsuppe samt den goldbraunen Semmelwürfeln schmecken.
Danach eine Zigarette und die Frage, ob jemand noch ein Bier vom Imbiß um die Ecke holt und wer von den Jungs der WG wohl Karten spielt.
Grand mit Vieren!
Schneider angesagt!
Hermann und Rudi spielten mit dem Vater Skat bis spät in die Nacht und der Alte gewann jede Runde und war zufrieden.
Ihr seid schon in Ordnung!
Am nächsten Tag flog er von Tempelhof aus mit der PanAm zurück in die Gaskesselheimat.
Mit dem Wagen durch den Osten? Nie wieder!

Seitdem ist viel Zeit vergangen.
Und Hermann ist in Geldnöten. Und will auch nach dem Studium kein Junior sein. Kein Schokoladen-Business. Und sagt das dem Vater zum ersten Mal.
Am Telefon.
Hockt im dunklen Flur der WG und schwitzt. Dem Vater die Absage direkt und aufrecht ins Gesicht zu trotzen, davor fürchtet er sich. Doch Telefonhörer machen Mut.
Dieser Beruf ist nichts für mich! Glaub mir doch!
Das habe er sich schon denken können, der Vater hat plötzlich klirrenden Frost in der Stimme.
Nichts hört man von dir!
Du bist eine totale Enttäuschung für mich!

Manchmal frage ich mich, ob du überhaupt mein Sohn bist!?
Der Vater erzählt Hermann gleich noch, dass er vor Monaten eine Berliner Privatdetektei beauftragt hat, die feststellen sollte, ob der Sohn oder was er nun ist, tatsächlich noch studiert und sein Stipendium zu Recht kassiert.
Dir traue ich doch jede Schweinerei zu!, zischt der Vater voller Hass, und Hermann weiß nicht, was in den Alten gefahren ist, was den so aufbringt, kapiert aber, dass er den Hörer jetzt auf die Gabel legen muss, wenn es ihm nicht das Herz zerreißen soll.

Danach gibt es nicht einmal mehr Anrufe. Nicht vom Vater. Erst recht nicht von der Mutter. Und von Hermann auch nicht.
Eiszeit. Kalter Krieg.
Die große Trennung.
Ihm tut erst einmal der ganze Körper weh und er legt sich auf sein Bett, starrt an die weiße Decke und kann es nicht glauben, will es nicht glauben und fühlt sich wie eines dieser Waisenkinder von Charles Dickens, verlassen, verraten, allein.
Vor allem der Nacken schmerzt. Dann bekommt er Fieber. Einen ganzen Tag lang hohes Fieber, alle Decken und Laken nass.
Dann weint er. Weint und zuckt tief drinnen. Und Lilo hält ihn im Arm. Wiegt ihn. Streicht sein Haar. Versteht irgendwie.
Der kleine Hannes versteht das alles gar nicht, kann aber schon alleine laufen.

Halt! Hier bleiben!
Lauf bloß nicht auf die Straße!
Da hatten sie schon einen Kinderladen. In Schöneberg. In der Gegend, wo bedürftige Männer gegen Bares junge Mädels in kurzen Röcken für ein paar Minuten anmieten konnten, die dann in Autos, Parks oder sonstwo kurzen Prozess mit ihnen machten.
Hier waren die Mieten verdammt preiswert. Und Hermann auch. Er verdiente nicht viel. Dennoch war er froh. Acht Kinder musste er betreuen und die Eltern der Kinder zahlten ihm das, was er zum Leben brauchte.
Auf einmal war er zur Bezugsperson geworden.
Die Kinder sollten sich auf ihn beziehen. Und er sich auf die Kinder. Nur für einige Monate, ein Jahr vielleicht, bis man sich eine Erzieherin leisten konnte.
Eine Richtige mit Ausbildung.

Herman hatte zwar keine Erzieherausbildung, aber verdammt viel guten Willen und schließlich immer noch die erfahrene Regina von der Roten Rübe! zur Seite, abends, wenn er ihr und Freund Ludwig bei einem kühlen Bierchen lauschte, nachfragte, sich begeisterte, sich ausführlich erzählen ließ, wie so ein Laden denn zu laufen hatte, in dem es nicht um Anpassung, Gehorsam, *Kinder halten den Mund, wenn Erwachsene reden!* und *Hol schon mal den Stock!* ging.
Blätterte nächtens zu Hause am roten Schreibtisch gierig in Reginas alten Erzieherprotokollen, ne Menge gab's davon, mit durchaus aufschlussreichen Anmerkungen. *Anne macht sich immer noch in die Hose! Da kann zu Hause was nicht stimmen! Unbedingt nachfragen!*

Eines Abends ging Regina runter in ihren feuchten Keller, *Ich hab da was für Dich!*, kam mit einem aufgeweichten Bananenkarton zurück, wühlte darin und drückte ihm ein paar wertvolle Raubdrucke, *Der Erziehungszwang und seine Ursachen!*, *Autorität und Familie!*, alles in der Art, außerdem aber noch zwei oder drei ziemlich feuchte Exemplare einer höchst verdächtigen Schriftenreihe in die Hand.
Anleitungen für eine revolutionäre Erziehung!
Klare pädagogische Anweisungen, die Ende der 60er-Jahre direkt vom ehemaligen Zentralrat der sozialistischen Kinderläden Westberlins! gekommen waren – so etwas hatte es tatsächlich gegeben, einen richtig zentralen autoritären sozialistischen Rat, der in seinen Pamphleten Texte zur *Subtilen Gewalt des ziellosen Konsums!* und den Tücken *Gewaltsamer Triebunterdrückung!* veröffentlichte.
Mein Gott, die waren drauf!
Hermann fand in den Revolutionspamphleten nur selten Material für seine erlauchte Sammlung bedeutsamer Weisheiten. Denn immer wieder tauchten darin all jene Sprüche auf, die er von den aktuellen ZK-Mackern zur Genüge kannte.
Erziehung zum Klassenkampf!
Kampf den Revisionisten!
Zur besonderen Klassenlage der Kinder!
Jede Menge autoritärer Proletenkult. Brechmittel.

Die Kinder im Schöneberger Kinderladen kamen trotzdem klar mit Hermann. Obwohl er keine Rücksicht auf ihre Klassenlage nahm. Die Kurzen akzeptierten ihn. Erst recht der Hannes. Der war natürlich auch in der Gruppe.

Überhaupt spielte sich das Leben nun vollends und nur noch in Gruppen ab – Wohngruppe, Elterngruppe, Kindergruppe.
Debatten ohne Ende. Und in der Gruppe gehörte jeder Konflikt auf den Tisch. Das gefiel Hermann.
Keine Einzelaktionen!
Nur in der Gruppe bist du stark!
Für all die Gruppengespräche galt es gewappnet zu sein. Immer auf der Höhe der theoretischen Diskussion, Verteidigungs- und Angriffsstrategien entwerfen, Ansprüche formulieren, psychologisieren, sozialisieren, niemals bagatellisieren.
Niemals abwiegeln! Nicht ausweichen!
Alles war wichtig. Das Private. Das Politische. Alles hing zusammen. Keine Nische. Alles musste sichtbar werden. Die große Entblößung war angesagt.
Kein Entrinnen möglich.

Sie veranstalteten Elternabende. Mindestens zweimal in der Woche. Im Kinderladen.
Da sitzen sie hinter den Ladenfenstern auf kleinen buntlackierten Kinderstühlen um den großen farbverschmierten Tisch herum, an den Wänden die pralle Kunstproduktion ihrer Kinder, sie haben sich pechschwarzen Kaffee gekocht, ein paar Flaschen Bier besorgt und eine Tagesordnung mit vielen Fragen vorbereitet.
Lässt man die Kinder machen, was sie wollen oder nicht?
Wann darf man eingreifen, ohne das Selbstbestimmungsrecht der Kinder zu verletzen?
Ist es schon autoritär, wenn man dem Kind Nein sagt?
Es gab schwerwiegende Probleme.

Tagsüber hatte der Christian der Nina an den Haaren gezogen, nicht mehr losgelassen und mit unbewegtem Gesicht immer weiter gezogen. Und Nina hatte geheult, geschrien. Zeter und Mordio.
Es war zum Gotterbarmen. Beide hatten den gleichen Bagger gewollt, das gelbe Metallding von MatchBox, und konnten sich nicht einigen, waren schon älter als ein Jahr, hatten auch bereits ein paar scharfe Milchzähne, mit denen sie beißen konnten, zubeißen, was wiederum der stämmige Michael solange tat, bis ein Bluterguß auf dem Oberarm von Hannes rotblaublühte. Und niemand, auch Hermann nicht, hatte *Nein!* oder *Schluß jetzt!* gesagt.

Das eherne Konzept der Selbstregulierung war mitunter schwer auszuhalten.

Manche der Mütter, die tagsüber im Laden Koch- und Putzdienst hatten, zeigten beim Kartoffelschälen Nerven, wenn sie ansehen mussten, wie ihr Kind zum Opfer wurde. Rannten plötzlich und ganz schnell raus dem Laden. Vor die Tür. Und durchatmen.
Ich bring' das nicht!
Das tut mir richtig weh!
Bis dann eine der Mütter auf dem Elternabend das Handtuch werfen wollte.
Ich nehm mein Kind raus aus diesem Scheißladen!
Ihr spinnt doch mit Eurem Laisser-Faire!
Da hörten sie tatsächlich mit dem Unsinn auf und legten Schmerzgrenzen fest: Wenn Verletzungsgefahr bestand, sollte Hermann eingreifen dürfen. Zwar hatte er das schon manchmal, ohne darüber zu sprechen, getan, aber jetzt hatte er ja den Beschluß der Elterngruppe, die doch wirklich nur das Beste wollte – dass für diese Kinder, die da herumtobten, ihre Windeln auf möglichen Inhalt untersuchten, die vollgepissten Dinger durch den Laden warfen, sie hinter sich herzogen, sie sich um die Ohren hauten und dabei herzlich lachten, dass für die eine bessere Kindheit möglich sein sollte als für ihre Eltern.

Um das alltägliche Verhalten der Kinder im Laden zu verstehen, ihr Leiden an der Vorgeschichte von Mama und Papa zu begreifen, mussten die Eltern natürlich und selbstverständlich auf den Elternabenden offenbaren, wie ihre eigene Kindheit verlaufen war, was sie so sehr beschädigt hatte, dass sie jetzt dicke Lederjacken tragen, den ganzen Tag laute Rockmusik hören, in chaotischen Wohngemeinschaften leben und ihre Kinder in buntgestrichenen antiautoritären Läden abgeben mussten.
Scheidung, Prügel, Nazivater?
Was läuft in eurer Beziehung ab?
Wie offen verhandelt ihr eure Konflikte?

Hermann war immer froh, dass er in diesen Diskussionen als Bezugsperson galt. So konnte auch er mal Fragen stellen. Sich groß machen in Sachen Psychologie, *Wilhelm Reich hat schon gesagt!* und den Anwalt der Kinder geben. Und sich wundern und ein wenig betreten sein, wenn eine Mutter auf ihrem kleinen Stuhl anfing zu weinen oder zu wüten,

weil manche seiner Fragen einfach zu intim waren, wehtaten, zu hart daherkamen. Doch musste man nicht hart sein, manchmal, um den Kampf für eine bessere Welt durchzustehen?
Alles verändert sich, wenn du es veränderst!
Zum Wohle der Kinder, die nicht an den miesen Erfahrungen ihrer Eltern leiden durften. Also galt es, die autoritäre Persönlichkeit, das alte Ego auszuschwitzen. Die Stimmen, Figuren, Dämonen, die da in ihm tobten, zur revolutionären Räson zu bringen.

Mutter, warum hast du mir das angetan?
Wie konntest du mich dazu bringen, dich so zu hassen!
Mein Gott, wie ich dich hasse!
Oh, Gott, wie ich dich geliebt habe!
Du bist so eine blöde Mutter!
Immer wieder hatte er sich diese Szene mit Peter Fonda angeschaut. Fünfmal? Sechsmal? Mit klebrigem Haribokonfekt zwischen den Zähnen. In diesem kleinen Schöneberger Kinoschlauch namens Notausgang. Dort zeigten sie, was gut war und immer wieder.
Easy Rider!
Es gab Filme, von denen er nicht lassen konnte, die ihn bewegten. Ihn an einen Schmerz, ein Lachen erinnerten, die er zu vergessen drohte. Und deshalb musste er sich diesen Film immer wieder anschauen.
Easy Rider!
Da hockt der Fonda auf dem Friedhof in New Orleans, umarmt eine weiße Frauenskulptur, und erst im totalen LSD-Rausch, da wagt er es auszusprechen.
Mutter, warum hast du mir das angetan!

Lilo war eine gute Mutter.
Auch eine gute Arzthelferin. Konnte Blut abzapfen, dass es eine Freude war, auch beim EKG oder Röntgen war sie ein große Nummer. Einfühlsam ohne Ende. Ihr Chef, Allgemeinarzt und für alles die richtige Pille, war jedenfalls zufrieden mit ihr. Sehr zufrieden. Aber vor allen Dingen war Lilo eine gute Mutter.
Umsorgte, hegte, pflegte.
Hannes war ihr ein und ihr alles. So sehr alles, dass sie manchmal weinte, weil der Anblick des Kindes sie an den Vater des Kleinen erinnerte, der sich nie wieder gemeldet hatte und dessen Namen sie niemals nannte.

Das miese Schwein!
Wenn sie an den Miesen dachte, hielt sie ihr Kind fest, ganz fest, so fest, dass es große Augen bekam. Da nutzte es auch nicht viel, wenn Hermann sie tröstete.
Aber jetzt bin ich doch da!
Ich bleibe bei euch, ganz bestimmt!
Trotzdem weinte die Lilo heftig weiter, ließ aber irgendwann doch den Hannes los, der rannte gleich zu seiner blauen Bücherkiste und rief nach Hermann.
Vorlesen! Komm!

Und Hermann las vor. Gerne. Am liebsten aus dem Anti-Struwwelpeter. Die Geschichte, die Hannes auch so gern hörte. Die von den Daumenlutschern, von Konrad, dem die Frau Mama droht, dass der Schneider mit der Schere kommen würde, sollte Konrad es wagen, am Daumen zu lutschen. Dann geht sie aus und er bleibt da.
Über Hintertreppen leitet
Konrad seine Freundesschar
bis zu Muttters Hausaltar.
Jeder läßt sich nieder und
wupp! den Daumen in den Mund.
Klar, dass den cleveren Kindern im Anti-Struwwelpeter ein dummer Schneider mit seiner blöden Schere nichts anhaben kann – sie bringen ihn zu Fall, ziehen ihm die Hosen aus und können in Ruhe weiter am Daumen lutschen.

Genau wie Hannes. Der sitzt auf dem Teppich und schaut zufrieden auf die Bilder im Buch. Natürlich lutscht er dabei am Daumen. Befriedigt das, was jetzt alle orale Bedürfnisse nennen.
Oral, Anal, Genital.
Ein bisschen Freud, Sigmund, musste schon sein.
Hermann lacht noch heute darüber. Manchmal lacht er bitter.
Hatte es da nicht einen Kinderladen gegeben, in dem einige Eltern ausgerechnet den Freud so sehr zu Stalin machten, dass sie ihre Kinder, *Die sind jetzt in der analen Phase!* in einen Laufstall sperrten, sie im Gitterstall auf ihre Töpfe setzten, kacken ließen und die Gören erst wieder aus dem Stall nehmen wollten, nachdem sie auch wirklich und tatsächlich mit ihrer Kacke gespielt hatten? So wie es eben angeblich nach Doktor Freud für eine gesunde Psyche und die kreative Entwicklung nötig war?

Wer sich bremst, dem quietscht die Seele!
Ausgelebt werden sollten die psychoanalytisch klar definierten Phasen der kindlichen Entwicklung, nicht unterdrückt, wie bei den Eltern.
Also Daumenlutschen. Saugen, nuckeln, was das Zeug hält. Und Hannes sieht zufrieden dabei aus.

Genauso zufrieden, wie am Abend, wenn Lilo und Hermann den Jungen zusammen ins Bett bringen, vorlesen und danach ein bisschen singen, Gitarre spielen. Sich dann dazulegen, weil der Hannes die Augen noch ein klein wenig offen hat, dann flattern schon seine Lider und Lilo und Hermann sind neben ihm eingeschlafen. Auf dem Fußboden. Und irgendwann rappeln sie sich auf, noch einen Tee und wieder ins Bett. In die Spanplattenkiste. Mit Lilo.
Und ein bisschen vögeln. Vielleicht.
Hermann fand es richtig prima, Reservevater zu sein. Stand des Nachts noch einmal auf und schaute dem Hannes lange und schwer gerührt ins Gesicht.
Ein Engelchen.

Nichts war so friedlich wie ein schlafendes Kind.
Erst recht keine Wohngemeinschaft.
In Hermanns WG gab es immer wieder lautstarken Unfrieden, weil er oft so unfriedlich war. Stunk machte. Ungemütlich und selbstgerecht wurde. Von wegen *Immer alles gemeinsam!* und so. Und deshalb Druck machte.
Ich zieh aus! Du spielst doch nur den blöden Gruppenmacker!
Rosi sitzt mit angezogenen Beinen, herrlich schlank und schwarzbestrumpft sind die, in Eckarts zerschlissenem Ledersessel und starrt Hermann über den runden Tisch wütend an.
Sie war in den letzten Monaten nur noch an den Wochenenden in die WG gekommen, hatte sonst bei ihrem Lover geschlafen, dem mit den langen schwarzen Haaren, der viel besser Gitarre spielen konnte als Hermann, sogar in einer Band, in Schuppen wie dem Quartier Latin oder im Quasimodo Auftritte hatte und dort Applaus bekam. Viel Applaus.
Doch Rosi hat noch längst nicht alles gesagt.
Hier dreht sich doch sowieso alles nur um Kinder! Ihr seid ja von den Gören richtig besessen!

Rudi und Eckart stimmten dem zu. Heftig.
Auch sie hatten nicht damit gerechnet, dass dieser *Kinderkult!* bei Hermann soweit gehen würde. *Du bist doch vollkommen unpolitisch geworden!* Das saß. Und sie hatten nicht Unrecht. Nicht ganz.
Bei den harten Demos nach dem Tod von Ulrike Meinhof, selbst bei ihrer Beerdigung, auf der immerhin Omas Böll gesprochen hatte, war Hermann nicht dabeigewesen, und nach Brokdorf, zur Anti-Atomkraft-Demo am Bauzaun, war er auch nicht mitgefahren.
Nur über die Katastrophe in Seveso hatte er sich furchtbar aufgeregt, über den Austritt der giftigen Dioxinwolke geflucht, von verätzten Kindern und prophylaktischen Abtreibungen gehört, Hoffmann-LaRoche die Pest an den Hals gewünscht und mit den ebenfalls empörten Eltern ein großes selbst gemaltes Plakat hinter die Ladenscheibe geklebt.
Seveso!
Achtung, auch hier akute Seuchengefahr!

Ansonsten drehte sich bei ihm tatsächlich alles um die Kinder. Tag und Nacht nichts als Gören.
Und irgendwie bastelte er auch insgeheim an einer Familie. Aber das sollte niemand wissen. Wusste er ja selbst kaum. Ahnte es nur und vergaß es sofort wieder. Und bekam deshalb ein schlechtes Gewissen. Gerade Eckarts böse Blicke über den runden Tisch sagten ihm, dass er ein Verräter war. An der guten Spontisache. Ein Sponti, der den Namen nicht verdiente, weil er jede Menge vollgeschissene Windeln wechselte.
Ein Reservesponti war er geworden, mit dem nicht zu rechnen war, weil er sich nur mit Psycho und Kinderkacke abgab. Und es trotzdem wagte, sich draußen vor der Tür mit schwarzem Halstuch, Lederjacke und Turnschuhen sehen zu lassen.
Hermann hatte ein verdammt schlechtes Gewissen, versuchte aber trotzdem eine Rechtfertigung.
Kinderläden sind politisch, Mann! Kinder sind die Zukunft!

In der Folge wurde Hermann trotzig.
Fühlte sich schuldig und in die Ecke gedrängt. Trat also um sich, brach heftiger denn je Lanzen für Kinder und Kinderkollektive, drückte seine unendliche Verachtung für kinderlose Ignoranten aus. Kämpfte an der Kinderfront und schlug eines Abends im Kinderladen vor, eine neue WG, mit noch mehr Eltern, noch mehr Kindern zu gründen.
Zur Not auch mit ein paar Kinderlosen!

Eine Eltern-WG auf alle Fälle, in der es keine miese Anmache wegen Familie und Kinderladen mehr geben würde.

Monate später sitzt er auf einer Bank. Im Dunkeln auf einer Bank. An der vielbesungenen Krummen Lanke. *Und da saß ich mit der Emma uff de Banke!* Mieses Berliner Pathos. Keine Emma, auch kein Hannes, nichts. Von Lilo gar nicht zu reden. Nur Hermann sitzt da. Allein.
Hermann, der Gruppenmacker.
Der Mond verschleiert, die Sterne stumpf, das Wasser schwarz.
Er starrt darauf.
Irgendein Wasservogel schwimmt lautlos vorbei. Die eine oder andere Kiefer knarrt verschlafen. Doch er ist wach. Hellwach.
Wohnt inzwischen wirklich in einer großen WG.
Einer sehr großen.
Vier Kinder, dazugehörige Eltern und ein paar kinderlose Einzelmenschen vom Anzeigenmarkt. Wie geplant. Satte dreihundert Quadratmeter Gewerbeetage in einem alten Fabrikgebäude in Schöneberg. Davon fast hundert Meter im Quadrat als Gemeinschaftsraum. Mit Holzparkett, alten Sofas, einer Unmenge von Matratzen und dem riesengroßen Esstisch, um den am Morgen alle hocken und ihre Schrippen mit Bierwurst oder ihre Haferflocken mit Milch essen.
Eckart war nicht mitgezogen, auch die Rosi nicht.
Aber Rudi. Auf Rudi war Verlass. Der hielt zu ihm.
What do I do when my love is away?
Does it worry you to be alone?
No, I get by with a little help from my friends!

Da hatte er neulich im neuen Zimmer mit Blick auf den Schöneberger Gaskessel den Cocker aufgelegt, den Spastiker mit der Whiskyröhre, und der Rudi war hereingekommen, hatte geseufzt.
Ach, Alter!
Und hatte ihn in den Arm genommen.
Ganz fest. Das war sonst nicht seine Art. Dann hatte Rudi den Hermann vor die Brust geboxt, nicht allzu hart, und ihn irgendwie verlegen angelacht.
War doch klar, dass wir zusammenbleiben!
Man muss sich halt auch mal die Meinung sagen!
Alter Macker!
Rudi war also auch dabei.

Beim Frühstück. Beim Plenum. Beim Kinderdienst. Beim Putzdienst. Beim Einkaufen. Bei den Diskussionen, warum mal wieder kein Geld in der Kasse, der Kühlschrank leer und das Geschirr nicht abgespült war.
Müssen wir eben einen Plan machen!
Ansonsten trieb Rudi es wild in seinem Zimmer mit einem späten Hippieweib namens Monika, das ihn ab und zu besuchte.
Mal sehen wie lange noch!
Bisher hatte Rudi ungefähr jedes Jahr die Frau gewechselt.
Zwölf Monate, nie länger!
Das muss reichen!
Nach einem Jahr loderte mit schöner Regelmäßigkeit das Begehren nach Unabhängigkeit in ihm auf. Und er zog eine Frau weiter.
Ach, Rudi.

Hermann scharrt ein wenig mit den Füßen.
Sitzt auf der Bank und weiß nicht, was er tun soll. Die olle Suzanne, die von Cohen, winkt wieder einmal da vorne am gegenüberliegenden Ufer der Lanke, *Komm' mit in mein dunkles Reich!*, doch er wehrt sich noch, hält sich an Rudi fest.
Aber auch an Siegfried. Dem Neuen im Kinderladen. Dem Vater von Lena. Latzhosen-Lena.
Siegfried mit dem tiefen Grübchen, fast eine Grube ist das, am Kinn, der mit den langen dunklen Locken, der so anders ist. Kein Sponti, sondern ein Besinnlicher mit Hang zu Wutausbrüchen. Aber mit Sinn und Sinnlichkeit. Und ganz viel Ruhe. Manchmal. Gibt Kurse in Transzendentaler Meditation. Und hat seit einiger Zeit harsche Einwände gegen staatliche Kindereinrichtungen.
Lena war vor dem Kinderladen in einer stinknormalen Tagesstätte gewesen – pünktlich, ordentlich und immer tun, was gesagt wird. Und Schweigen. Vor dem Mittagessen. Beim Mittagessen. Nach dem Mittagessen.
Das Kind Lena konnte aber nicht schweigen.
Nicht immer.
Da haben sie ihr zur Strafe ein Pflaster auf den Mund geklebt!
Bei den anderen Kindern haben sie das auch gemacht!

In solch einer Anstalt lässt der Siegfried die Lena nicht verkommen, findet den Schöneberger Laden im Ich-mach's-dir-für-Fünfzig-Mark-auch-ohne-Gummi-Kiez und wird Hermanns Freund. Sitzt nicht im Lotussitz, sondern nächtelang mit ihm zusammen in verqualmten Kneipen, meist

im rappelvollen *Leuchturm!* in der Crellestraße, vor großen Biergläsern, diskutiert mit ihm über Kinder, Beziehungen und Wohngemeinschaften.
Trotzdem bleibt Siegfried erstmal in seiner kleinen Neuköllner Wohnung. Mit seiner Kleinfamilie. Mit Rita, der Mutter von Lena.
Obwohl es zwischen uns mächtig knirscht!
Über das Geräusch dieses Knirschens kommen sie sich näher, immer näher und bleiben doch manchmal so verschieden wie in den Fragen, die sie an den anderen haben.
Nie hätte Hermann so etwas gefragt.
Was willst du eigentlich hinter Deinem Vollbart verstecken?

Siegfried stellte solche Fragen.
Was versteckte man schon hinter einem Bart? Alle trugen einen Bart. Nur Siegfried nicht. Der zeigte sein Gesicht vollkommen ungeschützt. Und lachte Hermann in die Augen. Und tanzte wie losgelassen auf den Feten, zu denen die Schöneberger in ihre Dreihundertquadratmeter-WG luden. Fast monatlich ging es rund.
Hundert bis hundertfünfzig Leute kamen. Aus anderen Wohngemeinschaften, Kinderläden, Projekten. Kifften, soffen und stiegen voll ein, wenn um Mitternacht, immer um Mitternacht und pünktlich, die Midnight-Hymne der Stones aus den Boxen des Gemeinschaftsraums dröhnte.

Erst war von der Scheibe nur das Geraune des Publikums zu hören, dann forderndes Geschrei, *Come on!, Yeah!,* endlich die satte Mundharmonika, leise vibriert das Thema im Bauch, jeder Muskel spannt sich und dann fährt der Rhythmus von Richards Gitarre durch den ganzen Körper, Watts prügelt das Schlagzeug und Jagger springt mit dicken Lippen aus dem Nirgendwo mitten auf die Tanzfläche.
I am talking bout the midnight rambler,
that everybody got to know!
Rambling. Acht Minuten und zweiunddreißig Sekunden. Nur noch Körper auf der Tanzfläche.
Köpfe kreisen wie wild, Leiber rotieren.

Einmal hatten sich fast alle, wirklich fast alle, beim Rambler freigemacht. Obenrum. Männer. Frauen. Und Hermann war nach hinten, ans andere Ende der Etage gerannt, ins gemeinsame Zimmer der Kinder, die schliefen ruhig, und hatte die Töpfe mit den Fingerfarben geholt.

Männer und Frauen begannen sich gegenseitig den Oberkörper zu bemalen – Jauchzen, Kreischen, Happening.
I met a gin soaked ballroom-queen in Memphis,
she tried to take me upstairs for a ride!
Bei den Honky Tonk Women wogte schließlich die wunderschöne bunte Masse Mensch in Ekstase, Umarmungen, Lachen im Raum.
Momente von Glück.

Auf Hermanns Bank gibt es kein Glück.
Nur den stumpfen Sternenglanz und die nächtlichen Geräusche im Kiefernwald. Hinter dem Wald stehen Bungalows, Villen. Weiße vornehme Häuser, mit weißen Pianos darin, weiße Vorhänge vor den Fenstern. Dahinter schlafen sie ruhig auf ihren weißen Geldsäcken, nachdem sie ihre weißen Nachthemden über ihre bleichen Körper gezogen haben.
Schwarz geflort ist die Erinnerung, die er nun noch einmal, *Zum wievielten Male eigentlich?*, rekonstruiert.
Es könnte sogar auf einer dieser Rambler-Feten angefangen haben. Vielleicht hatten die beiden sich da schon in eines der WG-Zimmer zurückgezogen, wie andere das nach den wilden Tänzen auch und immer wieder machten: In Ruhe kiffen oder eine Nummer schieben.
Auch Marens Vater und Lilo.
Johnny! nannten sie den Vater der kleinen Maren, weil er so einen schleppenden Gang wie John Wayne hatte und verdammt spitze Texasstiefel mit Messingkappe unter seinen seitlich geschnürten Lederjeans trug.
Hey, baby!
Lass uns die Sonne putzen!
So einer war der, und Hermann stellt sich vor, wie Lilo dem Johnny zwischen die Beine greift und der Cowboy geil stöhnt.

Und da wird er auf seiner Bank noch einmal ganz starr vor Wut, hält diese Hitze verzweifelt hinter der Stirn fest, verkrampft sich im ganzen Körper und weiß nur, er packt das nicht.
Niemals.
Was hat er noch geantwortet, als die Lilo im gemeinsamen Zimmer neben ihm auf dem Spanplattenbett sitzt, ihn forschend blauäugig anschaut, ihm den Schierlingsbecher reicht, indem sie ihm *Nur mal ganz offiziell!* sagen will, dass sie jetzt auch mit Johnny zusammen ist und das so bleiben wird, weil sie den eben auch liebt und all das? Was hat er noch geantwortet?
Das ist aber schön für Dich!

Dann war er aus dem Zimmer gestürzt, die Treppen runter, raus auf die Straße und war losgerannt, stehen geblieben, wieder losgerannt und hatte nichts mehr denken können. Mitten auf dem Gehsteig, unter einer Laterne hatte er sich auf die Betonplatten gekniet und die Fäuste geballt. Fast hätte er gekotzt vor Wut.
Und als er atemlos zurückkommt, die Tür der Etage aufstößt, sieht er den Johnny durch den schlecht beleuchteten Flur stiefeln. Der wohnt zwei Zimmer weiter mit seiner Frau, der Gerda, verheiratet sind sie, Tochter Maren ist ein eheliches Kind, haust mit den anderen Kindern im großen *Kids – Only*, schläft auch dort, wenn sie nicht nachts, TappTapp, genau wie der Hannes so oft, zum Zimmer ihrer Eltern schleicht.
Als Hermann also den Johnny sieht, in seinen braunen Lederjeans, den strähnigen langen Haaren vorm Gesicht, den Texasstiefeln an den Füßen, der protzigen Goldkette am Handgelenk, als der sich umdreht und ihm dessen *Hallo!* in die Fresse springt, ein Hallo, das sich wie *Ganz schön angepisst, wa, Alter!* anhört, da wird er zum Mörder.
Zum Seelenmörder.
Mordet sich selbst. Ein Stückchen. Leugnet, steckt weg.
Kein Toben. Kein Wüten.
Nicht einmal auspucken tut er vor dem Arschloch.
Stattdessen stolpert Hermann in die dunkle Küche, lässt sich auf einen Stuhl fallen, sackt darauf zusammen und schlägt sich selbst ans Kreuz.
Kein Laut kommt dabei über seine Lippen.

Wie auch?
Hatten sie nicht immer auf dem WG-Plenum, auf den Elternabenden und überall gesagt, dass es möglich sein muss, sich zu verlieben, ohne dass gleich die laufende Beziehung in die Brüche gehen darf?
Dass Eifersucht Scheiße ist? So richtig Scheiße?
Ein mieser Kleinbürger, der Eifersuchtsgefühle hat!
Es hörte sich verdammt besser an, dass alle Menschen Kinder der Freiheit sind und frei leben und frei lieben wollen.
I don't really see,
why can't we go on as three?
Sogar Crosby, Stills, Nash and Young sahen das nicht anders.
Längst hatte Hermann ob all der extrem fortschrittlichen Gesänge und Diskussionen nicht mehr den Mut aufgebracht Nein! zu sagen. Hatte sich nicht mal erlaubt, dieses Nein überhaupt noch zu spüren. Auch er wollte anders sein. Ganz anders.

Antizipation einer freien Gesellschaft im Hier und Jetzt!
Die sexuelle Revolution ist Teil unseres Kampfes!
Gut hörte sich das an.
Doch in Sachen freier Liebe, war Hermann nach wie vor ein Versager. Konnte das aber auf keinen Fall zugeben, stand auf und setzte sich erstmal auf eines der Klos im hinteren Trakt der Etage.

Auf den Lokus hatte er sich schon als Kind gehockt. Wenn er Angst hatte, nichts mehr wissen wollte von der Prügelwelt da draußen. Hatte sich eingeschlossen und mit eingeschlafenen Füßen auf der Klobrille geträumt, dies wäre seine eigene kleine Welt, niemals mehr würde er diesen engen Raum verlassen müssen.
Der kleine Hermann wusste, er würde hier auf seiner sturmumtosten Kloinsel überleben, hatte Bücher dabei, Winnetou, Sigismund Rüstig, Robinson Crusoe, Captain Hornblower und *Fury, Hast du Lust auf einen kleinen Ausritt!*
All seine Helden waren damals bei ihm gewesen. Würden ihn niemals im Stich lassen. Mit ihnen hatte er sich alle Tage wieder auf dem Klo versammelt und sie um Rat gefragt, bis die Mutter an die Tür wummerte.
Kommst du wohl endlich mal da runter!
In der Gewerbetagen-WG hatten die Klos keine Türen. Warum wusste keiner. War aber auch nicht nötig. Alles hier war frei und offen. Kein Winnetou, kein Fury, kein Entkommen.
Und wieder mal kein Klopapier.

Auch kein Ende der Eifersucht in Sicht.
Man wohnte weiterhin zusammen, aß zusammen, kaufte oder klaute, je nach Kassenlage, bei Bilka, betrieb gemeinsam den Kinderladen und debattierte miteinander auf den Elternabenden.
Lilo und Johnny immer mit dabei.
Und Hermann immer gute Miene. Und böses Spiel. Hermann gab sein Bestes. Folgte den Regeln.
War ein braver Revoluzzer-Lampenputzer.
Sprach aber zumindest mit Jimmies Eheweib, der dauernd kiffenden Gerda, in ihrem Zimmer über das, was da fremd ging. Und musste von der Frau mit den bunten Hippieketten, fast betäubt vom Gestank einiger mächtig qualmender Räucherstäbchen, hören, dass sie selbst einen jungen Lover außerhalb der WG und gerade deshalb *Nichts dagegen!* hatte.
Kann doch den Johnny nicht festbinden!

Konnte sie nicht, wollte sie auch nicht, legte auch noch den Kopf schief, zog die linke Schulter hoch, räkelte sich auf ihrem samtigen Sofa und streckte ihm eine Hand entgegen.
Mach's doch einfach genauso!
Komm her! Is doch nichts dabei!

Doch das brachte er nicht fertig.
Da war doch der Hannes.
Und da war auch die Maren.
Nein, Hermann stand nur der eine Ausweg zur Verfügung – den Widerspruch aushalten. Bis zum bitteren Ende am Kreuz ausharren.
Es war Siegfried, der ihn abends im Leuchtturm quer über den Tisch bei den Schultern fasste und ihm mit einem festen Nicken ins leichenblasse Gesicht schaute.
Diese linken Normen sind doch Wahnsinn!
Schau auf Deine eigenen Gefühle!
Schlau war der Siegfried. Ziemlich schlau.

Und Hermann sitzt an der krummen Lanke. Auf seiner Bank. Die wird allmählich hart unter ihm. Noch härter. Am anderen Ufer ruft Suzanne seinen Namen, doch er hört ihr Rufen nur noch ganz leise. Es ist kalt geworden.
Noch kälter.

Montage Zehn

Ein Hanomag.
Kastenwagen. Zweifarbig. Berliner Kennzeichen. Auf dem Dach sind zwei große Lautsprecher montiert.
Der Wagen steht inmitten von Demonstranten und wird von ein paar Leuten geschoben.
Eine Frau im Anorak. Ein Mann in Jeansjacke mit schwarzem Hut auf dem Kopf. Ein Langhaariger in Lederjacke, binde um den Arm – *Ordner!* steht darauf.
Auch Hannes und Christian schieben mit. Die Beiden tragen Latzhosen, viel zu große Hüte, drehen sich um und lachen in die Kamera.

Eine Küche.
Die Wände mit Ölfarbe gestrichen. Orange. Ein Küchentisch mit geblümter Wachstuchdecke. Eine braune Kaffeekanne steht darauf, daneben eine Dose Kondensmilch, mehrere Tassen, eine Packung Roth-Händle, Streichhölzer, eine Kerze brennt – als Kerzenständer dient eine kleine Teeschale.
Am Tisch sitzt Siegfried.
Trägt eine gelbe Öljacke, bis obenhin zugeknöpft, lange lockige Haare, breite Koteletten, stützt einen Arm auf den Tisch. Der Kopf ist leicht geneigt, die Augen niedergeschlagen. Ebenso der Gesichtsausdruck – ernst, ziemlich bedrückt, nach innen gekehrt. Seine Hände spielen mit einer Filterzigarette.
Rechts über ihm hängt ein kleines Efeu im Blumentopf an der Wand. Auf der Fensterbank ein Bastkorb mit Kartoffeln.

Ein Hochbett.
Gebaut aus Dielen, Kanthölzern, Dachlatten. Eine Leiter daran montiert. Oben lugt ein Kindskopf über das windschiefe Geländer -– Lena, kurze Haare, T-Shirt, ruft irgendetwas nach unten.
Unter dem Hochbett kleine Holzstühle, Legosteine auf dem Boden, Bücher, Spielzeugautos, eine Puppe mit dem Daumen im Mund.
Mittendrin Hermann – auffallend schlank, Jeans mit Flicken am Knie, grauer Pullover mit V-Ausschnitt, eine kurze Glasperlenkette um den

Hals, eine andere ums Handgelenk, gestutzter Kinnbart, Haare über die Ohren bis in den Nacken, gelockt wie immer. Sein Gesicht wirkt entspannt, aber aufmerksam.
Er bückt sich gerade nach der Puppe.

Weit ist diese Landschaft.
Gelbe Steppe mit braunen und grünen Grasbüscheln. Am Horizont eine Bergkette, blau schimmernd, mit schneebedeckten Gipfeln.
Im Vordergrund steht Rudi, in Jeans, großkariertes Flanellhemd über der Hose, Wanderstiefel an den Füßen.
Seine Arme sind weit ausgebreitet, die rechte Hüfte leicht eingeknickt. Wind zaust sein Haar, das ganze Gesicht samt Augen lacht, selbst der Schnauzbart macht einen fröhlichen Eindruck.
Auf der Rückseite des Fotos eine kleine handschriftliche Notiz:
Long may you run!

Ein komplett mit braunem Rostschutz gestrichener Ford Transit-Transporter mit Zwillingsreifen. Die Flügeltüren am Heck und die Seitentüre geöffnet. Geparkt mitten auf dem Bürgersteig.
Um den Wagen herum Umzugsgüter: Kühlschrank, diverse Polsterstühle, ein ziemlich antiker Schreibtisch, darauf ein zusammengerollter Teppich. An den Schreibtisch gelehnt stehen Teile eines Kleiderschrankes und ein großer holzgerahmter ovaler Spiegel.
Vor dem Mobiliar stehen drei Männer.
Rudi, Siegfried, Hermann.
Alle in Jeans und Hemden, die Ärmel hochgekrempelt. Alle tragen Wollmützen auf dem Kopf – graue, schwarze, grüne.
Sie halten sich gegenseitig fest im Arm, lachen, haben alle drei das linke Bein in die Höhe gestreckt.
Offensichtlich wird ein Tänzchen gewagt.

Genug ist nicht genug

Heute ist der Himmel blau, die Sonne scheint, Spatzen lärmen und der Abfall neben den Tonnen im Hinterhof riecht auf irgendeine angenehme Art süßlich.
Der glatzköpfige alte Freak mit den Waschmaschinen hat wie immer seine weiße Ware in der Mitte des Hofs aufgebaut, Stromkabel aus seiner Parterrewohnung verlegt, läßt zwei Waschmaschinen laufen, die pumpen ihr Wasser Richtung Kanaldeckel, während er an einer anderen Maschine Schläuche montiert.
Und danach sonstwas repariert.

Der Mann ist irre. Wirklich irre. Hat in seiner ganzen Wohung, das ist gar keine, sondern ein Ersatzteillager, Stahlregale aufgestellt, alte Schläuche, Pumpen, Motoren, Waschmaschinentrommeln, abgeschnittene Stromkabel, Schrauben, Schellen, all das hineingepackt, ein wüstes Chaos inszeniert und mittendrin ein Bett aufgestellt. Darin schläft er.
Steht morgens früh, sehr früh auf, dann Nescafé in der henkelfreien Tasse aufgießen, mit heissem Wasser aus dem verkalkten Fünfliterboiler, dann den grauen Kittel an, und schon beginnt für ihn ein neuer Tag mit alten Waschmaschinen. Die defekten holt er ab, die reparierten liefert er aus.
Ankauf-Verkauf-Reparaturen.
Als Transportmittel für die Waschmaschinen dient ein Holzgestell mit Metallrädern, das er Tag für Tag laut rumpelnd hinter sich herzieht. Durch die Straßen von Kreuzberg.

Hier wohnte Hermann jetzt.
Mitten in Kreuzberg 36. Mitten im Kiez. Im ersten Hinterhof, Quergebäude, dritter Stock. EinZimmerKücheAußenklo mit Fenster eine halbe Treppe tiefer.
Miete Sechsundsiebzigmarkunddreißig.
Einschusslöcher in der abgefuckten Fassade des Vorderhauses wie immer inklusive – Platzwunden, die nach wie vor kaum jemand bemerkte.
Schusswechsel und Angst und Terror hatte es in den letzten Jahren genug gegeben. Und Morde. Und Tote. Und Entführung. Und Verfolgung. Und Fahndung. Und in der Zelle liegen oder im Kofferraum eines Autos und

sich nicht mehr rühren, weil leichenstarr. Paranoid, unlebendig und waffenstarr war diese Republik geworden.
Die Einschusslöcher im Vorderhaus waren allerdings älter als der Deutsche Herbst.

Die Dreihundertquadratmeter-WG gab es nicht mehr.
Aus und vorbei. Plötzlich hatten die meisten nicht mehr gewollt, waren ausgezogen. Paarweise oder auch einzeln. Beziehungsprobleme. Ermüdungserscheinungen. Die Menschen liefen einfach so davon, damals. Hermann zum Beispiel hatte nicht mehr Tag für Tag anschauen können, wie die Lilo, die doch nur ihn lieben und überhaupt bei ihm bleiben sollte, wie die es seit Monaten mit dem Cowboy Johnny trieb und wie der Wichser dabei auch noch die Stiefel anbehielt – jedenfalls munkelte man davon.
Hermann hatte nicht mehr schlafen können, einsam auf seinem Spanplattenbett gelegen, die Hände auf dem etwas zu großen Bauch gefaltet und sich gequält
Oder es quälte ihn. Auf alle Fälle tat es weh.

Hannes wurde auch gequält. Meinte Hermann jedenfalls.
Das arme Kind!
Kann sich doch nicht wehren!
Der kleine Blonde musste mit Mutter Lilo, *Klar, kommt der Junge mit!* und Johnny-Cowboy sogar die Wochenenden in Westdeutschland verbringen, irgendwo in der Nähe vom bayerischen Hof. Hannes musste im feindlichen Bayern sicher mit ansehen, wie die Lilo sich im duftenden Heu oder sonstwo dem Wayne-Verschnitt an die Brust warf und die ihre frei machte.
Vor dem Kind haben wir keine Geheimnisse! Der Junge darf ruhig mal zuschauen!
Scheiße. Und in der Groß-WG sah das Kind dann später wieder diesen seltsam müden Hermann. Bleich, wortlos, wütend. Sitzt auf einem Stuhl, am Gemeinschaftstisch, vor dem leeren Kühlschrank, starrt und bewegt sich doch.
Komm Junge, geht schon wieder!
Und dann raus mit dem Hannes auf die Straße, auf die Fahrräder, zum großen Spielplatz mit der langen Rutsche im grünen Volkspark Wilmersdorf oder zum Toni am RIAS, Pizza essen. Hannes aß immer nur die die *Funghi!* und Hermann die *Salami!*, die eigentlich Plockwurst war.

Und dann lachten die Beiden auch schon wieder.
Hermann wollte das Kind nicht verlassen.

Und dann doch.
Denn so sehr er auch von den Ideen für eine radikale Kulturrevolution im Lande überzeugt war, es gab für ihn trotzdem Leidensgrenzen. Weit gesteckte zwar, immer nur zu erreichen kurz vor der vollständig schwarzen Ohnmacht, aber immerhin – auf dem WG-Plenum brachte er es vor all den erwartungsvollen Gesichtern heiser würgend, aber doch heraus.
Ich schaff das nicht!
Ich such mir ne Wohnung! Für mich allein!
Alle hörten das. Waren einen kurzen Moment lang still. Gerda zog noch einmal kräftig an ihrem Joint, reichte ihn weiter zu Ehemann Johnny und schaute Hermann über den Tisch hinweg mitleidig an.
Bist wohl auf dem Rückzug ins Private, mein Alter?
Lilo schüttelte den Kopf, stand ruckartig auf, kam zu ihm, legte die Hände auf seine Schultern, und flüsterte mit großen, traurigen Augen.
Das ist nicht dein Ernst, oder?

Natürlich hatte Hermann vorher mit Rudi über seinen Ausbruch gesprochen, nächtelang bei Wind und Wetter im Crellestraßen-Leuchtturm gesessen, auch Siegfried war immer wieder mit schwer besorgtem Gesicht an den Tisch gekommen und es hatte viele blonde Biere und ne Menge roten Persiko gebraucht, bis er sich nicht mehr quälen wollte.
Und war erstaunt gewesen, als sich später auf dem Plenum auch noch andere meldeten, einfach keine Lust mehr hatten, konnte es kaum glauben, als Gerda mit kleingekifften Augen vorschlug *Lösen wir das Ganze doch auf!*, Johnny mit einem verächtlich heruntergezogenen Mundwinkeln schrie *Da ist doch keine Power mehr drin!*, und Rudis sonst so schweigsame Monika auch kein Blatt mehr vor den Mund nehmen wollte.
Ihr mit euren Eifersuchtsdramen, das nervt echt!

Und nun saß er am Tisch seiner ganz und gar eigenen Küche. Füße auf dem Tisch und duftender Jasmintee.
Kam gerade von der Arbeit.
Nicht vom Kinderladen. Da fuhr er mit seinem alten Bus nur noch hin, wenn Elternabend angesagt war, mittlerweile nur noch einmal die Woche oder wenn er den Hannes abholte, ebenfalls einmal pro Woche.

Der Job als Bezugsperson war getan.
Die acht Kurzen brauchten keine Windeln mehr, sondern nur noch Klo und Töpfchen. Ein gewaltiger Fortschritt.
Guck mal da!
Klasse, hast du gut gemacht!
Sie hatten ihm ihre braune Ware im Plastiktopf gebracht und wollten gelobt werden. An einem seiner letzten Tage als Häuptling der Kleinen, hatte er morgens mit ihnen in dem kleinen Vorgarten des Ladens das Müsli des frühen Tages verspeist. Das hatte er eingeführt – Frühstück gemeinsam. Zur Ruhe kommen. Ankommen.
Und als sie dann alle ihre Schüsseln auslöffeln, schon weiße Milchbärte haben, einige ihn mit diesem Warum-schaust-du-so-traurig?-Blick mitten ins Herz treffen, da hat er ganz schnell aufstehen und rein, nach hinten in den Laden gehen müssen.
Tränenfluss.

Keine Tränen mehr.
Die Kinder hatten nun seit mehr als einem Jahr eine neue Erzieherin, eine ausgebildete mit langem Batikrock und wunderbar seidenen Haaren, nach Tarif bezahlt und lächelnd und fest im Auftreten – Maria. Weder unberührt noch heilig, dafür aber jetzt täglich bei den Kindern, frühstückte mit ihnen, las vor, kümmerte sich um den Fuhrpark, Dreiräder für alle, verschloss abends die Plastikdosen mit den Fingerfarben und klaubte die festgetretene Knetmasse vom Fußboden auf.
Während Hermann einfach nur noch Balken schleppte.

Schwere Balken, Kanthölzer, Dachlatten, Doppellatten, Schalbretter - die lud er auf einen blauen, manchmal auch einen grünen LKW, das Holz immer hübsch nach Lieferadresse sortiert, dabei immer wieder gemeine Splitter im Finger und die Empfehlung seines neuen Chefs im Ohr.
Lass mal stecken, der eitert schon raus!
Den Job hatte er schnell, sehr schnell über eine Vermittlung des Arbeitsamts gefunden. *Lieferfahrer gesucht!* Hatte ja schon ne Menge harter Jobs während des Studiums hinter sich gebracht. Und war zufrieden hier. Der Chef der Holzhandlung war ein Gutmütiger mit Brille und Lederkappe, das Geld stimmte, und Hermann brauchte Geld. Lud sich auf, was ging, schleppte die Last, die für ihn bestimmt war und jammerte nicht.
Das ganze Leben war ihm ohnehin ein verdammt schweres kantiges

Holz, das es zu tragen galt. Immer rauf auf den Buckel und weggeschleppt.
Und abends gut müde.

Und dann doch nicht müde. Wenn der Hannes bei ihm war, am Wochenende – Freitag, zum Ladenschluss, holte er ihn immer ab. Genau wie die anderen Kinderladen-Väter, die auch ihren Nachwuchs abholten.
Auch zum Wochenende.
Nur zum Wochenende.
Denn inzwischen lebten alle Paare getrennt.
Tatsächlich. Alle.
Seltsam, zu Beginn des Ladenprojekts hatten die Beziehungen der Eltern noch funktioniert. Scheinbar. Doch damit war es jetzt vorbei. Zu groß die Konflikte, die Ansprüche, zu groß das Weh.
Die Männer waren schuld.
Die Frauen wussten das sehr genau. Wie oft war das verhasste *Patriarchat!* Thema auf den Elternabenden gewesen, wie oft hatten die Frauen dort in der Runde die Fäuste geballt und ihre Kerle laut und wütend angeschrien.
Du könntest dich ruhig mehr um das Kind kümmern!
Ein Wunder, dass du auch mal zum Elternabend kommst!
Außer Saufen und Politik hast du doch nichts in der Birne!
Blöder Macker!
Eine Zeit der Trennungen. Der Tränen, Beschimpfungen, des Kopfschüttelns, manchmal der Sprachlosigkeit.

Auch für Freund Siegfried.
Ihm war das Knirschen in seiner Beziehung ohrenbetäubend geworden. Denn auch seine Frau, die Rita, wollte mehr. Vor allen Dingen keine Kleinfamilie mehr. Hatte schwer was gegen verklemmte Sexualität, Charakterpanzer und Neurosen, die einen Kleinfamilienmenschen zum unlebendigen Wicht machen. Und hatte die nötige Kur dagegen gefunden, bei der man in gestreiften Latzhosen, kahlköpfig und lustvoll sein Leben leben durfte.
In Schöneberg. In der Kommune.
Aktiv, analytisch, mit Urschrei, Gemeinschaftsarbeit und das alles bei garantiert freier Sexualität.
Eine Therapie, die endlich den verklemmten Kleinbürger massakrieren sollte. Hermann wusste auch wie. Schließlich war er gerade wegen seiner

verdammten inneren Grenzen immer noch schuldbewusst und an allem interessiert, was das Bürgerschwein in ihm meucheln konnte. Also war er an einem der offenen Abende zu den Aktionsanalytikern in deren Fabriketage gegangen, Treppe hoch, großer Andrang, keine kalten Getränke, keine Käsebrötchen und hatte gesehen, wie sich die angeblich kranken Kleinbürger im Kreise der Kommunarden auskotzten.
Ganz behutsam hatte das Therapiespiel angefangen.
Jemand, es war wohl eine glatzköpfige Frau, geht in die Mitte des Kreises, erzählt von sich, von ihrer Kindheit, von ihrer beschissenen Familie und dass sie wütend ist, so sehr wütend ist, und jemand schreit ihr zu *Lass es raus!* und sie fängt an zu würgen und zu spucken, sabbert sich voll, dann windet sie sich und läßt es raus – in einem wahrhaften Finale Furioso.
Ich hasse dich, Mutter! Ich hasse dich!
Ich will dich nicht mehr! Geh weg von mir!
Wirft sich auf den Boden, schreit, strampelt und wird von Kommunarden in Latzhosen, die sich zu ihr gehockt haben, gehalten, gestreichelt, gelobt.
Wir sind bei dir!
Alles in Ordnung!

Hermann war ob dieser Präsentation doch sehr verwundert gewesen. Dem Peter Fonda in *Easy Rider!* hatte schon ein wenig LSD gereicht, um seinen Mutterhass freizulegen, aber das hier war doch sehr aufwendig gewesen.
Und wunderte sich noch mehr, als ihm nach der Session ein Glatzkopf mit keckem Seitenblick die *Fickliste!*, den Bettenbelegungsplan der Kommune, an der Küchenwand hing der, zeigte und die damit verbundene Absicht der Aktionsanalytiker proklamierte, erst gar keine festen Beziehungen aufkommen zu lassen, stattdessen durfte jede mit jedem und umgekehrt und jede Nacht wechselnd und überhaupt kein Privateigentum. Nirgendwo.

Das gefiel der Rita. Aber nicht dem Siegfried. Der hatte keine Lust, mit Rita in die Kommune zu ziehen, um das Bürgerschwein in sich zu killen, und wollte sein Kind, die Lena, auch lieber in einem kleinbürgerlichen Charakterpanzer fahren lassen, als es ganz aufzugeben und mit der Mutter bei den Glatzköpfen *Ich hasse dich!* und *Morgen vögele ich aber mit Otto!* spielen zu lassen.

Also kam Siegfried der Rita zuvor, packte das Nötigste zusammen, nahm die kleine Lena bei der Hand, verließ bei Nacht und bei Nebel seine Frau und das gemeinsame Zuhause und wohnte jetzt ebenfalls in Kreuzberg, im gleichen Haus, im gleichen abgetakelten Quergebäude, direkt unter Hermann.
Auch mit Außenklo und Miete Fünfundsiebzigmarkundzwanzig.
In dem Haus waren jede Menge Wohnungen frei. Denn wer wollte schon mit Außenklo wohnen?
Und den Lokus morgens, nach dem Kaffee, immer besetzt vom Nachbarn und seinen üblen Gerüchen finden und wieder mal kein Klopapier. Wer wollte das schon?

Frau Hartmann wollte das.
Dick war sie, ungeheuer dick, Blümchenmuster-Kittelschürze, vierter Stock und Fenster zum Hof. Oft hing sie oben auf dem Fensterbrett und lugte aus kleinen Schweinsäuglein hinunter auf die Schar der Kinder, die da, meist am Wochenende, spielte – Hannes, Lena, oft genug auch der Christian, andere aus dem Kinderladen oder auch Gören aus dem Vorderhaus. Die kletterten, wenn der mit seinem Karren unterwegs war, auf die weiße Ware vom Waschmaschinenfreak, verbeulten sie, spritzten sich im Sommer johlend mit dem Schlauch ab, schoben alte Kinderwagen mit Karacho vor die Wand oder bauten mit alten Schamottsteinen Straßen und Wege.
Das gefiel Frau Hartmann nicht immer.

Dann warf sie schon mal eine gut gefüllte Abfalltüte von oben herunter. Traf aber nie.
Nur zur Abschreckung!
Sollen nicht so laut sein die Gören!
Viel öfter aber ließ sie an einem langen Bindfaden Schokolade von Aldi herunter. Dick eingewickelt in Alufolie.
Is doch nett wie die spielen!
Brauchense mal was Süßes!
Und lud Hermann und Siegfried immer wieder auf einen Kaffee ein. Echter Muckefuck mit Kondensmilch aus der Dose. Gab sich bei ihrer Ankunft kokett wie ein junges Mädchen mit gleich zwei Verehrern auf Besuch, stellte aber auch ihren Mann vor, den vorher noch niemand gesehen hatte.
Der hat's am Herzen! Schwer am Herzen! Darf sich nicht viel bewegen!

Deshalb blieb der immer in der stickigen Wohnung und bot lieber Jacobiweinbrand im Cognacschwenker an. Und schaute dabei aus einem Gesicht, wie Hermann noch keines gesehen hatte – wächsern, gelb und ein klein wenig schwammig. Eine lebende Leiche. Aber verdammt freundlich diese Leiche und extrem zeigebedürftig.
Wollt Ihr mal mein Funkgerät sehen?
Das war sein Kontakt zur Außenwelt. Wenn er funken konnte, brauchte er nie mehr nach unten auf den Hof und vor die Tür und auf die Straße und die Einschusslöcher sehen. Nur ab und zu die halbe Treppe zum Außenklo. Ansonsten hatte er nur Verkehr per Funk.
CB-Funk, mein Junge!
Ich hab viele Freunde da draußen!

Es war gut, Freunde zu haben.
Und es war noch besser, Siegfried im Hause zu haben. Gleiche Interessen und all das. Und manchmal zusammen frühstücken. Und kein Frühstück ohne Beigabe von Müsli.
Müsli war mittlerweile zur Szene-Ware geworden. Der Kampf um gesellschaftliche Veränderung war bei Leinsamen und Weizenkeimen angekommen. Es galt dem Schweinebraten-Spießer harte Körnernahrung entgegenzusetzen.
Keine innere Vergiftung durch bürgerliche Ernährung!
Die Revolution braucht Müsli-Power!
Nehmt nicht den Fahrstuhl, nehmt die Macht!
Sätze, die Hermann, er ließ sie beim Sprechen alle langsam auf der Zunge zergehen, nur allzugern in seine Sammlung wegweisender Zitate aufnahm. Und danach aß er mit Siegfried dies wunderbar knackige Müsli, das sie in diesem neuen Körnerladen in der Gneisenaustraße kauften. Der war ihnen zwar ziemlich suspekt, lag dafür aber ganz in der Nähe. Lag immer in warmes Kerzenlicht und bewußtseinserweiternde Sitarklänge getaucht. Überall weiße Säcke mit Körnern und Flocken und hinter dem weißen Tresen einer von der weißen Fraktion – weiße Hose, weiße Jacke, weiße Socken, braune Jesuslatschen. Lange Haare und sanfte Stimme.
Was darf's denn sein?
Müsli!
Misch es dir doch bitte selber! Ganz wie du es brauchst!
Also rein mit dem Aluminium-Schäufelchen in die Säcke und die weiße Papiertüte bis zum Rand gefüllt.

Brauchst du vielleicht noch etwas?
Klar, habt ihr auch Milch?
Da wird der Weißgekleidete auch noch im Gesicht ganz weiß, kurz darauf allerdings knallrot, seine Brust reckt sich empört dem unwissenden Frager entgegen und man könnte meinen, es schwingt Verachtung in seiner Stimme mit.
Milch? Tierisches Fett?
So etwas würden wir nie verkaufen!!
Und klärt den Typen in der zerfetzten Lederjacke so angeekelt wie wollüstig darüber auf, dass man sein Müsli gefälligst mit Wasser anrichten soll, sonst würde der Körper nie mehr frei, ein ganzes Leben lang nicht, nie mehr frei von all dem Dreck, den wir in uns haben. Die innere Reinigung, sie soll Voraussetzung für jedewede Veränderung sein.
Dann nickt der weiße Makroidiot, verabschiedet Hermann mit hoch getragener Nase und entschwebt ins hintere Zimmer, in dem seine Frau im Rupfenkostüm am hölzernen Webstuhl sitzt.

Trotzdem löffelten sie ihr Müsli mit Milch, fühlten sich auch noch gut dabei, tranken weiterhin Kaffee, wenn auch schwarz, schmausten abends Rindsrouladen mit Rotkohl, lachten darüber, dass Hitler Vegetarier gewesen war, bauten auf der Fensterbank zum zweiten Hinterhof ein wenig Marihuana im Kunststoff-Mini-Treibhaus an, rauchten die getrockneten Blätter aus der Pfeife, ohne groß angetörnt zu sein und hörten immer wieder in 33er-Geschwindigkeit dieses Lied von Klaus Hoffmann, das Siegfried angeschleppt hatte.
Das ist der Kreuzberger Walzer,
der haut dir den Schmalz aus'n Ohr'n,
der läßt dich erzittern morgens um acht
und abends beginnt er von vorn!

Und wenn sie dann doch mal etwas schlechter drauf waren, keine frohgemuten *Kleenen Speckbuletten!* und auch nicht *Fett vor Glück!*, meist dann, wenn das Gespräch zermürbend wurde, die Rede also auf ihre Frauen kam, auf Rita – die kahlgeschorene freiliebende Urschreikommunardin oder auf Lilo – inzwischen hennarot-kurzhaarig, weg von Johnny und schon beim nächsten Lover (bald würde sie lesbisch sein, aber das wusste sie noch nicht, es waren eben wilde Zeiten damals), wenn das Gespräch also auf ihre Exen kam, dann begann Siegfried immer duftenden Jasmintee zu kochen, Kerzen und übelriechende

Räucherstäbchen anzuzünden, sein selbstgebackenes Brot in voller Härte zu kredenzen, kaute ernst und lang, *Immer schön einspeicheln!*, und schüttelte traurig den Kopf.
Genau wie Hermann.

Doch dann freuten sie sich auch wieder.
Wenn Post von Rudi kam. Denn Rudi war abgehauen. Gleich nachdem sich die Deihundertquadratmeter-WG aufgelöst hatte.
Hab' keinen Bock mehr auf dieses Scheißland!
Ich flieg in die Staaten! Und dann trampen!
Mal sehen wie lange das Geld reicht!
Nach diesen Worten hatte Rudi am gelben Mundstück seiner Villiger gezogen, kleine weiße Wolken zur schwarzen Decke aufsteigen lassen und sehr zufrieden in die Runde geschaut, die da an einem der sechs bis sieben schwarzen Tische des kleinen Wohnzimmercafés in Kreuzberg saß.
Die kleine Kneipe in der Nähe des ehemaligen Görlitzer Bahnhofs wurde von einem vierköpfigen Pächter-Kollektiv betrieben. Zwei der Kollektivisten waren Väter aus Hermanns Kinderladen. Hatten den alten Spießerladen, *Achtzehn-Zwanzig-Nur nicht passen! Einer geht noch rein!*, zu einer der neuen Szenekneipen, *Ist es nicht herrlich am Strand von Tunix?*, umgebaut. Gebärmutterdunkel und verraucht war es hier, man trank roten französischen Wein und hörte als Beigabe im Background stundenlang den verzweifelten Countertenor von Neil Young.
Long may you run,
although these changes have come!
Und man redete, ebenfalls stundenlang.

Bei einer dieser abendlichen Runden hatte Rudi seinen Abflug verkündet. In die USA.
Ausgerechnet in die USA.
Zu denen, die den Vietnamkrieg angezettelt, dort Frauen und Kinder gemeuchelt hatten, denen man auf *Bildet-Ketten!*-Demonstrationen wild schreiend *Völkermord!* und so radikal wie verzweifelt *USA-SA-SS!* vorgeworfen hatte, in das Land, dessen Regierung bislang gegen jede linksrevolutionäre Befreiungsbewegung der Dritten Welt intrigiert hatte. Protestierende Studenten waren in den Staaten erschossen worden, man provozierte Rassenunruhen, inszenierte Watergate, all das.
In die USA? Das meinst du doch nicht ernst!

Man fuhr einfach nicht in die USA – country non grata. Damals. Hermann erinnert sich da sehr genau. Dorthin reiste man nicht. Das war verboten. Nicht, dass dieses Verbot auf irgendeiner Großveranstaltung der Vereinigten Linken qua Dekret von einem sozialistischen Rat mit roter Armbinde verkündet worden wäre. Nein, nach all den Kundgebungen und Demonstrationen waren die USA einfach von der Reisekarte gestrichen worden, kamen nicht vor. Im linken Reglement.

Ihr spinnt doch!
In den Staaten gibt's einen Haufen interessanter Leute!
Außerdem ist das ein irre schönes Land!
Dagegen ist Deutschland ein Scheißdreck!
Rudi hatte sie ob ihrer politisch-betonierten Einwände ausgelacht und Hermann hatte auf einmal an Jerry Rubin denken müssen. Der war schließlich auch ein Ami, hatte aber damals, zu Zeiten des Vietnamkriegs, diesen herrlich provozierenden Wahlkampf veranstaltet.
Pig for President!
War mit einem richtigen Schwein durch die amerikanischen Lande gezogen und hatte es als Kandidaten für die Präsidentschaftswahl vorgestellt. Oder die Indianer, die Sioux, ihr Aufstand gegen den US-Rassismus vor ein paar Jahren am Wounded Knee oder gerade neulich der Marsch der Navajo auf Washington.
Außerdem waren die USA das Land von Martin Luther King, Malcolm X und Woodstock. Genau, Woodstock, das waren fast eine halbe Million Leute gewesen, von denen sollten wohl noch einige in den Staaten leben. Vielleicht würde Rudi ja sogar jemanden treffen, der noch eines dieser wilden Konzerte von Janis Joplin miterlebt hatte.
Cry Baby!

Auf alle Fälle kamen in der Runde begründete Zweifel an der strikten Ablehnung von Rudis Tour durch die USA auf und dann war er abgeflogen. Hätte er auch ohne jede Zustimmung getan. Rudi war so. Eigensinnig.
Hatte zuvor noch zwei Koffer, ein gerahmtes Bild und einen schönen alten Polsterstuhl in Hermanns Wohnung abgestellt. Viel mehr besaß er nicht. Nur noch das Ersparte vom Schlafwagenschaffnern, dann den Rucksack, den Schlafsack, das kleine Zelt und die Wanderstiefel. War abgereist mit leichtem Gepäck und voller Spannung, was ihn in Amiland erwarten würde.

Und jetzt schickte Rudi eine Menge Karten, Briefe, Fotos in den Berliner Hinterhof. Quergebäude. Schwärmte von den Rockies, dem Yellowstonepark, vom Death-Valley, von grenzenloser Weite, sagenhaften Felsformationen, von den Späthippies in Seattle und später auch von einer Frau. *Die werdet Ihr noch kennenlernen! Das verspreche ich Euch!*

Hermann war ohne Frau.
Und die Sylvia in der Gaskesselheimat hatte keinen Mann. Ihr Ex-Bernd lag immer noch neben seiner jüngeren, pflegeleichteren Lady. Und hatte Hermann nicht immer schon von Sylvia geschwärmt, hatten sie es nicht zart, ganz zart probiert, in jener Nacht, als sie mit all den anderen Freak-Brothers, meine Güte, man hatte sich inzwischen doch ziemlich aus den Augen verloren, am jugoslawischen Strand lagen?
Hermann spürte ein heißes Sehnen.
Und telefonierte deshalb des Nachts oft mit Sylvia. Hingefahren war er nicht mehr. In die Gaskesselheimat.
Seitdem es keinen Kontakt mehr zu den Eltern gab, seitdem der Vater nicht mehr wusste, ob Lederjacken-Hermann wirklich noch sein Sohn war, und die Mutter sicher frohlockte, dass sie ihren mißratenen Sohn und Ex-Mann nicht mehr sehen musste, hatte er die Gaskesselheimat, *Hey, was war das eigentlich, Heimat?*, vollständig ausgeblendet. Im Grunde gab es so etwas wie Heimat für ihn nicht mehr.
Heimat?
Habe ich je eine gehabt?
War es nicht besser, seine Gaskesselheimat und all ihre Bewohner, überhaupt all die Erinnerungen an Zuhause, *Was war das eigentlich, Zuhause?* aus dem Gedächtnis zu löschen, damit er an Weihnachten nicht mehr so sehr weinen und greinen musste?

Denn was hatte er Weihnachten für ein Theater gemacht.
Da wohnte er noch in der Dreihundertquadratmeter-WG, der Heilige Abend stand kurz bevor und alle Mitbewohner kündigten an, sie würden jetzt nach Hause fahren, ihre Eltern besuchen.
Schließlich ist ja Weihnachten! Da können wir nicht einfach fortbleiben!
Das hatte Hermann nicht verstanden. Nicht verstehen wollen. Nicht verstehen können. Gar nicht.
Das ganze Jahr machen wir alles zusammen und an Weihnachten trennen wir uns! Das ist absurd!
Außerdem ist Weihnachten nichts Besonderes!

Und wie besonders es trotzdem gewesen war. Dieses Weihnachtsfest, dieser Heilige Abend, an dem er allein in seinem Zimmer gesessen hatte. Selbst Lilo war mit dem erwartungsfrohen Hannes zu ihren Eltern in das kleine Nest am Rhein gefahren, *Willst du nicht doch mitkommen?*, alle waren fort, nur er war standhaft, aufrecht geblieben – einer, der verstanden hatte, dass die anderen nichts, gar nichts vom bitter notwendigen Tod der Familie und ihrer Symbole kapiert hatten: Lametta, Silberkugeln, Kerzenglanz, Glöckchen, die zur Bescherung rufen, Karpfen blau, Oh, du fröhliche und Süßer die Glocken, Gedichte stammeln, Geschenke auspacken, knisterndes Geschenkpapier, Ah und Oh, fünf bis zehn Minuten Frieden in der Familie – *Alles Lüge!*

Also kein Weihnachtsbaum, nicht mal eine Kerze. Sondern dasitzen und lesen. Ein guter und heiliger Abend, um zu lesen, ein bisschen zu schmökern in dem gelben Büchlein von Guy Debord.
Das Spektakel ist der Ort des getäuschten Blicks und des falschen Bewusstseins!
Genau das war es doch. Nur das falsche Bewusstsein feiert ein solches Spektakel wie Weihnachten, besucht seine Eltern und freut sich noch darüber.
Doch selbst Debord, der Spektakuläre, war nicht in der Lage zu verhindern, dass irgendwann das Buch auf dem Bett lag, Hermann daneben und schluchzt, schluchzt tief, bis tief in den unteren Bauch plagt ihn dieses Schluchzen, und er hat Angst, dass es nie aufhören wird. Später liegt das Buch immer noch auf dem Bett, doch kein Hermann mehr daneben. Der ist in die leeren Straßen der großen weihnachtlich glänzenden Stadt gestolpert und sitzt jetzt im Dunkeln irgendeiner Langen Kinonacht für einsame Herzen – Slapsticks von Chaplin, tot ist der inzwischen, von Stan und Ollie, auch von Buster Keaton, dem Mann der niemals lachte. Auch niemals weinte.

Und fuhr nach Weihnachten doch wieder in die Gaskesselheimat. Wegen Sylvia. Hatte sie vorher angerufen.
Du, ich will dich mal wieder sehen!
Na, dann komm doch einfach her!
Nahm auch Siegfried mit. Den sanften Mutmacher. Den Muntermacher. Den Haus-Freund. Der sollte auch mal den Gaskessel und die biedere Heimat drumherum sehen.
Zwei Tramper von Dreilinden fuhren ebenfalls mit.

Dort, kurz vor dem ersten Kontrollpunkt, vor dem Beginn der Transitstrecke durch die graue DDR, standen sie immer, haufenweise, Schild in der Hand, Daumen raus und Rucksack.
Los, steigt ein!
Manchmal hatte er den ganzen Bus voll mit Trampern gehabt. War immer ein mächtiger Spaß gewesen. Ein gutes Gefühl.
Wir sind viele und wir halten zusammen!
Jetzt saßen sie zusammen im Rasthof Magdeburger Börde. Im Osten. *Da kannste billig essen!* Warm und Fleisch. Fünf bis sieben Westmark.
Sie sitzen also am Tisch, der Laden ist gerammelt voll, und sie wollen bestellen.
Und warten.
Gäste kommen und gehen, werden von der streng dreinblickenden HO-Kellnerin im Schwarz-Weißen gnadenlos bedient. Aber die Vier müssen warten. Die Gnadenlose kommt nicht. Und sie warten. Und wissen nicht warum.
Irgendwann wird es Hermann zu bunt, er hält die vorbeieilende Alte mit einer Handbewegung auf und fragt.
Warum bedienen sie uns nicht?
Die Alte schüttelt den Kopf, schaut ihm anklagend ins fragende Gesicht und zeigt mit dem nackten Finger auf das Corpus Delicti.
Solange sie ihren Hut nicht vom Kopf nehmen, gibt es hier für sie überhaupt nichts zu Essen! Haben sie denn keine Kinderstube?
Gezischt hat sie das. Mit finsterer Abneigung in der Stimme und schmalem Mund. Und schwirrt ab.
Hermann trug schon immer gern Hüte – zehn Mark beim Szene-Trödler am Kreuzberger Südstern. Das Ding blieb auf dem Kopf, sie feixten noch ein wenig, machten Bemerkungen wie *Dämliche Osttussi!* und *So geht's also zu im Arbeiter- und Bauernstaat!*, standen lärmend auf und ließen Fleisch Fleisch und billig sein. Aßen dann lieber ein Frankfurter Würstchen mit Senf in der Helmstedter Raststätte.
Im Westen.

Stunden später schläft Siegfried bereits. Im Nebenzimmer.
Bis weit nach Mitternacht haben sie mit Sylvia geredet. In ihrer Wohnung unweit des großen grauen Gaskessels: Neubau, vierter Stock, mit Aufzug, zwei Zimmer, Einbauküche und einem Museumsposter mit Chagalls wunderbaren Liebenden auf der blendend weiß gestrichenen Rauhfasertapete.

Sylvia hatte diverse Stuyvesants geraucht und vom Sofa aus erzählt, dass sie seit kurzem ihr Jugendheim leitet, Mädchenprojekte angeschoben hat und sich in ihrer neuen Rolle wohlfühlt.
Mir geht's richtig gut!
Könnte nicht besser sein!
Sie schweigt einen Moment, schaut auf ihre Hände, dann in Hermanns Augen, Hermann sieht so etwas wie Abschied darin und hört, dass Bernd vor ein paar Tagen endgültig fortgezogen ist, mit seiner Neuen, nach Frankfurt. Und dort bei einer Bank arbeiten wird.
Als Anlageberater!
Aktien, Anleihen und so!

Nee, das glaube ich nicht!
Ausgerechnet Bernd sollte Anlageberater geworden sein. Bernd, der bärtige Widerständige mit dem immergrünen Parka, der sollte jetzt den aalglatten Finanzhai geben? Stand doch früher mit dem Zerschlagt-das-weiße-Piano-Degenhardt auf Du und Du und tauchte bei Demonstrationen gegen die neuen Nazis immer mit der kleinen schwarzen Knarre in der Tasche auf.
Beim letzten gemeinsamen Spanienurlaub, 1974 war das gewesen, hatte er noch wilde Flüche gegen Faschisten und Folterer, gegen General Franco und seine Guardia Civil ausgestoßen, später sogar zusammen mit Hermann eine brisante Dokumentation über den Hungerstreik von Politischen Gefangenen in Kleinstauflage herausgegeben.
Dieser Rebell saß also jetzt in einer neonbeleuchteten Bank am blankpolierten Schreibtisch, Krawatte um den Hals, das gerahmte Foto seiner pflegeleichten Frau vor sich und *Wie wär's denn mit einer Siemensaktie?*
The times, they are a'changing!
Hatte Nasentenor Dylan das gemeint?
Sylvia lacht ein wenig grausam.
Alles nur wegen der Frau! Die hat eben Ansprüche!
Und sie lässt sich gut vögeln!

Genau das will Hermann auch. Mit Sylvia. Gut vögeln.
Nicht zu laut vielleicht, wegen dem Siegfried nebenan, denkt er noch.
Doch dann liegen sie schon auf dem Teppich.
Fangen an sich auszuziehen. Wühlen sich ineinander. Halten kurz ein.
Sylvia schaut ihn aus ihren dunklen Augen an. Zärtlich.
Langsam!

Ganz ruhig!
Und setzt sich ganz behutsam auf ihn, bewegt sich nur ein wenig, da kommt es ihm schon. Ohne Vorwarnung. Und sie lacht.
Langsam, habe ich gesagt!
Und streichelt ihn.
Und er schaut sie dabei an – das schwarze lockige Haar, das schmale feine Gesicht, die runden Brüste, die doch sehr weiblichen Hüften, die weichen Schenkel mit dem Schwarzen Krausen dazwischen und die wunderbar langen Zehen.
So schön und geduldig ist sie, das es noch einmal gelingt. Und laut. Und beide schwitzen vor Lust. Und ein Traum wird wahr. Und gemeinsam einschlafen. Wieder Arm in Arm.

Am nächsten Morgen in der kleinen Küche, Kanne, Porzellanfilter, Filterpapier, Kaffeepulver, heißes Wasser, beim Kaffeekochen sagt sie es ihm.
Ich habe übrigens einen Freund!
Mit dem bin ich fest zusammen!
Und will auch mit dem zusammen bleiben. Doch es hat diese eine Nacht gegeben. Wenigstens diese eine Nacht. Und Sylvia hat sie ihm geschenkt. Und Hermann ist dankbar. Das ist er wirklich. Und ein wenig traurig. Zarttraurig.
Vielleicht, weil er bereits ahnt, dass er sie nie wiedersehen wird.

Schwarztraurig und gleichzeitig schwer wütend ist Hermann Stunden später, als er Siegfried *Nur kurz!* zeigen will, wo er damals gewohnt hat. Dort, wo seine Eltern immer noch leben. Ohne ihn zur Kenntnis zu nehmen. Ohne jeden Kontakt zu ihm. Ohne jeden Anruf von ihm. Ohne jeden Brief von ihm.
Hermann hält kurz an, sieht durch das Seitenfenster vom VW-Bus dies große weiße Mietshaus, die Einfahrt zum Hinterhof und zur Wellblechgarage mit den Doktorspielen, sieht die hermetischen Vorhänge hinter den blankgeputzten Fenstern, rosa Alpenveilchen auf der Fensterbank, hört seine Schreie hinter den Gardinen, fühlt wieder einmal dies *Nein!* aufsteigen, auch dieses *IF!* mit der Maschinenpistole in den Händen und denkt doch nur das Eine.
Hoffentlich sieht mich niemand!
Fährt weiter und auch noch bei einem der Schokoladengeschäfte des Vaters vorbei, Feinste Pralinen, Zartbitter-Herrenschokolade, sieht sei-

nen Familiennamen in großen Lettern an der Ladenfassade und muss dann aber sehr schnell weiter.
Richtung Autobahn.
Und Siegfried schweigt. Schaut ihn von der Seite an, wieder mit diesem besorgten Blick. Und schweigt weiter.
Es ist gut, einen Freund zu haben, der auch mal das Maul halten kann, der mit ernstem Nicken eine Kassette in den Rekorder vom Autoradio schiebt und einfach den Hoffmann alles sagen läßt.
Das geht mich immer noch an,
was gewesen ist, greift mich
und zieht mich in Bann,
das trag ich in Nächten mit,
das hält auch in Träumen Schritt,
das hab' ich gehasst und auch gesucht!
Hab' so'ne Sehnsucht!

Als Rudi nach vier Monaten endlich aus den Staaten zurückkehrte, erfüllte sich so manche Sehnsucht.
Eine Woche vorher hatte er eine Ansichtskarte mit der Freiheitsstatue darauf geschickt. *Ich komme!*
Kann ich bei einem von Euch schlafen?
Da kam doch Freude auf und Hoffnung und Lust auf Zukunft. Rudi brachte frische Energie mit, eine Menge Ideen und natürlich ein Foto von ihr.
Das ist Jane! Sie ist Krimiautorin!
Und vielleicht kommt sie bald nach Berlin!
In Seattle hatte er sie kennengelernt. Es hatte gerade draußen geregnet, weil es in Seattle fast immer regnet, und er hatte samt Rucksack undsoweiter auf einem der dick und rot gepolsterten Barhocker irgendeines Diners gesessen und sie hatte ihn angesprochen.
Where you come from, man?
Aus Deutschland? Aus Berlin? *Checkpoint Charlie?* Da war sie schon mal gewesen. Damals schon schwarz- und langhaarig, rote Bluse, braune Cordhose, ne Lucky im Mundwinkel, wie auf dem Foto.
Und sie hatte auch vor, da mal wieder hinzufliegen.
Wall-City, baby!
Und wo er denn schlafen würde diese Nacht?
Man kennt das. Und so ging es weiter bis zu Janes genialer Idee, noch einen Krimi zu schreiben.

In Berlin!
Über einen amerikanischen Detektiv, der in Berlin gegen alte Nazis ermittelt!

Aber noch war sie nicht da.
Doch es gab ja auch noch andere Ideen. Zum Beispiel die, gemeinsam zu wohnen. Rudi brauchte ohnehin ein Zimmer. Und wie er da so frisch und morgenrot vor Siegfried und Hermann stand, liebten sie ihn.
Im Vorderhaus stand eine Vierzimmerwohnung leer. Länger schon. Gar nicht teuer. Dreihundertundfünfundvierzigmarkundkeinenpfennigmehr. Mit Küche, Innenklo und Telefonanschluß. Dort zogen sie ein. Gemeinsam. Hatten sogar ein Kinderzimmer. Für das Wochenendkind Hannes und Latzhosen-Lena. Hatten einen gemeinsamen Wohnraum und einen ebensolchen Schlafraum.
Funktionsräume! lachten sie.
Das gemeinsame Schlafzimmer war prall gefüllt mit einem riesigen Hochbett. Selbst gebaut. Aus Hölzern, die Hermann von seinem Chef besorgt hatte, dem Holzhändler.
Der Herr aller Kanthölzer hatte sich inzwischen mal wieder einen halben Finger mit der Kreissäge, *Ohne Schutzvorrichtung geht's einfach schneller!*, abgetrennt, das blutige Teil in ein Tuch gewickelt, war zum Krankenhaus gefahren und dort hatten sie alles wieder geflickt.
Kann den Finger schon wieder bewegen! Guck mal!
Der Alte hatte der neuen Männer-WG einen verdammt guten Preis für das nötige Holz gemacht, auf dem sie jetzt Nacht für Nacht gemeinsam schliefen.

Und auf diesem hohen Bett wollten die drei Männer es sich gut gehen lassen. Richtig gut. Kein Bedürfnis leugnen.
Also Vorlesen!
Vor dem Einschlafen. Vorlesen aus dem dreiteiligen Romanzyklus, den Siegfried so begeistert vorgeschlagen hatte.
Der Herr der Ringe!
Tolkiens Geschichte vom Kampf gegen die dunklen Mächte. Vom Wunsch, die Welt zu retten, und den einen Ring, der Tod und Verderben bringt, zu vernichten.
Ein Ring, sie zu knechten, sie alle zu finden,
ins Dunkel zu treiben und ewig zu binden
im Lande Mordor, wo die Schatten drohn!

Es waren herrliche Nächte Arsch an Arsch und nebeneinander – sie nahmen Kontakt auf mit Gandalf, Bilbo, Gimli, Frodo, Pippin und Sam. Standen ihnen bei ihren Kämpfen und ihren Gelagen zur Seite. Nacht für Nacht.
Macht die Orks nieder!
Brecht die Macht von Mordor!
Wo gab es das schon? – Drei Männer auf dem Hochbett, die sich zu später Stunde gegenseitig Märchen vorlasen. Das Böse bekämpften. Sich geborgen fühlten. Und sich hatten. Wenigstens eine Zeit lang.
Was die Frauen können, können wir schon lange!

Die mehr oder weniger alleinstehenden Mütter aus dem Kinderladen hatten nämlich inzwischen eine Frauen-WG gegründet.
Riesige Fabriketage in Mauernähe. Schüsse auf Grenzverletzer in Hörweite. Aber günstig in der Miete.
Jede Frau hatte ihr Zimmer. Die Kinder die ganze Wohnung. Sogar Männer durften dort hinein. Tagsüber.
Ob die Schwanzträger dort auch übernachten und vielleicht auch mal ganz vorsichtig den Frauen an die weiße oder schwarze Wäsche durften, wurde nie ganz klar. Frau sprach nicht darüber.
Auch Lilo nicht – Hermanns Ex, die Mutter des kleinen Hannes, war natürlich mit von der weiblichen WG-Partie. *Frauen gemeinsam sind stark!* Und lesen Emma. Klar doch.

Man sollte alle Männer kastrieren!
Was die Lesben aus den USA vorgeschlagen haben, geht schon in die richtige Richtung!
Dabei schaute die Schwarzhaarige mit ihren braunen Augen direkt in Hermanns blaue und danach provozierend in die Runde – wenn Judith, Frontfrau der Bewegung, auf den feministischen Elternabenden im Kinderladen loslegte, ging es immer ums Ganze.
Und dies Ganze war die Männerfrage.
Judith wohnte ebenfalls in einer ziemlich lesbischen Frauen-WG, hatte ihren Sohn bei sich behalten und dessen Vater verloren.
Ans Patriarchat.
Der Mann hatte sich nicht ändern wollen, die weiblichen Zeichen der Zeit nicht erkannt und weiter den blöden Macker gegeben. Tauchte auch nicht mehr bei den Elternabenden auf.
Wie die meisten Väter.

Nur Siegfried und Hermann saßen noch in der Runde. Zusammen mit inzwischen zehn Frauen, für die alle Männer, wirklich alle, *Auch mein Vater!*, das Recht auf Schonzeit verloren hatten.
Ganz und gar.

Also den Schwanz ab. Oder Kastration. Oder Umerziehungslager. Die militanten Tanten machten Hermann ein wenig Angst. Er versuchte sich zu wehren und spürte doch im Innern manchmal nur Zittern und Zagen und Schuld.
Und wollte fort. Weg.
Das alles nicht mehr hören.
Nicht mehr hören, dass Männer den Kindern nicht gut tun, dass Frauen Alles! wollen, nur keine kleinen Macker als Kinder. Dass die Männer sich deshalb radikal zu ändern hätten und zwar sofort. Und dass man ohne Männer viel besser dran wäre.

Ich kann's mit der Welt absolut alleine aufnehmen und ihr Männer seid sowieso Arschlöcher!
Das hatte Guido im Bett von seiner Frau gehört.
Guido war ein italienischer Leidensgenosse, der Basisgenosse in *Der letzte Mann!*, dem finalen Buch, das jetzt alle lasen.
Zur Krise der Rolle des Mannes!
Eine mitleidige Freundin hatte Hermann das Bändchen vor einiger Zeit verpackt in rosa Geschenkpapier mit grünem Schleifchen überreicht.
Ihr werdet es in Zukunft ziemlich schwer haben!
Danke für das Mitleid. Danke auch für das wegweisende Zitat, das Hermann in diesem Buch fand.
Die einzige Sicherheit ist die Unsicherheit!
Danke auch nochmal an Guido für seine männlichen Einsichten.
Adriano hat mir erzählt,
dass er und seine Frau miteinander schlafen,
ohne dass er in sie eindringt,
weil er das als Gewalt empfindet!
Solch gequirlten Scheißdreck schrieb der Guido in dem Buch.
Über irgendeinen Supersoftie namens Adriano.

Hermann aber wollte nicht hören, dass er ein Chauvischwein war, nur weil er oben liegen wollte und dies wunderbare Schwanzlutschen nicht für einen Akt der Penetration der weiblichen Seele halten konnte.

Und spürte Wut.
Unbändige.
Und wurde deshalb auf einem Elternabend auch mal richtig fies und renitent, als eine mit riesigen Schwellhüften ausgestattete Mutter alle Männer voller Überzeugung als miese Machos bezeichnete, deren Zeit endgültig abgelaufen sei, da schrie er sie an.
Vielleicht bist du nur sauer, weil du keinen mitkriegst!
Da hatte die Frau ihren wirklich starken Arm mit der dicken Faust unten dran gehoben und sich doch wirklich auf ihn stürzen wollen.
Wegducken und raus aus der Tür.
Ich schlage keine Frauen!
Und hätte ihr wirklich gern eins auf die Nase gegeben.

Die Luft damals war also dick.
Zum Schwanzabschneiden dick.
Und Hermann war desorientiert. Und noch verwirrter, als die Judith ihm dann plötzlich eine Liebeserklärung machte.
Der Elternabend war gerade ohne die befürchtete Kastration beendet worden, Maria, die Erzieherin, inzwischen nicht mehr mit Batikrock, sondern mit langer schwarzer Lederhose, hatte das feministische Wogen mit ihrem *Jetzt wollen wir aber auch mal über die Kinder reden!* glätten können, als Schwanz-ab-Judith ihn zur Seite nimmt, er schon wieder auf das Schlimmste gefaßt ist, sie ihn aber irgendwie zart am Arm zur Seite nimmt und zärtlich in sein Ohr raunt.
Du, wir müssen uns mal treffen!
Morgen beim Griechen?

Natürlich morgen beim Griechen.
Neugierig war Hermann geworden, ein bisschen unruhig. Aber doch mehr neugierig, und sie kommt an den Tisch und Souvlaki und Backkartoffeln und Retsina, und dann kommt das, sagt sie, was sie ihm schon immer sagen wollte.
Du, ich glaube, ich mache dich immer so heftig an, weil ich in dich verliebt bin!
Das glaubt sie also. Und hat braune Augen. Und schaut ihn daraus warm bis geil an. Und er beginnt zu frieren. Dann wird ihm heiß.
Noch zwei Ouzo!
Den Mund frisch gespült mit Anisschnaps nicken sie sich zu, haben es plötzlich eilig, fahren fort in seinem alten VW-Bus. Machen Liebe auf der

hinteren Sitzbank. Auf dem dunklen baumbestandenen Parkplatz zwischen Krummer Lanke und Schlachtensee. Keine Hemmungen und Lust und Schwitzen. Und als alles bis zur Neige getan ist, muss Judith tatsächlich weinen. Das kennt er noch nicht. Sie legt den Kopf zurück, läßt kleine Tränen aus den Augen purzeln, lacht dabei und tätschelt seine Wange.
Bitte sprich zu niemandem darüber!
Hermann verstand die Frauen nicht.

Die Männer in der Schweine-WG verstanden sich dafür umso besser. Immer besser. Wollten noch mehr zusammen machen als nur kochen, putzen, vorlesen und Hobbits jede Nacht.
Drei Ringe den Elbenkönigen hoch im Licht!
Sieben den Zwergenkönigen in ihren Hallen aus Stein!
Mythen zwischen Buchdeckeln reichten ihnen nicht. Märchen mussten endlich wahr werden. Träume auch.
Ich glaube an die Realität unserer Träume!
Und gründeten ein Kollektiv. Was nun wirklich seit langem schon nichts Neues mehr war. Trotzdem. Und gerade deshalb.
Wer wollte schon nach Jahren der radikalen Entlarvung der zerstörerischen Macht des hundsgemeinen Kapitals noch lohnabhängig arbeiten, sich vor Autoritäten ducken, abnicken, wenn es auch selbstverwaltet ging.
Ohne Bosse!
HiHaHo, die Bonzen komm' ins Klo!
Kein Langer Marsch! durch irgendwelche Institutionen, sondern der täglichen Ausbeutung und Abhängigkeit Autonomie entgegensetzen. Jetzt und hier.
Bäcker hatten in der Mauerstadt Kollektive gegründet, KFZ-Mechaniker, Drucker, Taxifahrer, Malergesellen, Tischler, Ärzte, Rechtsanwälte, Buchhändler sowieso, Kneipenwirte ohne Ende, alle gemeinsam und sind stark, verdienten ihr eigenes Geld und bestimmten selbst, was mit der Kohle geschehen sollte. Und teilten alles. Und probten Gerechtigkeit.
Also gründete auch die Schweine-WG ein Kollektiv.
Kleintransporte und Hochbettenbau!

Die Entscheidung war kein Problem.
Hochbettenbau wegen dem Dumping-Kontakt zu Hermanns Holzhändler und Transporte, weil doch ohnehin ein VW-Bus da war.

Der reicht aber nicht!
Da passt doch kaum was rein!
Kein Problem!
Der alte Bus mit den Klapptüren wurde verkauft, ein Ford-Transit gekauft. Hoch genug, breit genug, 3,5 Tonnen zulässiges Gesamtgewicht. Hermann hatte den laufenden Kredit bei der Bank aufgestockt – sein Holzhändler stellte Verdienstbescheinigungen jedweder Höhe aus.
Und dann Werbung in der Stadtzeitung und anderswo.
Warum nicht auch in der BZ?
Bei Springer? Spinnst du?
Aber wenn's doch Kunden bringt!?
Kommt nicht in Frage!

Das vierte Zimmer der Wohnung wurde zum Büro umgebaut, die ersten Anrufe kamen und später noch mehr.
Dann der Kostenvoranschlag und schleppen.
Los Männer, gebt alles!
Kühlschrank, Waschmaschine, sauschwere Bücherkisten, manchmal auch ein Klavier, und das Ganze vier Stockwerke hoch.
Und alles ohne Gurte.
Oder ausmessen, zuschneiden, aufbauen, Richtfest, Abnahme und fertig war das Hochbett.
Und dann kassieren. Alles in die gemeinsame Kasse. *Alles auf einen Deckel!*
Abends in der Kreuzberger Wohnzimmerkneipe wurde nach verrichtetem Tagwerk angestoßen.
Mit Portugieser Weißherbst im Pokalglas.
Auf unser Kollektiv!

Manchmal stießen die Männer auch darauf an, dass sie den sexuell befreiten Kommunarden wieder einen Auftrag abgenommen hatten. Die Vernichter alles Kleinbürgerlichen boten nämlich inzwischen auch Transporte an. In blau-weiß gestreiften Latzhosen. Zwecks Finanzierung ihres Kampfes gegen rostige Charakterpanzer. Und provozierten Siegfried. Immer noch.
Ich kann diese Glatzköpfe nicht ausstehen!
Zweimal hatte Siegfried es versucht. Hatte seine Frau Rita in der Kommune besucht. Mit Lena, dem gemeinsamen Kind. Und konnte sie einfach nicht mehr erreichen.

Die Kahlgeschorene war schon auf einem anderen, einem ganz und gar blau-weiß gestreiften Planeten zu Hause, auf dem Kleinbürger wie Siegfried nichts zu suchen hatten. Nur eine Chance hatte sie ihm eingeräumt.
Kannst immer noch bei uns einziehen!

Rita forderte bei beiden Besuchen die Auslieferung des Kindes, um es von seiner *Kaputten Kleinbürgerlogik!* zu befreien, drohte sogar mit Gericht, Anwalt und all dem Schreck, doch Siegfried hielt stand und zu Lena. Brachte sie zurück in die Männer-WG, tagsüber in den Kinderladen und abends ins Bett.
Und danach eben Weißherbst und hoch den Pokal und Alles auf einen Deckel!
Wobei die Mützen immer auf dem Kopf blieben.
Die Mützen waren ihr Erkennungszeichen. Wollmützen. Graue. Ohne Bommel.
Kiek mal, die Mützen kommen!
So kannte man sie im Wohnzimmercafé und so fühlten sie sich gut. Und immer noch stark. Vielleicht sogar noch stärker.
Hermann fühlte sich jedenfalls geborgen. Aufgehoben. Wie immer, wenn so etwas wie Familie um ihn herum war. Erst recht, wenn die Familie aus Männern bestand. Nicht aus Frauen mit Kastrationswünschen und langen Messern in der Schublade.
Frauen würden hier doch nur stören!

Und dann kam Jane. Tatsächlich. Aus Amerika.
Aus Seattle. Mit dem Flieger.
Rudi war aus dem Häuschen.
Ich hab nicht geglaubt, dass sie tatsächlich kommt!
Und da war sie auch schon. Wie auf dem Foto. Sogar die Lucky Strike im Mundwinkel. Mit einem Regenschirm, zwei Koffern und einer Schreibmaschine.
Hello boys! How you're doing?
Und amüsierte sich köstlich, dass in *Good Old Germany!* die Szene-Männer so eng zusammenrückten, dass sie auf ein Hochbett passten, auf dem Rudi nach Janes Ankunft übrigens kaum noch anzutreffen war. Doch dafür hatte man Verständnis. Zu viert auf dem Hochbett und dann jede Nacht Liebesstöhnen ohne Ende und *Suck my dick!*, *Touch my beaver, darling!* und *Do it Baby one more time!* das wäre doch zu weit gegangen.

Also wurde ein Schlafsofa organisiert und im Büro aufgestellt.
Nur fürs Erste!
Jane will sich eine Wohnung suchen!
Und bekam auch eine. Nach zwei Wochen schon.
Im Hinterhaus. Gleich unter der dicken Frau Hartmann war wieder mal was freigeworden.
Zweiundsiebzigmarkundfünfzig mit Außenklo.
Schreibtisch und anderes Mobiliar organisierten sie vom Trödler um die Ecke. Selbstverständlich und umsonst transportiert von den Männern mit ihren Mützen.

Die Schweine-WG saß nun also morgens bei Kaffee und Tee und immer eine Frau dabei und Turteln und zärtliche Blicke und Küßchen hier und Küßchen.
Alle begannen zu spüren, dass es bald nicht mehr so sein würde wie eben noch – so exklusiv und herb und männlich und gemeinsam sind wir stark.
Trotzdem fanden alle die Jane interessant. Vor allen Dingen dann, wenn sie erzählte. Nicht nur von ihren Krimis, sondern auch von Nicaragua. Da war sie gleich nach dem Sturz des Diktators Somoza gewesen und hatte sogar ein Date mit Daniel Ortega gehabt, dem Sandinistenführer – Jane hatte in Managua recherchiert, Interviews gemacht für ihren Artikel über Revolution, Campesinos, Libertad und die übliche konterrevolutionäre Rolle des CIA.
Für die Washington Post!
Ihr Bruder arbeitete dort als Redakteur. Schob Jane zwischen ihren Krimiprojekten, immer mal wieder einen Auftrag rüber.
Und hatte ihr jetzt wieder einen besorgt. Eine Artikelserie über Berlin.
Allday-Life in the streets of Berlin!
Ich kann schreiben, was ich will!
Und als Erstes wollte Jane über Selbstverwaltung, Kollektive und Alternativbetriebe schreiben. Klar doch.
Trieb sich also mit den Mützen in der Kollektivszene herum, besuchte Politische Kneipen, Buchläden und Oktober-Druckereien, recherchierte Tag und Nacht, hatte schon angefangen in ihrem Hinterhofzimmer die ersten Zeilen zu Papier zu bringen, da kam diese Nachricht, die keiner glauben wollte. Die brach über die Männer herein und tat weh.
Sehr weh.

Ulrich ist tot!
Ein Anruf nur und Ulrich war tot.
Hermann hatte lange nichts mehr von ihm gehört. Eigentlich war der Kontakt seit dem Ende des Wilmersdorfer WG-Plenums nur noch sporadisch gewesen.
Ulrich hatte mit Ute das Kind bekommen, ein Mädchen, doch bald darauf hatten sie sich getrennt. Sehr schnell und wie es angeblich befreiende Sitte war. *Die Liebe ist ein Kind der Freiheit!* – also gab es einen Wochenendvater mehr in der Stadt.
Was sollte ich machen? In dem Alter gehört das Kind doch zur Mutter!
Ulrich hatte trüb aus seinen sanften blauen Augen geschaut und dabei an seinen langen Locken gedreht. Immer wieder.
Und immer wieder.
In der Ruine, der Kneipe in Schöneberg, hatten sie da wieder gesessen und sich gestritten, ob ein Kind von drei Jahren wirklich unbedingt und ganz und gar zur Mutter gehört. Hermann war anderer Meinung als der Ulrich gewesen.
Im ersten Lebensjahr oder solange es gestillt wird, okay, aber danach wird auch der Vater wichtig!
Immer wichtiger!

Dann hatten sie weiter über abtrünnige Frauen, getrennt lebende Kinder und die schnöde Welt diskutiert, ein paar Halbe dazu getrunken, ein paar zuviel vielleicht, waren dann raus aus der voll besetzten Räucherstube auf den leeren nächtlichen Winterfeldplatz und hatten sich auf die Motorhaube eines roten Opel Caravan gelegt.
Ein Wagen mit breiter, komfortabler Motorhaube, Hermann sieht alles noch genau vor sich – das helle Licht der Straßenlaterne dort oben und die beiden unten liegen auf dem Rücken, auf dieser Motorhaube und Hand in Hand und ganz still und ganz zart.
Und der Ulrich gesteht es dem Hermann.
Ich glaub, ich liebe dich!
Und Hermann gesteht es dem Ulrich.
Du, ich liebe dich auch!
Sagen das und schauen sich vorsichtshalber nicht dabei an. Plötzlich dreht der Ulrich sich zu ihm rüber, klettert rauf auf den Hermann und küßt ihn auf den Mund. Küßt ihn so wildzart wie damals, als Ute noch dabei war. Hält Hermann am Kragen seiner Lederjacke fest und lacht endlich wieder.

Mensch, du!
Und Hermann küsst zurück. Ganz kurz nur. Wirklich nur ganz kurz.
Mehr darf nicht sein.
Hermann hatte seine Grenzen.

Bei ihrer letzten Begegnung war Hermann dann gemeinsam mit Ulrich in dieser Pizzeria der *Indiani Metropolitani!* in Kreuzberg gewesen.
Typen aus Mailand und Bologna hatten die eröffnet. Ehemalige *Stadtindianer!*
Die waren schon Mitte der 70er-Jahre beim mißglückten Sturm auf die Mailänder Scala, *Die Großbourgeoisie darf hier nicht ungestört ihr Galaspektakel abziehen!*, dabei gewesen, hatten später ihre Gesichter bemalt, *Die Zeit der Sonnen und der tausend Farben ist angebrochen!*, waren so durch das Univiertel von Bologna getobt, *Manitu! Manitu! Traurigkeit, weg bist du!*, und hatten den etablierten Parteien, auch den Kommunisten von der PCI, den Arsch gezeigt, alle politischen Organisationen zum Teufel gewünscht.
Zumindest erzählten sie das, wenn sie Chianti aus der Korbflasche und große Protionen Spaghetti Bolognese servierten.
Danach tiefschwarzer Espresso.
Mit viel weißem Zucker.

Die Pizzaindianer wollten allerdings nichts, *Wirklich gar nichts!*, mit den Harten zu tun haben, die damals in Bologna und anderswo in Waffengeschäfte eingebrochen waren und auf Uniformen geschossen hatten, in denen Menschen steckten.
Hielten aber auch nichts von jenen Uniformen, die damals auf demonstrierende Lederjacken geschossen hatten, in denen ebenfalls Menschen steckten.
Da haben wir nicht mehr mitgemacht!
Da war dann endgültig Schluss!
Und hatten große schwarz-weiße Fotos an den Wänden von Maskierten, Bemalten, von Barrikaden, Totempfählen, aber auch von Hauswänden mit Graffitis, die Hermann bei jedem Besuch der Indianer-Pizzeria neu begeistert und bereits Einzug in sein Notizbuch der richtungsweisenden Zitate gefunden hatten.
Ich glaube an nichts!
Autonomie der Schelme!
Es lebe der Genuß!

Nehmen wir uns das Leben zurück!
Genau.

Dort hatten sie gesessen, inmitten des zu Fotos und Erinnerung geronnenen Aufstands und Ulrich hatte seine Pizza gegessen und wie immer die Pepperoni, die großen, grünen auf Hermanns Salami-Pizza mit der Plockwurst gepackt. Ulrich mochte die Dinger nicht und mochte auch sein Leben nicht und sagte das, fühlte sich nicht wohl in dieser Zeit, träumte schlecht, schlief wenig und wollte mehr als das, was er bekommen konnte. Wohnte in seiner kleinen Wohnung in Kreuzberg allein, studierte inzwischen Philosophie und suchte und fand nicht.
Hermann konnte in Ulrichs Augen dies bange Leuchten sehen. Und nahm ihn in den Arm.
Danach hatte er Ulrich nicht mehr getroffen. Nie mehr.
Ulrich ist tot!

Nur ein wenig erzählt hatte man von ihm. Immer mal wieder.
Dass Ulrich später nach Poona gereist war. Wie so viele. Nach Indien. Zum Baghwan. Zum Oberguru. Zum Häuptling der Orangegewandeten, die in ihrer Leuchtuniform auch überall in der Mauerstadt zu sehen waren und mit ihrem esoterischen Agitprop die Köpfe verstopften.
Zu einem dieser Gesundbeter, Cheftherapeuten und Abzocker, die jetzt überall ihre Zentren eröffnet hatten, in denen man gegen Geld seine Wunden lecken konnte. Wunden, die Eltern, Lehrer, das ganze Schweinesystem, aber auch sein Anti im Laufe der Jahre geschlagen hatten.
Befreie deinen Körper, Finde deinen Atem, Tanz dich frei, Schrei dich frei, Finde dein Zentrum!
Und all die Verwundeten suchten, sehn-suchten und glaubten zu finden und zahlten und suchten dann wieder. Und fuhren eben auch nach Poona, in den Ashram und hingen dort an der Erleuchtungsbar rum und soffen sich täglich glücklich an diesem Cocktail aus einer Prise Wilhelm Reich, einem Spritzer Artur Janov, einer Menge Tantra und Zen, garniert mit *Surrender!* und *Awareness!*

Antreten zur Egozertrümmerung!
Ulrich wird in der Buddhahalle von Poona die Fistelstimme des kleinen, ganz in Weiß gekleideten Herrn Bagwahn gehört, sich verbeugt und verstanden haben, dass er sich trennen muss. Von allem. Vom zwanghaften Denken, von Verlustängsten, von dem Ego, das ihm im Wege steht.

Blockierte Energien lockern!
Aggressionen freisetzen!
Sexualität ausleben!
Aber Ulrich kann das nicht. Oder vielleicht nur halb und nicht ganz. Sitzt und tanzt in der Gruppe, hockt in der Halle. Vögelt hie und vögelt da. Und ist verwirrt. Spürt das, wird noch unruhiger und nichts, keiner fängt ihn auf und er sagt kein Wort, teilt sich nicht mit, verkriecht sich, merkt er wird verrückt, ganz verrückt, total verrückt und will es nicht sein.
Und reist wieder ab.

Hermann hatte dann nur noch gehört, dass er seit einiger Zeit wieder in der Stadt war. Innerhalb der schützenden Mauern. Und wollte Ulrich besuchen. Bald schon. Zusammen mit den Männern aus der Schweine-WG.
Vielleicht werden sie zusammen kochen und ein wenig Musik machen. Endlich mal wieder. Ulrich auf der Mundharmonika, der guten, alten Blues-Harp, und Hermann auf der Höfner. Und improvisieren, sich in die Augen schauen, auf dem Rhythmus abfahren und ihn mit dem Fuß in den Boden stampfen.
I'm a man, Yes, I am!
Und jetzt sitzen die Mützen in ihrer Küche, frühstücken, reden bereits über die nächste Möbelfuhre, *Nur zwei Stockwerke, Gott sei Dank!*, denn der Rücken schmerzt oft genug jämmerlich, da kommt dieser Anruf. Von Ute. Seiner Frau.
Ulrich ist tot!

Hat sich die Pulsadern aufgeschnitten. In der Badewanne. Hat sein armes Blut fließen lassen. Wollte endlich nach Hause. So wie der Ambros in seinem Lied.
Heite drah i mi ham,
und es tut gar nicht weh,
man wird nur ganz langsam müd'
bis man nichts mehr spürt!
Und Schluss.
Und Beerdigung. Und Holzsarg. Und Blumen, bunte, viele. Und Freunde, viele Freunde. Alle sind schockiert. Und Hermann entdeckt vor dem dunklen Rechteck des Grabes in sich diesen einen Satz, einen der letzten Tucholskys.
Hat nicht verstanden!

Der Satz taucht auf in seinem Kopf und wird auch da bleiben. *Hat nicht verstanden!* Und hatte auch in den Jahren zuvor nicht verstanden, dass die Leute sich umbringen. Aufgeben.
An der Hochschule zum Beispiel.
Da war dieser Student aus seinem Seminar, bei dem es mit den Tabletten nicht geklappt hatte, aber dann doch. Mit dem Strick. Auf dem Dachboden.
Oder auch diese Frau, Marlene, die er mit Rudi in irgendeiner anderen WG besuchen wollte. Sie klingelten und trafen nur auf einen Bärtigen mit Pfeife im Mund.
Keine Ahnung, wo die ist!
Hab sie seit ein paar Tagen nicht mehr gesehen!
Und sahen die Marlene erst in der Psychiatrie der Nußbaumklinik wieder, da hatte sie schon die Handgelenke verbunden und blickte die beiden vollkommen ruhiggestellt und mit schuldigem Lächeln an.
Ich wusste einfach nicht mehr weiter!
Oder die Lucy mit dem toten Bauch voller Schlaftabletten, ach, es gab viele Beispiele – *Hat nicht verstanden!*
Und doch suchte Hermann Erklärungen. Auch jetzt nach Ulrichs Zerstörung. Wollte wissen, ob ihre ganzen Experimente mit *Verändert den Menschen!*, *Verändert die Welt!* und zwar hier und jetzt und um jeden Preis nicht einfach Lernprozesse mit tödlichem Ausgang! sein mussten.

Das ist doch fuckin' crazy!
Ihr nehmt alles zu schwer!
Euch fehlt einfach jede Leichtigkeit!
Verbissen, ja, das seid ihr Deutschen!
Als Jane den Mützen eines Abends in der dunklen Wohnzimmerkneipe beim dritten Weißherbst die Leviten lesen wollte, erntete sie Protest. Und die Antwort, dass man in einem Land mit dieser Vergangenheit, beladen mit Schuld und Krieg und Vernichtung, mit Die Fahnen hoch und Rassengesetze und Concentration Camps and Millions in the ovens they fried, wohl kaum locker und flockig und Friede, Freude, Eierkuchen leben kann.
Man hat uns die Nazischeiße in die Wiege gelegt!
Scheißmitgift! Scheiß-Deutschland!

Dagegen tranken sie und Hermann erinnerte an den letzten Ersten Mai. An die Demo, bei der sie doch wirklich richtig locker draufgewesen waren. Im Spontiblock gesungen hatten. Voller Ironie und vollkommen selbstverwaltet.

Das System der Lohnarbeit muss weg!

In zwei, drei Reihen der Spontidemonstration hatten sich die fröhlichen Kämpfer untergehakt, den Song von der Lohnarbeit gesungen und Vorundzurück und ChaChaCha und Vorundzurück und gute Laune verbreitet. Und mächtig gelacht. Im biederen Malocherbezirk Neukölln. Auf der Karl-Marx-Straße.

Plötzlich waren diese Neuköllner Deutschen, diese fünf kurzhaarigen Jungen und Alten mit ihren kläffenden Deutschen Schäferhunden an der kurzen Leine vom Bürgersteig aufgetaucht, stürmten mit den Kötern einfach in den Demoblock rein und blockierten mit weit aufgerissen Augen und sabbernd und geifernd das fröhliche Tänzchen.

Brüllten.

Für Euch ist die Gaskammer noch viel zu Schade!

Heil Hitler, ihr Arschlöcher!

Und die Hunde hatten genau wie ihre schlecht riechende Herrenrasse gegeifert, gekläfft, die Reißzähne gezeigt und plötzlich waren die bekannten Uniformen mit den weißen Helmen, Plastikschilden und den langen Schlagstöcken im Laufschritt aus dem Nirgendwo gekommen.

Ausgerechnet die Bullen!

Aber die drängten die Heilsuchenden und ihre Kläffer mit barschen Tönen ab.

Machen'se mal wieder rüber auf den Gehweg!

Den Uniformen leisteten die Gaskammeridioten Gehorsam, aber nicht ohne ihre obligatorische Drohung auszustoßen.

Wir kriegen Euch noch, ihr Kommunistenschweine!

Und Hermann hätte das auch fast geglaubt, wenn da nicht plötzlich die behelmten Kämpfer eines stadtbekannten spontanen Rollkommandos in Leder, mit schwarzem Halstuch vor dem Gesicht und in fest geschnürten Springerstiefeln gewesen wären, die in Nullkommanix aus dem vorderen Teil der Demo heranstürmten.

Die Jungs von der autonomen Schutztruppe stießen mit wildem Blick Hermann und seine gar nicht mehr so fröhlichen Tänzer zur Seite und blieben ein paar Meter weiter und nur zwei Atemzüge lang vor den Schlagstöcken und Schilden von ein paar Dutzend Uniformierten stehen, die den Abzug der Heilsuchenden und ihrer Schäferhunde Richtung Weichselstraße sicherten. Beim dritten Atemzug versuchten sie mit Sturmgewalt die Polizeikette zu durchbrechen, wurden zurückgeprügelt,

reckten die Fäuste mit den schwarzen Handschuhen, brüllten vor Wut und einer mit blutiger Nase.
Deutsche Polizisten schützen die Faschisten!
Kommt doch her, ihr Nazischweine!
Dann wieder Ruhe.
Aber kein Tanzen mehr.

Da vergeht Dir doch das Lachen!
Hermann schaute Jane empört an und dann aus dem rauchigen Dunkel durch das dreckige Fenster der Wohnzimmerkneipe nach draußen in die noch dunklere Kreuzberger Nacht. Bitterkeit auf der Zunge.
Noch 'ne Runde Weißherbst!
Und alles auf unseren Deckel!
Und der schnauzbärtige Kollektivist hinter dem Tresen nickt bestätigend, schenkt ein, schleppt die Gläser ran und legt danach eine neue Backgroundmusik auf. Und wie man hört, hat der linkssentimentale Zapfer mal wieder seine Konstantin-Wecker-Phase.
Wer Schicht hat, bestimmt, was gespielt wird!
Schickt also seine Wecker-Botschaft mit 33er-Geschwindigkeit und ziemlicher Lautstärke ins Kneipenpublikum.
Und es satt haben, ein Abziehbild zu sein. Und Genug ist nicht genug. Und sich nicht zufrieden geben. Mit all den Vorschriften, die Meinung und Empfindung regeln. Niemals.
Hermann gefiel das.

Montage Elf

Ein Altbau. Grauer, rissiger Putz.
Die Parterrefenster sind mit weißen Ziegeln zugemauert, die Fenster weiter oben teilweise geöffnet. Unter einer Fensterbank ist ein Transparent aufgehängt.
Besetzt!
Über dem Hauseingang ist die Fassade bis unters Dach weiß gestrichen.
In Überlebensgröße ist auf den weißen Grund ein Mann gemalt – seine Augen blicken grimmig, in den Händen hält er ein Gewehr.
Hinter dem Haus ragt ein Kran empor.
Auf dem Bürgersteig zwei Straßenschilder an einer alten Berliner Gaslaterne befestigt. *Admiralstraße. Fraenkelufer.*

Ein Tapeziertisch voller Malutensilien.
Ein ehemaliges Konservenglas, in dem Pinsel verschiedener Größe stecken.
Daneben Farbtuben, kleine, große, hübsch ordentlich ausgerichtet.
Ein aufgeschlagenes Skizzenbuch mit Bleistift.
Zwei metallene Tuschkästen und eine lange Reihe kleiner weißer Näpfe mit Farben darin.
Eine Schüssel mit Wasser.
Neben dem Tisch eine Staffelei aus dunklem Holz mit einer keilgerahmten Leinwand darauf.
Die Leinwand ist gelb grundiert.
Vor der Leinwand steht Carl – glatzköpfig, schwarzer Rollkragenpullover, die Arme über der Brust gekreuzt, in jeder Hand einen Pinsel. Und lacht.
Die vielen Falten um seine Augen lachen ebenfalls.

Auf einer Wiese. Laubbäume.
Ein großer Pulk von Kindern jeden Alters in T-Shirts, Jeans und Latzhosen. Mittendrin Hannes und Christian, jeder eine Dose Fanta in der Hand.
Alle schauen grinsend, lachend, johlend der Vorführung zu, die auf einem alten Teppich stattfindet, der vor dem Publikum auf der Wiese ausgerollt liegt.

Darauf steht ein langhaariger Mann in Hemdsärmeln, schwarze Hose, Hosenträger, Schnurrbart im Gesicht, Kreissäge auf dem Kopf, hält in der linken Hand einen blauen und in der rechten einen gelben HoolaHoop-Reifen – beide auf gleicher Höhe und etwa einen halben Meter auseinander.
Durch die beiden Reifen springt, elegant gestreckt, mit angelegten Ohren, ein Deutscher Schäferhund.
Sein Maul ist ein klein wenig geöffnet.
Im Hintergrund, zwischen zwei Holzlatten gespannt, ein Transparent mit bunten Buchstaben darauf.
UFA-Fabrik-Circus.

Ein Hinterhof. Mauern verputzt, braun gestrichene Fenster darin. Fünf Waschmaschinen davor. Toplader. Frontlader. Bosch, Miele, Bauknecht. Auf der Miele sitzt Hermann, etwas bleich im Gesicht, ganz ohne Bart, und zeigt mit breitem Grinsen auf Rudi, der in schwarzer Lederjacke neben der Bauknecht stramm steht, ein graues Kunststoffrohr geschultert hat und mit ausgestreckter Zunge salutiert.

Der Nato-Raketenbeschluss muss vom Tisch!
Verhandeln statt stationieren!
Zwei rote Transparente werden aus einer Demonstration hochgehalten. Auffallend viele ältere Menschen sind dabei. Reden miteinander oder schauen amüsiert auf die vier männlichen Gestalten, die große Köpfe aus Pappmaché über die eigenen gestülpt haben und vor ihnen herlaufen: Genscher, Brandt, Kohl und Reagan.
Am Straßenrand stehen Kinder in langen Anoraks und Gummistiefeln mit bunten Luftballons in der Hand. Sie haben sich Plakate um den Hals gehängt.
Keinen Sechser für Raketen – Kinder brauchen die Moneten!

Schrei Dich frei!

Willst du eine Spritze?
Eigentlich brauchte Hermann keine Spritze mehr.
Lag kopfgestützt in einem bequemen Behandlungsstuhl und fühlte sich wohl. Vor dem Erkerfenster des großen Altbauzimmers standen meterhohe Topfpalmen, davor schwarze Lautsprecherboxen.
Gleich als er vom Wartezimmer hereingekommen war, hatten die beiden ihn gefragt, was er denn heute hören wolle.
Dire Straits!
Und als sich die *Sultans of Swing!* im Raum breit gemacht und der blonde Mann rechts von seinem Kopf und die Frau im schwarzen T-Shirt links davon, ihn fröhlich begrüßt und der Dieter ihn nach der schmerzbetäubenden Spritze gefragt hatte, schüttelte Hermann den Kopf.
Und wundert sich noch heute.
All die Jahre hatte er kreischende Angst vor dem Zahnarzt gehabt – schon als Kind hatte er den mörderischen Weißkitteln am liebsten die garstigen Finger abbeißen wollen, damit sie ihm kein Weh tun, und nun war diese Angst einfach Vergangenheit – seit er Patient bei dem Kreuzberger Zahnarztkollektiv war. Mehr als ein Dutzend Zahnärzte, Helfer und Zahntechniker hatten sich zusammengetan. Noch ein Kollektiv.

Die ganze Berliner Szene schien inzwischen nur noch aus Kollektiven zu bestehen. Egal, was man brauchte, ob Medikamente oder Fahrradzubehör, ob Lederjacke oder Batikrock, ob Kaffee oder Chillum, ob Marihuana- oder Lein-Samen, man konnte alles linkskorrekt und von einem Kollektiv bekommen. Die Mauerstadt bot jede Menge bunte Alternativen zum menschenverachtenden Profitunwesen.
Und jetzt auch im Bereich Bohren und Fräsen.

Wie der Dieter da auf seinem Hocker saß, locker-flockig, in Jeans und T-Shirt, sah er wirklich nicht wie ein Zahnarzt aus. Und wenn er während der Behandlung von seinem Motorrad erzählte und dass er mit der schwarzen 500er-BMW, *Ein Klasse-Ofen!*, neulich noch zur Demonstration gegen das Atomlager nach Gorleben gefahren war, dann fühlte man sich ziemlich entspannt – trotz des wasserspeienden Bohrers im weit offenen Mund.

Hermann hatte in dieser kollektiven Praxis tatsächlich das Gefühl, als sei die Welt in den letzten Jahren doch ein klein wenig besser geworden – jetzt wollten auch schon die ersten Zahnärzte keine furchterregenden Götter in Weiß mehr sein, verzichteten auf ihre übliche Rolle als autoritärer Chef und zahlten sich den gleichen Lohn aus wie ihren Helferinnen oder den Technikerinnen im Labor.

Eine dieser Technikerinnen war Biggi.
Von ihr gefertigte Brücken ließen Freude aufkommen, ihre Goldkronen waren genial, ihre Inlays wurden bejubelt. Jedenfalls von Hermann.
Der hatte sich schwer in Biggi verliebt.
Ganz schwer.
Schon bei seiner ersten Visite in der Kollektivpraxis.
Da hatte ihn der Dieter nach der Behandlung zum Essen eingeladen.
Bleib doch noch!
Lernste gleich die anderen kennen!
Alle Kollektivisten, egal ob mit oder ohne Vollbart, machten reihum Frühstücks- und Kochdienst. Saßen morgens, mittags, abends in der geräumigen Küche der Praxis am langen Tisch. Dentale Großkommune. *Wir wollen, dass persönliche Beziehungen entstehen! Die übliche Trennung in Arbeit und Privat kommt für uns nicht in Frage, glaub mir!*
Die schwarzgelockte Biggi hatte Hermann kurz in die Augen gelacht und dann wieder ihre Nudelsuppe gelöffelt. Nudelsuppe mit kleinen, graugekochten Rindfleischstückchen. Jede Menge braunes Maggi in die Suppe und scharfen Düsseldorfer Löwensenf aufs Fleisch. Solch dumme Kindergenüsse öffneten Hermanns Sinne immer besonders weit und die Frau, die er da neben sich sah, gefiel ihm deshalb umso mehr. Biggi, in blauer Latzhose, blitzenden Augen und wusste was sie wollte.
Keinen Konflikt vermeiden!
Deshalb gab es wöchentliche Gruppenabende für alle Kollektivisten. Mit einem professionellen Therapeuten. Auf Kosten der Praxis. *Die Abende nennen wir einfach Psycho!* Atem- und Aggressionstraining, offene Gruppengespräche, seelische Blockaden überwinden, Streit austragen, gemeinsames *Ommm!* und hinterher befreit in die Kneipe.

In einer Kneipe hatte er Biggi dann später auch gefragt.
Im EX. Im Mehringhof – Domizil von ökotopischen, netzwerkelnden, sogar steuerberatenden Alternativprojekten bis unters Dach. Alle selbstverwaltet und anarchisch. Mehr oder weniger.

Die Kneipe im Erdgeschoss voller Rauch und überall Szene in schwarzem Leder. Die Genossen aus dem alten Spectrum, der legendären Spontikneipe aus der Koburger Straße, zapften jetzt im Kreuzberger Mehringhof die Fässer leer und alle tranken, *Hoch die Tassen!*, auf den Sieg über das Schweinesystem.

Hermann wollte nur seine Gefühle für Biggi siegen sehen.
Hatte sich schon dreimal durch die laut tönende Ledermasse zum langen Tresen vorgedrängt und flüssigen Stoff besorgt.
Biggi hatte weiter vom Kollektiv geschwärmt und ihre vorherigen Chefs noch einmal zur Sau gemacht. *Da musstest du tun, was die wollten und basta! Keine Diskussion! Sonst gab's Ärger!* Und sie ist immer noch richtig sauer, dreht sich ein Van-Nelle-Stäbchen nach dem anderen, zecht wie ein Mann und hat eine feingliedrige weiße Hand, auf die er die seine legt und zuhört bis es nicht mehr geht. *Wollen wir nicht bei mir zu Hause weiterquatschen?*
Dort reden sie tatsächlich, aber nur kurz, dann liegt sie schon im Hochbett auf ihm, dann wieder er auf ihr, sie finden keine Worte mehr, unternehmen stattdessen Bohrungen ganz anderer Art, in ganz anderen Öffnungen und es tut gar nicht weh. Im Gegenteil.

Zu diesem Zeitpunkt wohnt Hermann schon ganz allein in den ziemlich leeren Räumen seiner EX-Männer-WG, hat die Wohnung sogar schon gekündigt.
Die anderen Männer waren ausgezogen.
Die ruhmreiche Gemeinsam-sind-wir-stark-WG hatte sich friedlich aber dennoch aufgelöst – die Macht der Frauen, *Ach, die Liebe!*, war stärker gewesen.
Rudi war Jane gefolgt.
Die hatte ihre kleine Wohnung im Hinterhaus aufgegeben und war voller Enthusiasmus in ein besetztes Haus gezogen.
The Kids are allright!
Nehmen ihre Sache selbst in die Hand!
Da will ich dabei sein!
Die Korrespondentin der Washington Post in einem besetzten Haus in Kreuzberg. In einem der vielen, vormals leerstehenden maroden hohläugigen unbelebten schussverwundeten Mietshäuser, die in den letzten Jahren instandbesetzt worden waren, um Spekulanten, Mietervertreibung und Abrißbirnen Widerstand zu leisten.

Sanierungsmafia raus aus Kreuzberg!
Jane wohnte nun in einer richtigen Hausgemeinschaft, mauerte, hämmerte, nagelte, schraubte, strich, tapezierte und verhandelte, wollte einen Nutzungsvertrag für ihr Haus mit dem Berliner Senat abschließen und sich mit ihren Besetzergenossen eine gemeinsame, gründlich renovierte Zukunft bauen.

Reaktionäre Verhandlerfraktion!
Scheiß-Ikea-Typen!
Legal, Illegal, Scheißegal!
Die Hartgesottenen von der Fraktion der hemmungslos Illegalen, die in ihren Hausbesetzungen nichts als einen mächtigen Schritt Richtung Umsturz sahen oder aus den Fenstern der besetzten Wohnruinen ihr *No Future!* auf die Straße kotzten, konnten ob Janes kleinbürgerlicher Perspektiven immer nur angewidert grinsen.

Ein aufrechter Illegaler entwickelte lieber total abgefahrene Pläne zum Aufbau und zur militanten Verteidigung der Freien Republik Kreuzberg.
Die Zukunft gehört der Stadtguerilla, Alter!
Die Häuser sind unsere Stützpunkte!
Von den Tupamaros lernen, heißt siegen lernen!
Die Kreuzberger Stadtguerilla plante die Besetzung von Brückenköpfen am Landwehrkanal, präparierte Fluchtwege durch die Kanalisation, legte bereits Versorgungsdepots mit Konserven an.
Aber nicht der Rudi.

Rudi liebte die Jane immer noch und sehr, war wirklich schon länger als ein Jahr mit ihr zusammen, *Das heißt schon was!*, setzte sie, wo er nur konnte, auf seinen unruhigen Schoß, streichelte ihr Haar, küsste ihren amerikanischen Mund, rauchte mittlerweile keine Zigarren mehr, sondern Janes Lucky Strikes und hatte einige Wochen nach ihrem Umzug, den hatten noch die Mützen mit ihrem dicken Ford-Transit gemacht, auch für sich einen Transport beim Kollektiv bestellt – zum Haus der Liebsten.
Wir wollen endlich zusammen wohnen! Und in dem besetzten Haus ist Platz genug!

Da waren's nur noch zwei.
Dann nur noch einer.
Eines Morgens hatte Siegfried, noch bevor Rudi und Hermann über-

haupt aufgestanden waren, das Frühstück gemacht, bei deren reichlich verschlafener Ankunft unglaublich aufrecht am Tisch gesessen und unverschämt fröhlich aus der Wäsche geschaut.
Kaffee? Wie immer, die Herren?
Was für ein herrlicher Morgen!
Hatte nachts nicht in der WG geschlafen, sondern Lydia getroffen.
Die kannte Siegfried noch von früher – eine gemeinsame Freundin aus der Zeit, als er noch mit Rita und der kleinen Lena als reaktionäre Kleinfamilie zusammengelebt hatte – bevor die Rita zu den blau-weiß-gestreiften Kommunarden gezogen war, um dort ihren Charakterpanzer zu knacken, und er zum alleinerziehenden Vater in der Männer-WG geworden war.
Siegfried fand die Lydia schon damals klasse.
Sie ist einfach anders als die anderen! So ruhig und selbstbewusst!

Die Lydia leitete ruhig und selbstbewusst diverse Frauen-Yogagruppen in einem Schöneberger Fernosttempel, der, wie mittlerweile genügend andere in der Stadt, unendliche Wege zur unendlichen Harmonie von Körper, Geist und Spiritualität weisen wollte.
Kein Weg des Fick-dich-frei! und *Kill-den-Kleinbürger-Kill-ihn!* wie bei Ritas Glatzköpfen, sondern durch die sanfte Dehnung von Muskeln und Geist entspannt zum Ziel, das der unendliche Weg ist.
Harmonie schafft Kraft! Erlöst, was in dir döst!
Das gefiel Siegfried, dem einfühlsamen Freund, dem Herrn der Ringe, dem Liebhaber aller Hobbits, dem Verschlinger aller Van-de-Wetering-Romane, dem Kerzenanzünder und Jasminteetrinker. Und Lydia gefiel ihm auch.
Gleich am ersten Abend. Und in der ersten Nacht.
Und kam ihr immer näher, bis auch er nicht mehr wollte.
War eine schöne Zeit mit Euch, Hermann! Und zog mit Kind Lena sofort zu Lydia, als in ihrer WG ein Zimmer frei wurde.

Also hatte Hermann die Wohnung gekündigt.
Kein Transportkollektiv, kein gemeinsames Leben und Arbeiten mehr.
Keine Hochbettlesungen, keine Mützen, keine Männer-WG. *War einfach so'ne Phase! Und jetzt isse vorbei!*
Nur ab und zu noch gemeinsame Weißherbstorgien in der kleinen Kreuzberger Wohnzimmerkneipe.
Nach der Arbeit.

Rudi schaffte, wenn er gerade mal nicht mit Jane und den restlichen Besetzern am oder im Haus arbeitete, als Lieferfahrer für Autoreifen. Dunlop, Pirelli, all das.
Gib Gummi, Alter!
Und Lachen.
Siegfried jobbte als Taxifahrer. In einem Taxikollektiv namens *Blitzer!* Hermann hatte ihm noch bei den Prüfungsvorbereitungen für den Taxischein geholfen.
Na los, zähl mal alle Nebenstraßen vom Ku-Damm auf!
Und der schnellste Weg vom Flughafen Tegel zum Richardplatz?
Alles kein Problem.
Ohnehin wollte Siegfried nur ganz nebenbei und für das nötigste Geld als Kutscher jobben. Als Suchender und ehemaliger Meditationsexperte war er inzwischen mächtig fasziniert von dem Tempel, in dem Lydia ihre Yogagruppen leitete, weil dort auch das Erlernen einer alten asiatischen Kampfkunst namens Aikido angeboten wurde.
Der Weg des Schwertes!
Siegfried trug also mehrmals in der Woche weite schwarze Hosen, machte Fall- und Rollübungen, lernte Höflichkeit, Wachsamkeit, Atemtechniken, Angriff und Verteidigung.
Siegen durch Nachgeben!
Hatte auch seinen Meister gefunden, seinen Obersamurai, seinen Musashi, einen ernsten, vornehmen, irgendwie frommen Mann, der ihm helfen sollte, die Wut über Elternhaus, Kommunarden-Rita und die schnöde profitsüchtige Welt, die ihn immer wieder ansprang, in reine Gelassenheit zu verwandeln.
Ich will endlich zu mir selbst kommen!

Trotzdem tranken die Ex-Mützen in der Wohnzimmerkneipe immer noch gemeinsam ihren Rosé, rauchten Selbstgedrehte und Lucky Strikes, debattierten Schwerter zu Pflugscharen, Pflugscharen zu Schwertern und hörten im Background *Spliff!* statt Konstantin Wecker.
Wir waren so hungrig,
wir waren so kalt,
wir wollten nie zurück,
jetzt treiben wir rum
auf dem Totenschiff
und warten
bis die Zeit vergeht.

Sie lachten bitter über den Roten Hugo, der auf dem Schiff tot im Seil hängt, und fragten sich, ob die alte Zeit wirklich nie zurückkommen würde, in der sie als wilde Kerle mit feuchtem Blick zur Veränderung der Welt angetreten waren.
Was ist eigentlich aus uns geworden? Nach all dem Aufruhr?

Beim zweiten Rosé erzählte Hermann seinen Freunden, dass der Holzhändler, bei dem er, *Wegen der Kohle!*, regelmäßig arbeitete, ihm neulich angeboten hatte, sein Partner zu werden.
Den nötigen Geschäftsanteil gebe ich dir erstmal als Kredit!
Der Sohn des Mannes war vor ein paar Jahren durchgebrannt und nicht wieder aufgetaucht. Einen einzigen Brief aus Thailand hatte er noch geschrieben.
Ich habe den Westen und Eure Dekadenz satt!
Lebt wohl!
Also suchte der Lederkappenträger mit den angesägten Fingern jetzt einen neuen Junior. Ausgerechnet.

Hermann hatte abgesagt.
Obwohl er sich bei dem Mann wohlfühlte. Der Alte war wirklich fast wie ein Vater für ihn geworden. Wo Hermann seinen doch unterwegs verloren hatte. Ebenso wie die Mutter.
Seit Jahren gab es schon keinen Kontakt zu denen mehr. Keinen Anruf, nicht einmal die obligatorische Postkarte zum Geburtstag.
It's all over now, baby blue!
Die Eltern saßen in der Gaskesselheimat und hatten einfach keinen Sohn mehr. Und er hockte in der Mauerstadt und hatte einfach keine Eltern mehr. War aus der Art geschlagen, eine Fehlgeburt, stellte die falschen Fragen, war wohl immer noch eine Bedrohung für den stets brüchigen Familienfrieden. War ein Outlaw, ein Gesetzloser, der seinen Weg Richtung Sonnenuntergang gehen musste.
Und wusste *Verdammt nochmal!* nicht, was er daran ändern sollte.
Kannste nichts dran machen! Ist vielleicht auch besser so!
Siegfried sah seine Eltern noch. Aber selten.
Immer gab es Streit, wenn er sie in Westdeutschland besuchte. Heftigen Streit. Und dann war er froh, wenn er wieder in Berlin war. Innerhalb der Mauern. Nicht mehr hören musste, dass er als Kind seine tägliche Tracht Prügel schon zu Recht bekommen hatte und all seine Geschwister es zu etwas gebracht hatten. Versicherungsvertreter. Grundstücksmakler.

Nur du nicht!
Hermann nickte.
Auch er würde es wohl kaum zu etwas bringen. Erst recht nicht zum Junior in der Holzhändlerbranche. Ersatzväter hielt er lieber auf Distanz. Man konnte ja nie wissen.
Also blieb der Job ein Job, der Holzhändler ein netter alter Bursche und das Geld reichte ihm erstmal, auch wenn er abends oft müde von der Maloche war. Und dann doch wieder munter.
Hey, ich fühl mich gut!

Kein Wunder.
Immerhin war die Biggi über ihn gekommen. Samt Kollektiv und ohne Zahnstein. Mit viel Zärtlichkeit, wilden Spielen und Debatten ohne Ende.
Selbstverständlich wurde auch und immer noch demonstriert. Gemeinsam. Mit den Häuserkämpfern.
Die Dental-Kommune hatte die Patenschaft für ein besetztes Haus übernommen. Also mussten sie auch gegen Räumung und Abriss demonstrieren und ihren Paten nicht nur Geld für die Instandsetzung in die Hauskasse legen.
Nicht Brot mit Quark,
Solidarität macht stark!
Als sie die Parole aus Hermanns richtungsweisendem Zitatenschatz fröhlich in das Blau des Himmels grölen, stehen sie gerade gemeinsam auf dem Kreuzberger Oranienplatz – die vom Kollektiv, Hermann, Biggi, Rudi, Jane und all die anderen, Hausbesetzer, Sympathisanten.
Auch die Streetfighter von der schwarzen Fraktion – Kreuzberger Kraaker in Leder, mit Helm oder Haßkappe oder beidem, *Doppelt hält besser!*, stehen hie und da und in Gruppen, feixen über die *Bullenschweine!*, die den Platz mit Schilden, Helmen und Knüppeln prachtvoll gerahmt haben.
Und dann steht Flucht auf dem Programm.
Scheiße, schnell weg!

Keine Atempause, Geschichte wird gemacht!
Eben tönte noch die fehlfarbene Bewegungshymne über die Grauen Büffelhelden, die demnächst die Welt regieren, aus den Lautsprechern, garniert mit kämpferischen Ansprachen, *Wir werden unsere Häuser verteidigen!*, dann die rituelle Ansage *Hiermit ist die Demonstration been-*

det!, kurz darauf das ebenfalls rituelle *Räumen Sie den Platz!* der Polizei und schon ist es wie immer und immer wieder.
Pflastersteine fliegen, krachen gegen Kunststoffschilde, Polizeiwannen rasen über den Platz, wildes Getümmel, *Schlagstock frei!* und Tränengas und Husten und *Wir kriegen Euch!* und plötzlich hat Hermann einen Knüppel im Kreuz, das schmerzt heftig, er rennt noch schneller, immer die Biggi an der Hand.
Hält nicht an, gräbt keine Steine aus der Gehwegpflasterung und will kein Opfer werden. Ist nicht auf der Suche nach dem Opferpriester. Will auch nicht zurückschlagen müssen, sucht stattdessen freien Raum, ohne Verfolgung und Luft zum Atmen.

Wie damals bei der Rattay-Demo.
Da hatte die Polizei acht besetzte Häuser geräumt.
An einem einzigen Tag. Auf Anweisung eines kleinen, dicken Büffelhelden aus dem Berliner Senat. Und als Folge Demonstrationen, Steine, all das, und auch Flucht vor der Polizei, und da rennt der Rattay vor diesen Doppeldecker-Bus. Tot. Am Bülowbogen.
Der Busfahrer steht unter Schock!
Das hören Rudi und Hermann im Radio, in ihrer Lieblingssendung *SF-Beat!*, und stellen sich mit vielen auf die Straßenkreuzung und sehen Blumen liegen, wo eben noch Rattay war.
Es ist schon dunkel. Alle schreien.
Polizisten – Mörder!
Und blockieren die Kreuzung. Setzen sich unter die Stahlkonstruktion der Hochbahn und warten.
Auch Hermann wartet.
Räumen Sie die Kreuzung!
Da kann er nicht mehr stillsitzen. Sieht weiter vorne, wie sich die Polizei mit Holzknüppel-Frei in seine Richtung vorarbeitet. Hört Stöhnen, *Loslassen!* und *Schweine!*, steht ruckartig auf, schaut kurz nach Rudi, der aber bleibt sitzen.
Los komm!
Wir hauen ab!
Doch Rudi hockt weiter und Hermann zieht sich ein paar Meter zurück. Steht fluchtbereit. Hat die Sitzblockade verlassen und fühlt sich einmal mehr wie ein mieser Verräter an der guten Sache – müsste er nicht ausharren und hinhalten und einstecken? Wenigstens bei Rudi bleiben?
Doch das kann er nicht. Will er nicht.

Nie wieder Prügel.
Und rennt, Minuten später, als er bereits die irren Augen der Uniformierten hinter ihren Visieren deutlich erkennen kann, zusammen mit Rudi Richtung U-Bahnhof Kurfürstenstraße.

Jetzt steht er mit Biggi in einem schützenden Hauseingang und atmet schwer – *Alles klar?*
Biggi nickt mit großen Augen.
Verdammt! Das war knapp!
Was macht Dein Rücken?
Der schmerzte. Und dann schon nicht mehr, als die anderen kamen und alle unversehrt und fluchten und dann ein Bier oder zwei in der vollbesetzten Wohnzimmerkneipe. Und noch einmal berichten von Feuer, Flammen, Schlagstockfrei.
Kriegsberichterstattung! nannte Hermann das immer.

Jane schrieb all die atemlosen Berichte mit, füllte ihr rotes Notizbuch, dabei immer die Lucky zwischen den Lippen. Ihr Bier wurde schal ob all des Schreibens.
Sie schrieb alles mit. Überall und immer. Schließlich verdiente sie ihr Geld nach wie vor mit Berichten aus *Crazy Berlin!*, hatte, dank ihres Bruders, inzwischen eine eigene wöchentliche Kolumne gleichen Namens bei der Washington Post und außerdem eine Stelle als Redakteurin bei einem linken Zeitungsprojekt angenommen.
Zum Einheitslohn, natürlich.
Das ist erst recht crazy!
Das größte Kollektiv in Berlin!
Fast hundert Leute, jeder will bestimmen und nie ist Geld da!

Trotzdem hatte Jane ihren Spaß, ein Telefon, einen Schreibtisch, Paradiesvögel und Betonköpfe als Kollegen, erlebte in der Redaktion die üblichen Flügel- und Fraktionskämpfe und lernte sogar die großen Alten der Bewegung kennen, all die roten, aber gar nicht so toten Hugos, die die Zeitung vor ein paar Jahren mitgegründet hatten.
Hey, manche von denen waren sogar schon 68 dabei!
Hausten damals in Roten Zellen!
Dabei hört sich Zellen so nach Knast an, oder?!
Und musste in ihrer linken Redaktion den ganzen Tag echt scharfen Kaffee aus Nicaragua trinken – Solidarität bis zum Sodbrennen. Alle

Macht den Sandinistas. Keinen Fußbreit den Contras und ihren US-Unterstützern.
Weißt du übrigens wie dieser Nica-Coffee heißt?
Sandinistendröhnung! Importiert von Ökotopia!
Can't believe it, buddy!
Und schrieb weiter. Notierte, rauchte. Hörte damit immer nur auf, wenn Rudi ihr übers Haar strich und sie küsste. Oder wenn sie wieder in ihrem besetzten Haus einen Arbeitseinsatz hatten. Oder wenn Hermann die Jane, Biggi und den Rest der Gang in die neue Kreuzberger Wohnung einlud.

Pasta für alle. Al dente.
Mit einem Sugo aus frischen Tomaten, Hackfleisch, Basilikum und einem kleinen Schuss Rotwein. Das Sugo musste mindestens, aber mindestens und *Ehrensache, capito!* zwei Stunden in einer großen Pfanne auf kleiner Flamme gekocht werden. Dazu ein paar Flaschen Chianti Classico – *Eine halbe Stunde vorher entkorken!*
Der Wein muss atmen! Mineralwasser nicht vergessen. Und frisches, weißes Brot. Das alles drappiert auf einem ausziehbaren, dunkelbraun furnierten Holztisch und im Hintergrund die Musik von Lucio Dalla. Der mit der runden Brille. Und der Wollmütze auf dem Kopf.
Quale Allegria
cambia face cento volte
per essere un bambino!

Hermann hatte eben Stil. Und Parmesankäse im Stück samt Reibe im Haus, seit er bei Giulio Kochunterricht in Sachen cucina italiana gehabt hatte. Giulio war ein Zeitungskollege von Jane, *Ein Paradiesvogel!*, aus Bologna, war noch zu Zeiten der Indiani Metropolitani dort gewesen und verkehrte jetzt, *Per Ricordare!*, bei den Manitus in der Stadtindianerpizzeria, aß dort aber nie Pizza.
Das ist nur was für euch Deutsche, Caro!
Giulio schwörte auf Pasta. Kochte Pasta, starb für Pasta und hatte Hermann die richtige Zubereitung beigebracht.
Zeit brauchst du dafür! Und frische Zutaten! Hau bloß ab mit deinem Tomatenmark!

Seit Jane die beiden bekannt gemacht hatte, war Giulio schon oft in Hermanns Wohnung gewesen und hatte mit ihm gekocht. Große Portionen.

Per tutta la famiglia!
Denn Hermann hatte oft Besuch. War immer noch ganz und gar glücklich, wenn viele Freunde am langen Tisch saßen, zusammen futterten, redeten, rauchten und einen Grappa hinterher.
Ich hasse isolierte Einzelfresser!
Immer noch!
Sprach deshalb jede Menge Einladungen aus, seit er allein, ohne seine Mützen-Männer, in der geräumigen Zweizimmerwohnung, Vorderhaus, Innenklo und dunkelgrüne Badewanne für glatte DreihundertFünfzig-Mark wohnte.
Brauchste ne Wohnung?
Ein versoffener Poet im abgeschabten schwarzen Anzug hatte ihn das abends am Tresen der Wohnzimmerkneipe nach dem fünften Glas Weißwein gefragt und Hermann war aus der alten WG aus- und in den neuen *Palazzo!* eingezogen. Einfach so.
Kein Vertrag und gar nix.
Aber auch kein Hannes mehr. Doch in Hermanns Wohnung würde immer ein Zimmer für den kleinen Blonden frei sein.
Ach, Hannes!

Hannes wohnte seit einiger Zeit nur noch bei Mutter Lilo. Sieben Tage die Woche und immer.
Hatte keinen Wochenendvater mehr.
Auch keinen Kinderladen mehr.
Das Ladenprojekt war längst beendet worden und damit auch die langen Diskussionen auf den wöchentlichen Elternabenden über das schwierige *Was nun?*
Denn niemand aus dem Laden wollte sein Kind, nach all den Mühen der Kinderladenerziehung, in die Hölle einer ganz normalen Regelschule schicken.
Es fiel Hermann schon schwer genug, den alten Kinderladen im Schöneberger Hurenviertel aufzugeben.
Nicht ein einziges Mal habe ich es mir Französisch machen lassen!
Hätte doch nur fünfzig Mark gekostet!
Und Lachen.
Und dann wieder schwer sentimental.

Er konnte sich kaum an den Gedanken gewöhnen, dass es keinen Ladenschluss mit tobenden Kindern mehr geben, er nie wieder abends mit den

anderen Eltern schwarzen Kaffee trinken und auch keine wüste Beschimpfungen wegen seiner rückständigen Elternbeiträge mehr hören würde.
Wieviel heftige, tränenreiche, lautstarke Debatten um Biographien, Kindermacken, Beziehungen, die richtige Pädagogik oder keine, wieviel Psychostress hatte es gegeben?
Ist mir richtig ans Herz gewachsen, der Laden!
Und jetzt plötzlich mit kaltem Herzen das eigene Gör ohne die kleinen Kumpanen bei angepassten bürgerlichen Pädagogen einschulen? Nur um die verdammte Schulpflicht zu erfüllen?

Niemals! Wir melden die Kurzen bei einer Freien Schule an!
Selbstverwaltet, an den Bedürfnissen und Fähigkeiten der Kinder orientiert, nix Frontalunterricht, keine Zensuren. Repressionsfrei und trotzdem Schule. Das gab es.
Alles war im Berliner Angebot. Also auch alternative Schulmodelle. Ohne *Zack!* Aufstehen, *Guten Morgen Herr Lehrer, Zack!* einen in die Fresse und Arrest am Nachmittag.
Hermann hatte das tiefe Mißtrauen gegenüber staatlichen Schulen nie verlassen. Er saß noch immer, wie damals Malcolm McDowell in dem unglaublichen Film *IF!*, mit der Schusswaffe im Anschlag auf dem Schuldach und warnte von dort oben jeden Lehrer, der unten vorbeikam, es bloß nicht noch einmal zu versuchen.
Habt uns lang genug gequält!
Leave the kids alone!

Roger Waters war seit vielen Monaten sein ständiger Begleiter geworden. Der hatte mit The Wall! den passenden Sound für Hermanns Erfahrungen gefunden und wusste das vielleicht gar nicht.
Roger hatte es denen da draußen klipp und gar gesagt.
We don't need no education
we don't need no thoughts control
no dark sarcasm in the classroom!
Der Engländer Waters hatte einfach mutig das getextet, was sie alle in dieser verfluchten deutschen Republik erlebt hatten.
When we grew up and went to school
there were certain teachers who would
hurt the children any way they could!

Dann dieser wilde, empörte Schrei von der Platte – endlich noch einmal kompromißlos *Nein!* sagen. Vielleicht hörte es diesmal jemand.
Hey, teachers, leave the kids alone!
Alle in der Steglitzer *Music Hall!* tanzen zu diesem *Leave the kids alone!* und brüllen es dann gemeinsam im Chor – die schwarzgelederte Punklady mit den Sicherheitsnadeln im Ohr ebenso wie der Friedensbewegte mit dem Buttom *Frieden schaffen ohne Waffen!* am selbstgestrickten Pullover. Gemeinsam rockten sie auf dem blankpolierten Metall der Tanzfläche gegen sarcasm und thoughts control.
Und Hermann stampft und Siegfried stampft und beide stampfen aufeinander zu, Schritt für Schritt, Auge in Auge, die Flashlights flackern über ihren Köpfen und sie sagen es ihren Eltern. Noch einmal. Schon wieder.
All in all you're just another brick in the wall!
Dann das Gitarrensolo. Den Körper zu den Slides winden, spüren, dass da was ist, das raus will.
Aber noch nicht heraus kann.

Es wird nach einem dieser *Mal-Abtanzen!*-Diskoabende gewesen sein, als Lilo den Hermann zu Hause anruft. Kurz vor seinem Umzug in den neuen Palazzo. Es ist dunkel im Flur, Glühbirne kaputt und er ist noch schweißnass vom Tanzen. Nass bis auf die Unterhose muss er sich Lilos Beschluss anhören.
Du brauchst den Hannes an diesem Wochenende nicht abzuholen! Ich nehm ihn jetzt ganz zu mir! Is besser so!

Lilo wohnte nicht mehr in der großen Frauen-WG, sondern war mit ihrer neuen Flamme in eine ZweizimmerwohnungInnenklo gezogen.
Die Flamme war eine Frau.
Kurze Haare, eckiges Gesicht, Jeans, nie einen Rock, nie ein Kleid, *Is nur was für Tussies!*, und so schüchtern, dass sie immer den brutalen Macker gegeben hatte, wenn Hermann gekommen war, um Hannes abzuholen. Während Lilo schwärmte.
Ich stehe schon lange auf Frauen, hab mich aber nie getraut!
Eigentlich war ich schon immer bisexuell!
Gut zu wissen.

Lilo ist immer noch schwer verliebt und meint am Telefon, dass die beiden den Hannes jetzt mit Haut und Haaren und jeden Tag der Woche haben wollen.

Die ewigen Wechsel verwirren den Jungen doch nur!
Und sie sagt ihm das erst jetzt, weil sie noch gewartet hat, ob das mit ihr und der Eckigen auch wirklich klappt und es klappt ja und jetzt wollen die beiden Frauen einen auf Vater, Mutter, Kind machen.
Ohne Hermann.

Du bist eine miese Sau, weißt du das!
Hermann steht in seiner schweißnaßen Unterhose im dunklen Flur, brüllt in den Telefonhörer und weiß doch jetzt schon, dass die blöde Schlampe recht hat.
Irgendwie.
Da habe ich mich jahrelang um den Jungen gekümmert und jetzt nimmst du ihn mir einfach weg! Mit einem beschissenen Anruf willst du mich ausbooten!
Und weiß immer noch, dass sie Recht hat. Er hat ja schon mit Siegfried darüber gesprochen.
Du, ich glaub der Hannes hat ein Problem!
Was konnte es bedeuten, wenn ein Schulkind plötzlich wieder am Daumen lutschte und keine Nacht allein in seinem Bett bleiben wollte? Wenn dies Kind tagsüber wie im Krampf die Augen aufriss, sein ganzes Gesicht verzerrte, immer mehrmals hintereinander und damit, *Verdammt nochmal!*, genauso aussah, wie damals der kleine Hermann in der Gaskesselheimat vor dem Spiegel im Badezimmer, als er noch würgte, kotzte, seinen Nacken steif machte?
Hermann war vollkommen verzweifelt, als er das erste Mal sah, wie der Kleine dabei so fürchterlich klein, verlassen, schutzbedürftig aussah und ihm die Erinnerung eiskalt in die Glieder fuhr. Dann war er wütend geworden.
Was hat den Jungen bloß so kaputt gemacht?
Und Siegfried erinnert ihn.
An die verrückten Wohngemeinschaften, an die Trennung von Lilo, an deren häufige Partnerwechsel, an den stumm leidenden Ersatzvater Hermann, an die ständigen Umzüge, an all die Fights im Kinderladen.
An Ruhe, die niemals war.
So etwas macht ein Kind fertig!
Siegfried denkt dabei auch an die eigene Tochter.
Die Lena hat oft nächtelang nicht schlafen können! Wie oft hat sie nach der Rita geweint! Und jetzt muss sie mit der Lydia klarkommen!
Hermann versteht und will doch nicht. Bestellt noch einen tröstenden

Wein. Heult. Schluchzt. Am runden Tisch, mitten in der Wohnzimmerkneipe, über einem vollen Aschenbecher.
Siegfried beugt sich rüber, nimmt ihn in den Arm, erzählt, wie oft er selbst in letzter Zeit mit der Lydia über all das geredet hat und dass sie, die Sanfte, Bestimmte es gewesen ist, deren Nachfragen ihn erinnert haben.
An das, was sie wollten, und was daraus wurde.

Und Hermann brüllt weiter ins Telefon, hält der Lilo ihr ganzes Chaos vor, auch, dass sie mal wieder keinen Vater für ihr Kind hat, bloß einen kessen Lesbenvater als Ersatz und bestimmt auch nicht ganz unschuldig daran war, dass sich der Erzeuger von Hannes aus dem Staub gemacht hat. Schon vor der Geburt.
Und am anderen Ende der Leitung ist es still.
Dann heult es. Dann legt es auf.
Dann liegt er im Bett. Dann steht er auf.
Zieht sich an.
Geht auf die Straße.
Kommt zum Ufer des Landwehrkanals.

Die Trauerweiden hängen tief über dem schwarzen Wasser. Zwei Schwäne treiben auf dem stillen Schwarz, dicht nebeneinander, die Köpfe unter den Flügeln. Ein bedröhnter Freak schlurft mit seinem Hund vorbei. Die ersten Vögel geben Laut.
Hermann wankt ein Stück am Ufer entlang, sieht die kleine Kirche oben an der Straße, die vom Ölberg, steigt auf den Berg, der keiner ist und sieht die Schrift an der Wand des Gotteshauses.
Nun aber bleiben Glaube, Liebe, Hoffnung!
Ausgerechnet der Bibelspruch, den der jugendliche Hermann mit eitrigen Pickeln im Gesicht suchte, fand und vor vielen Jahren wieder vergaß.
Aber die Liebe ist die größte unter ihnen!
Er liebt den Hannes und wird ihn gehen lassen. *Nicht alles noch schlimmer machen!*
Dann stirbt er fast ein wenig.

Später, viel später, in der neuen Wohnung, seinem Palazzo, ist Hermann wieder ausreichend lebendig.
Pasta, abendliche Gelage mit den Freunden und an den Wochenenden mit Biggi und ihrem Knackarsch in der grünen Badewanne, sich den

Rücken waschen und all das andere später auf der großen Matratze. Auch auf dem Teppich.
Die Biggi ist laut, nicht so stillheimlich wie Hermann immer noch. Wenn sie kommt, wackeln die Wände.
Na, da haben sie gestern abend aber wieder eine Menge Spaß gehabt?
Die alte Frau in der Kittelschürze steht im Hausflur, ihren Mülleimer in der Hand und grinst über alle Falten. Sie ist die Frau von Herrn Schmidt und das Paar wohnt genau in der Wohnung über dem Palazzo.
Aber lassen'se mal, das macht doch nichts, wir waren doch alle mal jung!
Seit seinem Einzug in den Palazzo luden die Schmidts Hermann immer wieder zum Kaffee ein.
Komm'se rauf, junger Mann, wenn ihre Kleine nicht da ist!
Is doch nichts, so alleene!
Und er kam gerne, hörte sich ihre Geschichten an.
Die beiden Alten hatten viel zu erzählen, waren weit über 70 Jahre alt, hatten es mit den Hüften und Athritis, aber Augen, die hellwach waren und in Hermanns Erinnerung noch heute funkeln und leuchten.

Wenn die Klöppeldecke glatt gezogen war, der Kaffee in den Blümchentassen dampfte, der Rosinenkuchen auf den Tellern lag, *Nehmen Sie doch gleich zwei Stückchen!*, dann begannen die Schmidts mit Hermann ihre Vergangenheit zu bereisen. Sie hatten klare Erinnerungen und er wollte hören, nur hören.
Und hörte, was alles zerbombt war in Berlin, damals, als plötzlich Nazis statt Deserteure an den Laternen hingen und die Russen immer auf der Suche nach *Uhri!Uhri!* waren.
Hörte, dass Herr Schmidt *Nach dem Zusammenbruch!* immer mit Freunden ins Berliner Umland gefahren war, um Hausrat und Mobiliar gegen Lebensmittel zu tauschen.
Nach dem Krieg konnten doch die Bauern ihre Kuhställe mit Teppichen pflastern!
Hörte auch, dass Frau Schmidt, während die Trümmerfrauen noch Steine kloppten, in einem provisorischen Krankenhaus gearbeitet und dort schlimme Dinge gesehen hatte.
Darüber rede ich aber lieber nicht!

Tat es denn aber doch und sprach von vergewaltigten Frauen, von Tränen, Verzweiflung und Blut. Wollte, dass all das nie wieder geschieht, und war heftig atmend empört darüber, dass *Die verfluchten Nazis!*

überall *Aus ihren Löchern kriechen!*, vor Jahren diesen mörderischen Sprengstoffanschlag auf das Oktoberfest gemacht haben, Ausländerstopps fordern, immer wieder Wehrsportgruppen und nationale Aktionsfronten gründen.
Und im Maidanek-Prozess wollten uns die Richter weismachen, dass man KZ-Aufsehern keine Schuld nachweisen kann! Wo leben wir eigentlich?! Hat denn keiner was gelernt?
Die Schmidts waren schon schwer in Ordnung.

Genau wie seine Großtante aus dem Bayerischen Viertel.
Ihr *Nie wieder Krieg!* war ebenso eindeutig wie das der Schmidts. Schließlich hatte sie mit anderen Hausbewohnern verfolgte Juden im Keller versteckt, ihnen sogar Geld für die Flucht in die Schweiz gegeben und war mit einem verheiratet gewesen, den die Nazis nach Oranienburg und später sonstwohin geschafft hatten.
Ich habe ihn nie wieder gesehen! Nie wieder!
Das hatte sie ihm mit traurigen Augen hinter ihren dicken Brillengläsern erzählt, als er wieder einmal den Mund voller Sahnetorte hatte. Bei einem seiner Besuche, die schon lange zurücklagen. Zu lange.
Denn jetzt war sie tot.

Keiner hatte es ihm mitgeteilt. Kein Brief. Kein Anruf. Nicht einmal von der Oma. Warum sollte auch ein mieser Outlaw wie er von seiner Familie unterrichtet werden?
Als er eines Tages vor der Wohnung der Großtante steht, um ihr beim Kaffeetrinken zu berichten, dass es vielleicht wirklich *Nie wieder Krieg!* gibt, weil jetzt sogar der olle Böll, den liebt sie doch genauso wie die Oma, Atomwaffenlager blockiert, *In Mutlangen!* und Hunderttausende von Demonstranten Ketten gegen die atomare Nachrüstung gebildet haben, als draußen gerade eine warme herbstliche Sonne scheint und sich die Blätter bereits gelb und rot verfärben, ist ein anderes Namensschild über der Klingel montiert. Nicht mehr das ovale Emailleschild mit der zarten geschwungenen schwarzen Schrift, sondern ein protziges aus Messing mit arroganten eckigen Buchstaben. Er klingelt trotzdem.
Die Dame ist vor ein paar Monaten verstorben! Sind Sie ein Verwandter?
Ja, er ist ein Verwandter. Einer, der sich beim Friedhofsamt erkundigt, wo die Großtante begraben liegt und jetzt immer wieder auf dem kleinen Kirchhof gegenüber vom Schöneberger Rathaus vor ihrem Grab steht, Blumen darauf legt und nicht verstanden hat.

Hat nicht verstanden, warum Eltern und Großmutter ihn nicht einmal bei der Beerdigung sehen wollten, warum ihm der Kopf so schmerzt und sein Herz so wild und wütend klopft.
Irgendetwas kann mit ihm doch nicht stimmen, wenn er gar nicht mehr zur Familie gehört. Haben die Eltern etwa Angst vor ihm? Was ist er ihnen überhaupt noch, wenn sie ihn meiden wie die Pest?
Hier am Grab, vor dem schwarzen Marmorstein mit den vielfältigen Hinterlassenschaften der Vögel darauf, nimmt es ihm erstmals fast den Atem, weil soviele Erinnerungen unkontrolliert auf ihn einstürzen – Zittern, Zagen, Aufbegehren.
Selbst Kinderzimmer-Träume kehren wieder, drohende Schatten, die ihn verfolgen, kalte gekachelte Räume, in die Gas strömt.
Atemlos flieht er den Ort.
Sagt dabei in Gedanken der Großtante Adieu, umarmt sie und sie drückt ihn an sich, streichelt ihm den Rücken wie früher.
Jungchen, du bist schon in Ordnung!

Zu Hause öffnet er mit dunkler Entschlossenheit die Fenster zur Straße, alle Fenster. Reißt sie auf. Schreit nicht wie der Vater damals, Ich sterbe!, sondern legt mit fliegenden Händen die passende Platte auf. Fleht mit Rio und den Scherben um Gnade.
Gib mir Fleisch und Blut,
gib mir Sinn,
lass mich spüren, dass ich bin,
Gründe zu sterben
Gründe zu leben
die Antwort jetzt
wer kann sie geben?
Als Biggi klingelt, er die Tür öffnet, findet sie ihn verstockt, schweigsam, brodelnd vor Wut, die Scherben besingen gerade zum zwölften Mal ihre Sternschnuppen und draußen vor dem Fenster schreit jemand.
Kannste die Scheiße nicht mal leiser drehen!
Da stürzt er schon aus Biggis Armen zum Fenster.
Halt bloß das Maul, du Idiot!
Schreit das so laut, so überzeugend, und eben wieder nicht Ich sterbe!, dass der Trainingshosentyp da draußen tatsächlich fluchend mit seiner Bierdose in der Hand abzieht.
Biggi wunderte sich über Hermanns rüden Ton und nahm sein hartgewordenes Gesicht zwischen die Hände.

So kenne ich dich gar nicht!
Warf ihre schwarzen Locken über ihn und machte ihn weich.
Lass mich spüren, dass ich bin!

Was die Scherben da nach ihrer Berlinflucht in ihrem Fresenhagener Exil aufgenommen haben, meint unsere eigenen autistischen Gefühle, nachdem all unsere Revolten ihr Ende gefunden haben! Da schrieb er mal wieder.
Jane hatte ihn darauf gebracht, etwas anderes zu tun, als nur Balken zu schleppen.
Komm mal raus aus deinem Exil!
Sie arbeitete inzwischen in der Kulturredaktion ihres linken Zeitungsprojekts, konnte neue Autoren brauchen und hatte inzwischen längst mitbekommen, dass er in der Vergangenheit immer wieder und gern an Worten gedrechselt hatte.
Come on, schreib mal ein paar Kritiken! Platten, Bücher, was dir wichtig vorkommt!

Nach einem gemeinsamen Sekt-Schinken-Frühstück mit Rudi und vielen anderen Instandbesetzern am langen Tisch mit Blumen drauf im besetzten Haus, *Wir bekommen endlich unseren Vertrag vom Senat!*, hatte Jane ihn in ihre Redaktion mit den überquellenden Papierkörben eingeladen, ihm einen Stuhl und eine große Tasse bitterer schwarzer Nicaragua-Solidarität angeboten. Dazu einigermaßen flockige Milch aus der Tüte.
Janes Kollegen hatten ihn mit kurzem Nicken gegrüßt und dann weiter Texte in ihre Schreibmaschinen gehackt.
Nur einer, ein schmächtiger Blasser mit langen schwarzen Haaren, hackte nicht, schaute ihn interessiert an, saugte dabei intensiv an einem ziemlich kleinen Joint, kniff die Augen zu, hielt die Luft an, drehte kurz den Kopf zur Seite und hielt ihm das noch kleiner gewordene Ding am ausgestreckten Arm hin.
Willste?
Hermann schüttelte den Kopf, der Schmächtige pumpte sich nochmal die Lungen voll, *Inhale, Baby!* und begann danach ebenfalls schwarze Buchstaben auf weißes Papier zu hacken.

Minuten später nahm Jane Hermann bei der Hand. In der anderen hielt sie ein Manuskript. Über Lindenberg und seinen *Zwanzig-Minutenauftritt vor der FDJ in Ostberlin!*

Komm, der Text muss in den Satz!
Sie gehen über lange Flure. Überall Büros und Hektik und *Verdammt, wo ist die Scheiß-Anzeigenvorlage nur hin!* und plötzlich knallt ihm jemand die Hand auf den Hintern.
Hey, was für ein süßer kleiner Knackarsch!
Er kann es kaum fassen, da geht die Frau mit den breiten Hüften im langen Rock auch schon weiter, dreht sich nach ein paar Metern aber nochmal um, lacht aus ihren breiten Lippen laut in seine Richtung und zwinkert Jane zu. Die lacht ebenfalls.
Das ist unsere Frauenredakteurin!
Hermann bekam einen roten Kopf, war aber froh, dass die Frauenredakteurin nicht seine Kastration gefordert hatte. Die Zeiten hatten sich also geändert. Noch einmal geändert. Einmal mehr und demnächst bestimmt wieder.

Sekunden später muss er lachen.
Als er zum ersten Mal das Liebesleben der noch seltenen Spezies Fotosetzer bewundern kann – unerforscht bis dato, aber jetzt endlich unter Hermanns teilnehmender Beobachtung.
Die Wesen tragen schüttere, aber lange rote Haare bis weit über die Schultern, den krausen Bart bis auf die Brust, haben ihre latzhosentragenden Weibchen auf dem Schoß und erkunden mit der Zunge intensiv deren Mundhöhlen.
Das ist Reinhard, unser Chefsetzer!
Sofort hört der Bärtige auf zu küssen, zu streicheln und wehrt solche Vorstellung radikal und rundheraus ab.
Mach mal keine blöden Witze! Chefs gibts hier nicht!
Fortan setzte Reinhard Hermanns Texte. Immer dann, wenn gerade niemand auf seinem Schoß saß.
Immer dann, wenn Hermann, neben Kantholz-Schleppen, Kaffeetrinken bei Schmidtchens, Liebe mit Biggi und Spaghetti kochen, Zeit fand, einen kleinen Text zu komponieren und bei Jane abzuliefern.

Eines Tages, die Gehwege sind schon wieder vollgespuckt mit gelb-grünem Auswurf, es muss sehr später Herbst sein, aber gar nicht so kalt und gar nicht so grau, tut er nichts von alledem, sondern flaniert ein wenig, sucht seine neuen Gedenkorte auf. Beim Grab der Großtante ist er schon gewesen, hat sie begrüßt, ein paar Worte mit ihr gesprochen und sich mit der Erinnerung an die alte Dame gewärmt.

Danach ist er langsam hinüber in den Wilmersdorfer Volkspark gegangen, vorbei am Hirschbrunnen, grüßt das stolze Tier auf der Säule, hat die Enten im Teich als die Schnatterinchen aus seiner Kindheit wiedererkannt, aber kein Brot zum Füttern dabei und sich dann auf die Bank gegenüber von dem großen Spielplatz gesetzt und die lange Kinder-Rutsche angestarrt, die einen kleinen baumbestandenen Hügel herabführt.
Sofort sieht er den blonden Hannes dort heruntersausen und weiß genau, dass der ihm gleich zuwinken und er hingehen wird, den Jungen nach dem nächsten Rutschen unten auffängt und in die Arme nimmt.
Genauso war es immer gewesen.
Aber jetzt nicht mehr. Nie mehr.
Keine Zeit für Ersatzväter.
Außerdem rutscht ein Freischulkind wie Hannes bestimmt nicht mehr gerne. Aus dem Alter wird er raus sein. Vielleicht hat er inzwischen die Ratte bekommen, die er sich bei ihrem letzten Kaffeehausbesuch am Kottbusser Tor, lang ist's her, so sehr gewünscht hat.
So eine wie die Punkers immer haben!
Kindern entgeht nichts. Und sie schreien laut. Kreischen. Irgendwo weiter hinten im Park. Lachen.

Hermann steht auf, geht los, sucht dieses vielstimmige Kinderlachen und findet es hinter dem Rutschenhügel. Auf der blaßgrünen Wiese mit dem vielen braunen Laub darauf. Mehr als ein Dutzend Kinder. Eines davon mit verbundenen Augen, versucht die anderen mit der Hand zu berühren. Die laufen weg, schleichen sich von hinten an das Augenbinden-Kind heran, ziehen Grimassen, laufen kreischend weg, wenn es sich hastig umdreht und nach ihnen greift. Und wieder daneben.
Genau das hat er als Kind auch gespielt. Damals. Bei den Schwestern mit den weißen Häubchen. *Blinde Kuh!*
Und mitten in dem fröhlichen Wogen auf der Wiese dieser Alte mit der runden Brille – ein Kahlkopf mit moderatem Doppelkinn. Lacht laut, ein wenig keuchend, und macht sich dann rüber zu einem Fahrrad mit Anhänger, auf den ein mannshohes Holzgestell samt Plane montiert ist.
Mit bunten Buchstaben darauf.
Spiel-Velo!
Der Glatzkopf wühlt in dem Hänger, fördert zwei Campingtische zutage, baut sie auf, wühlt wieder, platziert Wachsmalkreiden und Papier auf den Tischen.

Staunen, Machen, Spielen, Lachen!
Auch das steht auf der Plane des kleinen Anhängers geschrieben und Hermann staunt, macht, lacht aber nicht, noch nicht, geht rüber zu dem Glatzkopf. Der ist viel kleiner als Hermann, schaut mit lustigen Augen zu ihm herauf und stellt sich vor.
Carl heiße ich, mit einem C vorne, mein Guter! Gestatten, von Beruf Aktionskünstler!
Knallt dabei die Hacken zusammen und lacht. Zeigt auf den Tisch, auf das Papier.
Mal doch mal was, mein Junge!
Und während Hermann zwar empört ist, was heißt hier eigentlich *Mein Junge?*, aber dennoch naive Kunst mit roten und grünen Wachsmalkreiden produziert und die Kinder schon der nächsten Kuh die Augen blind gemacht haben, erzählt dieser Carl mit C, dass er eigentlich ein Maler, *Bildender Künstler!*, ist, aber immer wieder raus aus der Enge seines Ateliers muss.
Ich bin ein Macher!
Also weg von der Staffelei und mit Kindern staunen und lachen und Spielaktionen machen. *Sesamstraße reicht nicht! Man muss die Kinder ernst nehmen und sie nicht mit irgendwelcher Konsumscheiße ruhigstellen!*
Also greift sich Carl, sagt er, immer wieder Fahrrad und Anhänger, lädt den voll mit Seilen, Tüchern, Pappen, Farben, nennt das ganze Spiel-Velo und radelt dorthin, wo die Kinder sind. *Und dann fällt uns immer was ein!*
Hermann fällt ein, dass er mit Biggi verabredet ist, Richtung Palazzo gehen muss, will sich verabschieden, doch Carl hält ihn auf, will nur kurz noch erzählen, dass er demnächst mit den Kindern im Park Theater spielen wird, dass wahres Genie die wiedergewonnene Kindheit ist, und drückt ihm seine Adresse in die Hand.
Pariser Straße! Komm einfach vorbei!
Als Hermann eilig fortgeht, staunt er immer noch über den Alten, der so viel redet, so sehr lacht, so sehr lebt und funkelt. Und nimmt sich vor, Besetzer-Jane von diesem Unikat zu erzählen. Wegen ihrer Kolumne, Crazy Berlin.
Und ahnt noch nicht, wie sehr dieser glatzköpfige Carl, von dem er noch nicht einmal weiß, ob er ihn tatsächlich besuchen soll, sein Leben verändern wird.

Inzwischen verändert sich Biggi. Sie will ein Kind von ihm.
Du bist bestimmt ein guter Vater! Hast ja schon Erfahrungen als Vater gemacht! Und ich liebe dich!
Da sitzen sie im Licht von mindesten fünf Kerzen in der kleinen Küche seines Kreuzberger Palazzo, haben ein wunderbares Gulasch, ein italienisches Spezzantino, gekocht, natürlich nach einem Rezept von Giulio, *Ablöschen mit Weißwein!* und Hermann ist vom Donner gerührt.
Das meinst du nicht ernst!
Doch, sie meint es ernst. Aber er traut sich kein Kind zu. Hat es ja schon als Ersatzvater mit dem Hannes vermasselt, denkt er. Vermutet stattdessen laut, dass da irgendein Gruppenzwang abläuft, weil zwei Helferinnen im Dentistenkollektiv Mütter geworden sind, sagt das auch und macht sie wütend.
Arrogantes Arschloch! Du liebst mich doch gar nicht!
Und er will gerade heftig widersprechen und Biggi hat schon Tränen in den Augen, da hört er draußen Hilfeschreie.
Hermann rennt zum Fenster, sieht draußen jemanden am Boden liegen, auf den zwei Männer einschlagen, greift sich seine Lederjacke und stürzt ohne jedes Nachdenken runter in den Hof.

Sie sind tierisch besoffen, alle drei, die da brüllen, schlagen, heulen. Der unten liegt, schreit laut um Hilfe, die über ihm treten den unten mit Füßen, keuchen *Du Schwein!*, immer wieder, bis Hermann mitten in den Alkoholdunst hineingreift, einen der Schläger am karierten Hemd zu fassen kriegt, ihn heftig zurückreißt und den anderen anbrüllt.
Hör sofort auf oder ich mach dich fertig!
Der zweite Schläger sabbert, duckt sich, hebt die Hände.
Nicht schlagen!
Tritt zur Seite, ist plötzlich still, als Hermann sich neben den Typen kniet, der da auf dem Beton blutet und wimmert und sich zu einem winzig kleinen Wurm zusammengerollt hat.
Hermann streicht ihm über den Kopf, kommt mit blutigen Fingern wieder zu sich, sein Denken setzt wieder ein und er weiß, er muss verdammt vorsichtig sein bei solch miesen Säuferschweinen, ihnen bloß nicht den Rücken zukehren. Säufer sind unberechenbar. Und die hier sind im ganzen Haus bekannt.
Schmidtchens haben ihm beim Kaffeetrinken erzählt, dass wegen der drei Assis!, die in HinterhausParterreAußenklo zusammenwohnen, immer wieder die Polizei kommen muss.

Die haben sogar schon mal einen abgestochen!
Beim Kartenspiel!
Gefährliche Idioten sind das!
Doch die Idioten schlagen nicht mehr zu, auch nicht von hinten, lallen nur, ziehen auch kein Messer, und Biggi ruft Polizei und Krankenwagen. Das Übliche.

Als sie wieder in der Küche sitzen, das herrliche Spezzantino ist längst kalt und der Appetit vergangen, reden sie nicht mehr vom Kinderkriegen. Hermann zittert am ganzen Leib, Biggi umarmt ihn, *Ganz schön mutig!* und er erzählt ihr, dass er sowas nicht zum ersten Mal erlebt hat – immer wieder hat er sich in den letzten Jahren mit Dummsäufern angelegt, die gewalttätig wurden.
Merkwürdig!
Auch damals, noch zu Zeiten der Männer-WG, als er mit dem kleinen Hannes mal wieder in Kreuzberg, der angeblich Freien Republik mit der Nummer 36, unterwegs war, *Kiezkontrolle!* nannten sie ihre Spaziergänge spaßeshalber, und er genau das hörte, was all die anderen Passanten um ihn herum hinter hochgeschlagenen Mantelkragen ignorierten. Ein leises Weinen. Das Weinen eines Kindes. Es stand voll bleicher Angst in der Ecke eines Hauseingangs. Vor ihm ein dunkler erwachsener Mann, schwankend, schlecht riechend und drohend.
Wenn du nicht mitkommst, schlag ich dir aufs Maul!
Und wieder setzt bei Hermann jedes Denken aus. Wie in Trance fühlt er sich.
Wird groß, riesig fast und weiß es nicht.
Lässt den Hannes stehen, geht hin, wischt den Mann mit dem Arm beiseite, der schwankt noch mehr, fällt fast auf die Schnauze, und Hermann nimmt den weinenden Jungen bei der Hand. *Geh nach Haus, los geh!*
Da rennt der Junge schon und Hermanns Hand hält wieder die des staunenden Hannes und sie gehen weiter. Umstandslos weiter.
Doch das besoffene Schwein torkelt in ziemlicher Geschwindigkeit hinter ihnen her, hebt die Fäuste, schreit laut.
Ich mach dich fertig, du Schwein!
Als er das hört, wird Hermann ganz kalt, von Kopf bis Fuß friert er ein, dreht sich um und seine Stimme, Ist es seine?, klirrt, als er den Schwankenden aus einem Meter Entfernung fixiert.
Einen Schritt weiter und ich bring dich um!
Das hat Hermann wirklich gesagt.

Und kann das Minuten später nicht mehr glauben, als der vollkommen schockierte Kinderschreck bereits auf dem Rückzug ist.
Ich bring dich um!
Hermann hat das gesagt, er, der sich für friedfertig hält, bei Demos nie einen Stein in die Hand nimmt und immer ins Freie laufen muss, von wegen *Angst habe ich nicht, aber schnell laufen kann ich!*

Neulich noch war er zum ersten Mal im Schwarzen Block mitmarschiert, irgendeine Demo gegen irgendwas und schon wieder *Keine Atempause!* und *Geschichte machen!*
Da wollte er sich selbst und allen wohl zeigen, dass sich noch irgendwas bewegt auf dem Totenschiff oder vielleicht auch seinen *Vaterhaß austoben!*, wie Rudi immer höhnte, der inzwischen lieber Fußböden in seinem besetzten Haus verlegte, als *Die immergleichen Rituale!* abzufeiern.
Alle schwarzen Blocker trugen Helme, Hasskappen, Halstücher vor dem Gesicht, die Nummer ihres Anwalts auf dem Handgelenk, es waren wirklich viele und eben auch Hermann dabei. Mit rotem Motorradhelm, schwarzem Halstuch.
Und fühlt sich höchst unwohl.
Der Block ist an seinen Außenlinien geschützt von vermummten Trägern dicker Seile. Keiner kann raus, keiner rein.
Damit die Greiftrupps der Bullen keine Chance haben!

Die besonders Harten in den ersten Reihen des Blocks hatten Knüppel in der Hand und als sie ein paar Meter marschiert waren plötzlich auch die feuergefährlichen Cocktails von Molotow. Die flogen in weitem Bogen Richtung Polizei, die Straße vor ihnen brannte, alle hatten sich fest eingehakt und rückten vor, stumm, keine lustigen Parolen, kein ChaChaCha, keine fröhlichen Lieder, nur stumm und fest eingehakt und voller Grimm in Reih und Glied.
Und immer wieder Flammen und das Geräusch von den Knüppeln der schwarzen Blocker, mit denen sie auf die Straße schlagen.
Die Polizeilinien am Hermannplatz ziehen sich zurück.
Schiß ham'se, die Bullenschweine!
Hermann beginnt unter seinem Helm ganz fürchterlich zu schwitzen, fühlt Grausamkeit in sich aufsteigen, die er nicht will. *SA marschiert!* spürt er, weiß nicht warum und will es nicht spüren, reißt sich los, den Helm runter und über die Seile raus aus dem Block und heftig atmen.
Endlich frei!

Das war der Hermann, den er kannte – immer auf der Flucht vor der Gewalt, immer fluchend auf Gewalt, immer albträumend von Gewalt. Und nun das.
Ich bringe dich um!
Immer wenn er in den letzten Jahren – gar nicht so selten – mitbekommen hatte, dass schlecht riechende Säufer auf der Suche nach wohlfeilen Opfern waren, war diese kalte Entschlossenheit in ihm aufgestiegen und er hatte eingegriffen. Ohne nachzudenken. Und musste nie zuschlagen. Es reichte, dass er wieder mal eiskalt wurde.
Die haben einfach Angst vor dir!
Biggi war überzeugt davon und machte das Spezzantino noch einmal auf dem Gasherd warm und behielt in der nächsten Zeit ihren Kinderwunsch für sich.

Stattdessen fuhr sie kurz darauf Richtung Krippe, zum pausbäckigen Christkind, zum Weihnachtsfest nach Hause, in den Süden des Westens, in die schwarzen Wälder, zu den Eltern, zu den Geschwistern, den Tanten, Onkels, Omas, Opas, zu Gans und Rotkohl.
Ein richtig großes Familienfest!
Das ist bei uns Tradition!
Outlaw Hermann blieb in seinem Palazzo, gab ihr ein hübsch verpacktes Geschenk mit, ein Paar Ohrringe, *Aber erst am Heiligen Abend auspacken!*, und saß dann mal wieder ohne Jingle Bells und Santa Claus allein zu Haus. Zwar hatte Siegfried ihn eingeladen, *Komm doch zu uns!*, aber er wollte nicht. Wollte aber auch nicht mehr wegen dem ganzen Weihnachtsmist grollen, nicht sauer sein, hatte es satt, den Weihnachtsarsch zu geben, fühlte sich hilfsweise leer und ausgebrannt.
Zündet eine Kerze an, entkorkt eine Flasche weißen Bordeaux, schenkt ein, leert das Glas in einem Zug und wirft den Plattenspieler an.
Wenn's dir mal wieder richtig dreckig geht
Und dir die Scheiße bis zum Halse steht
Wenn keiner deiner alten Freunde dich vermisst
Und selbst deine Katze dich nicht mehr bepisst
Dann ist es Zeit dagegen was zu tun
Statt dich auf deinem Selbstmitleid auszuruhen!

Die hatten recht, die Jungs. Kein Selbstmitleid.
Kommt nicht in Frage!
Noch einen Weißwein und dann das Kopfkino mit den Bildern aus dem

SO 36, dem Musikschuppen in der Oranienstraße eingeschaltet. Da hatte er die Truppe live gesehen, gehört, gespürt.
Schröders Roadshow!
Nachdem die Schröders vor fetten, hässlichen, schwarz-rot-goldenen Ratten gewarnt hatten, die ihnen neulich an die Gurgel wollten und *Kauft Rattengift!* oder *Schlagt sie tot, wo ihr sie trefft!*, hatten sie ihr Rezept für all die linken Melancholiker vorgetragen, die nicht einmal mehr von ihren Katzen bepisst werden.
Schrei, schrei dich frei!
Los, Leute, haut rein!
Schreit, wie ihr noch nie in eurem verdammten,
Eurem beschissenen Leben geschrien habt!
Alle waren dieser Aufforderung gefolgt. Standen dicht zusammen auf der großen Tanzfläche, Männer, Frauen, und versuchten es.
Erst war es nur ein gemeinsames heiseres Krächzen gewesen, doch dann wurde geschrien, gekreischt, auch Hermann würgte undefinierbare Töne aus seinem engen Hals, versuchte nicht nach links und rechts und auf die anderen zu schauen, schloss die Augen, und dann erst hatte er seinen Schrei losgelassen.
Hinten aus der Brust kam der und ohrenbetäubend.
Noch ein Glas Weißwein und er denkt wieder an Hannes.
Wenn der jetzt hier sein könnte, dann hätte er ihm einen Baum gekauft, eine richtige grüne Tanne und Kugeln daran und Lametta und Wunderkerzen und unterm Baum eine quieckende Ratte in buntem Geschenkpapier. Gesungen hätten sie gemeinsam und dann auch eine mit Rosinen und Äpfeln gefüllte Weihnachtsgans verspeist. Und der Hannes hätte mit seinen blauen Augen gelacht, sich wohl gefühlt bei ihm. Bestimmt hätte er das.

Schrei dich frei!
Jetzt schreit Hermann nur tief drinnen, noch ein Glas Weißwein und da klingelt es an der Wohnungstür.
Am Heiligen Abend. Kurz nach acht Uhr.
Ein Junge in zerrissener Lederjacke steht vor der Tür. Mit extrem kurzen roten Haaren. Eine dicke Kette um den Hals, Ringe im Ohr, Nietenlederband ums Handgelenk.
Der Sohn vom Hauswart aus dem Quergebäude. Erster Stock.
Blass ist er, niedergeschlagen und hält eine Flasche Sekt in der Hand.
Ich halt's nicht mehr aus!

Hermann kennt den Vater des Jungen – Typ Möchtegern-Offizier, der sich nicht damit abfinden kann, dass nur die Mülltonnen im Hof vor ihm strammstehen, der seine Frau auf der Straße öffentlich zur miesen Sau macht und täglich mit steifem Rücken zur Flasche greift.
Ich halt's nicht mehr aus! Darf ich reinkommen?

Klar, darf der traurige Punk reinkommen und ihm erzählen, dass sein Alter auch am Heiligen Abend sturzbesoffen ist und mit Rausschmiss gedroht hat, wenn sein Sohn weiter den Punk gibt.
Du steckst deine Füße immer noch unter meinen Tisch!
Da hat der Martin die Faxen dicke gehabt, die Füße unter dem Tisch vorgezogen, eine Flasche Sekt aus dem Kühlschrank der Eltern geklaut und bei Hermann geklingelt.
Einfach so!
Man hatte sich schließlich schon öfter im Hausflur gesehen, ein bisschen dämlich gequatscht, und außerdem trug Hermann immer noch seine alte Lederjacke.
Lederjacken schafften Vertrauen, damals.

Dann trinken sie zusammen den restlichen Weißwein, später den Sekt und der unheilige Martin packt alles auf den Tisch – die Prügel, die er als Kind bekommen hat, die Angst um die Mutter, die es oft genug vom Vater in die Fresse bekommt, die punkrockende Keile, die er selbst, *Pogo, Alter!*, nach ZK-Konzerten und anderswo austeilt, *Advent, Advent, ein Popper brennt!*, und das wilde Begehren, aus Berlin abzuhauen, sobald er seine Lehre als Automechaniker beendet hat.
Erst weit nach Mitternacht hören sie in dieser gar nicht so Stillen Nacht auf zu reden, er lässt den Punker in voller Montur auf dem Sofa schlafen und ist zum ersten Mal wieder versöhnt mit dem Heiligen Abend.

Und wie hast du dein Weihnachtsfest verbracht?
Das fragte Carl ihn zu Beginn des Orwell-Jahres.
War der Große Bruder auch eingeladen?
Carl hatte sich am Telefon bedankt, dass Hermann die Jane über *Spiel-Velo!* und Aktionskunst informiert hatte – nun stand Carls Name sowohl in der Crazy-Kolumne der Washington-Post als auch auf der Kulturseite der linken Zeitung.
Du, da bin ich richtig gerührt!
Und war es immer noch und wischte sich sogar mit dem Handrücken die

Augen, als sie zusammen in Carls Atelier an einem kleinen runden Holztisch sitzen, schwarzen Kaffee trinken und der gerührte Glatzkopf seine Lieblingsscheibe, sagt er, auflegt.
Get up, stand up,
stand up for your rights,
don't give up the fight!

Hermann wundert sich. Der Kerl muss über fünfzig Jahre alt sein und hört Bob Marley. Und hat sogar den Bushdoctor Peter Tosh, *Legalize Marihuana!* und Jimmi Cliff im Plattenregal. *You can get if you really want!*
Bei Reggae-Musik kann ich am besten malen!
Aquarelle – große, kleine, klitzekleine. In sanften Pastelltönen, mit einem Strich wie von genialer Kinderhand.
Hermann sagt ihm das.
Und Carl antwortet, dass es immer wieder das Kind ist, das ihm die Hand führt.
Schön gesagt. Aber was soll das?
Hermann stellt sich vor, das Kind, das er war, würde ihm die Hand führen, und sieht nur ein ängstliches Wesen, in irgendeiner dunklen Kammer, das die Hände auf dem Rücken versteckt hält.
Hermann sagt dem Carl auch das und dass er kein Vertrauen hat zu dem Kind.
Und Carl schaut ihn plötzlich ruhig an.
Ich weiß!
Und weiß das nur, sagt er, weil es ihm immer wieder genau so geht und er oft noch der Junge ist, der im Luftschutzkeller sitzt, die Wände zittern, er klammert sich an seine Mutter, die sonst immer den Rohrstock auf ihm tanzen lässt, und hat heute noch Angst vor ihr, ruft sie nicht an, besucht sie nicht und überhaupt.
Nicht mal auf ihre Beerdigung würde ich gehen!

Hermann wundert sich doch sehr, dass der Carl ihm das alles erzählt. Ausgerechnet ihm. Staunt im Laufe ihres Gesprächs, dass der alte Glatzkopf so voller Geschichten und Gefühle ist, die den seinen so sehr gleichen. Und als Carl ohne Vorwarnung aufsteht und ihn fest, ganz fest in die Arme nimmt, ist er mehr als verwirrt.

Montage Zwölf

Zwei lange Tische. Zusammengestellt. Große Schüsseln darauf. Teller. Weinflaschen. Weißbrot in Körben.
Circa zwanzig Männer und Frauen unterschiedlichen Alters sitzen zusammen, essen, reden, lachen.
Bruno im karierten Hemd streicht gerade mit zufriedener Miene seinen Bauch, die schwarzhaarige Lisa lacht an Giulio vorbei in die Kamera, der unrasierte Claudio bricht ein Stück Brot.
An der weißgestrichenen Backsteinwand des großen Raums hängen Plakate.
Circolo Anarchico Fiorentino!
Ein grimmiger Maulwurf mit Stirnband und Vorderlader in den Pfoten ist darunter gezeichnet.
L'occhio salta sul muro!
Die schwarz-weiße Großaufnahme eines Kindergesichts daneben.

In der Küche. Jane, kurze schwarze Haare, Blümchenhemd mit hochgekrempelten Ärmeln, verwaschene Jeans, säubert mit einem Lappen das Gewürzbord. Auf der Ablage darunter ein Metallaschenbecher mit qualmender Zigarette darin, daneben eine Tasse mit schwarzem Kaffee. Die Wände der Küche sind halbhoch mit braunen Profilbrettern verkleidet, über der alten Nirosta-Spüle hängt schief ein Fünfliter-Boiler.
An Nägeln verschiedene Holzbretter und Reiben.
Neben der Spüle steht abgewaschenes Geschirr in einem Korb.

Die Oma. Auf einer weißen Bank in einem Kurpark. Hinter ihr grüne Wiesen, gelbe Stiefmütterchen und rote Tulpen in langen Beeten, die von einer Feldstein-Mauer mit darauf montierten Laternen begrenzt werden. Dahinter stehen jede Menge unbesetzte Stühle und Tische auf der Terrasse eines Restaurants.
Hermanns Großmutter trägt einen braunen Wollhut mit kleiner Krempe, einen gemusterten Schal um den Hals, einen beigen Mantel mit grauem Rock darunter, schwere braune Gesundheitsschuhe und hält Handtasche und Handschuhe auf den Knien.
Sie sitzt betont aufrecht und lächelt *Bitte recht freundlich.*

Hängt tief in einem Polstersessel und telefoniert: Hermann, sehr dünn, sehr bleich, mit ziemlich kurzen Haaren und ohne Bart. Trägt eine graue Hose, ein bunt gestreiftes Hemd, eine grüne Weste und einen schwarzen Schal um den Hals. Er lächelt vorsichtig in den Hörer, schlägt dabei die Augen nieder und greift sich mit der rechten Hand an die Brust.

Hinter ihm ein Tisch mit Blumenvase, rote Tulpen darin, Papiere daneben, außerdem ein Porzellan-Stövchen ohne Kanne und eine angebrochene Flasche Sekt.

An der Wand hinter ihm hängt ein kleiner, schwarz gerahmter Holzschnitt – eine Gestalt tritt aus dem dunklen Innern eines Hauses durch ein großes Tor ins Licht.

Zwischen den vielen Fotos einer der seltenen Briefe der Sammlung. Blaue Kugelschreibertinte auf weißem Papier.
Die Schrift klein, in fundamentaler Ordnung, aber ein wenig zittrig.
Mein lieber Hermann!
Sicher wirst du dich beklagen, dass du solange nichts von mir gehört hast, aber lass dir sagen, mir geht es genauso. All die Jahre nicht eine Zeile von dir!
Aber laß uns nicht streiten.
Du kannst Dir denken, dass Deine Mutter immer noch oft zu mir kommt, sich ausweint und mich braucht. Ihre Depressionen und ihr körperlicher Zustand machen mir schon lange Sorgen und ich habe gemerkt, dass sie über Deine Person nicht sprechen will. Also habe ich auch nicht nach Dir gefragt, um alles nicht noch schlimmer zu machen.
Doch als ich jetzt von Deinem Vater hörte, dass er den gerade begonnenen Kontakt mit Dir wieder abbrechen wird, weil Deine Mutter dagegen ist, wollte ich Dir doch wenigstens ein paar Zeilen schreiben.
So schlimm das alles für Dich ist, Du musst Deiner Mutter verzeihen. Sie hat in ihrem Leben schreckliche Erfahrungen gemacht, die sie nie verwinden wird. Mehr kann ich Dir leider nicht erklären. Ich habe ihr versprochen, nicht weiter darüber zu reden.
Oft glaube ich, sie will lieber sterben, als mit ihren vielen Krankheiten und Tabletten weiterleben.
Du aber bist jung und kannst Dein Leben leben, wie Du es willst.
Und ich bin sicher, du wirst etwas daraus machen.
Entschuldige bitte meine krakelige Schrift, aber wie Du weißt, bin ich nicht mehr die Jüngste, meine Hände zittern immer ein wenig. Lesen und

schreiben kann ich nur noch unter Schwierigkeiten und muss an zwei Krücken laufen.
Mal sehen, wie lange alles noch geht.
Denk daran, dass ich Dich immer im Herzen trage, auch wenn wir uns nicht wiedersehen werden.
Herzlichst
Deine Oma.

Sehnsucht

Das alte Bettgestell quietscht ein wenig, als Hermann sich auf der Matratze bewegt. Mit müden Augen verfolgt er den Weg einer kleinen Spinne. Eben war sie noch über den staubigen Backsteinfußboden gekrochen, jetzt spurtet sie die Wand hoch.
Hermann lag auf dem Bauch, reckte den Hals und schaute ihr nach.
Bewunderte die flinken klitzekleinen Beinchen, die wussten, wohin sie wollten – hoch hinauf in das neapolitanische Gewirr von dunklen Dachbalken, die irgendein Baumeister vor vielen, vielen Jahren wie einen Mikadowurf dort oben plaziert hatte.
Eine knallgelbe Sonne schien durch die beiden kleinen Fenster am anderen Ende des großen Raums.
Heute waren die Fensterläden geöffnet.
Draußen sangen Vögel, gackerten Hühner und wahrscheinlich schlich gerade eine der Katzen tief geduckt durch das grüne Gras.
In einiger Entfernung war der Dieselmotor des alten Traktors zu hören, auf dem Claudio saß, um samt Anhänger und Werkzeug zu den Obstbäumen zu fahren.
Und Hermann lag auf dem Bett in seinem Zimmer, war dankbar und atmete. Mal ohne Probleme.

Eigentlich war es Giulio gewesen, dem er es zu verdanken hatte, dass er hier zur Ruhe kommen durfte, ohne das Dröhnen der Stadt in den Ohren, ohne Deutschland, ohne Anrufe, ohne die ewigen Nachfragen der Freunde.
Wie geht's dir denn? Hast du dich wieder im Griff?
Er hatte sich noch nicht wieder im Griff, gar nicht, und Giulio hatte ihm das angesehen.
Du musst unbedingt raus hier! Fahr auf den Bauernhof zu Claudio und den anderen! Die haben dich eingeladen, Caro!

Claudio und die anderen hatten vor mehr als einem Jahr Berlin besucht – alte Stadtindianer-Freunde von Giulio aus Bologna und Umgebung. Eine bunte zehnköpfige Truppe, mit Schlafsäcken, Gitarre und mächtiger Neugier auf die Mauerstadt und ihre Alternativprojekte. Wollten

Giulios und Janes linke Zeitung besichtigen, die selbstverwalteten Druckereien, die Mehringhofprojekte, Kinderläden, Freie Schulen besuchen und mal schauen, ob von dem berühmten *Movimento Tedesco!* etwas zu lernen war. Wollten daheim nicht in stinknormalen Betrieben und Institutionen für einen schweinsköpfigen Padrone arbeiten, sondern auf eigene Rechnung in Cooperativen, ohne Hierarchie und für selbstbestimmte Zwecke.

Ein paar der Italiener hatten auch bei Hermann geschlafen. In seinem Palazzo, auf dem Fußboden, in Schlafsäcken.
Prego, keine Matratzen! Der Teppich reicht völlig!
Hermann kochte seinen Gästen morgens pechschwarzen Kaffee in der Espressokanne, servierte das Weckgift in kleinen braunen Tassen samt weißem Zucker auf dem Tablett und an einem blaugehimmelten Morgen hatten sie ihn nach seinen Erfahrungen mit Kollektiven gefragt.
Hermann erzählte von seinen Wohngemeinschaften, vom Kinderladen im Hurenviertel, von seiner ehemaligen Männer-WG und ihrem Gemeinsam-Sind-Wir-Stark-Und-Transportieren-Alles-Kollektiv, aber auch von Biggis alternativem Brückenbau im Dentistenkollektiv, das übrigens mittlerweile ohne Therapie-Abende, *War am Schluss ein echter Stress für die Gruppe, jeder wollte jeden therapieren!*, ziemlich entspannt bohrte und fräste. Also besichtigten die Italiener auch die Kommunepraxis der alternativen Zahnärzte.
Incredibile!
Sie waren eben richtig neugierig. Und nach all ihren Inspektionen abends immer richtig hungrig.

Hermann kochte Spaghetti, al dente, mit Sugo Bolognese natürlich, oder sie gingen, wenn er zum Kochen zu faul war, gemeinsam mit dem anderen Teil der Italo-Truppe, der nachts in Giulios Einzimmerwohnung-Innenklo auf dem Fußboden schlief, zu Caetanos Pizzeria, gleich neben der Hochbahn, unweit vom Landwehrkanal, zu dem kleinen bärtigen Italiener mit der großen weißen Schürze, setzten sich im schlecht beleuchteten Hinterzimmer des Ristorante an den runden kunststoffbeschichteten Tisch, tranken guten Barolo und warteten bis der Kleine mit den großen eisernen Töpfen kam und deren Inhalt auf den Tisch schüttete.
La Polenta, Signori!
Dampfender gelber Maisbrei dehnte sich bis fast an den Rand des

Tisches, Caetano kippte noch den roten Sugo mit dem Fleisch darüber, jeder bekam einen Löffel in die Hand, dann *Buon Appetito!* und *Haut rein!*
Ein wahrhaft kollektiver Genuss.
Ein Happening mit viel Wein, viel Gelächter und auch Staunen bei Hermann ob all der Professionen, die da rund um die Riesen-Polenta versammelt waren.
Der dicke Bruno zum Beispiel war gelernter Klempner, Claudio studierter Landwirt und Lisa Erzieherin. Sie alle hatten Freunde, Kollegen, mit denen sie Kooperativen gegründet hatten oder noch gründen wollten.
Für Lisa aber interessierte sich Hermann ganz und gar besonders.

Die Schwarzäugige saß dicht neben ihm und erzählte voller Wärme und begeistert von ihrer Kinderschutzarbeit beim Bologneser Sorgentelefon, wo sie mit Pädagogen und Psychologen zusammenarbeitete, um Kindern gegen die italienischen Varianten des Hol schon mal den Stock! und Schlagt die Kinder, wo ihr sie trefft! zu helfen.
Du ahnst nicht, welch grausame Geschichten uns die Bambini oder auch ihre Lehrer am Telefon erzählen!
Wir mussten schon Kinder mit der Polizia aus der Wohnung ihrer Eltern retten!
Und schwärmte deshalb von den Kinderläden und den Kinderschutzeinrichtungen der Mauerstadt und klagte, dass es auch in Italien viel mehr solcher Einrichtungen geben müsste. Bald schon.
So viele Kinder brauchen Hilfe! Und deren Eltern übrigens auch! Sonst hört das nie auf!
Und es sollte doch endlich aufhören und die Eltern sollten ihre Kinder verstehen, die Kinder ihre Eltern, und auch Hermann wollte verstehen. Wollte endlich und immer noch verstehen, warum all die Qual und Not in seinen Kinderjahren, warum der Teppichklopfer, das Zucken und die Albträume von Gaskammern und Einsperren und Aussperren.
Hat nicht verstanden!
Immer noch nicht!
Und erzählt der Lisa, dass er seit einiger Zeit Psychologie studiert.
Um vielleicht doch zu verstehen.

Carl, der Maler, hatte ihn auf den Weg gebracht. Nach ihren ersten Treffen und Umarmungen hatten sie mächtig Gefallen aneinander gefunden. Sich ihr stürmisches Leben erzählt und dabei so etwas wie

Verwandtschaft gespürt. Zwei schwarze Schafe, verstoßen von ihren Familien, Vollwaisen, deren Mütter oder Väter noch lebten, und immer auf der vergeblichen Suche nach einem warmen Stall.
Der Junge und der Alte!
Und die gleichen Probleme!
Ist doch irgendwie witzig!
Lange Abende hatten sie in Carls Atelier in der Pariser Straße zusammengesessen, über Dächer, Schornsteine und Antennen in den meist verhangenen Himmel geschaut, getrunken, geraucht. Und wieder geschaut. Und geredet. Nächtelang geredet. Auch darüber, dass Carl zum vierten Mal verheiratet war, aber schon wieder in Trennung lebte und auch nicht so recht wusste warum.
Ich glaube, Frauen halten mich einfach nicht lange aus! Bin wohl zu mächtig!
Und hatte überall leibliche Kinder in der Stadt, musste Alimente zahlen oder auch mal nicht und war ständig Pleite.

Debattierten auch über die neuen Turnschuh-Grünen, all den geistigmoralischen Wende-Kohl, und verfluchten die deutsche Bürokratie, die diesen wunderbar illegalen Graffitikünstler, den Harald Nägeli, *Den Sprayer von Zürich!*, an die Schweiz ausgeliefert hatte, obwohl dort der Knast auf ihn wartete.
Weil er miesen grauen Beton besprüht hat!
Spießerseelen! Die Kunst muss dem Bürger im Nacken sitzen, wie der Löwe dem Gaul!
Sprachen auch über Picasso, Beuys und dass jeder ein Künstler ist, es oft aber nicht weiß.
Und wie steht's mit dir?

Als Carl ihn das irgendwie lauernd fragt, weiß Hermann nicht, was der Alte meint, fragt nach und hört, dass es doch wohl nicht sein kann, dass einer wie er, Balken schleppt, LKW fährt, ab und zu ein paar Zeilen für eine linke Postille abliefert, und das war's schon.
Ja, was denn sonst?
Der Carl wird doch wohl nicht meinen, dass er endlich den Schokoladenjunior in der Gaskesselheimat geben soll, obwohl da seit Jahren niemand was von ihm wissen will.
Zu Kreuze kriechen und all das?
Natürlich meint der Carl genau das nicht. Will aber wissen, und schaut

ihm dabei elend lang in die Augen, will aber wissen, für wen Hermann eigentlich die Balken tatsächlich schleppt?
Für wen? Spinnst du? Ich brauch das Geld!
Doch Carl hat Recht, das Geld könnte er auch anders verdienen als mit Splittern in den Fingern, die aber schnell wieder rauseitern, und hat auch damit recht, dass diese Plackerei für Hermann nun wirklich keine echte Herausforderung ist.
Was aber dann?
Und dann reden sie und reden und Hermann kommt nach einer halben Stunde mal wieder mit seinem *Hat nicht verstanden!*, will aber endlich und Carl hört zu, hört zu und sagt ihm, dass dies ewige Verstehen-Wollen doch ein Klasse Beruf sein kann.
Such deine Antworten!

Dabei ist Hermann doch schon auf der Suche. Liest immer noch jede Menge Bücher, verschlingt sie, stellt sie sich als Leibwachen zur Seite, hüllt sich in Worte, wärmt sich an ihnen, wenn er mal wieder, trotz der Kachelöfen im Palazzo, zu frieren beginnt. Liest mindestens zum fünften Mal über die Furcht vor der Freiheit, die Unfähigkeit zu trauern, aber auch eines der Taschenbücher des neuen Psychostars Alice Miller, das Biggi ihm neulich in die Hand gedrückt hat.
Am Anfang war Erziehung!
Die Frauen sind begeistert von der Miller.
Talk of the town, mein Lieber!
Biggi und ihre Kolleginnen lesen seit einiger Zeit nach Feierabend gemeinsam Millers *Drama des begabten Kindes!*, suchen unter Trümmerbergen nach ihrem wahren Selbst, lassen ihre Herzen bluten, phantasieren die verlorene Welt ihrer Gefühle, wollen nicht länger die Perle in der Krone ihrer Mütter sein.
Und Hermann liest derweil, allein und in dem wunderbaren Ohrensessel, den Carl ihm vermacht hat, vom Anfang und der Erziehung – einen Text für streng erzogene Männer, die es schwer haben und das nicht allzu leicht nehmen können.
Am Anfang war Erziehung!
Über pechschwarze autoritäre Pädagogik, die Kinder kleinhält, kleinmacht, ihnen die Lebendigkeit verweigert. Lange schon.
Und immer wieder.
Und werden nicht mehr frei ihr ganzes Leben lang!

In dem Buch findet er Begriffe für all das Unbegriffene, das ihn nachts heimsucht, tagsüber in seinem Nacken hockt, das ihn, damals war's, aufstehen ließ, die Vorhänge aufziehen und alle Fenster in seinem Kinderzimmer aufstoßen, um den Sternenhimmel zu sehen, weil nur von dort Hilfe zu erwarten war.
Die Miller fand Worte, die ihm fehlten und ihn rührten.

Also wirklich Psychologie studieren!? Carl meint, er sollte es einfach probieren.
Allemal besser als immer wieder nur den Balken ins eigene Auge schleppen!
Carl lacht und erzählt zwecks Ermutigung, was er in seinem über fünfzigjährigen Leben schon alles probiert hat – immer wieder neue Aktionskunst, Projekte, neue Bilder und Buchhändler und Drucker gelernt, Schauspielschule, Kunsthochschule und nebenher noch eine ganze Zeitlang Psychologie studiert.
Psychologie? Du?
Über das Psychologiestudium sprach Carl nicht gerne.
Meine Mutter ist Psychotherapeutin!
Carl wollte eigentlich nach dem Psychostudium in ihre Fußstapfen treten, eine Praxis gründen, ihr imponieren, nicht mehr schwarz und nicht mehr das Schaf sein, das malt, schon als Kind den Künstler gab, damit aber die Mutter auf die Palme brachte und täglich runter zu dem Schrank im Flur, in dem die Werkzeuge hingen.
Werkzeuge!, sagte Carl immer.
Hat dann das Studium aber nicht beendet. Und sagt nicht warum.
Jetzt hat Carl endlich seine Farben, seine Pinsel und weint trotzdem. Kleine glitzernde Perlen rollen aus seinen Augen, die Wangen hinunter in seinen dunklen Stoppelbart. Derweil streicht er sich mit der Hand über die blanke Glatze, seine Mundwinkel hängen tief.
Ich wollte ihr immer gefallen! Das verzeihe ich mir nie!
Liegt in Hermanns Armen, läßt die Perlen noch ein wenig rollen und richtet sich dann seufzend wieder auf.
Danke, mein Freund!

Also hatte Hermann noch einmal begonnen zu studieren. An der Universität, die man die Freie nannte. Soziale, Pädagogische und Entwicklungs-Psychologie. Alles, was ihm als wichtig daherkam, ihn bewegte und Antworten versprach.

Hat nicht verstanden!
Saß plötzlich in Seminaren mit viel jüngeren Studenten und keine proletarische Weltrevolution stand mehr vor der Tür, keine Vietnam-Demo, keine KPD-A-Null, kein ML-frisiert machen Sie den besten Eindruck!, kein Fickt-das-Establishment-wo-ihr-es-trefft, stattdessen Atomkraft-Nein-Danke, Wer-rodet-mordet, Frieden-schaffen-ohne-Waffen, Friede-den-Hüttendörfern-Krieg-den-Palästen und Wählt-die Alternative-Liste. Aber immer noch kalte weiße Räume, Neonlicht, harte Stühle, schäbige Tafeln und mitunter lockere Professoren.

Der Kleine war besonders locker.
Und besonders beeindruckend.
Alle nannten ihn den Kleinen!, weil er bestimmt nicht größer als einsfünfundsechzig war. Außerdem betonte er seinen Kleinwuchs noch durch viel zu weite, meist grüne Cordjacketts mit braunen Lederflicken an den viel zu langen Ärmeln. Die glänzten.
Und der Kleine glänzt auch. In Hermanns Erinnerung.
War einer von diesen apogroßväterlichen 68ern, ungefähr so alt wie Glatzkopf Carl, hatte zwei Kinder, natürlich Kinderladenerfahrung, war jetzt Psychoanalytiker mit eigener Praxis, *Ohne Couch, aber mit Sessel!* und forschte und lehrte zum Thema Angst, Gewalt, Erziehung, all das.
Und war ein guter Linker.
Ich bin immer noch auf dem Marsch durch die Institutionen!
Hatte deshalb einiges durchgemacht bis er habilitieren durfte.
Erzählte er.
Die entwickelten eine richtige Paranoia wegen mir! Haben alles versucht, um mich draußen zu halten!
Erzählte er.
Doch jetzt war er drin und Hermann saß auf den harten Bänken und hörte, über die Leugnung der Vergangenheit, die Abwehr von seelischen Verletzungen, über die Abspaltung von Gefühlen und die krankmachenden Wirkungen gewalttätiger Erziehung.

Der Kleine imponierte ihm.
Hermann sagte ihm das.
Und der Kleine nickte und ging öfters mit ihm auf ein Bier zu Caetano und saugte dort an der kleinen Pfeife, die er immer in der Hosentasche bei sich trug und zuvor mit dänischem Tabak aus seinem Lederbeutel gestopft hatte. Saugte, produzierte dabei eine mächtige Qualmwolke,

hörte dahinter aber aufmerksam zu und legte irgendwann die Pfeife in den Aschenbecher.
Du schleppst aber auch einen Haufen unbewältigtes Zeug mit dir rum, oder?
Nach dieser irgendwie heimtückischen Bemerkung hört der Kleine weiter all dem atemlos und endlos vorgetragenen Unglück Hermanns zu, der gar nicht weiß, warum er das alles jetzt und ausgerechnet hier zur Wahrheit kommen lässt, der Kleine saugt wieder an der Stummelpfeife und wirft später seinem erregten Gegenüber einen stechenden Blick zu, wird erbarmungslos.
Meinst du nicht, du brauchst professionelle Hilfe, um dir all das mal genauer anzuschauen? Ich kenne da ein paar gute Kollegen!

Da hat Hermann es plötzlich eilig, das will er nicht hören, solch ungebetene Ratschläge will er nicht, nie und nimmer, er sagt Adieu, lässt den Kleinen samt Pfeife zurück und stampft zornig durch einen schauernden Regen Richtung Palazzo.
Kann das kleine Arschloch nicht einfach mal zuhören und die Schnauze halten?
Und beruhigt sich erst, als er die Trauerweiden am Kanalufer erreicht – immer wieder stimmt deren zarte Demut ihn melancholisch und er weiß nicht warum.
Lehnt sich an einen vertrauenerweckenden Stamm, lauscht dem Regen und spürt auf einmal Angst.
Irgendeine.
Undefinierbare.
Die den Hals eng macht.
Und schiebt all das zu Hause mit klopfendem Herzen von sich, soweit wie möglich fort, als er endlich im Bett liegt und der alte Freund Roger Waters ihm das Schlaflied singt, von dem er nicht genug bekommen kann, wenn das Licht erst einmal gelöscht ist.
Hey you
would you help me to carry the stone
open your heart
I'm coming home!
Schläft ein, kommt auch wirklich nach Hause, aber nur im Traum, und über dem Kopfende seines Bettes hängt seit einiger Zeit dieses verdammt große Kinoplakat von *The Wall*!
Ein Gesicht, das in einem einzigen ungeheuerlichen Schrei verfließt.

Von diesem Gesicht erzählte er Lisa während der Polenta-Orgie mit den anderen Italienern.
Und Lisa nickte.
Das Plakat kenne ich!
Würde ich aber nicht unbedingt über mein Bett hängen! Albträume, weißt du?
Trotzdem schwärmte auch Lisa von Pink Floyds Maueropus, besonders vom letzten Track des Albums.
All alone or in twos
the ones who really love you
walk up and down
outside the wall!
Hermann wusste nicht, ob die Mauer jemals einstürzen würde, hinter der er seit Jahren die eigenen Schreie hörte, trank aber noch ein paar Gläser wunderbar schweren Roten.
I just feel comfortably numb!
Kicherte plötzlich fröhlich, beeilte sich, noch die letzten kalten Reste gelber Polenta von der Tischplatte in den gar nicht mehr schreienden Mund zu stopfen, und liebte sie alle, die da saßen, aus Italien kamen, ihn anlachten, noch eine Flasche bestellten, ihn später nach Hause schleppten und sogar wiedersehen wollten.
Besuch uns in der Emilia! Wann immer du willst!

Doch er hatte sie nicht besucht. War zu ihnen geflohen. Ein Jahr später. Floh zu ihnen vor der Seuche. Der radioaktiven. Vor der Panik. Wollte fort. Frei atmen.
Days-After, an einem wunderschönen Frühlingstag, hatte er gemerkt, dass ihm alles zuviel wurde. Bei einem Spaziergang in der Neuköllner Hasenheide.
Die Dealer dealten am Denkmal vom alten Turnvater Jahn.
Die Hundescheiße krümmte sich wie eh und je auf den Wegen.
Die Toten lagen wie immer hinter der Friedhofsmauer und rührten sich nicht.
Die Sonne schien und doch nicht.
Nichts von alledem war wahr. Alles anders. Und es raubte ihm fast den Verstand als er zum Spielplatz des Parks kam und kein Ton. Kein Kind. Niemand.
Alle fürchteten die verseuchten Sandkisten.
Kein Backe-Backe-Kuchen mehr.

Alle fürchteten sich vor Regen.
Nix mehr *Singin' in the rain!*, kein *Wonderful feeling I am happy again!*
Alles vorbei.
Mami, muss ich jetzt sterben?
Kinder rannten nach Hause, wenn es regnete, hatten panische Angst.
Kommt sofort rein, aber schnell!
Die Kleinen wurden hilfsweise unter der Dusche dekontaminiert, durften nicht mehr auf die grünen Wiesen mit den Gänseblümchen, *Auch hier akute Seuchengefahr!*, bekamen Gemüse nur noch aus Büchsen und tranken keine Milch mehr.
Kein Salat, kein Spinat, kein Rindfleisch.
Mädchen hatten Angst, dass ihnen die Haare ausfallen.
Mami, muss ich jetzt sterben?
Ganze Kinderläden waren an den Atlantik geflohen, um dem Fall-Out zu entgehen. Es gab sogar im Innern der Wohnzimmerkneipe nur noch das eine Thema. Die radioaktive Wolke. Verstrahlte Nahrung, Gendefekte, Leukämie, Tod und Teufel.
Ich werd noch irre hier!
Da hatte Hermann mit Giulio am Tresen gesessen, ihm von seinem Gang durch die Hasenheide erzählt und panisch gegrinst. Und der alte Stadtindianer hatte seinem Freund in die Augen gesehen, kurz überlegt und ihm den Trip nach Italien vorgeschlagen.
Du musst raus hier!

Und sie hatten es wirklich ernst gemeint, die Italiener, Bruno, Lisa, Claudio. Hatten ihn aufgenommen, *No al nucleare!*, und er hatte sich sofort wohlgefühlt. Sicher. Geschützt. Egal, wo die Wolke nun war. Und lag deshalb auch Wochen nach der Verseuchung immer noch in seinem Zimmer unterm Dach, auf der Matratze, die Spinne war längst im Dachgebälk verschwunden und die Sonne untergegangen. Hinterm Horizont. Hinter sanften Hügeln.
Seit dem Frühstück, Brioche und schwarzer Café, war er nicht mehr aus dem Zimmer gegangen, das sie ihm bei seiner Ankunft überlassen hatten.
Bleib solange du willst!
Ein riesiger Raum. Und nur ein Bett, ein Plattenspieler und ein großer alter Schreibtisch darin – ein ganz besonderer Schreibtisch, an dem er immer wieder auf Entdeckungsreisen ging. Eigentlich doch kein Schreibtisch, vielmehr ein Sekretär mit Tabernakel, den irgendein Vorpächter des Hofes hier oben achtlos hatte stehen lassen.

Hermann aber war der Sekretär wertvoll.
Eine dicke Lage Staub hatte er von seinem Nußbaumholz gewischt und war dann mit den Fingern die dunklen Adern des Holzes entlanggefahren, hatte auf den Ästen Halt gemacht, wie auf kleinen Inseln, und sich dann hochgetastet zu den imposanten Schubladen mit den abgegriffenen Messingknöpfen.
In jeder Schublade eine wichtige Erfahrung, eine Erinnerung, die er anschauen konnte. Oder nicht. Je nachdem, ob er ihr Geheimins lüften wollte. Oder nicht.

Jetzt war er hungrig.
Ging die ausgetretene Steintreppe hinunter, in den Raum mit dem großen Kamin. Lisa hatte Holzscheite aus dem Schuppen geholt, *Die Abende sind manchmal kühl hier!*, und das Feuer knisterte und wärmte außerordentlich, wenn man sich dicht davor stellte. Mal wurde der Bauch warm, mal der Rücken.
Immer schön drehen!
Eine karierte Decke auf zwei zusammengerückten Tischen, grüne Flaschen mit Lambrusco darauf und viele weiße Teller in einer Reihe, und dann kommt Claudios Freundin, die schöne, wirklich wunderschöne Maria mit dem seligmachenden Lächeln und dem Topf in der Hand, stellt das große schwarze Ding auf den Tisch und alle setzen sich – Bruno, Claudio, Paolo, Lella und einige andere, die gar nicht auf dem Hof wohnen oder arbeiten, aber fast jeden Abend zum gemeinsamen Essen kommen.
Avanti, dilletanti!
Brot wird gebrochen, in braunen, sirupdicken Aceto Balsamico getaucht, tiefroter Lambruso perlt in kleinen Gläsern, Penne mit Ragú auf den Tellern, dann Kauen, Schlürfen, Worte, Lachen und wieder Lisa neben ihm. Und die stößt Hermann, sein Teller ist fast leer, vorsichtig an, *Scusi!* und will ihm etwas gestehen.
Du bist der erste Deutsche, mit dem ich privat mehr als ein paar Worte wechsele!

Lisa hatte zwar während ihres Erzieherstudiums einen Deutschkurs belegt, sogar mit viel historischem Interessse deutsche Pädagogen im Original, *Francke!*, *Fröbel!*, gelesen, ansonsten aber den Kontakt mit Deutschen gemieden, auch das Gespräch mit ihnen.
Die haben mir richtig Angst gemacht!

Und hat immer noch große ängstliche Augen, wenn sie die Geschichte von der Puppe erzählt. Ihrer Lieblingspuppe.
Der hat die kleine Lisa eines Abends am Kamin die Haare gekämmt. Immer hübsch einen Bürstenstrich nach dem anderen und dabei ein kleines Lied gesummt. Die Puppe war ihr Ein und Alles. Es gab nicht viel Spielzeug damals. Nach dem Krieg.
Und die Nonna, ihre Oma, hatte ihr diese Puppe gerade erst geschenkt. Die Puppe nannte sie Martha und die war eine, die man richtig lieb haben konnte, die auch im Bett neben ihr lag, schlief und mit der kleinen Lisa des Morgens aufstand. Und die Martha wird gekämmt. Abends am Kamin.
Dann muss die Martha ausgezogen und gebadet werden. In der alten zerbeulten Blechschüssel. Hier kommt der Vater und schaut der Tochter zu, die ihre Puppe mit kleinen Bewegungen und sorgfältig wäscht. Der Vater macht ein ernstes Gesicht.
Doch das stört nicht weiter, der schaut immer ernst. Wird aber noch ernster, als er plötzlich die Augen zusammenkneift und sich die Puppe genauer anschaut.
Sieht den Stempel auf ihrem Rücken.
Liest das Herstellungsland.
Und wird ernsthaft und fürchterlich wütend. Beginnt zu toben. *Eine deutsche Puppe! In meinem Haus!* Und reißt der Lisa die Martha aus der Hand, rennt zum Kamin, wirft sie mit einer wilden Bewegung ins Feuer. Die Puppe verbrennt. Stirbt den Flammentod.
Martha schreit nicht einmal.
Auch Lisa blieb stumm. Irgendetwas in ihrem kleinen Innern vereiste.

Mein Vater war Partisan! Hat hier in den Bergen gegen die Deutschen gekämpft! Hat nie darüber gesprochen, was er damals erlebt hat!
Und Hermann nimmt Lisas Hand, schaut verlegen auf seine restlichen Penne und das leckere Ragú und erzählt von seinem Vater, wie der früher am Fenster stand und schrie *Ich sterbe!*, wie voll atemloser Angst der war, immer noch ist, weil damals in Rußland Sanitäter, und wie der seine Angst weggesoffen hat und dass Hermann selbst, *Heute noch!*, immer wieder von Gaskammern träumt, schweißgebadet aufwacht und dann froh ist, dass die Oma und die Großtante wenigstens ein paar Juden vor den Nazis versteckt haben.
Und Lisa schüttelt den Kopf.
Daran habe ich nie gedacht!

Dann hielten sie sich noch ein wenig fest, trösteten sich, freuten sich aneinander und dann kam schon wieder Bruno mit seinem Noccino. Den Nussschnaps hatte der selbst angesetzt, aber vergessen auf der Flasche den nötigen Warnhinweis anzubringen.
Leicht entflammbar!
Das braune Zeug brannte im Magen lichterloh und machte große Lust auf mehr. Auch Lust zu singen.
Das Lied vom Partisanen natürlich, der eines Morgens auf seinen Feind trifft, das Lied von der Blume, die später auf seinem Grab wächst.
Oh bella ciao, bella ciao!
Und sie sangen, bis der Partisan samt Karabiner auf dem Schoß in ihrer Mitte saß, ein großes Glas von dem Noccino trank, seinen schwarzen Bart wischte und gierig mit den Augen rollte.
Noch einen, Genossen! Das ist der rechte Schnaps für Partisanen!
Dann sang der Kämpfer aus den Bergen mit ihnen noch andere Lieder und Avanti popolo! war die Flasche leer, das Feuer im Kamin nur noch rote Glut und der Partisan verschwunden.
Adio!

Zeit ins Bett zu gehen. Ohne Lisa.
Vielleicht wäre sie mit unters Dach gekommen. Vielleicht auch in sein Bett. Aber er fragte nicht. Fühlte sich nicht in der Lage. Hatte ja auch seine Dental-Biggi zu Hause und wollte treu sein.
Nur nicht noch mehr aus der Balance geraten!
Das war im Dunkeln besonders schwierig. Auf der unbeleuchteten Steintreppe nach oben stolperte er fast über eine der Katzen, die schrie empört und er nahm sie auf den Arm, ein wenig dürr war sie, mit Rippen, auf denen man Klavier spielen konnte, und zitterte an seiner Brust.
Also setzte er sich auf eine der Stufen und streichelte sie, bis die Kleine schnurrte. Wie ein kleiner Motor, dachte er. Und hielt sie geborgen, zart und wunderte sich über sich selbst - Nie hatte er etwas für Katzen übrig gehabt. In den alten Frauen-WGs hatten die Viecher ihn immer angefaucht und schon mal blutig gekratzt. Verflucht hatte er sie dafür, gejagt und nicht verstanden.

Behutsam setzte er das schnurrende Ding zurück auf die Treppe, ging hinauf in sein Zimmer, sah, dass die Katze ihm folgte und hatte nichts dagegen.
Konnte aber noch nicht schlafen, hockte sich an den Sekretär, zündete

eine Kerze an, träumte still und unbewegt vor sich hin und schob später behutsam die Katze zur Seite, die auf die Schreibfläche gesprungen war und lang ausgestreckt vor ihm lag.
Dann öffnete er eine der Schubladen des Tabernakels.
Nahm die beiden Briefe heraus, die er fast jede Nacht las, wenn alle schliefen, zur Ruhe gekommen waren, nur er nicht.
Mit den Briefen hatte alles angefangen und doch nicht.
Überhaupt nicht.

Der Vater hatte ihm einen Brief geschickt.
Hermann fand ihn morgens in seinem typisch Kreuzberger Briefkasten – mehrfach aufgestemmt, verbogen und schwer verrostet.
Da liegt dieser Umschlag im Kasten, und die steile Handschrift des Vaters ist ohne jeden Zweifel zu erkennen.
Herzrasen.
Dann in die Küche.
Es ist Samstag, man hat ausgeschlafen, wunderbar gevögelt, von hinten und vorne, Biggi hat mal wieder laut geschrien, Hermann danach ein bisschen in Hesses *Unterm Rad!* gelesen, was man halt am Samstag so macht vor dem Einkaufen, und der Kaffee duftet schon, während Biggi im Flur telefoniert. Sie ist noch immer nackt.

Hermann schüttet sich keinen Kaffee ein, sondern flattert auf den nächstbesten Stuhl und reißt den Brief auf.
Es wäre schön, wenn wir uns mal wiedersehen!
Der Vater schreibt, dass das Leben kurz ist und man seinen Frieden machen muss. Schreibt auch, dass ein mögliches Wiedersehen mit aller Vorsicht zu arrangieren sei.
Deine Mutter! Du weißt!
Will aber, dass Vater und Sohn auf alle Fälle noch einmal darüber reden, ob Hermann nicht doch Schokoladenjunior werden will – vier Läden voll mit feinsten Pralinen, After Eight und Mon Chérie nennt der Vater inzwischen sein eigen.
Da muss ich doch an die Nachfolge denken!

Hermann aber kann gar nicht denken. Er ist komplett verwirrt, als Biggi sich, immer noch nackt, mit herrlich steifen Brustwarzen, auf seinen Schoß setzt und ihm den Brief aus der Hand nimmt.
Das kann doch nicht wahr sein! Freust du dich?

Er weiß nicht, ob er sich freuen soll und bleibt verwirrt. Steckt den Brief in die Tasche und fragt sich, wann der Vater wohl anruft. Auch das hat er geschrieben.
Ich ruf dich an!
Hermann fürchtet sich vor diesem Telefongespräch.

Und als der Anruf drei Tage später kommt, der Hörer in seiner feuchten Hand liegt, ist sein Kopf leer, er hört die Stimme des Alten, etwas förmlich, fast geschäftsmäßig, doch ist es die alte vertraute Stimme, neben der er als Junge im Bett lag.
Hört, wie die Stimme von der kranken Mutter erzählt, *Ihre Depressionen werden immer schlimmer!*, von guten Geschäften und vom neuen Wagen, hört auch, wie die Stimme verstockt und hart wird, als sie mitbekommt, dass Hermann wieder studiert.
Psychologe? Das ist doch kein Beruf!
Da will Hermann fast schon den Hörer hinknallen, fragt aber noch mit rauer Stimme, was nun werden soll.
Auf einer Autobahnraststätte sollen sie sich treffen, meint der Vater, nicht zu Hause, *Jede Aufregung ist für Deine Mutter Gift!*, also nicht in der Gaskesselheimat.
Gleich in der nächsten Woche!

Und Hermann sagt zu, weil das besser als gar nichts ist und weil er all die vielen Fragen und tief im Untergrund diese undefinierbare Sehnsucht nach dem endgültigen Ausbruch hat, immer schon. Wie Purple Schulz. Auf der Schallplatte, die so sehr zerkratzt ist, weil er sie so nötig hat.
Land der Henker
Niemandsland
Das Paradies ist abgebrannt.
Ich hab Heimweh, Fernweh,
Sehnsucht
Ich weiß nicht, was es ist!
Und dann dieser unerhörte Schrei. Ein Schrei wie der vom Pink-Floyd-Plakat.
Ich will raus!
Der Schrei ist auch der seine und Hermann will sich endlich dem Vater stellen, ihm zuhören, ihm diesmal wenigstens ins Gesicht sehen, wenn er offen sagt, wie das für ihn war, als Kind und damals und dass sein Paradies ganz und gar abgebrannt ist.

Das wird der Vater sich anhören müssen. Das wird der Preis sein, den der Alte zahlen muss.
So hatte Hermann sich das gedacht, gewünscht, vorgestellt.
Von wegen!
Hermann lachte ein wenig bitter, als er die Briefe wieder in den Schub des Sekretärs legte und mit der Kerze hinüber zu seinem Bett schlurfte, in dem bereits die Katze lag.

Am nächsten Tag holte ihn Lisa gegen Mittag mit ihrem alten Fiat ab. Kein Cinquecento, sondern ein 128er, blau, mit schwarzen Ledersitzen.
Komm wir fahren auf unsere Isola Felice! Wir müssen in Bologna einen Einkauf machen!
Die Via Emilia immer geradeaus, durch viel kleine Orte, dann einmal links auf die Tangenziale und dann wieder geradeaus, rein in das Gewirr kleiner Gassen, keinen Parkplatz finden und dann doch, auf dem Parcheggio am Bahnhof.
Dort, wo irgendwelche Faschisten vor Jahren eine ihrer Bomben hochgehen ließen. Und Blut und Leichen und Tränen. Viele, entsetzlich viele.
Assassini!
Eine Gedenktafel am Bahnhofsgebäude berichtet davon, sie lasen, wurden einen Moment still und gingen dann doch fröhlich weiter, weil sie eine Überraschung organisieren wollten.
Für Gigi!

Gigi war Lehrer, gab Philosophiekurse am örtlichen Gymnaisum, war von kleiner Statur, trug weiße kurze Haare und nicht einmal eine dunkle Sonnenbrille vor den Augen, obwohl er blind war.
Wir haben ein Bicici für ihn bestellt!
Und gehen weiter unter hohen Arkaden entlang, durchschreiten Licht und Schatten und nehmen noch schnell einen Café gegenüber vom Palazzo D'Accursio auf der Piazza Maggiore, wo die Bologneser, begeistert sich Lisa funkelnd, an Silvester immer das alte Jahr verbrennen und lachend ein neues beginnen.
Bruciamo la Vecchia!
Hermann sieht den meterhohen brennenden Holzstapel vor sich, spürt dessen Hitze, hört die Musik, die aus großen Lautsprechern zu ihm dringt, Walzer und Strauß, *Ausgerechnet!*, alle tanzen, jubeln und er wirft schon jetzt all sein Altes mit in die mächtigen Flammen, es brennt lichterloh, und dann ist der Espresso ausgetrunken, der restliche Zucker

vom Boden der Tasse gelöffelt, und Minuten später stehen sie vor dem Fahrradladen.
Ein Tandem?
Sie holen tatsächlich ein weißes Tandem ab und schieben es quer durch die Altstadt zu Gigis Wohnung im Universitätsviertel.
Alle Compagni, auch die vom Bauernhof, haben zusammengelegt, warten bereits vor dem Haus und wollen sehen, wie der blinde Professore durch Bolognas Gassen saust.
Auf dem vorderen Sattel Carla, seine Frau, lenkt ziemlich angestrengt, und hinter ihr Gigi, grinsend, erst ein bisschen unsicher, aber dann Forza! einmal die Gasse hinauf, alle johlen hinterher, und dann retour und für alle ein Glas Bianco in der Wohnung des Blinden, der sich ganz furchtbar freut und mit leicht zurückgelegtem Kopf seinen Dank mit nur einem Wort ausdrückt.
Bastardi!
Auch Hermann fühlt sich geschmeichelt.

Danach der Abend. Die Nacht. Noch eine italienische Nacht, es wird allmählich etwas kühl in der Dachstube, am Sekretär sitzt er im Pullover und Hermanns Hand greift wieder zögernd nach dem mattblinkenden Messingknopf der Schublade mit den beiden Briefen.
Brief Numero zwo hatte ihn fast den Verstand gekostet. Ein Brief wie ein versuchter Totschlag. So hilflos und so gemein.

Noch vor dem Raststättentreff mit dem Vater lag dieser Brief in seinem demolierten Postkasten.
Abgestempelt in der Gaskesselheimat.
Und er hatte ihn wieder nicht erwartet.
Hatte sich noch am Abend zuvor mit Carl und Siegfried, der inzwischen tatsächlich ein edles Holzschwert sein eigen nannte und schwarzgewandeter Aikidolehrer in dem Schöneberger Fernosttempel geworden war, auf die Begegnung mit dem Vater vorbereitet. Auch Lydia, Siegfrieds immer noch heißgeliebte Yogalehrerin, war bei der Krisensitzung am Landwehrkanal dabei gewesen. Alles Gefühlsexperten. Gerade recht für einen kleinen Ratschlag.
Wir treffen uns im Käferkopf!

Grüner Veltliner, Rahmgeschnetzeltes und Klöße, dazu ein dicker bärtiger Wirt hinterm Tresen, in der Küche ein begnadeter Koch mit blondem

Pferdeschwanz und das ständig leicht schwankende Weib des Wirts, das fröhlich und mit schwerer Zunge die Gäste an den sechs, sieben, acht Tischen des kleinen Restaurants bediente, das war der Käferkopf.
Nach dem Essen diskutierten die Gefühlsexperten Hermanns Raststättenvorhaben. Am weißgedeckten Tisch. Nicht ohne Obstler.
Willste dir unbedingt die nächste Abfuhr abholen?
Hör dir erstmal an, was dein Vater überhaupt von dir will!!
Du musst diese Begegnung wirklich wollen, sonst lass es lieber!
Mach dir nicht zuviel Hoffnung!
Viel klüger war er an diesem Abend nicht geworden, aber durch die Freunde gestärkt und dann doch wieder schwach, als er endlich im Hausflur den Brief aus dem Kasten nimmt und weiß, der bedeutet nichts Gutes. Zunächst will er ihn gar nicht öffnen.
Kippt erst einmal die beiden Eimer voll brauner Asche, die er aus den Kachelöfen der Wohnung geschaufelt hat, in die grauen Mülleimer im Hinterhof. Schimpft wie immer laut, diesmal noch lauter über den widerlichen Staub, der dabei aufwirbelt und flucht dann ohne Ende, als er den Brief in der Küche doch öffnet.
Dem Vater tut es leid. Sie werden sich nicht treffen können. Und die Juniorfrage will der Vater auch nie mehr stellen. Die Mutter hat gemerkt. Als sie merkt, was der Vater da hinter ihrem Rücken mit dem Sohne treibt, hat sie dem Vater, *Klipp und klar!*, gesagt, dass es ihr Tod, doch das steht so da, genauso steht das da geschrieben, dass es ihr TOD ist, wenn Hermann wieder zurück in die Gaskesselheimat kommt.
Du wirst verstehen, schreibt der Vater, dass ich auf meine kranke Frau Rücksicht nehmen muss.

Hermann explodiert, nichts hält ihn mehr, er ist außer sich und wählt die Telefonnummer vom Büro seines Vaters, läßt sich von der Sekretärin durchstellen, will nichts hören, schreit in den Hörer, packt das Elend seiner Familie, seine ganze Kindheit in ein Trommelfeuer ätzender Worte und der Vater legt nicht auf.
Der hört am anderen Ende der glühenden Leitung zunächst still zu und bringt dann nur neues Elend ins böse Spiel.
Du musst das alles nicht übertreiben! Geschlagen hat man dich noch nie!
Erzähl keinen Mist!

Hermann knallt den Hörer auf die Gabel. Keinen Ton mehr will er hören. Nicht einen. Nie mehr.

Gestorben sind die für mich!
Biggi kann ihn am Abend kaum beruhigen. Und er wird auch nicht zu beruhigen sein in den nächsten Monaten.
Er wird ohne jede Ruhe sein. Außer Kontrolle. Zu jeder Stunde, jeder Minute des Tages.
Auch in der Nacht.

Es beginnt damit, dass er kaum noch Luft bekommt.
Da sitzt er mal wieder am schwarzen Tresen der verrauchten Wohnzimmerkneipe und lässt sich von Rudi ein Bierchen zapfen.
Von Rudi.
Denn Rudi ist kein Lieferfahrer mehr, fährt schon lange keine Reifen mehr durch die Gegend, lebt zwar noch mit Jane im vormals besetzten Haus, baut immer noch mächtig um und auf, *Ich glaub', das wird nie aufhören!*, ist aber jetzt Genosse im Kneipenkollektiv. *Wer nix wird, wird Wirt!* Und Lachen.
Jane sitzt auf dem Hocker neben Hermann, natürlich die Lucky im Mundwinkel, und ist noch immer schlecht bezahlte Redakteurin im linken Zeitungsprojekt.
Mal sehen, was der Gorbatschow mit seinen Sowjets anstellt!
Hast du gehört, es sollen neue Folgen von Dallas kommen!
I love J.R., he's a real asshole!

Jane fragt ihn auch noch, wie das Studium so läuft, *Hey, Mr. Psycho!*, irgendwer schüttet sich gerade ein Bier über die Hose und Rudis alter Freund Neil Young, Kein Abend ohne ihn! heult gerade Rotz und Wasser aus den Lautsprechern.
Helpless, helpless,
the chains are locked
and tied across my doors!
Da wird Hermann plötzlich bleich. Äußerlich und innerlich.
Ist was, Buddy?
Sein Herz rast und irgendetwas in ihm will nicht mehr atmen. Wilde Panik steigt in ihm auf, er wird hektisch, greift sich an die Kehle, stößt seinen Stuhl um, stürzt raus aus der Kneipe, steht schwankend auf dem Gehsteig, ringt nach Luft, ist kurz vor dem Ersticken, die Bierreklame an der Hausfassade platzt ihm gelb ins Gesicht, irgendwer bleibt irritiert neben ihm stehen, *Kann ich helfen?*, da wankt Hermann schon keuchend weiter, immer weiter.

Ich sterbe!
Denkt er. Und spürt sein Herz im ganzen Körper toben, stolpern, reißt das Hemd auf, lehnt sich rücklings an irgendeinen Baum, will endlich Luft, nichts als Luft, doch da drückt ein unmenschliches Gewicht auf seine Brust, das ist schwer, so brutal schwer und er hat einfach keine Kraft mehr. Rutscht am glatten Stamm des Baumes hinab. Richtung Erde und in die Hundescheiße.
Verdammt nochmal, ich sterbe!
Er starb aber nicht.

Ist doch jetzt hier bei Freunden. Draußen die Sterne über den sanften Hügeln und er unterm schützenden Dach. In Goethes Italien, ist sich selbst wiedergegeben. Fast.
Und die Katze wieder bei ihm. Eben hat sie noch an der Tür gekratzt und er hat das Tier hereingelassen. *Ciao bella!* Und Schnurren und den Schwanz steil in die Luft und Kraul mir hinter den Ohren, du Mensch! Eine einfache Aufforderung, der er folgt. Und sich dabei leise freut, dass dies kleine Fell ihn mag, ihm vertraut. Wo er doch jedes Vertrauen zu sich selbst verloren hatte. Nach der Not mit dem Atem.

Hatte täglich Albträume.
Von einem Auto, in dem er sitzt, mit dem er über die Autobahn rast, und die Bremsen versagen.
Von in die Erde gepflanzten Kinderköpfen, über die Panzer wegrollen.
Von einem gefährlichen Schatten in seinem Zimmer, der ihn bedroht.
Von ungeheuren Lasten, die er steile Berge hinaufschleppt und auf halbem Weg unter ihnen zusammenbricht.
Von blutigen Mordtaten, sehr blutigen, deren Urheber er selbst ist.
Und stöhnt und schwitzt.
Schlief vorsichtshalber des Nachts gar nicht mehr. Blieb wach, las Bücher ohne Ende und atmete heftig gegen all das an, was da aus ihm herauswollte.
Nur am Nachmittag kam er zu Ruhe. Dann, wenn es hell draußen war. Schlief ein, zwei Stunden.
Hatte Schmerzen im Körper.
In Kopf, Bauch, Nacken, Kreuz. Überall.

Hermann war demontiert, in Einzelteile zerlegt, hatte keine Kontrolle mehr über seine Bestandteile. Alles schien gefährlich, todbringend. Auch

er selbst. Es zuckte, wimmerte und es tobte in ihm.
Vergebens versuchte er sich in den Griff zu bekommen, aber da war kein Griff, kein Halt. Oder doch?
Da war der Kleine, sein Professor, mit der viel zu großen Cordjacke.
Der 68er mit der Pfeife.
Mit dem redete er eines Abends, der Kleine saugte kurz, wedelte mit der linken Hand den Qualm beiseite, schaute ihn diesmal sehr, sehr besorgt an, dachte sich das schon und wusste noch einmal den Rat, den Hermann bereits von Lydia und Siegfried, den Gefühlsexperten, neulich am Telefon bekommen hatte.
Such dir sofort Hilfe!
Ich schreib dir gleich mal ein paar Telefonnumern auf!
Hermann spürte einen Sturm aufkommen.

Wie Caspars Mönchlein am Meer!
Als er den zweiten Brief des Vaters in der Schublade des Sekretärs verschwinden lässt, die Katze auf seinem Schoß kurz fragend den Kopf hebt und draußen vor dem Fenster ein einsamer Vogel das erste Morgenlicht begrüßt, fallen ihm die Bilder Caspar David Friedrichs ein, vor denen er in den Monaten vor seiner Flucht aus Berlin immer wieder wie im Gebet gestanden hat. In der Romantischen Galerie, im Schloss Charlottenburg – das erste Mal mit Carl, der hatte ihn dort mit großen Gesten eingeführt.
Du brauchst jetzt Bilder, die zu dir sprechen!
Später stand er oft ganz allein auf dem Parkett der Galerie, starrte, versank in den Bildern. Stundenlang.
Stand allein und winzig klein vor dem dunklen Meer, ein Unwetter dräut. Der Sturm zerrt schon an dir, gleich werden Blitze zucken, du bist ausgeliefert, musst Vertrauen haben, hast es nicht, nur den großen Zweifel, oder wirst zu Grabe getragen vor der düsteren Ruine der Abtei im Greifswald, und endlich ist da Ruhe, wo vorher Sturm war.
Ob ihm jemals Caspars sonniger Morgen im Riesengebirge beschieden sein würde, hoch droben auf einem der Gipfel, aus den Tälern steigt der Nebel auf, das Kreuz der Erlösung ragt in den Himmel und eine weißgekleidete Frau reicht ihm hilfreich die Hand?

Ohne ihre Hilfe wäre ich kaputt gegangen!
Die italienische Sonne ist längst aufgegangen, die Katze schleicht durchs Gras und er erzählt Lisa bei süßem Kaffee und knusperigem Brioche von

der anderen Frau, die er nach einigem Zögern angerufen hat. Eine Kollegin des Kleinen. Diese andere ist keine junge Schönheit, lebt auch nicht im Riesengebirge, aber sie ist die Hilfe, die er braucht.
Und deshalb ist sie doch schön.
Ein altes Kind ist sie, ein weises, ein neugieriges, ein mitfühlendes, bei dem er immer wieder zu Atem kommt, weil sie ihm zuhört, ihn fragt, wütend macht und ihn seine Tränen mit Kleenextüchern trocknen lässt. Hermann spricht auch in Italien nicht gern darüber, dass er in Berlin zweimal die Woche bei diesem alten Kind Halt und Hilfe findet. Auf der roten Samtcouch, im weißen Sessel, auf dem weichen Teppich, wo immer er will. Er schämt sich.
War nicht stark genug gewesen und sollte doch ein Mann sein.
Zäh wie Leder und so. Hatten sie ihm doch schon als Kind gesagt.
Doch Hermann hat versagt. Weder zäh noch Leder.
Das ist doch Unsinn! Du stellst dich deiner Geschichte, deinen Gefühlen! Das sollten mal alle Männer tun, Hermano!
Lisa blinzelt in die Sonne, schlägt empört mit der Faust auf den Holztisch und besteht darauf, dass es wahrer Mut ist, in das finstere Bergwerk der Seele hinabzusteigen, doch Hermann kann auf solchen Mut nicht stolz sein, ist aber auch nicht mehr ganz allein – das alte Kind steht jetzt neben ihm in Caspars Bild und es kennt sich aus mit all den schwarzen Unwettern, ist sturmerprobt und hält ihn fest bei der Hand, wenn er sich allzu sehr fürchtet.

Lisa nahm ihn an einem der nächsten Tage ebenfalls bei der Hand.
Un giorno libero!
Holte ihn, nach einem langen Schlaf, raus aus seinem Zimmer, draußen schien eine gelbe Herbstsonne, die Katzen fraßen vor der Tür gierig die Pastareste vom letzten Abend, Claudio schraubte mit öligen Fingern am Traktor, Bruno lud Kunststoffrohre und Werkzeugkisten in seinen kleinen Furgone, alle grüßten *Ciao, bello!* und Maria brachte die Espressokanne, den Zucker, die Tasse und war wie immer wunderschön.
Was für ein Tag!
Es war der Tag, an dem er mit Lisa in die Collini fuhr, in eines der kleinen bunt belaubten Täler, es war ein Tag, an dem er weich, ganz weich atmete, ohne daran zu denken, dass er es im nächsten Moment vielleicht nicht mehr konnte, und sich neben Lisa an das Mäuerchen lehnte, das um die alte Kapelle gezogen war, die sie ihm zeigen wollte.
Das Kirchlein stand in einem Hain mit riesigen Zypressen, ein kleiner

Wind wehte, eine zierliche Wasserfontäne stieg in einem gemauerten Brunnen neben dem romanisch anmutenden Gotteshaus auf.
Kein Wort und doch soviele.
Auf einmal war es still in ihm. Still. Kein Gedanke, kein Wort, kein Bild, nur dieser Ort hier, sonst nichts. Was er hier, an diesem Ort spürte, hatte die Farbe Weiß.
Fast hätte er Angst bekommen. Und dann doch nicht.
Dabei war es noch niemals in ihm still gewesen und niemals weiß. *Noch nie!* Lisa nickte und gab ihm einen Kuss mitten auf den Mund.

Ciao Bello!
Arrividerci!
Und halt durch!
Alle hatten sich aufgestellt, ihm vorher noch ein paar Flaschen Lambrusco und Noccino in den Kofferraum seines grünen VW-Golf mit dem großen Atomkraft-Nein-Danke-Aufkleber auf der Seitentür gepackt, der Ford-Transit war längst verkauft, dann Küsse links und rechts auf die Wange, auch auf den Mund, Umarmungen.
Wir sehen uns wieder, ganz bestimmt!
Lisa stand traurig neben Claudios altem Traktor. Wickelte sich fest in die Lederjacke, die schwarze vom Klausener Platz, die Hermann ihr zum Abschied geschenkt hatte.
Hier, für dich!
Du bist verrückt!
Lisa hatte die Schwarze zunächst nicht annehmen wollen.
Das ist doch dein Markenzeichen!
Doch Hermann war die Schwarze zu schwer geworden. Lastete auf seinen Schultern, machte ihn nicht mehr stark und Sponti, sondern eher unbeweglich. Vor ein paar Tagen hatte er in den Spiegel geschaut und war sich plötzlich fremd gewesen. Ganz und gar fremd, hart, viel zu hart, und wollte nicht mehr hart sein. Nicht ganz so hart. Und schenkte also die Jacke der Lisa, denn Lisas Puppe, die Martha, war verbrannt. Vielleicht könnte sie die Jacke brauchen. Eines Tages.
Vielleicht.
Ging rüber zu ihr, biss ihr zart in den weißen Hals, sie lachte noch, die gelbe Sonne schien schon wieder auf die braunen Felder, und Hermann wäre kurz nach der Abfahrt beinahe wieder umgekehrt.
Warum wollte er bloß auf diese schwer bewachte ummauerte Insel zurückkehren?

Hier wächst auf allen Steinen Moos!
Hier sind die Zwerge riesengroß!
Auf dieser Insel ist nichts los!
Der Kassettenrekorder des Autoradios spuckte ihm die Scherben mitten ins Gesicht.
Ein paar Kilometer weiter, auf der Autostrada, verfluchte er dann dieses Deutschland, das erst seine Eltern und dann ihn kaputtgemacht hatte, keine Gnade kannte. Wollte kein Deutscher mehr sein, lieber ein Italiener und unterm Dach wohnen, statt ständig gegen die Kachelwände der Gaskammer treten und immer schuld und an allem und kein Entrinnen. Fluchte weiter still vor sich hin, wusste genau, wie sehr ihm die Wärme der Italiani fehlen würde, freute sich aber auf Biggi und trat dann, bei Vollgas, ein in seine Traumwelten, dachte an das Traumtagebuch, das er im Auftrag des alten Kindes führte.

Mit der dicken Kladde war er immer morgens und noch halbnackt zu dem alten Sekretär gezogen, um den Schweiß der Nacht in kurzen Stakkatosätzen zu notieren. Denn gerade des Nachts und auch in Italien war er fast keine Minute ohne Bilder gewesen.
Überall Schnee.
Mit dem Wagen zum Müllabladen gefahren.
Defekte Bremsen und deshalb irgendein Gerätehaus gerammt.
Streit mit anderen um das zerstörte Haus.
Der zerbeulte Wagen wird abgeschleppt.
Hinterhergerannt. Schnell wie nie.
In dem Wagen sitzen plötzlich zwei frierende Kinder.
Weitergefahren und wieder Bremsversagen.
Den Rückwärtsgang eingelegt.
Abschleppdienst gesucht.
Der Traum vom Abschleppdienst war allemal besser als der von dem Bett, in dem er liegt, es ist dunkel, stockdunkel, und er hört verdächtige Geräusche, versucht sich zu bewegen, ist aber festgeschnallt, und die Geräusche kommen immer näher, Schritte sind das, immer lauter werden die, und er weiß, gleich wird es passieren.
Aber was, was nur?

Dann der Brenner, Innsbruck, München und schon wieder Hammer und Zirkel, graue Uniformen, geile Kontrollblicke, wie befohlen raus aus der Schlange der wartenden Autos und *Zack!* rechts ran.

Ziehen sie den Schlüssel ab, lassen sie den Wagen offen!
Kommen sie mit!
Hermann muss in der Baracke warten. In einem kleinen Raum ohne Fenster. Und weiß nicht warum.
Er wartet lange.
Sie lassen ihn allein, haben die Tür abgeschlossen.
Er wartet noch länger und ihm wird übel.
Was soll das, verdammt? Ist das so eine Nummer, wie neulich, als sie ihn im Transit rausgewunken haben?
Auf einen Parkplatz haben sie ihn damals gelotst, und zwei der Grauen Herren kommen zu ihm ans Auto, er steigt aus und hört, er sei zu schnell gefahren.
Ihre Papiere!
Die Grauen Herren schnappen sich Führerschein, Fahrzeugschein, den Behelfsmäßigen und das Visum, wollen Bares.
Einhundertundfünfzig Mark!
Westmark natürlich! Und fieses Grinsen.
Hermann will irgendeinen Beweis, würde gern auf Schwarz und auf Weiß sehen, was sie da von ihm geblitzt haben, aber sie wollen nicht. Stehen vor ihrem Wartburg, geben die Arschlochnummer.
Ich habe aber kein Geld dabei!
Dann soll er sich gefälligst was leihen.
Stehen doch genügend von ihrer Sorte hier auf dem Parkplatz rum!
Hermann will trotzdem nicht.

Dann fahren sie eben weiter, bitte schön!
Der Graue mit der spitzen Nase und der gelben Warze auf der Stirn lacht wie jemand, der soeben einen Klasse-Schießbefehl bekommen hat, sich bestialisch freut, dass die Todesstrafe im Osten immer noch nicht offiziell abgeschafft ist, und Hermann will trotz der Aufforderung nicht weiterfahren.
Sie haben doch meine Papiere!
Die würden sie ihm auch nicht zurückgeben, sagen sie, Hermann könne aber trotzdem losfahren, bellen sie, dann würden sie hinter ihm herfahren, kichern sie, ihn anhalten und nach seinen Papieren fragen, geifern sie, er aber würde ja keine vorweisen können.
Und dann bringen wir sie nach Bautzen!
Der Biermann hatte, noch vor seiner Ausweisung aus diesem Scheiß-DDR-Land, gesungen, es gäbe schönere Löcher als das Loch von

Bautzen, also fand Hermann noch etwas Bargeld, aber keine Maschinenpistole, um die Grauen umzunieten.

Jetzt sitzt er immer noch brav auf seinem grauen Plastestuhl, der Raum der Kontrollbaracke ist schwach beleuchtet, kahl, bis auf einen Plastetisch, es riecht nach einem besonders fiesen Reinigungsmittel und ihm wird noch schlechter, alles in ihm wird steif, das Zwerchfell liegt wie ein Brett quer im Bauch, die Luft wird knapp.
Loslassen, schreit das alte Kind. *Loslassen!*
Und er versucht es, geht in seinem Kopf weit weg, ganz weit weg, raus aus dem Barackenknast, und lässt einen Engel vorbeigleiten, der sieht aus wie der alte Schmidt aus der Wohnung über seinem Palazzo und hat schöne große Flügel.
Hermann lässt ihn zurückgleiten, der Schmidtengel nimmt ihn in die weißen Arme, ist ganz weich und warm und wundervoll und fliegt mit ihm nach Westberlin ins Quasimodo, in den alten Jazzkeller, sie toben gemeinsam zu den Gitarrenriffs von Jim Kahr und der singt vom Little Red Rooster. Danach schwebt er noch mit dem Schmidtengel ins alte Quartier Latin in der Potsdamer Straße, sie stehen in dem dunklen ehemaligen Kinosaal und stampfen den Boden, weil der gute alte Champion Jack Dupree oben auf der Bühne einen ganz und gar pechschwarzen Steady Rolling Blues klimpert.
She said come on, daddy,
let's have a little fun
and we began rolling
well, we rolled a long long time!
Als der alte Champion sein *I am so glad I am living!* lacht, atmet Hermann wieder normal, doch dann kehrt schon die Angst zurück, aber auch einer von den Grauen und er kann weiterfahren. Weitere Erklärungen gibt es nicht.

Auch Biggi hat keine weiteren Erklärungen.
Du, ich hab mich verliebt! Da sitzt er schon wieder in seiner Küche mit Blick auf Hinterhof und Mülltonnen, der Beistellofen glüht wie sein Kopf. Nur ein paar Monate war er fort gewesen, hatte das mit dem alten Kind abgesprochen, *OK, wenn sie klarkommen!?* und er war klargekommen, irgendwie, nur die Biggi nicht.
Die hatte die Gelegenheit genutzt, mal einen Mann ohne Psychostress an ihre grüne Seite zu bekommen.

Du bist so schwierig, so kompliziert! Du bist einfach unmöglich!
Das hatte sie in den Wochen vor seiner Abreise oft zu ihm gesagt, und jetzt war da dieser Doktor der Zahnmedizin, einer mit Frühglatze, einer von den Zahnärzten aus dem Kollektiv, immer fröhlich, immer gut gelaunt, der schon fast alle aus der Praxis im Bett gehabt hatte, und jetzt eben auch die Biggi.
Hau bloß ab!

Hermann grollt, droht, schickt Biggi zum Teufel, will nichts mehr hören, *Keine Erklärungen bitte!*, hat ja ohnehin mit der Lisa rumgemacht und *Schön war's!*, sagt ihr das brutal und mitten ins Gesicht und weiß, er wird sich für seine Zähne eine andere Praxis suchen müssen.
Hermann tobt, brüllt und die alten Schmidts werden ihn morgen kaum fragen, ob er wieder mal seinen Spaß gehabt hat.
Hau bloß ab!
Die Biggi geht. Haut wirklich ab. Ganz schnell schnappt sie sich ihre Jacke, rennt zur Wohnungstür und dreht sich noch einmal schreiend um.
Du wirst ja allmählich ganz irre!
Die Tür fällt ins Schloss, Putz rieselt im Türrahmen.
Hermann wird Carl anrufen und ihm erzählen, dass das Mönchlein am Meer soeben vom Blitz getroffen wurde.

Montage Dreizehn

Farbige Fotografien einer Ausstellung.
Auf der Rückseite sind die Titel der abgelichteten Objekte notiert.
Childhoods End. Ein brauner Holzstuhl, darauf ein kleiner abgeschabter Lederkoffer, aufgeklappt. In dem Koffer liegt eine ziemlich große Puppe, nackt, glatzköpfig, den rechten Arm erhoben, den Zeigefinger der Hand emporgestreckt. Die Puppe liegt auf bunten Stoffresten. Zwischen ihren Plastikbeinen ragt senkrecht ein grobzahniges, rostiges Kreissägeblatt. In den Deckel des Koffers sind Fotografien von Kindern geklebt.
Trampoline. Noch ein Holzstuhl. Blau gestrichen. Ohne Sitzfläche. Quer über dem leeren Rahmen wiederum eine Puppe. Mit braunem Haar, Stupsnase und Schlafaugen. Arme und Beine der Puppe sind mit Stacheldraht an den Sitzrahmen gefesselt.
Auf dem Holzfußboden unter der Puppe sind vertrocknete Rosenblätter ausgestreut.

Rudi steht in einem leeren Zimmer. Vor einer weißen Wand.
Schwarze Weste, weißes Hemd, Blue Jeans, dunkler Schnauzbart, kurze Haare und ein Grinsen auf dem Gesicht, das die Lachfalten in den Augenwinkeln freigibt. In der rechten Hand hält er lässig einen Hammer. Rechts neben ihm, an die Wand gelehnt, steht ein mit schwarzen Holzleisten gerahmtes Gemälde, das er gleich an die Wand hängen wird – das Bild einer zierlichen alten Asiatin mit runzligem Gesicht und langem schwarzem Haar.
In der feingliedrigen rechten Hand hält sie eine kleine Schüssel, mit der linken zwei Eßstäbchen, die sie gerade von der Schüssel zum Mund führt. Ihre Augenlider sind halb geschlossen.
Das Bild strahlt unendliche Ruhe und Konzentration aus.

Ein schwarzer Adler mit weißem Totenkopf und leeren Augenhöhlen. Auf dem Totenkopf ein Zylinder mit Stars and Stripes. In seinen gelben Krallen hält der Adler rote Fliegerbomben. Einige davon fallen auf eine Landschaft mit grünen Palmen.
Neben dem Graffito, das auf eine Mauer aus Ziegelsteinen gemalt ist, steht mannshoch die dazugehörige Parole.

Viva Nicaragua Libre!
Um das A von Viva ist ein Kreis gemalt.
Giulio lehnt an der Mauer, weißes Polohemd, blaue Jeans, schaut durch seine runde Brille ernst in die Kamera. In der Hand hält er eine Plastiktüte.

Hannes sitzt auf einem grünen Sofa.
Der Junge hat die Arme fest vor der Brust verschränkt, zeigt einen resignierten, fast wütenden Ausdruck im Gesicht.
Kurz sind seine Haare und blond.
Er trägt ausgefranste schwarze Jeans und ein hellblaues T-Shirt mit vier roten Buchstaben darauf: CCCP.

I won't back down

Der Stich sitzt knapp neben der Lunge!
Das hätte bös ausgehen können!
Der junge diensthabende Arzt schaut besorgt aus seinem weißen Kittel auf den blonden Hannes, der da mit nacktem Oberkörper bäuchlings vor ihm auf dem Untersuchungstisch liegt. Der Junge hat den Kopf zur Seite gedreht, ist ganz bleich im Gesicht, die Lippen zittern ein wenig, seine Augen hält er geschlossen, die Lider zucken unregelmäßig.
Er sagt kein Wort.
Hermann steht mit Hannes' Mutter, der Lilo, dicht neben dem Tisch, die hat Tränen in den Augen, ein zerknülltes Taschentuch in der Hand und er kann es nicht fassen, streichelt sanft den Kopf des Jungen und spürt dabei sein eigenes steinhartes Gesicht, die zusammengebissenen Zähne und eine mörderische Wut tief im Bauch.
Bei uns wurde ein Junge namens Hannes eingeliefert!
Er hat uns Ihre Telefonnummer angegeben!
Jemand aus dem Graubeton-Krankenhaus am Kreuzberger Urbanhafen hatte angerufen. Eine kühle, nüchterne Stimme. Eine weibliche.
Er wurde niedergestochen! Die Verletzung ist aber nicht lebensgefährlich!

Eben noch hatte die Sonne quer über den Hinterhof durch sein frisch geputztes Fenster auf den Schreibtisch vor ihm geschienen, hatte ein ganzes Fuder Licht über Papierstapel, Bücher, Büroklammern, Kugelschreiber und Aschenbecher gekippt und Hermann war aus seinen Tagträumen aufgewacht und hatte seinen kleinen schwarzen Kalender zur Hand genommen und den Eintrag gemacht.
Lilo anrufen!
Wie lange hatte er die Mutter von Hannes nicht mehr gesehen? Sechs oder sieben Jahre mochte es her sein, seit sie mit dieser kessen Vater-Lesbe zusammengezogen war und den Jungen ganz und gar für sich wollte. Und er hatte damals genickt. Hatte sich verabschiedet.
Hatte den Hannes in seine ganz und gar Freie und Alternative Schule gebracht, aber die Räume der großen Kreuzberger Fabriketage nicht betreten, sondern war draußen im dunklen Hausflur vor der grauen

Stahltür stehen geblieben, hatte sich vor dem Jungen auf den kalten Boden niedergekniet, ihn samt seinem viel zu großen Schulranzen umarmt und dann versucht, ihm fest in die Augen zu schauen.
Heute abend holt dich die Lilo ab! Dann bleibst du erstmal eine Weile bei ihr!
Denk daran, dass ich dich sehr lieb habe!
Der Hannes hatte genickt, aber nicht gewusst warum. Dann drehte der Junge sich zögernd um, legte seine Hand auf die schwarze Klinke der Stahltür, öffnete sie und das schwere Ding fiel hinter ihm ins Schloss.
Danach war Funkstille gewesen.
Absolute Funkstille.
Keine Anrufe, keine Besuche. Nur das ganz große, dunkle Schweigen, das er irgendwann einfach nicht mehr wahrnahm. Jahrelang nicht mehr wahrnehmen wollte, bis das alte Kind ihn vor ein paar Monaten gefragt hatte.

Da sitzt er, wie seit langem schon, auf dem grau-gepolsterten Ikea-Stahlrohr-Sessel im großen Berliner Zimmer der Therapiepraxis, neben sich den kleinen Hocker mit der obligatorischen Schachtel Wollen-Sie-Ihre-Tränen-Trocknen-Kleenex und es ist still.
Einfach still.
Das alte Kind sitzt im Sessel gegenüber, neben sich die immergrüne Palme mit den gelben Blattspitzen, und schaut ihn an. Früher stockte ihm immer noch der Atem, wenn sie die Hände mit den Altersflecken im Schoß faltete und ihm direkt und lang, sehr lang in die Augen blickte, während er im Höllentempo durch seine Geschichte ritt.
Moment, nicht so schnell! Was spüren sie gerade?
Wenn er dann anfing, unruhig zu werden, zur Seite zu schielen, die Schmerzen im Rücken und vor allen Dingen im Nacken spürte, die er doch nie wieder spüren wollte, dann kam diese andere Frage und immer wieder.
Was halten sie da fest? Wer sitzt da in ihrem Nacken?
Sein besoffener Vater saß da und höhnte.
Und das soll mein Sohn sein?
Seine Prügel-Lehrer saßen da. Und vor allen Dingen seine Mutter, hohlwangig und schwarz und depressiv und voller Tabletten und mit müden Augen und roten Lippen und verlangte verdammt nochmal immer noch nach seinem nackten Hintern, und ihn als Mann und mit dem Teppichklopfer Gehorsam.

Alle saßen da. Nach all den Jahren immer noch. In seinem Nacken. Es war ein ganz schönes Getümmel da hinten, ein Haufen tollwütiger Irrer wollte ihn klein machen und noch kleiner.
Warum machen sie sich klein?
Das alte Kind konnte ziemlich gemeine Fragen stellen. Und so war es in dem Raum zwischen ihnen wieder still, vor dem Fenster saßen lärmende Vögel im Baum und hatten außer Federn nichts im Nacken.

Und jetzt hocken sie sich wieder gegenüber. Keine Vögel zu hören. Draussen dieselt ein LKW vorbei. Da klagt er, dass er ohne Vater und Mutter ist, immer noch ohne Kontakt zu ihnen, und muss von dem alten Kind hören, dass er sich doch selbst ein guter Vater oder eine gute Mutter sein könnte, statt mit seinem Jammer die Ohren seiner Freunde zu verstopfen. *Dem Hannes waren Sie doch auch ein guter Vater! Wie geht es dem Jungen eigentlich?*
Das alte Kind kannte ihn inzwischen sehr genau, und seit er wieder einigermaßen zu Atem gekommen war und nicht mehr jede Nacht schwitzte und keuchte, war die Schonzeit vorbei. Die Frage nach dem Hannes erschreckte ihn und nach einigem Zögern wusste er stammelnd nichts als das dunkle Schweigen der letzten Jahre zu berichten.

Tage später klingelt es.
Hannes steht vor der Tür seines Palazzo. Groß ist er geworden, ein langes schmales Hemd, ein wenig blass im Gesicht, auf dem die ersten roten Pickel gelb blühen, und Hermann macht große Augen, kann das kaum fassen. Minuten später liegen sie sich in den Armen und Hermann staunt noch mehr, als der Junge auf den Hausflur zurückgeht, einen großen Rucksack und eine Reisetasche von dort holt und ihn flehend anschaut. *Du, kann ich bei dir wohnen? Ich hab schon alles mit der Lilo klargemacht!*
Hermann sagt nicht Nein, nicht Ja, sondern *Setz dich erstmal!*, und nach einer Stunde nickt er.
Der Hannes will nichts mehr von der Lilo wissen, bis oben hin steht es ihm mit den Lesben und in der Schule ist sowieso alles zum Kotzen, sagt er. Geht jetzt auf eine Gesamtschule, keine freie mehr, sondern eine von diesen Lernfabriken mit den riesigen Lüftungsrohren auf dem Dach, hat zwar Freunde dort, aber auch Feinde, solche mit Verletzungsgefahr in den wilden Augen, die ihm nach der Schule auflauern, ihm Geld abnehmen oder auch die Turnschuhe. Von wegen Adidas.

Abgezogen haben die mich! Ne richtige Bande war das!
Musste auf Socken nach Hause gehen!
Hannes gibt sich stark und wütend, doch in seinen Augen flackert Angst. Mächtige Angst, die ihn Hilfe suchen lässt.
Hermann hilft ihm. Gemeinsam richten sie in den nächsten Wochen das ohnehin ziemlich leere zweite Zimmer des Palazzo für Hannes her, weißen gemeinsam die Wände, zwecken ein paar Poster daran, streichen den Fußboden in einem leuchtenden Himmelblau, kaufen ein paar gut erhaltene Möbel beim Trödler, *Waren auch schon mal billiger!*, und fertig ist das Jugendasyl.

Ab sofort war es mit der Ruhe in Hermanns Palazzo vorbei.
Hannes hatte Tage nach seinem Auftauchen noch einen Plattenspieler aus Lilos Wohnung angeschleppt, nachmittags immer öfter Freunde aus der Schule, die brachten ihre Schallplatten mit, und plötzlich rappte und hippte und hoppte es in Hannes Zimmer, Public Enemies drangen durch die Türritzen, schwarze coole Gestalten mit *Sophisticated Bitches!* im Schlepptau und *Yo!* und *Party!* und Hermann war erstaunt, was aus einem Kinderladenkind, das mit dem Baggerführer Willibald und dem Anti-Struwwelpeter großgeworden war, so werden konnte.

Hey, könnt ihr das mal leiser drehen!
Er steht in der Tür zu Hannes Zimmer, drei Turnschuhträger schauen ihn aus großen Augen erschrocken an, auf dem Boden liegen Plattencover verstreut, in der Luft hängt doch tatsächlich Zigarettenqualm und Hermann wundert sich über sich selbst.
Ist aus ihm schon ein mieser Spießer geworden?
Ein alter Sack?
Einer, der den Kids ihren Spaß nicht gönnt?
Also tut er so, als wäre er kein alter Sack, und fragt kumpelig nach, was sie denn da gerade so hören und bekommt seine Antwort.
Beasty Boys!
No Sleep Till Brooklyn!

An die Kids und ihre beastigen Boys hat er gedacht, als er da, kurz vor dem hundsgemeinen Anruf aus dem Krankenhaus, an seinem Schreibtisch sitzt, und er hat auch Brooklyn gedacht, *Ach Brooklyn!* und dann ohne Umwege an Tom Waits und an das Brooklyn, das sie beide meinten.

Dieses Brooklyn war überall.
Überall dort, wo Männer auf der Suche waren. Männer wie er, die, keine Dental-Biggi mehr, sich von ihr voll kreischender Eifersucht getrennt hatten und seitdem in den Downtown Trains dieser Welt oder sonstwo mit einem verwundeten Sehnen, *Baby, can't you hear me now!?*, auf der Suche waren.
Will I see you tonight
on a downtown train?
Every night is just the same
you leave me lonely!
Tage- und auch nächtelang machte er sich mit dem Waits gemein – erst recht dann, wenn er dreimal in der Woche den Taxi-Driver gab, um Zweit-Studium und Diplom zu finanzieren. Hermann hatte vor einiger Zeit, wie einst Freund Siegfried, den Taxischein gemacht, *Nix mehr Balken schleppen!* und fuhr jetzt bei *Paules-Droschkenbude!* für reale fünfzig Prozent der Einnahmen.
Is ne faire Sache!

Lederwesten-Paule hatte irgendwann in den 70ern sein Germanistikstudium abgebrochen, mit anderen Abbrechern in Schöneberg ein Kollektiv gegründet und war dessen dicker und bärtiger Chef geworden – saubere Daimler, Automatik, Schiebedach, Kassettenradio, Full Stereo und nachts unter den Yorkbrücken oder auf der Stadtautobahn Stoff geben und immer wieder Waits. Der saß oft mit bekifftem Grinsen neben Hermann und die Fahrgäste im Fonds staunten nicht schlecht, wenn die beiden anfingen ihre Hymne zum Besten zu geben.
Hang on St. Christopher
on the passenger side
open it up tonight
the devil can ride.

Das rauchige Saxophon, die schrägen Gitarrenläufe, dumpf das Schlagzeug, Sounds der Seele, rauh wie ein Reibeisen stöhnt der Waits auch jetzt aus den Lautsprechern, Hermann schaut aus dem frisch geputzten Fenster, sieht die grauhaarige Alte aus dem Aufbauprogramm-Mietsblock gegenüber, die immer mit schriller Stimme den Kindern *Haut bloß ab!* hinterherschreit, ansonsten gern stundenlang den Gehweg fegt, sieht sie mit ihrem Rentner-Mercedes zum nahegelegenen Bolle-Markt ziehen, stützt den Kopf auf die Hände, denkt, notiert, dass er die Lilo vielleicht

doch endlich mal anrufen sollte, schließlich ist der Hannes seit ein paar Monaten bei ihm und kein Wort von ihr dazu, da kommt schon die Sonne und dann der Anruf.
Niedergestochen! Der Hannes!
Er rennt zum Urban-Krankenhaus. Am Kanalufer entlang, stürzt zwischen den Autostau auf der Prinzenstraße, keucht, Seitenstechen, stürmt zum Urbanhafen, dann rechts ab über die grüne Wiese, rutscht aus in Hundescheiße, rein zum Haupteingang, ein kreischend roter Unfallwagen steht davor, die Sanis rauchend daneben, rein in die Unfallstation und da liegt der Junge auf dem Behandlungstisch, er atmet noch, kurzer Blick auf das Gesicht des Arztes, Brille, bartlos, ein wenig traurig, dann wieder der Hannes, bleich, auf dem Bauch, weißer Verband um Brust und Rücken, Hermann streicht darüber, spürt den Schmerz des Jungen, erschrickt, schaut dem Hannes in die verletzten Augen, nimmt seine kalte Hand, *Mein Gott!*, hört wie betäubt einige Wortfetzen.
Haben schon genäht, ... Mutter angerufen!
Sieht im Augenwinkel, wie die Tür des Neon-Raums aufgestoßen wird, Lilo schleudert herein, Augen weit aufgerissen, immer noch blond, vollkommen aufgelöst, die Stimme schrill.
Mein Junge!
Und küsst das Gesicht, das bleiche.

Später fahren sie den Jungen zu Hermanns Wohnung. Im Funkwagen. Die Uniformen, die irgendwo im Krankenhaus gewartet haben, wollen endlich wissen, wie das alles passiert ist, und dürfen mit reinkommen.
Der Hannes liegt auf dem Sofa, den Kopf im Schoß von der Lilo, die streicht seinen Kopf, der Junge wehrt mit einer Handbewegung alles Zarte ab, verzieht das Gesicht vor Schmerz, wenn er sich bewegt, aber er spricht wenigstens.
Erzählt, dass er mit Christian, dem Freund aus alten Kinderladenzeiten, mit dem er nachmittags immer um die Häuser zieht, vor diesem Kreuzberger Aldi-Markt stand und da kommen ein paar Türkenkids lässig angeschlendert, die er irgendwo schon mal gesehen hat und wollen *Die Kohle!* von Christian.
Los, gib her, sonst bist du tot, Mann!
Verpisst Euch!
Hannes hatte sich noch gewundert, wie cool der Christian reagierte, doch da liegt der Freund schon auf dem Boden und zwei von den Türkenkids hocken auf ihm und immer in die Fresse.

Der Hannes greift ohne viel Nachzudenken ein, packt einen der *Arschlöcher!* von hinten an der Baseballjacke, reißt ihn weg, kann dabei nicht auf die anderen Türkenkids achten, da spürt er schon einen heißen Stich im Rücken und schreit, schreit und alle rennen weg.
Ging alles irre schnell!
Christian ist auch abgehauen! Hat wohl Panik gekriegt!
Die Erwachsenen in Reichweite hatten wieder einmal nur zugeschaut und nichts wie weg mit ihren vollen Aldi-Tüten.
Irgendjemand hatte dann die Bullen gerufen!

Die Uniformen sind wegen der *Bullen!* nicht weiter böse, notieren alles, Anzeige gegen Unbekannt und fordern den Hannes richtig freundlich auf, doch mal bei ihnen vorbeizukommen.
Schau dir mal unsere Täterkartei an!
Vielleicht erkennst du die Jungs ja!
Dann räuspert sich der ältere von den beiden Polizisten gewichtig, streicht seinen Schnurrbart, fummelt kurz an den Knöpfen seiner Jacke, beugt sich weit vor in seinem Sessel. Spricht von Jugendbanden, von Kids, die draufhauen, abziehen, prügeln, zustechen und dass die in Kreuzberg und im Wedding und sonstwo regelrechte Kieze abgesteckt haben, die sie kontrollieren, sich auch Bandenkriege liefern, gern auch Schwule verprügeln und sogar Einbrüche durchziehen.
Verhältnisse wie in der Bronx!
Der Schnurrbart ist empört.
Und der Hannes nickt und nickt, er kennt das alles nur zu genau von seiner Schule und auch von der Straße und so, sagt er, aber mehr sagt er nicht.
Erst als die beiden ihre Mützen wieder auf dem Kopf haben und gegangen sind, setzt er sich mühsam aufrecht hin und meint, er würde die Messerkids auf keinen Fall identifizieren.
Die machen mich dann doch ganz fertig! Die Typen darfste nicht verraten!

Hermann ging in die Küche, brühte einen Filterkaffee, sie rührten in den Tassen, schwiegen eine Zeit lang, hörten ab und zu das Stöhnen von Hannes, rührten weiter, und plötzlich schaute die Lilo den Hermann fragend an.
Wollen wir reden?
Nein, Hermann will nicht reden. Erst recht nicht mit Lilo.

In den Trümmern seiner Welt rast die kalte Wut. Diese Wut ist alles, was im Moment von dem hoffnungsvollen Psychologen, der doch endlich alles verstehen und erklären wollte, übrig geblieben ist.
Hat nicht verstanden!
Wozu hatte er denn studiert, eben noch in seiner Diplomarbeit das Thema Erziehungsgewalt am Beispiel der totentraurigen Augen des Kindes Tucholsky erörtert und dafür von seinem kleinen Professor, dem mit der viel zu großen Cordjacke und der Pfeife in der Tasche, bei einem ihrer Kneipenabende ein anerkennendes Kopfnicken geerntet, was aber brachte ihm diese Anerkennung, wenn all dies Wissen, all die Erklärungen, all die klugen Worte über die Not der Kinder in der Welt der Verwachsenen gar nichts nutzten und nur ein heißer Wunsch übrig blieb.
Zur Hölle mit diesen Türkenkids!
Hermann spürte dunklen Zorn. Biss die Zähne zusammen. Und Lilo sah das sehr genau, blickte noch einmal mit einem großen Leid in den Augen auf ihren verletzten Sohn, der schaute frostig zurück, und sie nahm ihre Jacke.
Du kümmerst dich um Hannes, ja?
Keine Antwort von Hermann.
Vielleicht rufst du mal an!
Doch er dachte nur, der Hannes hätte mausetot sein können, einfach nicht mehr atmen, nicht mehr lachen, nicht mehr weinen und begraben in schwarzer Erde – *IF!*
Die Wohnungstür wurde leise zugezogen. Erstaunlich leise.

Da ist manchmal soviel Wut in ihm, dass er aus der Tür stürzt, sich draußen in seinen grünen Golf setzt, zum Landwehrkanal rast, an der Hochbahn entlang, und dann schreit er, fährt, lenkt, bremst, der kaputte Auspuff röhrt und er brüllt seinen Hass gegen die Windschutzscheibe und ganz laut, so laut, dass seine Ohren dröhnen, wenn er den Wagen wieder auf dem Kopfsteinpflaster seines Kiezes abstellt und danach ziemlich entspannt aussieht.
Oder er drischt auf den verdammt schweren Boxsack ein, den er sich bei Karstadt in der Sportabteilung gekauft hat. Das schwarze Ding hat er direkt neben seinen Schreibtisch gehängt und dem schon oft genug Gewalt angetan und dabei all die zu Tode geschrien, denen er es da endlich heimzahlt.
Du prügelst mich nie mehr!
Und halt endlich dein verdammtes Maul!

Is ja manchmal mächtig was los bei ihnen da unten!
Komm'se doch rauf auf'n Kaffee!
Hermann wurde immer öfter von den Schmidts eingeladen, dem netten Rentnerpärchen in der Wohnung über ihm. Die hatten ihn inzwischen so gut wie adoptiert, längst seine bevorzugte Kuchensorte herausgefunden, kredenzten also bei jedem Besuch frisch gebackenen Apfelstrudel mit Sahne.
Nehm'se doch noch ein Stück!
Die alte Frau Schmidt strahlte unglaublich hell aus ihrer Kittelschürze heraus, wenn er noch ein Stück nahm, also nahm er, setzte die Kuchengabel an und hörte regelmäßig aus der Strickjacke des alten Schmidt, dass der die Welt nicht mehr verstand und sogar Angst hatte, auf die Straße zu gehen.
Nachher nehmen die uns Alte auch noch als Geisel! Wie neulich in Gladbeck!
Und dann wird man bedroht oder erschossen und das Fernsehen ist live dabei, interviewt die Mörder immer recht freundlich und der alte Schmidt, jetzt hatte er es schon an der Hüfte und die Athritis plagte ihn noch mehr, würde sich nicht wehren und auch seine Frau nicht schützen können.
Nehm'se doch noch ein Stück Kuchen!
Na gut, aber nur eins noch!
Da kaute er schon wieder und die beiden Alten saßen vor ihm in ihren dicken Polstersesseln, wach, hellwach, ängstlich, und wollten, dass er zuhörte, also hörte er zu, da kam schon der nächste Mord, der nächste Totschlag, die aufgedunsene Leiche, die sie neulich aus dem Landwehrkanal gezogen hatten, dann noch die siebzig Toten bei der Flugschau von Ramstein, *Fürchterlich, alle verbrannt!* und heftiges Kopfschütteln, kurze andächtige Atempause, dann wurde die alte Frau Schmidt fürsorglich und wollte, *Bringen Sie den Jungen doch mal mit!*, auch noch den Hannes adoptieren.
Das hatte Hermann gemacht, und so verputzte auch Hannes einmal in der Woche seinen Apfelstrudel mit jeder Menge süßer Sahne und das nur zu gerne, erzählt jetzt auch den Schmidts seine Geschichte, immer wieder will er die erzählen, und die können es kaum glauben und sind froh, als sie von ihm hören, dass die Wunde gut verheilt, dass er wieder in die Schule geht, Hermann ihn mit dem Wagen hinbringt und auch wieder abholt, *Wie damals im Kinderladen!*, und dass Hannes am Nachmittag vorsichtshalber nicht mehr auf die Straße geht, daheim bleibt und mit den Kumpels Musik hört. Public Enemy, immer noch.

Count down to Armageddon!
Solch fröhliche Musik hörten die Kids hinter der Tür, knallelaut, mächtig aggressiv, und Hermann ließ sie, ließ sich in seinen Ohrensessel fallen, streckte die Beine weit, weit von sich und träumte von einem gutrasierten Engel im Wollmantel, der aus dem *Himmel über Berlin!* zu ihm herabsteigen und mit unschuldigem Gesicht und sanfter Stimme sagen würde, dass alles wieder gut wird, wenn diese kaputte Welt nur weit genug aus den Fugen gerät und Menschen die fundamentalen Fragen stellen, die das Kind stellte, als es noch ein Kind war und alles war ihm beseelt und alle Seelen waren eins.
Warum bin ich ich und nicht du?
Ist das Leben unter der Sonne nicht nur ein Traum?
Die himmlischen Bilder vom Wenders und vor allem die Poesie vom Handke, dem alten Publikumsbeschimpfer, rührten ihn an.
Endlich verrückt
endlich nicht mehr allein
endlich verrückt
endlich erlöst!

Gangstas!
Bei der Kripo hört er zum ersten Mal den Namen der Kreuzberger Jugendbande, als er fragt, ob sie die Messerkids ermittelt haben, die mit den schnellen Messern und den großen Sprüchen.
Haben sie nicht, die Herren mit den Jeansjacken und den flotten Turnschuhen, äußern nur den Verdacht mit den Gangstas und schauen ihn vorwurfsvoll an.
Wie sollen wir denn vorankommen? Ohne Täterbeschreibung!
Hannes hat Angst und dicht gehalten. Alle die besorgten Gespräche, selbst die absichtsvollen Einladungen zu McDonalds, all die bestechenden Burger und großen Becher voller Coca-Cola haben dem Jungen keine Namen, keine Erinnerung entlockt. Hermann wird fast verrückt.

Der Junge igelt sich total ein! So geht das nicht weiter!
Monate später sitzt Hermann mit seinen Freunden am runden Tisch in Rudis Wohnzimmerkneipe, trinkt Wein, es ist angenehm dunkel und schwer verraucht und überhaupt wie immer – der Blues quillt aus den Lautsprechern, der schwarzhaarige Dichter, der nie mehr schreiben wird, sitzt schwankend im Samtanzug auf seinem Barhocker, der langhaarige Intellektuelle in der Bayernjoppe mit den Hirschhornknöpfen brütet am

Ecktisch über seinem Carlos Castaneda, die Rothaarige mit dem kurzen Rock steht hinten am Tresen und wird spät in der Nacht, wie so oft, mit dem Mann nach Hause gehen, der ihr den letzten Hennessy spendiert. Das ganze Inventar ist vorhanden.
Und Schweigen.
Carl schaut Hermann nachdenklich an, Giulio starrt auf sein blaues Päckchen Gauloises, Jane saugt an ihrer Lucky und schließlich legt Siegfried seine tagsüber schwertführende Hand auf Hermanns Arm, drückt ganz fest zu und mahnt. *Immer mit der Ruhe, mein Lieber!* Und Hermann will ja Ruhe geben, will dem Hannes doch nur zeigen, dass da jemand ist, der ihn liebt, ihn bewahren will.
Einen Edelzwicker noch!
Dann noch einen.
Noch ein bisschen Palaver, schon wieder Lachen, und nach Mitternacht steht er irgendwann auf und bestellt der Kleinen mit dem kurzen Rock, die hinten am Tresen auf den Big Spender wartet, zum ersten Mal einen Hennessy.
Einen Doppelten!

Es bleibt nicht bei dem einen.
Anna scheint unkompliziert, also fragt er sie.
Kommst du mit?
Da schaut ihn die Rothaarige aus ihren grünen Augen von oben bis unten an, ganz nüchtern tut sie das, abschätzend, wendet sich wieder ihrem Hennessy zu und spricht in das halbvolle Glas hinein.
Ja, ich denke schon!
Dann ist sie still und Hermann auch, weiß nicht, was er sagen soll, hat irgendwie doch nicht mit diesem *Ja!* gerechnet und wird Anna von nun an öfter sehen, spüren, schmecken, ihr mit der Zunge die rasierten Beine lecken.
Anna war überall rasiert.
Das sah er im Schein der zwei Kerzen, die er neben sein Lotterbett im Arbeitszimmer gestellt hatte.
Doch Anna war nicht nur überall rasiert, sondern auch Lehrerin.
Das ist nicht wahr, oder?
Warum denn nicht?
Sie war tatsächlich Lehrerin, unterrichtete Deutsch und Geographie an einer Hauptschule in Moabit, *In einer verdammt schwierigen Klasse!*, lebte allein und hatte keine Lust auf eine feste Beziehung.

Hab die Nase voll!
War zweimal geschieden und 45 Jahre alt, älter als Hermann. Und hatte einen festen Körper, der Lust auf alles und mehr machte. Sogar rotlackierte Fußnägel hatte sie, kleine und große Zehen, die er sich nacheinander in den Mund schob und hingebungsvoll an ihnen saugte. Anna stöhnte leise, beim linken großen Zeh wurde sie lauter, dann drehte sie sich um, zeigte ihm zwei wunderbare runde feste Backen und gab den Befehl.
Komm!
Anna war eben Lehrerin. Und Hermann wollte lernen.
Es wurde noch ziemlich laut in dieser Nacht.
So laut, dass der Hannes am nächsten Morgen, früh um sieben, in seinem Labber-T-Shirt am Küchentisch über einem Teller Honig-Pops saß und die beiden aus seinem verschlafenen Gesicht angrinste.
Hat wohl Spaß gemacht?
Sonst hatte er keine Beschwerden.

Anna kam öfter. Blieb nach durchliebter Nacht nicht nur zum Frühstück, sondern tauchte nach ein paar Wochen auch schon mal des Abends auf. Zum Kochen. *Coq au vin!*
Da wurde das nackte bleiche Huhn zerteilt, mit allerlei Gewürzen eingerieben, knuspig braun in sämigem Olivenöl angebraten, mit einem guten Bordeaux Blanc abgelöscht und dann samt Kasserole ab in den Backofen. *Und immer gut begießen!*
Die Küche mit all ihren Düften geriet zu einem Tempel der Leibesfreuden, der Tisch mit dem abgeplatzten Furnier, der schon viele Gelage mitgemacht hatte, wurde mit einem weißen Bettlaken bedeckt, Kerzen flackerten und da saßen sie, alle drei, lachten, schmatzten, leckten sich die Finger und es war Friede auf der Welt und die Welt war für Stunden heil und wunderbar und Hermann glücklich.
Und Hannes schien ihm erstmals und seit langer Zeit wieder ziemlich unverletzt, entspannt und grinste fröhlich, als Hermann sich vor Annas roten Haaren verbeugte und sie aufforderte.
Darf ich bitten?
Nahm sie bei der Hand mit den rotlackierten Fingernägeln, zog sie in sein ebenfalls kerzenbeleuchtetes Zimmer und legte dort eine ganz bestimmte Platte auf, die Arme um sie und die Hände auf ihren runden Hintern und mit ihr einen irgendwie brasilianischen *Lambada!* aufs Parkett. Fühlte die Anna ganz und gar, führte sie, spürte, wie sie sich mit

jeder Faser ihres Körpers an ihn schmiegte und schwang die Hüften und schwitzte vor Freude und nochmal vor Glück.

Und dann lag dieser Brief im nach wie vor zerbeulten Kasten.
Ein Brief wie ein Stich. In eine alte Wunde.
Noch ein Brief. Schon wieder.
Er hatte die Nacht auf der Straße verbracht. War Taxi gefahren. Hatte seine Touren durchgezogen, dabei Waits und Springsteen gehört, und während er gegen zwei Uhr morgens an der Halte Hermannplatz auf Fahrgäste wartete, hatte er beim Lesen in einer abgegriffenen Psychologieschwarte vom alten Fritz Perls ein ganz und gar wunderbares Zitat gefunden.
Dies ist die beste aller möglichen Welten,
und jeder ehrliche Mann hat die Pflicht,
zu sagen, dass sie ein Dreck ist!
Ein Zitat für seine richtungsweisende Sammlung. Für das kleine schwarze Notizbuch von Moleskine. Während er es aufschrieb, tönte der Waits mit seinem *Innocent when you dream!* aus den Boxen und die bleichgesichtigen Puppen in den Schaufenstern des Karstadt-Betonsargs gegenüber weinten vor Rührung. Dann kam ein Fahrgast. Schwankte, wollte nach Neukölln.
Sonnenallee! Kurz vor'm Grenzübergang!
Aber nicht die Polster vollkotzen, mein Guter!
Es war Sommer. Die Nacht warm und kurzärmelig, der Morgen erwachte glutrot, Vogellärm und kurz vor Schichtende ein süßer, schwarzer Kaffee beim Auto-Imbiss am Lützowplatz.
Dann nach Hause, zum Palazzo, den Hannes wecken, Tee, Cornflakes, all das, und ihn in die Schule fahren.
Du brauchst mich nicht zu bringen! Ich geh heut mal allein!
Hermann staunt den Jungen an, äußert düstere Zweifel, doch der Hannes schaut ganz zuversichtlich drein, packt ein paar Schulhefte in seinen schwarzen Rucksack und zieht sich die grauen Wildlederturnschuhe mit den drei roten Streifen über die Füße.
Christian und Ümit holen mich ab! Wir machen das schon!
Sekunden später klingelt es, der Christian steht in seiner Lederjacke vor der Tür, neben ihm der schwarzhaarige Ümit mit den sanften Augen, der in den letzten Wochen schon ein paarmal bei Hannes zu Besuch war und dann sind die drei weg. Nicht ohne sich draußen auf der Straße als erstes eine Zigarette anzuzünden.

Hermann schaut aus dem Fenster.
Dann nicht mehr. Ist müde, macht sich lang in seinem Ohrensessel, denkt aber noch ein bisschen, kann noch rätseln, was wohl in den Hannes gefahren ist, dass der plötzlich so einen verrückten Mut hat, nickt darüber ein, wacht eine Stunde später mit Kreuzschmerzen auf, grinst, denkt dabei an den Wolfgang Ambros und sein Lied aus den längst vergangenen 70ern.
Mir geht es wie dem Jesus,
mir tut das Kreuz so weh!
Lacht in sich hinein, streckt sich, reckt sich, geht zur Wohnungstür, raus auf den Flur. Zum Briefkasten.
Da findet ihn dieser Briefumschlag.
Einen schwarzen Rand hat der. Die Adresse mit Schreibmaschine getippt.

Ihm klopft das Herz wie rasend, als er den Umschlag nimmt und mit einem Kloß im Hals wieder zu seinem Ohrensessel geht. Nicht ohne vorher das Fenster zu öffnen.
Es ist warm dort draußen.
Die Sonne lacht.
Und der alte Sessel ist bequem.
In dem Umschlag steckt ein Bogen weißes Büttenpapier mit schwarzem Rand, ein Text darauf. Über dem Text ein schwarzes Kreuz.
Die Großmutter ist gestorben.
Vor einem halben Jahr. Unter den Namen, die rechts unten schwarz auf weiß geschrieben stehen und still trauern, ist auch der seine aufgeführt. Die Todesanzeige ist sechs Monate alt und seine Hände zittern ein wenig.
Erst kann er es nicht begreifen.
Doch dann greift er zögernd zu, kapiert, dass sie ihn verraten haben.
Vater. Mutter.
Hatte die Oma doch geliebt.
Schon als Kind. Als kleines Kind. Sie hatte immer zu ihm gehalten, ihn getröstet, ihn beruhigt, wenn die Angst zu groß wurde, ihn gestreichelt, ihm vorgelesen, ihm später den Borchert geschenkt, damit er lernt, was Draußen vor der Tür! vor sich geht, und sie war es gewesen, die ihm das Tor nach Berlin geöffnet hatte.
Er weint.
Sitzt da in seinem Sessel, die Beine gekreuzt, die Brust eng, starr die Augen und aus denen laufen große, kullerrunde Tränen.
Dann holt er die Oma zu sich. Nach all den vielen Jahren zu sich und hat

ihr einen Kuchen gebacken, einen Erdbeerkuchen, den mag sie so gern und da sitzt sie in ihrer fleckigen Schürze vor ihm, krummgebeugt, aber immer noch mit einem Lachen zwischen all den Falten und fragt ihn, was in ihrem Berlin so los ist – das hatte sie ihn immer gefragt, als ihr Kontakt noch warm gewesen war.
Damals.
Sag doch, Junge!
Und Hermann erzählt ihren neugierigen Augen, dass er den Willy Brandt lange nicht mehr gesehen hat, dass jetzt ein roter Schal gemeinsam mit grünen Frauen die Stadt regiert, Kreuzberg am ersten Mai immer noch brennt, das Brandenburger Tor immer noch hinter der Mauer steht, die Grenzsoldaten immer noch scharf schießen, aber jede Menge Ostler über Ungarn ohne jeden Schußwechsel abhauen, und dass er immer noch gerne Hühnerfrikassee isst.
Mit Spargel und Ananas!
Die Oma nickt fröhlich, dann schimpft sie, wie ein Rohrspatz und früher so oft, auf Mauer und Grenze, fragt weiter, ob er ihr endlich einen Enkelsohn gemacht hat, hat er nicht, hat aber den Hannes und erzählt von dessen Weh und hört, dass der Oma jetzt nichts mehr weh tut, weil sie ja gestorben ist, dass es sie aber doch geschmerzt hat, ihn all die Lebensjahre nicht mehr zu sehen.
Aber jetzt bin ich ja hier!
Und freut sich über den Erdbeerkuchen, isst ganze zwei Stück und geht dann wieder. Weit fort.

In den folgenden Tagen greift er nicht wütend zum Telefon, schreibt keinen Brandbrief, beschwert sich nicht, fährt auch nicht in die Gaskesselheimat, um das Haus seiner Eltern anzuzünden, all das nicht – er ist müde.
Traurig und müde.
Liegt stundenlang auf den grünen Wiesen des Tiergartens, schaut in den blassblauen Himmel, hört Kinder lärmen, Mütter greinen, lässt den Qualm der Holzkohlengrills über sich hinziehen, setzt sich mitunter auch auf die kleine Steinbank gegenüber der Rousseauinsel, starrt über das Wasser auf die kleine, unscheinbare Gedenk-Säule, die vor einiger Zeit neu auf die Insel gepflanzt wurde.
Ach, Émile!
Das Glück liegt in der Freiheit!
Mehr denkt er nicht, zieht weiter, tritt den Kies auf den Wegen mit

Füßen, legt sich auf der nächstbesten Wiese unter einem Weidenbaum erneut nieder, die Arme unterm Kopf verschränkt, schließt die Augen, und dann schleicht sich schon die rothaarige Anna von hinten an, küsst ihn auf den fest verschlossenen Mund, *Hab Dich gesucht!*, kommt gerade von der Arbeit und flucht erstmal und wie immer, dass nur noch die Hälfte ihrer Hauptschüler zum Unterricht erscheint, die Eltern das aber überhaupt nicht interessiert, *Die haben ihre Kinder aufgegeben!* und dass ihr diese verdammte Klasse allmählich aus dem Ruder läuft.
Dann setzt sie sich neben ihn, *Überraschung!*, holt eine Flasche Sekt aus ihrem großen braunen Lederbeutel, zwei Kunststoffbecher ebenfalls.
Komm, wir stoßen an!
Und worauf?
Auf die Liebe!
So war Anna. Spontan, kritisch und sexy. Sie tranken, lagen sich in den Armen, züngelten ein wenig, und dieser Berliner Sommer war plötzlich wieder warm, aufregend und Hermann wollte ganz und gar plötzlich nicht mehr müde sein, nicht mehr traurig, nicht leiden, nie mehr, rieb sich den Nacken frei und warm, hatte genug, auch wenn das nicht genug ist, und stellte sich die Botschaft von Tom Petty zur Seite, gab sich damit selbst und der Oma ein Versprechen.
I will stand my ground
I won't back down
You can stand me up at the gates of hell
but I won't back down!

Und wünscht sich auch, dass der Hannes festen Grund findet – mit beiden Beinen mitten im Leben und möglichst unversehrt.
Wundert sich in den nächsten Wochen nach wie vor über den Jungen. Der geht immer noch allein und ohne Hermanns Begleitschutz zur Schule, ist kaum noch zu Hause, mit irgendwelchen Kumpels unterwegs, rappt und hippt und hoppt und scheint Hermann gar nicht mehr zu brauchen.
Hast du mal Geld für mich? Ich brauch dringend neue Turnschuhe!
Also braucht Hannes den Hermann doch noch, aber nur selten, denkt er und sitzt neben der Anna in Caetanos kleiner Gartenkneipe direkt am Landwehrkanal – der kleine Bärtige mit der großen weißen Schürze hat seine Pizzeria an der Hochbahn aufgegeben, *Pachterhöhung!*, sich auf 20 Sorten Pasta und bunte Salate, *Nix mehr Polenta, caro!* spezialisiert, die er in seinem tannenumsäumten Giardinetto serviert.

Was ist nur mit dem Jungen los?
Er ist plötzlich so munter!
Annas grüne Augen sind nachdenklich geworden und Hermann schiebt seinen leeren Teller zur Seite, ordert noch zwei Espressi und weiß keine Antwort, außer, dass er den Hannes ein paar Mal nach seiner plötzlichen Wandlung gefragt hat.
Die packen mich nicht mehr an! Die Sache ist geregelt!
Mehr war aus dem Jungen nicht herauszubekommen gewesen. Nur eines noch.
Das kannste mir glauben!
Hermann wollte ihm gern glauben, aber es war nicht so leicht mit dem Glauben. Nach alledem.

Una Grappina, Signori?
Caetano spendiert mit breitem Lächeln zwei ziemlich volle Gläser, dann flanieren sie Hand in Hand noch ein wenig am schwarzen Wasser des Kanals entlang, die Sonne geht irgendwo hinter dem Kontrollpunkt Dreilinden unter und die Anna geht immer noch mit ihm, steht nicht mehr wartend am Tresen der Wohnzimmerkneipe und lässt sich auch keinen Hennessy mehr spendieren, sondern spendiert Hermann einen Kuss tief in den Mund und krallt dabei zehn rotlackierte Fingernägel in seinen Hintern.
Gib mir alles, Baby!
Dann lachen sie bis hin zum Palazzo, Hannes scheint noch nicht daheim zu sein, *Nichts zu hören!*, reißen die Fenster des Arbeitszimmers auf, schieben zwei Stühle vor die eine Fensterbank, setzen sich, legen die Beine hoch und schweigen glücklich in die warme Dunkelheit hinaus.

Sitzen da, schweigen lang und dann nicht mehr.
Plötzlich extrem laute Beasty Boys. Aus dem Jugendasyl am Ende des Flurs.
Shake your rump, baby!
Also ist der Hannes doch da und Hermann steht auf, will nachschauen, findet aber die Tür zum Asyl verschlossen, klopft, noch lauter, dann dreht sich der Schlüssel, die Tür wird einen Spalt nur geöffnet, Hannes mit nacktem Oberkörper, ganz schön und kräftig gebaut ist der, Goldkettchen um den Hals und Staunen im Gesicht.
Ach, ihr seid schon da?
Hermann drückt die Tür ein wenig mehr auf, späht in die schummrige

Bude hinein und sieht sie auf dem Matratzenlager sitzen – schwarze lange Haare, ein feines schmales Gesicht mit einem weichgezeichneten Mund und dunklen Augen.
Das ist Yasemin!
Hannes steht in der nun ganz geöffneten Tür und grinst einfältig.

Wenig später sind die Beasty Boys ausgeschaltet und sie sitzen alle gemeinsam am Tisch in der Küche, trinken heißen süßen Tee, Yasemin ein wenig schüchtern, Anna und Hermann schwer neugierig und Hannes erzählt.
Yasemin geht täglich in die gleiche Lernfabrik wie er, *Parallelkurs!* und Kumpel Ümit kennt sie, begrüßt sie eines Tages draußen vor der Schule, Küsschen links und Küsschen rechts und Hannes ist dabei.
Wir sind dann noch auf den Spielplatz!
Haben 'n bisschen rumgehangen!
Und seit ein paar Wochen gehen wir zusammen!
Yasemin nickt zart, schaut den Hannes vorsichtig verliebt an, aber Anna hat noch eine kleine Vermutung.
Und seitdem hast du komischerweise keine Probleme mehr!?
Mit den Gangstas, meine ich!
Hannes schluckt, druckst ein wenig, schaut Yasemin an.
Wegen ihr!
Yasemin ist die Schwester von Şahin und Şahin ist gleich in den ersten Tagen ihrer jungen Liebe mit ein paar anderen Türkenkids auf den Spielplatz gekommen, hat sich in seiner fetten Baseballjacke vor der bunt besprühten Beton-Tischtennisplatte aufgebaut, auf der sie gerade mit Ümit saßen, hat den Kopf schiefgelegt, einmal im Bogen zur Seite gespuckt und die Schwester mit einem garstigen Macho-Funkeln in den Augen angeblafft.
Wer ist das? Dein Scheißmacker, ey? Komm sofort mit nach Hause!
Yasemin hatte böse zurückgefunkt, den Bruder angeschrien, dass ihn all das nichts anginge und *Fass mich nicht an!* und sogar Ümit hatte schließlich interveniert. Ganz sanft.
Is'n Freund von mir!
Der is schon in Ordnung, Mann!
Und irgendwie hatte sich der Şahin ausgerechnet von dem sanften Ümit beruhigen lassen und Tage später den Hannes auf dem Spielplatz beiseite genommen, den Arm um ihn gelegt und ihm großspurig Schutz versprochen.

Wenn dich jemand anmacht, sag uns Bescheid, Alter! Wir machen alle fertig!
Ließ dann noch, ganz nebenbei, die Bemerkung fallen, dass er zu den Gangstas gehört und da auch einiges zu sagen hätte, Mann.

Hermann vereist, als er das hört, Anna grinst kopfschüttelnd und Yasemin schaut nicht mehr verliebt, sondern ängstlich. Hannes blickt Hermann in die empörten Augen, zögert kurz.
Da habe ich ihm dann alles erzählt! Und der Şahin hatte sich lässig spuckend die Story bis zu ihrem stechenden Ende angehört.
Vergiss es! Jetzt kann dir hier nichts mehr passieren! Du stehst unter meinem Schutz, klar?
Dabei hatte der Şahin rüber zu seiner schönen Schwester geschielt und seitdem war Ruhe. Und Hannes ging allein zur Schule, fühlte sich irgendwie sicher, war sogar ein wenig stolz auf den persönlichen Schutz und hatte außerdem eine Klasse-Freundin.

Ich konnte das kaum glauben!
So oder so ähnlich stöhnte Hermann, als er seine nächste Stunde mit dem alten Kind verbrachte. Es sollte eine der letzten sein. Sie wollte ihn gehen lassen, nach all den Jahren. Einfach so. Er sollte ohne sie sein. Ohne ihre Fragen, ihr Zuhören, ohne die Augen, die ihn immer festhielten, auf den Punkt brachten, ihn mutig, verzagt machten, die Dinge von ihm gesehen hatten, die er nie jemand anderem zeigen wird. Das alte Kind hatte mit ihm geweint. Auch gelacht. Ja, gelacht. Und dann das.
Sie kommen jetzt auch alleine klar!
Hatte ihm Wochen zuvor munter in die Augen geschaut und gesagt, dass jetzt alles gut werden wird, weil das Mönchlein am Meer seinen Weg aus der düsteren Apokalypse gefunden hat. Hermann hatte ihr zögernd zugestimmt, schließlich nahm ES ihm nicht mehr den Atem und ES quälte ihn auch nicht mehr jede Nacht in seinen Träumen und ES schmerzte ihn auch nicht mehr im Nacken. Aber es war ihre Hand, die ihn geführt hatte. Durch Höllen mitunter, durch Albtraumwelten, durch Wüsten, in denen er zu verdursten drohte. Sie hatte ihm das Wasser gereicht. Und die Kleenextücher.
Wie sollte er von hier fortgehen können? Für immer! Dieser schmutzigweiße Ikea-Sessel war seiner, auf diesem Polster kam er seit Jahren zweimal in der Woche zu sich, in diesen Stoff hatte er seine Hände gekrallt, sich darauf gewunden, sich entspannt.

Und immer, wenn er gerade zögerte, dem alten Kind auswich, vor einem Gefühl fliehen wollte, vor sich hin schwitzte, war das Bild dort an der Wand gegenüber für ihn dagewesen. Ein Druck. Miró. Dessen Farben hatten ihn immer tröstend herangewinkt. Sein rundes Rot. Sein lachendes Gelb. Sein entschwindendes Schwarz, sein dämmerndes Blau. *Naissance du jour III/III.*
Und auf dem roten Sofa dort drüben hatte er gelegen und seine Träume berichtet, auch den letzten, in dem das alte Kind ganz langsam aus der Tür eines großen, vollständig leeren weißen Raums geht, und er bleibt zurück und stößt die Fenster auf. Nicht um Hilfe will er schreien, sondern ihr nachwinken. Aufgewacht war er aus diesem Traum, mitten in der Nacht, und hatte sich dicht, ganz dicht an die warme Anna gedrängt. Es war, als ob er seine Krücken fortwerfen sollte. Und Mut fassen.
Dann muss ich's halt versuchen! Ohne Sie!
Armes Mönchlein!
Das alte Kind hatte aus seinem runden Gesicht heraus gelächelt, war aufgestanden, hatte sich vor ihn gestellt und auch er war aus dem alten Ikea-Sessel raus und sie hatten sich zum ersten Male und ganz vorsichtig umarmt und Hermann hatte ein leichtes Kribbeln unter der Bauchdecke verspürt.
Jetzt aber, in einer dieser letzten Stunden, nahm das alte Kind Hermann mit ernster Miene ins therapeutische Gebet und Partei für Hannes.
Der Junge hat eine Möglichkeit gefunden, wie er in seiner Szene überlebt! Was ist schlimm daran?
Alles war schlimm daran und dann wieder doch nicht. Auf alle Fälle konnte sich der Hannes wieder frei bewegen. Mit seiner Yasemin. Und keiner würde ihn abstechen. Hoffentlich.
It's like a jungle sometimes
it makes me wonder
how I keep from going under!

Mitten in diesem Dschungel lag, dem Himmel über Berlin sei Dank, immer noch die Wohnzimmerkneipe. Das Refugium.
Eine matt ausgeleuchtete Höhle in der Wildnis, in der all die Kreuzberger Eingeborenen auch kurze Zeit später wieder in Stammesstärke sitzen, sich gegenseitig trösten und *Komm, gieß mein Glas noch einmal ein, mit diesem bill'gen roten Wein!* Und alle trinken ihren Freunden und vergangenen Freuden nach.
Jane hockt am Tresen, kauft gerade dem abendlichen Handverkäufer die

eigene linke Zeitung ab, *Bringt Umsatz!*, grinst sie, schlägt das Blatt auf, grinst wieder.
Critical Situation, man!
Die Bonzen im Osten haben Schiss, baby!
Und liest vor, dass die dumpfsozialistischen Kader in Ostberlin tatsächlich die eigene Bevölkerung auffordern, samt ihren stinkenden Trabbis im Lande zu bleiben, nicht länger zu demonstrieren und weiter unter Aufsicht der Stasi treu der Sache des Sozialismus zu dienen, und nun grinsen alle, die da am Tresen hocken.
Bald ist Erichs Laden leer da drüben!
Machst mir noch ein Bier?
Klar, Rudi zapft nach wie vor ein vorzügliches Bier, immer mit der Ruhe und immer mit einer wohlgeformten Schaumkrone, die macht beim ersten Schluck einen kleinen weißen Schnauzbart, doch der ist schnell abgewischt und die Jane hat noch andere Neuigkeiten. Für Hermann.
Die Broadcast-Station hat mich angerufen!
Die Herren der Sende-Anstalt wollen, dass die linke Zeitung jemanden zu einer Talkrunde in den Hörfunk schickt, der seine Erfahrungen hat mit dem Thema Jugendgewalt und Kreuzberg und überhaupt.
Da habe ich einfach mal dich vorgeschlagen, Mister Freud!
Jane schweigt erwartungsvoll, Anna nippt an ihrem Hennessy und boxt dem erstaunten Hermann in die Rippen.
Jetzt wirste berühmt, mein Lieber!

Und eines Abends geht er wirklich in dies große alte backsteingefügte Sendergebäude, wird bei der Pförtnerloge abgeholt, durch ein verwirrendes Labyrinth von ziemlich dunklen Gängen geleitet, Treppe rauf, dann rechts, Treppe hoch, dann wieder links, Glastür, *Bitte Ruhe!* leuchtet es rot über der nächsten Tür und die steht weit offen und auf dem Flur davor ein paar Gestalten, die noch ein Stäbchen qualmen und einer raucht Pfeife, den kennt er und der kommt mit ausgebreiteten Armen auf ihn zu.
Guten Abend, Herr Kollege!
Der Kleine hat wieder eine seiner viel zu großen Breitcordjacken an, eine graue diesmal, und schmaucht vergnügt, lacht, freut sich, so laut, dass die anderen Gestalten sich empört umdrehen, aber der Kleine nimmt Hermann in den Arm, ganz fest.
Dich haben sie also auch geladen! Das kann ja spannend werden!
Hermann hatte den kleinen Professor während der letzten Jahre in sei-

nem Schöneberger Barbarossa-Kiez ziemlich oft besucht, nächtens mit dem passionierten Weißweintrinker an einem der blanken Holztische des Knipperle bei Käsewürfeln und Weintrauben zusammengesessen und über alte Kinder und ängstliche Mönchlein, über Gewalt, Erziehung und Kinderläden, über Geschichte, Verdrängung und Naziskins, über Macht, Herrschsucht und Hass, über die ganze kranke Gesellschaft debattiert und sie hatten gerauft, sich erregt und waren trotzdem immer gute Freunde geblieben.

Und sie lachen immer noch laut, da stellt sich ein Herr mit Bauch und Vollbart und ganz wichtig und recht freundlich als verantwortlicher Redakteur und Moderator vor, bittet einzutreten, setzt sich mit ihnen an einen runden Studiotisch, vor eine große dicke Glasscheibe, dahinter ein schlacksiger Techniker an einem Pult mit vielen Reglern, der winkt, grinst freundlich, eine wichtige Dame aus der Jugendpolitik und ein ebenso wichtiger Herr von der Kriminalpolizei müssen aus Gründen der Wahrheitsfindung auch noch mit von der Partie sein und alle räuspern sich, dann leuchtet auf dem Tisch erst ein gelbes und danach ein rotes Licht.
Guten Abend, meine Damen und Herren!

Der Abend wurde tatsächlich spannend. Hermann hatte ein gutes Gefühl und schließlich alles gesagt.
Hatte erzählt von Hannes, aber auch, da ist er wieder ganz kritisch und gibt den Psychologen, dass es doch wohl ein Problem ist, wenn die Herrschaften der Mauerstadt die Jugendlichen immer erst dann ernst nehmen, wenn sie gewalttätig werden und ihre greisendumme Ignoranz erst aufgeben oder auch nicht, wenn Steine in Schaufensterscheiben plaziert werden oder Messer in Rücken.
Niemand fragt, unter welchen Bedingungen diese Terror-Kids großwerden!
Da hatte der Kleine natürlich sofort von seinem Lieblingsthema, den frühen Ängsten der Kinder, von der Kinderfeindlichkeit dieser Republik und von lieblosen Zeiten gesprochen.
Die alternativ gelistete Frau aus der Politik hatte dem selbstverständlich souverän zugestimmt, ihr schwarzes Haar samt Kopf sorgenvoll geschüttelt und gemeint, dass noch viel getan werden müsste, dafür aber noch ebensoviel Zeit nötig sei.
Der Jugendkommissar hatte lange geschwiegen und schließlich mehr

Geld für die Polizei gefordert und neue Strukturen und alles ist schlimm und überhaupt Sache der Politik, die aber alles auf den Schultern der Polizei austrägt. Das war nicht viel Neues gewesen und der Moderator hatte den Turnschuhträger von der Kripo noch mit fragend hochgezogenen Brauen angeschaut, aber da kam nichts mehr und deshalb hatte der Kleine schnell noch einmal das Wort ergriffen und mit der kalten Pfeife in der Hand vorgeschlagen, die Zukunftsängste der jungen Generation, *Jetzt endlich!*, ernstzunehmen. Weil Angst essen Seele auf, gebiert Gewalt, all das.
Da wird noch einiges auf uns zukommen!
Und der dicke Moderator hatte sich schließlich freundlich bedankt und dem Techniker hinter der Scheibe jovial zugenickt. Dann Nachrichten. Zur vollen Stunde.

Ich hab dich neulich im Radio gehört!
Hast dich wacker geschlagen!
Freund Carl saß mitten in seinem Atelier auf einem dreibeinigen Hocker, rieb sich die pastellgetönten Hände und war begeistert, als Hermann ihn in der Pariser Straße besuchte und von seiner Senderpremiere erzählte. Und freute sich noch mehr, als er hörte, dass der kleine dicke Redakteur nach der Sendung dem Hermann geflüstert hatte, dass er einen engagierten Psychologen in seinem Team durchaus brauchen könnte.
Wir haben da bestimmte Pläne! Ich werde Sie mal anrufen!
Was für Pläne, hatte der Redakteur nicht gesagt, *Aber ist ja auch egal, wird sowieso nichts draus!*, wußte Hermann ganz genau, doch Carl war sicher, *Der ruft noch an!* und sie sitzen in seinem Atelier in der Pariser Straße, unterm Dach, Novemberregen prasselt auf das Fenster, heißer Kaffee dampft in den Tassen und Carl hat plötzlich ein sehr altes Gesicht, sagt fast kein Wort.
Ach!
Mehr sagt er nicht.
Hermann denkt noch Team und Engagierter Psychologe und Pläne und Sender, da sieht er dieses Bild auf Carls Staffelei – die Umrisse eines Raums, flüchtig angedeutet nur, leer und riesig ist dieser Raum, verwaist, leergeräumt, was auch immer, nur dieser rote spitze Damenschuh mit dem hohen Absatz liegt viel zu groß und bedeutungsvoll auf dem Boden. *Verdammt!*, er kennt diesen Schuh. Hat ihn doch irgendwo schon mal gesehen. Fragt Carl. Und der nickt schwerfällig.
Der Schuh meiner Mutter! Erinnerst du dich nicht?

Carls Mutter war vor ein paar Wochen gestorben.
Zu ihrer Beerdigung war Carl tatsächlich nicht gegangen.
Genau wie er es angekündigt hatte.
Ruf mich an, wenn ich deinen Sargdeckel zuschrauben soll!
Das hatte Carl ihr wohl beim letzten Telefongespräch, *Das ist schon Jahre her!*, ins Ohr gewütet.
Carl hatte seiner Mutter nicht verzeihen können.
Nicht den bösen Stiefvater, der den kriegstoten Vater ersetzen sollte, nicht die Schläge mit den Werkzeugen, täglich und immer, nicht die Angst, die er vor ihr hatte, nicht die Liebe, die er trotzdem für sie empfand, auch nicht ihre kalte Verachtung für seinen heißgeliebten Beruf, der in ihren Augen keiner war.
Sie hat mich damals geohrfeigt, als ich sagte, dass ich malen will!

Hermann hatte Carl beim Leerräumen der Wohnung der toten Mutter geholfen – eine luxuriöse Etage in einer Lichterfelder Fachwerk-Villa, Parkett, Kamin, Wintergarten. Draußen der geliehene LKW und all den Ramsch rein, den die ankaufwilligen Antiquitätenhändler und Trödler übrig gelassen hatten. Auch ein paar Lampen, Pflanzen, Kisten mit Krims und Krams. Dann ist der Wagen bis unter die Plane voll, die Wohnung leer.
Carl gibt sich kühl, *Dann haben wir's ja geschafft!* und geht noch ein letztes Mal die zwei Treppen hoch in die Wohnung der Mutter, um die Wohnungstür abzuschließen.
Der Letzte macht das Licht aus!
Doch er kommt nicht wieder und das Licht brennt immer noch hinter den großen Fenstern. Hermann wartet, wartet, sitzt hinterm Lenkrad, raucht, wird dann doch unruhig und schaut nach.
Findet den Carl in einem der Zimmer.
Der sitzt mit hängenden Schultern auf dem leergeräumten Parkettboden des mütterlichen Schlafzimmers und starrt wie gebannt auf das, was in zwei Meter Entfernung vor ihm liegt – ein einzelner roter Damenschuh, spitz, mit hohem Absatz.
Aus irgendeiner Kiste mochte der gefallen sein, aus irgendeinem Schrank, keiner hatte dem roten Ding Beachtung geschenkt. Nun liegt es in diesem kahlen Raum und spricht mit Carl. Und der antwortet mit fast erstickter Stimme.
Sie liebte rote Schuhe!

Und jetzt steht das Bild von dem roten Schuh auf der Staffelei.
Habe ich gestern erst gemalt!
Carl lacht plötzlich und bitter.
Nun ist alles vorbei!
Doch seine Augen wissen genau, dass es nicht vorbei ist, nie vorbei sein wird, und dass er niemals dieses Sehnen nach der Wärme ihrer Umarmung und nach einem versöhnlichen Abschied von der Mutter verlieren wird und Hermann sagt ihm das.
Und sie fluchen hingebungsvoll über all das, was sie in ihrem Leben kleingemacht hat, was sie manchmal noch quält und trennt, jubeln, dass sie es überlebt haben, dass sie sich gefunden haben, dass vielleicht doch noch alles gut wird, und mittenhinein kommt dieser unglaubliche Anruf von Jane.
Die Grenzen sind offen, folks!
They all drive crazy!

Montage Vierzehn

Im Kaffeehaus. Meterhohe Spiegel, schlichte Bauhausleuchten aus Messing an der Wand, vergoldeter Stuck an der Decke, von der weiße Kugellampen hängen. Links ragen die langen grünen Blätter einer Palme ins Bild. Auf dem abgenutzten Parkett des Etablissements stehen Holzstühle an runden Marmortischchen, Glasaschenbecher darauf. Ein kurzgeschorener Kellner mit gebügeltem Oberhemd, schwarzer Weste, Fliege und langer weißer Schürze räumt im Hintergrund mit ernstem Gesicht einen der Tische ab. Rechts von ihm ein hölzerner Garderobenständer. Ein paar Mäntel hängen daran.
Im Vordergrund steht Emma und strahlt mit kurzen wuscheligen Haaren und leuchtend blauen Augen in die Kamera. Schlank ist sie, trägt einen roten Lederrock und einen lila Wollschal über ihrem viel zu großen grünen Pullover. In der rechten Hand hält sie einen schwarzen Lederrucksack.

Ein Stück grüner Rasen. Leere braune Bierflaschen darauf. Im Hintergrund eine weiße Hauswand. Zweiflügelige Fenster darin. Die Scheiben sind zerborsten. Die Fensterrahmen schwarz angesengt. Links von den Fenstern ist ein Hakenkreuz an die Wand gemalt. Und mit roter Farbe durchgestrichen. Daneben in großen Lettern ein Hinweis. *Hate Fascism!*

Im Hörfunkstudio. Hermann, ohne Bart, kurzhaarig, mit schwarzem Rollkragenpulli und Kopfhörern auf den Ohren, sitzt an einem mit grünem Filz beklebten Tisch, ein großes Mikrophon hängt vor ihm von der Decke, an den Wänden schalldämmende Platten. Er lacht seine Augenwinkel in viele kleine Falten.
Links neben ihm steht grinsend ein kleiner dicker Mann mit blauem Hemd und brauner Wildlederweste und legt die Hand auf seine Schulter, rechts zieht ihm ein Weißbärtiger mit einer mächtigen Pfeife im Mund schmunzelnd am Ohr.
Hinter dem fröhlichen Trio ist eine rote Couch zu erkennen.

Eine große Bühne. Weiße Chrysantemen in einer schwarzen Bodenvase. Daneben ein Stehpult, ein alter Herr in grauem Anzug dahinter, die lan-

gen schütteren Haare hängen ihm in die Stirn, er spricht ins Mikrofon und weist gleichzeitig mit der schmalen Hand hinter sich, auf Carl, der ebenfalls im grauen Anzug, in einiger Entfernung von dem Redner respektvoll still steht. Carls Glatze glänzt, das runde Gesicht, die schwarzen Schuhe ebenfalls, die Hände sind vor dem runden Bauch gefaltet.
Ein Stück weiter ein blankpolierter Flügel, auf der Bank davor sitzt aufrecht eine langhaarige Frau im kleinen Schwarzen.

Blau und blau

G*laubssu, dass es hier Bärens gibs?*
Hermann fragt das mit todernster Miene, als sie Hand in Hand am anderen Ufer des vollkommen unaufgeregten Sees stehen und mit hüpfenden Herzen über das Schilf hinüber zum Schloss schauen, das glänzt brüchig weiß in der Sonne und der Himmel darüber ist blau und ohne Risse.
Sie waren durch das schmiedeeiserne Tor gekommen und bis auf das kleine Lärmen einiger Besucher war es tatsächlich, wie versprochen, still gewesen. Da war der See und dort war das Schloss, mit verhängten Fenstern zwar und schwer verletzten Mauern, der Putz bröckelte, die Farbe blätterte ab, aber der Innenhof des Schlosses war immer noch gepflastert und man konnte durch die Kolonnaden die glitzernde Wasserfläche, das Ufer gegenüber und den alten Obelisken sehen. Dorthin waren sie gegangen und da stehen die beiden nun, verliebt bis in die Zehenspitzen und sie dreht den Kopf zu ihm, lacht dieses Lachen, das ihn jedes Mal von Neuem streichelt. Antwortet.
Eine alte Tante von mir ist beinahe mal von einem Bären zerrissen worden!
Da jubelt sein Herz, er nimmt sie in die Arme, erstickt sie in Küssen – die Antwort ist richtig. *Ach, Rheinsberg!* Emma kennt Tuchos Geschichte von Clairchen und Wolfgang und wie sollte sie auch nicht. Die feingliedrigen Finger, die jetzt in seinen Haaren wühlen, sind die einer Frau, die viel, sehr viel gelesen hat und die schreibt. Lange schon. Gedichte vor allem. Über Liebe, Schmerz, Trauer. Über Sehnsucht. Und wie man sie vielleicht erfüllen kann.

Er hatte Emma vor ein paar Monaten in diesem Berliner Kaffeehaus kennengelernt, das in seinem Innern so verlockend nach Heurigem, nach frischem Apfelstrudel und dem Staub des letzten Jahrhunderts riecht, und das er seit einiger Zeit mit dem Notizbuch in der Tasche seines neuen grauen Wolljacketts aufsuchte, um an einem der Marmortischchen, er bevorzugte das gleich links vom Eingang, das mit der rotsamtenen Sitzbank, den Rücken zur Wand, gemütlich zu hocken, eine Melange mit cremigem Schaum drauf zu trinken und ein wenig zu planen, zu schreiben, zu denken, zu schauen.

Und da sitzt er eines Abends, das schwarze Büchlein vor sich und notiert dies ganz und gar richtungsweisende Zitat, das er in einem seiner Bücher vom alten Montagu gefunden hat.
Was euch an der Evolution am meisten erschreckt, ist nicht der Umstand, dass ihr von etwas herstammt, dem ihr nachts im Wald vermutlich nicht gern allein begegnen würdet, sondern dass von euch etwas herstammt, das ihr mit Sicherheit selbst zur Mittagsstunde auf einer belebten Straße nicht gern treffen würdet.
Der Satz begleitet ihn bereits seit geraumer Zeit, geht ihm nicht aus dem Sinn und muss deshalb notiert werden, so richtig ist er, und während Hermann gerade Wort an Wort fügt, spricht ihn eine muntere Stimme von der Seite an.
Na, was ist denn so wichtig?
Die Stimme ist weiblich, hat kurze kastanienrote Haare, eine schmale Lesebrille auf der Nase, einen vorsichtig lächelnden Mund, ganz leicht geöffnet ist der, lässt eine Reihe perlweißer Zähne blitzen und dann ist die Stimme gleich noch einmal zu hören.
So ein Kaffeehaus ist ein guter Ort zum Schreiben! Ich habe dich übrigens schon öfters hier gesehen!
Die Frau lacht inzwischen ganz und gar unvorsichtig, ist jünger als er, sicherlich noch unter vierzig und will wissen, was er da denn gerade schreibt und er hat immer noch keinen Ton hervorgebracht, sein Mund klappt zu, er spürt ein leichtes Kribbeln im Magen, dann richtet er sich auf, *Interessiert dich das wirklich?*, grinst, fühlt sich plötzlich sehr lebendig, lacht ebenfalls und liest vor.
Danach lachen sie beide nicht mehr. Die Frau nickt ernst, als Hermann erzählt, warum ihn das Zitat vom Montagu nicht verlässt, dass ihm dieses barbarische Etwas, das da im Osten tobt, Polen mit Steinen bewirft, in Hoyerswerda Benzinbomben und Stahlkugeln gegen Asylanten schleudert, in S-Bahnen Vietnamesen quält, dass ihm dieses neue gesamtdeutsche Etwas mit Verlaub zum Kotzen gereicht und er dem wirklich nicht auf der Straße begegnen möchte.
Im Osten tobt der alte Hass!
Sie sagt das ziemlich nüchtern, fast wie eine Feststellung und weiß noch mehr. *Kein Wunder, nach Jahrzehnten Diktatur!*
Sie schweigt einen Moment und blättert gedankenverloren in dem Buch, das vor ihr liegt. Und Hermann beugt sich vor, schiebt kurz entschlossen all das neue Vereinigungs-Weh beiseite und will wissen, was sie da gerade gelesen hat.

Ein Gedicht!
Da ist sie schon wieder ganz aufmerksam, blickt ihn prüfend an und Hermann will hören. *Es ist eins von der Hilde!*, sagt sie liebevoll, schlägt die Seite auf, streicht zart über die schwarzen Buchstaben, sagt, dass ihr diese Zeilen Lebenselexier sind, dass auch sie sich manchmal ein Zimmer in der Luft einrichten will, mit einem Bett wie ein Nest im Wind, sich zudecken will mit einer Decke aus zartester Wolle von sanftgescheitelten Schafen und dass ihr doch manchmal schwindelt und sie nicht einschlafen kann.
Meine Hand
greift nach einem Halt und findet
nur eine Rose als Stütze.
Wenigstens eine Rose!, sagt er und viel ist das nicht, aber immerhin eine Rose und sie lacht, weil er sich so eifrig bemüht und stellt sich als Emma vor, liest aber keine Emma, sagt sie, hat auch nichts mit der alten Anarchistin Emma Goldmann am Hut, grinst sie, hat aber früher gerne Emma Peel gesehen. Und John Steed.
Mit *Schirm, Charme und Melone* war auch für Hermann Pflichtprogramm gewesen. Damals, in der Glotze. Jetzt aber will er diese rosengestützte Emma kennenlernen. Näher.

Noch im Kaffeehaus hatten sie ihre Telefonnummern ausgetauscht. Wollten sich anrufen, wiedersehen. Und Hermann hatte ihre Nummer hinten in sein Notizbuch geschrieben und eine unbändig stolze Freude gespürt, dass gerade diese Frau, diese Emma ihn angelacht hatte und überhaupt: er war ja schließlich solo, seit Anna fortgezogen war. Die hatte ihren wunderschönen Hintern, die roten Fingernägel, ihr verständnisvolles Zuhören, ihren pädagogischen Eifer mit in den Süden der Republik genommen.
Mir reichts! Berlin steht mir bis hier!
Immer schlimmer war es an ihrer Moabiter Hauptschule geworden, immer weniger Schüler waren zum Unterricht erschienen, *Motivation gleich Null!* und von den Wenigen hatte ihr noch einer ins Gesicht geschlagen, mitten ins Gesicht und *Alte Schlampe!* geschrien, weil sie ihm sein Butterfly-Messer abnehmen wollte, mit dem der sich auf dem Schulflur die Fingernägel reinigte.
Da war das Maß voll gewesen. Keine Diskussionen mehr.
Anna war nun bald fünfzig Jahre alt und wollte möglichst weit fort. Hermann aber nicht. Also *Tschüss, war eine schöne Zeit!* und weg war

sie. Er hatte Anna noch ein paarmal in dieser Kleinstadt in Bodenseenähe besucht, in der sie jetzt unterrichtete, die prächtige Barockkirche, den alten Brunnen auf dem Marktplatz gebührlich bewundert und ihre Hand gehalten. Am Abend hatte sie sich aufs Bett gelegt, *Komm!* befohlen und voller Wonne seinen Rücken zerkratzt. So entspannt war sie.
Ist doch ein ganz anderes Leben hier!
Doch dann war eine Ansichtskarte gekommen, mit dem weißen Gipfel vom Säntis vorne darauf und auf der Rückseite stand geschrieben, dass Anna einen Einheimischen gefunden hätte, dem sie ab sofort den Rücken behandeln wolle. Auch gut.

Denn jetzt flaniert Hermann mit der Emma auf verschlungenen Pfaden durch den Park des Rheinsberger Schlosses. Schritt für Schritt und ganz langsam und sich Dinge ins Ohr säuseln, sich in die Mitte des Orangerie-Pavillons stellen und *Darf ich bitten?*, ein paar Walzerschritte und sich drehen, atemlos, wieder Küsse und weiter. Bis zur steinernen Grotte und wieder auf den See schauen und von romantischen Festen träumen, die der junge Fritz, sein Bruder oder sonstwer einst hier feierten.
Du hast doch niemals eine andere geliebt, vor mir?
Als Emma ihn das wie einst die Claire den Wolfgang fragt, fragt sie ihn eigentlich gar nicht, sondern hat einen Spitzbuben im Gesicht, frech ist der und will einen Kuss mitten auf den Mund. Hier in Tuchos Rheinsberg. Obwohl Hermann doch all die Jahre gar nicht herwollte. In den Osten. Wollte nicht. Obwohl er den kleinen Dicken und seine funkensprühenden Erinnerungen so sehr verehrte.

Doch Hermann hatte seine Gründe gehabt, seine Erfahrungen, den Osten immer gemieden, so gut es ging, hatte all die einschüchternden Transitmemories nie vergessen, die hämischen Zwangsneurotiker in Uniform, die ihn kontrolliert und bedroht hatten. Auch nicht die Uniformen, die an der Mauer auf Menschen schossen, Hunde auf sie hetzten, Kinder in der Spree ertrinken ließen, Feindliche oppositionelle Kräfte! in Bautzen oder sonst wo wegsperrten und das ausgerechnet Sozialismus nannten. Er hatte diese widerliche Enge drüben nie ertragen können, nicht den Stechschritt vor der Neuen Wache, nicht die Transparente, die *Vorwärts zum!*, *Rückwärts nimmer!* und *Jedes Gramm Material für den Sieg!* forderten, auch nicht den rüden Militärton der Kellnerinnen in den HO-Gaststätten. Hatte aber trotzdem Schwerter zu Pflugscharen geträumt, den Biermann und seine kleine Dicke in den Fichten geliebt, war

mit Paul und Paula auf der Spree Kahn gefahren und hatte sich unbändig gefreut, als er vor vielen Jahren die Puhdys im Ostradio hörte. *Geh zu ihr und lass deinen Drachen steigen, denn du lebst ja nicht vom Muss allein.*
Hatte auch mit City am Fenster gesessen, es weit aufgestoßen, zum Klang der wilden Geige getanzt, ihren Sound tief, ganz tief im Blut gespürt, und dann doch wieder Suchscheinwerfer, Schüsse und Hundegebell, meldepflichtige Gegenstände und *Fahren Sie mal rechts ran!* Also nicht nach Rheinsberg. Aber jetzt doch und wunderschön und endlich – seit Janes Anruf waren immerhin mehr als zwei Jahre vergangen. *They all drive crazy!*
Die Mauer offen, Jubel, Sekt und Trabbischwemme, nichts wie hin zum nächsten Checkpoint, dort wogte es, schrie, taumelte, weinte und er hatte mittendrin irgendwie nichts anderes fühlen können, als eine große Bedrängnis, war durch die von Ost-Abgasen vernebelten und mit Autos verstopften Straßen, spät in der Nacht und ohne Carl, zurück in Rudis Wohnzimmerkneipe gegangen. Der hatte bereits ein paar Flaschen Sekt entkorkt und *Hoch die Internationale Solidarität!* und grölendes Lachen. Auch Hermann. Der geht nach einem Gläschen wieder auf die Straße, Richtung Landwehrkanal. Sieht die Fenster der Häuser weit geöffnet, Menschen darin, hört sie rufen, fragen, Neugier, Unglauben, Freude in jungen und alten Gesichtern, die Bäume entlaubt, selbst die Trauerweiden nackt, da knattert ein grüner Trabbi heran, stoppt mitten auf der Brücke, die über das schwarze Wasser des Kanals führt.
Ein Mann steigt aus. Mitte Dreißig wohl, unrasiert, schwarzlanghaarig, in Jeans und geht durch das kleine Licht der Scheinwerfer zur Beifahrertür, öffnet sie.
Nun komm doch endlich raus!
Niemand steigt aus der Pappkiste, doch auf dem Beifahrersitz hockt eine Frau, das erkennt Hermann, ist stehen geblieben. Der Unrasierte schüttelt den Kopf, lehnt sich ins Wageninnere, gibt der Frau drinnen einen Kuss, reicht ihr die Hand, sie will nicht. Hermann schlendert heran, stellt sich dazu und *Stimmt was nicht?*
Sie ist das erste Mal im Westen! Traut sich nicht auszusteigen!
Der Unrasierte heißt Wilfried, *Alle nennen mich Willi!* und die da drin sitzt und sich nicht traut, *Das ist die Eva!* und beide kommen aus Köpenick, haben bereits die Fahrt durch das Begeisterungsspalier am Grenzübergang hinter sich und nun will der Willi endlich mal in eine West-Kneipe, aber die Eva nicht.

Hermann geht in die Knie und schaut der Frau in die Augen. Die sind aufgerissen, Schweißperlen hie und da auf der Stirn, eine wirklich schöne Frau im Mantel mit viel Angst im Körper, das spürt er, als er ihre kalte Hand aus der von Willi nimmt und beginnt zu reden. Hermann erzählt, sanft tut er das, buchstabiert sein Mitgefühl, lädt sie zärtlich, ganz zärtlich ein, mitzukommen, in die Wohnzimmerkneipe, *Na, los doch!*, da nickt sie endlich, steigt aus und lässt seine Hand nicht los, sagt nichts. Erst als sie schon eine Weile neben dem Trabbi stehen, findet sie Worte für ihre Klage.
Im Westen soll es furchtbar gefährlich für Frauen sein! Jede Nacht Vergewaltigungen! Überall!
Das hat sie gehört. Das wurde erzählt. Immer wieder. Das gab es im Osten nicht, flüstert sie. Und ihre Angst davor ist groß geworden. Immer größer, stöhnt sie. Und nun ist alles offen und sie fühlt, da ist nichts mehr, das sie schützt. Hermann legt den Arm um sie, *Keine Bange!*, Willi lässt die Pappe einfach stehen und sie tasten sich vor bis in Rudis Kneipe. Und alle begrüßen die Eva und den Willi und Hallo und da kann die Eva plötzlich lachen und weinen. Und früh am Morgen wieder nach Hause fahren. Über die Grenze. Einfach zurück.

Und kamen auch wieder. Willi, studierter Psychologe, der keiner sein durfte, weil er während des Studiums Giftschrankliteratur bevorzugte und Eva, die Lehrerin, die in all ihren DDR-Jahren unfähig gewesen war, nur ein einziges Kind zum anständigen Realsozialisten zu erziehen. *Ich hab was gegen diese Zuchtanstalten!*
Hatten sich also viel zu erzählen und staunten immer wieder, dass sie tatsächlich ohne Stacheldraht, ohne Minenexplosion, ohne Schussverletzung, ohne zu verbluten im Westen zusammensitzen konnten, Tee mit Zitrone und viel Zucker trinken, und Pläne schmieden für die deutsche Zukunft.
Demokratie! Aufbruch! Nun wird alles anders! Besser!
Und waren beseelt und wurden Freunde. Gute Freunde. Willi war es gewesen, der irgendwann anfing, von Rheinsberg zu schwärmen und vom Stechlin, von Fontane, aber auch von Tucholsky.
Lieber einen Anzug nach Maß, als eine Gesinnung von der Stange!
Willi hatte eben auch seine Lieblingszitate und Eva immer weniger Angst. Wegen der Vergewaltigungen. Trotzdem trafen sie sich meistens im Osten, in Köpenick, in einem Altbau mit vielen Einschusslöchern, in Evas Wohnung im dritten Stock mit der altgedienten Kastanie vor dem Fenster und Willi war froh, dass er endlich Ich! sagen konnte.

Produzierte später sogar mit anderen Barfußpsychologen eine Zeitung, in der voller Trauer und Wut über das verlorene Ich geschrieben wurde, um es endlich wiederzufinden. Willi war wirklich voll neuer Hoffnung.

Und Hermann mit Hummeln im Bauch und richtig glücklich, als er in dem kleinen Feinkostladen, der in der Nähe seines alten Palazzo eröffnet hatte, bei der dicken Verkäuferin ein paar Scheiben Räucherlachs orderte, Meerrettich dazu, ein knuspriges Baguette, eine Flasche Schampus und das alles samt Gläsern, Tellern und Besteck in einen Korb packte.
Den Korb holt er jetzt mit Emma aus seinem alten Golf. Die Rostlaube läuft tatsächlich immer noch, auch mit dem gelb-roten AtomkraftNein-Danke-Kleber auf der Heckscheibe, steht in der Rheinsberger Karl-Marx-Straße, unweit des Ratskellers, in dem die Gastronomie, so ist draußen auf der Tafel zu lesen, Altpreußischen Speckhecht! offeriert.
Muss nicht sein!
Emma rümpft die Nase und als sie wieder im Park sind, auf einer Bank am Ufer des Sees sitzen und mit Perlen in den Gläsern anstoßen, da ist sie ganz Würde und feierlich und sagt, dass sie ihn sehr liebt, ob er sie nun vor Bären schützt oder nicht. Dazu lärmt eine federfrohe Spatzenschar vor ihren Füßen, will mit Baguettekrumen gefüttert werden, pickt und dabei schauen die Gefiederten mit ihren Knopfaugen immer wieder, fast erstaunt, auf die beiden, die da füreinander glühen.

So viel heiße Glut ist da, dass Hermann manchmal fast verbrennt, weil er alles von ihr will. Sofort. Weil er in loderndem Aufruhr ist, sein Begehren aufrecht steht und er es stehen lassen muss. Viel zu lang schon. Kein Wühlen in den Betten, keine schnelle Nummer.
Ich bin keine Frau für eine Nacht!
Stolz hatte sie ihm das gesagt. Als sie sich zum zweiten Mal trafen. Bei diesem Griechen in Neukölln, der ein alter Freund von Mikis Theodorakis und Costa Gavras sein wollte, aus Zeiten des Widerstands gegen die Militärs und so. Jedenfalls erzählte der kleine Mann seine Revoluzzer-Story, nie ohne die Filterlose im Mund, oft und genug, falls er nicht gerade aus seinem pechschwarzen Schnauzbart herauslachte und den dritten Ouzo spendierte, nachdem er jede Menge gegrillte Sardinen, *Meine Spezialität!*, samt dem obligatorischen Tsatsiki serviert hatte. Emma mochte die Sardinen. Aber nicht den Tsatsiki. *Kein Knoblauch, niemals!* Dafür trug sie gerne lila Netzstrümpfe. Und Hermann liebte diese Netzstrümpfe. Mit den schlanken rasierten Beinen darin.

Mach dir keine falschen Hoffnungen! Ich brauche Zeit, um mich ganz und gar auf einen Mann einzulassen!
Streng war sie manchmal und Hermann hatte beim Griechen lieber nicht gefragt, *Warum?*, *Wieso?*, hatte nach dem Essen nur stumm eines ihrer Gedichte gelesen, das sie demnächst in einer Anthologie bei einem Frankfurter Verlag veröffentlichen wollte. Ein Gedicht, in dem Pfauen schreien, ein Vorhang zerreißt und es kalt auf der Haut wird.
Bei jedem siebten Schritt
unseres Abschieds
traten wir in Nägel.
Da hatte er sie aber schon geküsst. Wenigstens geküsst. Vorher die Sardine ordentlich zerkaut, Keine Gräten, Gott sei Dank!, den Fischbrei runtergeschluckt und dann musste er es tun. Ohne Vorwarnung. Sein fettiger Knoblauch-Mund zitternd auf dem ihren. Nur berühren. Dich. Bitte. Und sie hatte sich nicht gewehrt, sondern geleuchtet. Und ihn später, immer noch leuchtend und mit einem Hauch von Ouzo und einer großen Neugier in den Augen gefragt, wie lange er denn eigentlich diesen Job schon hätte, von dem im Kaffeehaus die Rede gewesen war. Den Job beim Funk.
Gehört habe ich dich schon mal! Als du mit diesem Ost-Psychologen geredet hast!

Sie hatte also wirklich seine Sendung mit dem Chefarzt gehört.
Alle nannten den Grauhaarigen den Chefarzt. Kam aus dem Osten, hatte was gegen Mauern und Uniformen und forderte nach dem Aufschnüren der sozialistischen Zwangsjacken die Revolution. Die psychische. Einfach so. Ein revolutionärer Chefarzt also. Wollte keine Enge mehr. Keine Repression. Keine Entfremdung. Keine Härte. Keine Fügsamkeit. Keine Indoktrination. Nirgendwo.
Eine halbe Stunde Aktuelle Kamera hat doch genügt, um sich angewidert zu übergeben!
Der Grauhaarige wollte die Menschen ändern, möglichst sofort und er glaubte wirklich an das, was er sagte. War ein Ereignis. Hatte unrasiert im Studio auf Hermanns roter Couch gesessen, recht freundlich, aber doch ziemlich entschlossen dreingeschaut, sein Jackett geöffnet und Hermanns neugierige Fragen beantwortet, die der aus der bequemen Sofaecke heraus stellte. Wie jeden Montagabend, *FünfNachAcht*. Seit Monaten schon. Gäste auf dem Sofa. Aus Ost und aus West.
Alle sollten verstehen. Alle, die sich so fremd geworden waren. Die

hüben. Die drüben. Sollten kapieren, wie die im anderen Teil geliebt, gehasst, gelacht und geweint hatten. Hatten doch ihre Geschichten, ihre Erfahrungen, ihr Leben, konnten erzählen, wie sie in den beiden Deutschländern kleingemacht wurden oder auch wie sie aufbegehrten, versuchten, aufrecht zu gehen. Irgendwie. Und wer sich die Zeit nahm, ihnen zuzuhören, war danach bestimmt kein Fremder mehr. *Und wo kann man besser zuhören als am Radio?*

Hermann war gut in Form gewesen, als er den kleinen dicken Redakteur traf, *Klaus heiße ich!*, der ihn, *Ich habe Sie nicht vergessen!*, angerufen hatte, als nach dem mauerbrechenden November dicke Schneeflocken fielen und wieder mal nicht liegen blieben. Hatte Hermann in eine der unendlich vielen kleinen Redaktionsstuben des alten Backsteinsenders geladen, es war mollig warm gewesen, um ihn herum Regale voller Tonbandkartons, Ordner und Zeitungsstapel und dann die Offenbarung, dass der Klaus einen wie ihn, *Mich?*, tatsächlich brauchen könnte. So einen Psychoheini, der immer noch neugierig ist wie ein Kind, verstehen will, die nötigen Fragen stellt, auch wenn der Kaiser keine Kleider anhat. *Finde einen Weg! Erklär uns dieses neue Deutschland!*
Da hatte Hermann schwer geschluckt, ebenso schwer nachgedacht und dann heiß gespürt, diese Post-November-Monate sind voller Aufbruch, ein richtiges Nachbeben, alles scheint möglich. Auch, dass ein schräger Vogel wie er Glück hat, unversehens beim Funk landet und hatte also begonnen, vom Erzählen zu schwärmen, vom Zuhören und dass die Menschen verstehen müssen, bevor sie wieder verhärten und kalt werden. Und als sie ihn später im Studio vor ein Mikrophon setzten, ihn hineinsprechen ließen, *Nicht blubbsen, bitte!*, und der weißbärtige Aufnahmeleiter nach einigen weiteren Abendterminen, *Sprechertraining, mein Junge!*, den Daumen hob und *Alter Schwätzer!* grinste, war Hermann am gleichen Abend ein letztes Mal mit seinem Daimler-Taxi in die Waschanlage gefahren. Hatte danach den Wagen auf dem großen Schöneberger Gewerbehof von Droschken-Paule abgestellt. Motor aus.
Er sitzt im dunklen Wageninnern, hinterm Lenkrad, starrt durch die Scheibe, draußen stehen die anderen Taxen, die alte Gaslaterne leuchtet einen gelben Kreis auf den Asphalt und er räumt seine Habseligkeiten in den blauen Nylonrucksack – zwei, drei Bücher, an der Halte zu lesen, auch den Benjamin, Einbahnstraße, Kaiserpanorama, *Aus den Dingen schwindet die Wärme!* und seine Kassetten. Die vom Waits und die

neuen von Element of Crime. Den Regener schiebt er nochmal in die Klappe vom Rekorder und dreht voll auf.
Der Baggersee war Ozean, die Ente war ein Schwan,
ein Topf ein Hut, damals hinterm Mond.
Zu spielen gab es nie zuviel und abends wußte ich immer, wo du warst,
was haben wir gelacht, damals hinterm Mond.
Hermann lacht nicht, spürt nur mit einem großen Bangen in der Brust, dass etwas zu Ende geht. Etwas, das ihm wenigstens irgendwie Halt gab. War die letzten Jahre eingetaktet gewesen auf Nachtschichten, Liebeleien, Kneipe, Diskussionen, gute Worte und jetzt soll das Waisenkind, der Psychorebell raus in die Welt, hinter ein Mikrophon und man wird ihn da draußen hören, ihm zuhören, und alle werden merken, dass er sich noch immer danach sehnt, hinterm Mond zu leben. Dass er eigentlich nur Kind sein will, am Baggersee, fröhlich, sich einen Topf auf den Kopf setzen und den kleinen Krieger für das Gute in der Welt geben. Und nicht immer dieses Gefühl, vielleicht genügst du nicht, wieder nicht. Wirst doch nie erwachsen. Nicht groß und stark. Taugst doch eh zu nichts.

Er spürt diesen Makel tief im Bauch, sein Herz klopft heftig gegen die Windschutzscheibe und er holt sich ganz schnell das alte Kind auf den Nebensitz, *Lang nicht mehr gesehen!* und das trägt einen langen Mantel wie Humphrey Bogart, auch diesen breitkrempigen Hut tief in der Stirn, legt den Kopf zur Seite, schaut ihn lange prüfend an und sagt es ihm. Ganz ruhig. Eiskalt.
Spielen Sie nicht wieder den kleinen geprügelten Hund!
Da prustet er los, muss laut lachen und das alte Kind schaut weiter. Ihm mitten in die Augen.
Sie können jetzt aussteigen!
Das tat er. Ging später noch ins Kaffeehaus, sein Stamm-Tischchen war besetzt, *Macht nichts!*, und fing an, Wunschgäste zu notieren. Die im Funk erzählen sollten, einfach nur erzählen, Antworten finden, für das, was er nicht verstand. Setzte sie in Gedanken auf ein rotes Sofa. Eine famose Idee, doch *Na,Na!*, drohte das alte Kind, von einem der Tische gegenüber, wusste genau, welches Sofa er meinte, schlug dann aber den Mantelkragen hoch, lächelte, ging fort, ließ ihn machen. Und er holte sich das rote Ding vom Spandauer Ikea. Schnallte es auf den Dachgepäckträger vom Golf und fuhr damit zum Backsteinsender.

Du bist wirklich verrückt! Herrlich verrückt!
Emma stöhnt das mit fröhlichem Ernst, als er da in Rheinsberg vor ihr kniet, die Arme weit ausbreitet und ein Liedchen auf ihre Liebe anstimmen will. Fasst ihn sanft an der Nase, zieht ihn zu sich heran, seinen Kopf in ihren Schoß. Minuten später flanieren sie, *Folgen Sie mir, MyLady!*, vom See zurück zum Schloss und suchen im Innenhof die Glocke, um Herrn Adler, den fetten Kastellan mit seinen Filzpantoffeln zwecks Besichtigung herbeizuläuten. Doch da ist keine Glocke. Alles dicht.
Adler gips nich mehr!
Auch kein Boot am See, um eine Ruderpartie zu machen. Aber eine grüne Wiese, *Betreten verboten!*, auf der sie sich niederlassen, Rücken an Rücken und träumen, jeder für sich, und Hermann findet Emmas Lachen in sich, weiß, so wird er nie lachen können.
Seit er diese Frau kennt, hat er oft in den Badezimmerspiegel geschaut und versucht, so offen, so warm, so mit jeder Faser des Körpers zu lachen. Sein Lachen aber war schief und zeigte immer einen kleinen Rest von Schmerz im rechten Mundwinkel. Der würde ihm bleiben, dieser Schmerz, das wußte er. Genauso wie die vielen Falten in den Augenwinkeln oder die grauen Haare an den Schläfen. Die Haare würden sogar ausfallen. Glatze vielleicht. Dafür zuckte er nicht mehr. Konnte den Kopf still halten. Schwankte auch nicht mehr wie ein Rohr im Wind. Nur ein wenig gewürgt hatte es ihn. Lampenfieber. Vor seiner ersten Sendung.

Da stand das Sofa bereits im Studio. Knallrot. Mit breiten Armlehnen und Füßchen wie aus schwarzem Ebenholz. Ein paar der Kollegen von Klaus, alles ziemlich bleiche Gesichter und studierte Weißweintrinker aus der Kulturabteilung, hatten das Ding unmöglich gefunden. Und sowieso nicht kapiert, warum man ausgerechnet einen wie Hermann für den FünfNachAcht-Job genommen hatte. Einen ohne einschlägige Karriere, mit krummer Biographie, einen Quereinsteiger, *Einen Psychologen, der Taxi fährt!*, ohne Referenzen, ohne eigenen Pressespiegel, *Aber wenigstens kommt er nicht vom Ostfunk aus der Nalepastraße!*
Aber der dicke Klaus war standhaft geblieben, *Der Junge is schon in Ordnung!*, und auch der Aufnahmeleiter, der mit dem edlen weißen Bart, hatte Hermann beruhigt. *Eitle Herrschaften! So sind sie eben! Mach Dir nichts draus!* Und dann auch schon das Handsignal. Achtung. Rotlicht. Sendebeginn.
Trailer läuft, Hermann zittert kurz, will vielleicht doch lieber wieder nach Hause, gibt aber den Begrüßungstext und hat den ersten Gast auf

dem Sofa. An den erinnert er sich genau. An diesen zwergwüchsigen Schriftsteller, Verleger, sonstwas, aus der Mitte Berlins – mit Pfeife, Ledertäschchen und seit Jahrzehnten Dissident. Undergroundtexte wurden in dessen Wohnung gelesen. Bilder ausgestellt. Wer sich nicht öffentlich treffen durfte, traf sich bei dem. Und immer die Spitzel mit Schild und Schwert der Partei vor dem Haus, vielleicht auch im Haus, vielleicht auch in der Wohnung, am gleichen Tisch, rund war der, aber jetzt ist es vorbei.
Wir hatten uns an die Stasi gewöhnt!
Und hatten deshalb einfach weitergemacht, verbotene Zeitungen gedruckt und Mut gehabt. Auch Angst, aber mehr Mut als Angst. *Es gab nicht nur Anpassung in der DDR!*
Dann war die Sendung vorbei. Hermann wollte nie wieder Taxi fahren.

Hatte ja seinen Golf. Mit neuem TÜV. Die alte Mühle reichte, um Emma vom Rheinsberger Schloss in die große brausende Stadt zu bringen. Noch ein Gläschen vom restlichen Schampus in der Dämmerung, die steinernen Damen auf der Attika des Schlosses verstummen, der See wird allmählich schwarz, das Atomkraftwerk, ganz in der Nähe, bleibt eine Ahnung, der Tag ein Wunder.
Während der Heimfahrt bestaunen sie die stämmigen alten Ost-Alleen, lassen sich von Schlaglöchern durchschütteln und reihen sich später ein in den endlosen Strom von Spätheimkehrern. Fahren, strahlen vor Wonne und tatsächlich keine Kontrolle dort, wo vorher Kontrolle war. Kein Schlagbaum. Keine Uniformen. Kein Zack! Aufatmen. Und dann zu Emmas Wohnung. Wilmersdorf.

Ein großer Baum wartete im Hinterhof. Ein Lindenbaum. Emma nannte ihn bei jedem Vorbeigehen zärtlich mit Namen: *Green!* Das gefiel dem Baum. Green verneigte sich auch diesmal ein wenig, Emma lächelte die Treppen hoch, vierter Stock und oben aufs Sofa, in die Kissen und ziemlich heftig. Küssen, streicheln, auch die Pobacken. Aber nicht zu heftig. Emma hatte ihn gewarnt.
You and your wild wild ways!
Be careful of my heart!
Hatte es ihm oft genug mit Tracys Hilfe, *I might try it again!*, gesagt. Dass da vor einiger Zeit jemand war, den sie sehr liebte und dann war das Feuer erloschen, nach all den Jahren, nicht einmal mehr Glut, nur noch Staunen, Weh und Trennung, endlose Trauer und Green, der sie in

der düsteren Nacht tröstete, wenn sie vor dem offenen Fenster an ihrem kleinen Biedermeiersekretär saß, das leere Blatt vor sich und nach Worten suchte.

Also hatte Hermann durchgehalten, ausgehalten, zurückgehalten, sich vorgestellt, wie es sein würde, wenn. Wilde Tagträume, in denen er ihr die Kleider vom Leib riss und sie auf den Teppich warf oder sonstwohin. Nicht doch. Noch nicht. Wann?
Wart's nur ab! Diese Frau heißt schließlich nicht Godot!
Carl war wieder mal seine Stütze gewesen, hatte ihn getröstet, ihm Mut gemacht, wenn er tief abstürzte, *Vielleicht will sie mich ja gar nicht!* und nahm Hermann auch jetzt freundlich polternd in den Arm, als der ihn abends oben im Atelier besuchte, um dem alten Glatzkopf zu gratulieren: Noch im Herbst wollten sie ihn ausstellen, in der Akademie. Auch den Schuh. Den roten Schuh. Den der toten Mutter. Hatten das Bild sogar auf das Ankündigungsplakat der Ausstellung gedruckt.
Wenn sie das noch erlebt hätte!
Hatte die Mutter aber nicht und *Ist eigentlich auch gut so!,* rieb sich Carl die Augen und berührt noch einmal die Mauer, die das geniale Kind von der alten Dame trennt, immer getrennt hat. Carl kann ihr nicht mehr sagen, dass er sie geliebt hat, irgendwie lieben musste, weil er sonst vergangen wäre. Hat nur dieses Bild vom Schuh, verstummt plötzlich, sitzt in seinem Ohrensessel, den mit den Farbspritzern darauf, stützt die Arme auf die Knie, nimmt den Glatzkopf zwischen die Hände und hat plötzlich eine große Kinderfurcht in den Augen. Die hat ihn in den letzten Monaten oft gepackt. Wegen dieser Furcht hat er Hermann oft angerufen, *Was wird nur werden?,* schlaflos, spät in der Nacht und Trost gesucht. Und sucht auch jetzt. Und jetzt erst recht.
Ich halte das nicht aus! Geht das alles wieder von vorne los?
Gerade eben war Rostock, ist immer noch und hat Carl zu Tode erschreckt. Wird die Bilder nicht los – dieser Biedermann mit Schnauzbart im Nationaltrikot, der den Arm hoch, ganz hoch reckt, die Kinder-Brandstifter in ihren Springerstiefeln, die im Flammenschein ihren Sieg feiern, der lodernde Hass der Zuschauer, die fliehenden Vietnamesen, keiner, der sie schützt und da steigt aus den Trümmern der Berliner Mauer dieser Irre aus Braunau, klopft sich Staub und Dreck von der Uniform, rückt seine Armbinde zurecht, grüßt, wie er immer gegrüßt hat und ist wieder da, riesengroß, hat überlebt und hetzt den kleinen Carl mit seiner Mutter zurück in den Luftschutzkeller.

Ich kann nicht mehr malen!
Carl weint. Zittert. Fragt, ob er flüchten soll oder standhalten. Und Hermann weiß nicht wie, weiß nicht warum, aber er geht zu dem Alten, nimmt seine Hand, zieht ihn hoch, setzt sich selbst in den Sessel und nimmt den Carl auf den Schoß. Der lehnt sich an ihn, schlingt die Arme um seinen Hals und weint noch mehr. Flennt Hermanns Schulter nass. Bis es vorbei ist.

Auch Hermann musste weinen. Wenn Wut und Angst allzu mächtig wurden. In den Nächten nach Hoyerswerda, Rostock, Mölln, Solingen. Weinte in seinen Träumen. Manchmal. Wenn Emma bei ihrem Green blieb, um Zeile auf Zeile zu fügen und er in seinem Palazzo. Lag im Bett, unter der Daunendecke, träumte Variationen zum Gaskammerthema, das ihn immer noch begleitete. Seit den Kindertagen schon.
Und werden nicht mehr frei ihr ganzes Leben lang!
Weil das dummerweise auch für ihn galt, saß Hermann eines Nachts in einem großen, ziemlich dunklen Raum auf einem Berg von Schädeln und Knochen. Viele Türen hatte der Raum. Eine davon ging auf, und herein kamen Gestalten mit langen Kutten und Kapuzen und darunter Gesichter. Alle hatten das gleiche. Das von Munch. Gesichter wie ein Schrei. Der Schrei war nicht zu hören, nur das Schlurfen der Gestalten und die stellten sich vor dem Schädelberg auf und begannen zu singen.
Ein feste Burg ist unser Gott!
Dann war da plötzlich ein Fenster in der Wand und der Vater stand dahinter und schrie, *Ich sterbe!*, streckte seine Arme aus, Hermann wollte ihm helfen, robbte den Knochenberg hinunter, da war schon kein Fenster mehr, der Vater verschwunden. Nur noch die Knochen. Totenschädel. Munch-Gestalten.

Als er am nächsten Tag die alte Frau Schmidt auf dem Flur traf, trug sie den Mülleimer in der Hand, war hager, sehr hager und müde im Gesicht, Falten bis in die Seele und trotzdem ein kleines Lächeln mittendrin, wegen der Einladung zum Apfelkuchen. Also ging er mit in ihre Wohnung. Da war kein Herr Schmidt mehr. Kein kleines Keuchen und *Wie geht's denn so, Hermann?* Herr Schmidt war gestorben.
Das Herz hat nicht mehr mitgemacht!
Und seine Witwe steckte die braungefleckten Hände in die Taschen ihrer Kittelschürze, war schon über achtzig Jahre alt und wollte das alles, *Diese neuen Nazis!*, auf ihre alten Tage nicht mehr sehen müssen.

Ich schalte den Fernseher schon nicht mehr ein!
Backte aber immer noch einen herrlichen Apfelkuchen. Gedeckt, süß und mit Rosinen drin. Serviert auf geblümtem Teller. Der stand auf der glattgezogenen Spitzendecke, mit einer kleinen silbernen Kuchengabel daneben. Alles wie früher schon und wie es sein musste. Derweil schaute Herr Schmidt aus seinem trauergeflorten Fotorahmen vom Büffet auf die beiden und nickte wohlwollend. Brauchte keinen süßen Kuchen mehr. Hörte aber interessiert zu, als Hermann der Witwe Schmidt von dem Film erzählte. Den, den Jane gedreht hat.

Reue ändert nichts. Durch Reue wird niemand wieder lebendig. Reue hat keinen Zweck. Reue ist etwas für kleine Kinder!
In Janes Film hatte er ihn gehört und wiedergesehen. Nach all den vielen Jahren sah er noch gleich aus – Kassenbrille, Stirnglatze, schmales Gesicht, weißes Hemd, Schlips, dunkler Anzug, Kopfhörer auf, im schusssicheren Glaskasten. Eichmann.
Spricht in einer Szene des Films mit schmalem Mund vom Fahneneid, der ihn bedauerlicherweise, sagt er, bedauerlicherweise im Reich, dem Dritten, zwang, seufzt er, die *Transporttechnischen Angelegenheiten!* mit den Juden zu klären. So nannte Eichmann das.
Sie hatten bei der Premiere des Films in dem kleinen stickigen Kino am Kottbusser Damm gesessen. Jane hatte ihren inzwischen gar nicht mehr so schlecht bezahlten Zeitungsjob aufgegeben und war auf Anraten ihres Washington-Post-Bruders zu den Dokumentarfilmern gewechselt. Und dieser Film war ihr erster. Sollte demnächst auch in einem Fernsehsender der USA laufen. Ein Film über Soldaten, Offiziere der Grenztruppen, ihre Schüsse an der Mauer, ihre Opfer und die Frage nach der Verantwortung. Hatte lange Monologszenen darin, mit blassen rauchenden Grepos, die sitzen immer hübsch artig auf einem Holzstuhl, mitten drauf auf ihrem Todesstreifen, dem ehemaligen, die Blumen blühen und alle haben unruhige Augen, sagen, sie hätten auf Befehl gehandelt. Und eben auch geschossen. Manchmal ein bisschen daneben. Und dazwischen montiert Klammerteile aus alten Filmdokumenten – Soldaten, Offiziere der Wehrmacht, die damals auch ihre Befehle hatten, und Eichmann mit seinem Fahneneid.
Nach der Aufführung war es ganz still gewesen. Das Licht ging an, der Abspann war gelaufen und Jane saß neben Hermann, hielt die Hand von Rudi und wartete. Der Kinomief knisterte vor Spannung. Dann Beifall. Ernster Beifall. Kein Tosen. Und im Foyer mit dem Langnese-Eis und den

bunten Gummibärchen hatte sich Jane ihre Lucky angezündet, Willi war mit der Eva hinzugekommen und sie hatte die beiden nur eines gefragt. *Shocking?*

Kein Schock. *Angepasste autoritäre Charaktere!*, schnaufte Willi, *Wirkung von sozialistischer Erziehung!*, schimpfte Eva und alles brutal, aber endlich vorbei und doch nicht. Da sitzen sie schon in der Wohnzimmerkneipe, Bierchen, Qualm, der Raum gestopft voll und da wird Willi nach zwei Halben doch noch sentimental. *Alles war nicht schlecht!*, seufzt er, meint aber nicht das Sandmännchen des DDR-Fernsehens, sondern zieht eine CD aus der Jackentasche und reicht sie dem Rudi, *Das dritte Stück, bitte!*
Der Rudi hat zwar keine Schicht heute abend, geht aber hinter den Tresen, schiebt den diensthabenden Kollektiv-Kollegen freundlich zur Seite und legt auf. Gitarren-Intro. Dann diese Stimme. Die von Gundermann, dem alten Baggerführer. Warm und voller Sehnsucht.
Blau und blau war der Himmel so blau
Vögel und Flieger und wir kannten ihn
Und fröhlich winkten von Bord Kosmonauten
Gagarin der freundliche, wo ist er hin?
Wo ist er hin?
Sie schauen sich plötzlich alle schwer gerührt an. Hören, inmitten des Kneipentrubels, von weißem Schnee, den Spuren der Schlitten, der Todesschanze, vom schwarzen Mann, von der Kammer, in der sie eingesperrt waren und heulten.
Du auch?
Und sind sich in diesem Augenblick nah wie nie, erzählen von den kleinen Jungen und Mädchen, die sie waren, von ihren Träumen und wie sie die verloren haben, aber nicht vergessen. Von Momenten des Glücks, von kleinen glitzernden Bächen und mit den Füßen darin, sich aufgehoben fühlen und niemand kann dir was wollen. Vom Kleingemachtwerden, und dem Versuch, trotzdem zu wachsen. Vom Eigensinn. Und natürlich zitiert Rudi sofort seinen Hesse, der den Eigensinn so sehr lobt, also setzen sie sich den auch noch in die Runde, spendieren ihm ein Glas italienischen Rotwein, der Hesse nimmt den Hut ab, macht die Krawatte locker, rückt sich die runde Brille zurecht und erzählt ihnen vom Kloster Maulbronn, wie er da unters Rad kam und alles *Wesentlich Angst!* war. Und konnte doch fliehen, als Steppenwolf überleben, mit Glasperlen spielen und *Wachsein am Rande aller Tiefen*. Da ist der Hesse schon

beim dritten Glas, fragt nach der Zeit und muss ins Bett gehen. Hermann auch. Schließlich war Sonntag. Der vor dem Montag.

FünfNachAcht. Am Montag hatte er wieder Sendung, wollte fit sein. Für einen ganz besonderen Gast. Ein Kollege. Ein Psychologe. Einer von der Stasi, der erzählen wollte. Von einem geheimen Auftrag, den er gehabt hatte. In den letzten Monaten der Diktatur des Proletariats. Mehr hatte Redakteur Klaus seinem Moderator nicht erzählt, *Lass Dich überraschen!*, dabei recht dreckig gegrinst und schiebt ihm jetzt einen ziemlich smart aussehenden Typen mit Nickelbrille, Mitte fünfzig, solarbraun, in den Sprecherraum, Sportjackett, Jeans, Hemdkragen offen. Der altgediente Stasipsychologe, *War über zwanzig Jahre dabei!*, hat einen feuchten Händedruck, sitzt während der ganzen Sendezeit ein wenig zerknautscht auf dem roten Sofa und wundert sich immer noch über diesen Anruf, der 1988 vom Ministerium für Staatssicherheit kam. Er natürlich sofort ab in die Normannenstraße, rein in den gut gesicherten Plattenbau, rauf mit dem Fahrstuhl und muss hören, dass er den Auftrag für einen ganz besonders exklusiven Workshop annehmen muss und *Kein Wort zu irgendjemand!*, sonst Gulag-Gefahr. Da steht ein Hochrangiger mit vielen Auszeichnungen in einem kackbraun getäfelten Büro und teilt dem Verdatterten mit, dass er sein Land vor dem Untergang retten muss, weil sonst FeindlichNegativeKräfte die Macht übernehmen werden.
Ja, so war das!
Der Stasipsychologe hält kurz inne. Weiß plötzlich nicht mehr, ob er öffentlich reden darf. Doch Hermann zwinkert ihm zu, lächelt recht freundlich. *Und der Auftrag?*
Muss doch wirklich ein ganz wichtiger gewesen sein?
War sehr wichtig. Der Verdatterte sollte einigen Leuten aus der Politführung das Lachen beibringen. Mielke, Krenz, Modrow und noch ein paar anderen. *Die hatten doch das Lachen nie gelernt!*, sahen immer aus wie tiefgefroren und mussten endlich etwas für ihr Image tun. Das hatte ihnen die psychologisch-operative Abteilung der Staatssicherheit geraten und ausgerechnet ihn, den Sozialpsychologen aus Golm mit Decknamen Müller, als begnadeten Trainer empfohlen. *Vom kapitalistischen Westen lernen, heißt siegen lernen*, hatte ihm der Hochdekorierte vom Ministerium noch mit auf den Weg gegeben und dann waren besagte Herrschaften tatsächlich zweimal im Monat in schwarzen Limousinen nach Golm vor Müllers Stasi-Hochschul-Plattenbau gefahren und hatten versucht zu lachen. Wollten endlich Vertrauen erwecken, sympathisch

erscheinen, die neuen Genossen von nebenan sein, die nie mehr Wahlergebnisse fälschen würden. Hermann gluckst. Kann sich kaum halten. *Hat man aber in der Aktuellen Kamera nichts von gemerkt!*
Müller schüttelt den Kopf. Er hatte wirklich alles versucht. Wollte die Typen innerlich wie äußerlich locker machen, ihnen Gefühle beibringen. Hatte sie im Keller schreien lassen, endlos schreien lassen, für diese Therapie extra Experten aus dem Westen angeheuert und doch nur heiseres Krächzen und peinliche Ohnmachtsanfälle geerntet. Dabei waren all die Politgruftis guten Willens gewesen, nannten ihr Programm voller Hoffnung sogar *Seelische Perestroika!*, nutzte aber alles nichts. Auch nicht die Tiefengewebsmassagen, auch nicht das Psychodrama, in dem Modrow seine eigene Mutter spielen sollte und Mielke deren Liebhaber. *Sie wollten am Schluss nur noch in die Sauna!* Blieben ziemlich bleich und steif. Die alten Bonzen eben. Nur der Mielke hatte nach der Wende noch verzweifelt versucht, vor der Volkskammer von seinen Bemühungen um die Wahrheit seiner tiefen Gefühle zu erzählen. *Ich liebe Euch doch alle!* Die Sendung war ein Erfolg. Bei den Hörern. Viele begeisterte Anrufe. Jede Menge Post.

Nur den stirngefalteten Weißweintrinkern aus den anderen Redaktionen des Backsteinsenders gefielen Hermanns Plaudereien gar nicht. Denen gefiel nichts von dem, was er in den Äther schickte – immer nur Psycho. *Kinderkram!* Wollten kulturelle Worte, keine lebendigen. Und seit neuestem verbreiteten sie das Gerücht, ohne das gute Wort, dass da irgendjemand für ihn eingelegt habe, hätte er die Sendung erst gar nicht moderieren dürfen. Das kränkte ihn doch sehr und er fragte einen, der schon Günter Grass persönlich die Hand gedrückt hatte, was denn damit gemeint sei und hörte nur Widerwillen. *Das wissen Sie doch selbst am besten!*
Wusste er aber nicht, sprach also mit Redakteur Klaus, der faltet die Hände über dem Bauch, blickte ihn ganz ruhig an, *Lass sie quatschen!*, und machte sich dann doch ehrlich.
Der Kleine hat dich empfohlen! War doch auch gut so!
Hermanns alter Freund, sein Cordjacken-Professor, hatte den dicken Klaus, *Wir kennen uns noch aus Kinderladenzeiten!*, nachts auf ein Bierchen am Savignyplatz im alten Zwiebelfisch getroffen, *Unsere Stammkneipe!*, und sie hatten getrunken und geraucht und geredet, auch über ihn und klar doch, *Der Hermann braucht ne Chance!* Und er hatte sie bekommen. Ruft noch in der gleichen Nacht den Kleinen an, *Hinter*

meinem Rücken! und ist sauer. Beleidigt. Braucht keine 68er-Seilschaften, will auch nicht dankbar sein, sich nicht verpflichtet fühlen. Doch der Kleine beruhigt ihn, *Hast ja recht!*, hat wieder mal seine väterliche Gönnertour gefahren, sagt er, die überkommt ihn eben manchmal, resigniert er, war aber gut gemeint. Schwamm drüber.

Ein paar Wochen später sitzen sie schon wieder gemeinsam im Kaffeehaus, an Hermanns Stammtischchen, weißgeschürzte Kellner, cool wie immer und sie ordern Wiener Schnitzel mit Original-Semmelbröseln für alle, dazu einen gekühlten Veltliner, auch für Emma, die trägt heute wunderbar grüne Netzstrümpfe, hat aber keine guten Nachrichten. Hat es im Radio gehört.
Fellini ist tot!
Sie kannten all seine Filme. Federico gehörte einfach dazu. War ihnen ein Freund gewesen, hatte sie nachts oft genug im Kinosessel fasziniert, sie reich gemacht mit Bildern, Gesichtern, verrückten Figuren. *Ach, Fellini!* Emma erinnert den Sutherland-Casanova als tragischen Helden, der Kleine schwärmt immer noch von der kindhaften Giulietta Masina aus La Strada und Hermann wird nie, *Niemals!*, Fellinis alten Onkel Teo aus Amarcord vergessen, wie der da oben im Baum hockt und lauthals *Ich brauche eine Frau!* in die stille Campagna schreit.
Jetzt hast du ja mich!
Emma meint das ernst. Die wunderbaren Schnitzel sind inzwischen längst serviert und kalt, der Wein recht warm, trotzdem gelingt ein kleiner Leichenschmaus und macht sie wieder froh.

Vor dem Kaffeehaus weht ein ungemütlicher Herbstwind. Regentropfen klatschen, Blätter fallen, gelb, braun, rot, bald wird November sein. Vier Jahre vereint! Und doch nicht froh. Der Kleine steckt die Hände in die Manteltaschen, stemmt sich gegen den Wind, spricht von Demütigungen, *Treuhand!*, von brutaler Aggression, von Angst und Hass und meint, dass das wohl nichts werden wird mit den *Blühenden Landschaften!* Derweil sind sie Richtung U-Bahn weitergegangen, Hermann hält Emma im Arm und hört dem Kleinen zu, denkt Gewalt, auch Gewalt gegen Kinder, denkt, die Kinder im Osten haben sie um jede Zukunft betrogen, denkt also Kinder, da fällt ihm ein: Laden, Kinderladen! und der muss doch gleich hier in der Nähe gewesen sein. Sieht bereits die blutjungen infizierten Mädchen weiter vorne am Straßenrand auf ungeschützten Verkehr warten, *Kost'n Hunni mehr!*, da steht plötzlich vor ihnen dieses

Haus. Wo zuvor dieser Gründerzeitbau mit dem Kinderladen war. Ein Neubau ohne Gesicht. Glatt, weiß, Chrom, große Schaufenster, Küchenmöbel darin. Parkplatz davor.
Genau dort haben wir gesessen!
Hermann weist durch den Regen auf einen blauen Dreier-BMW, tiefer gelegt, Auspuff wie ein Ofenrohr, die hinteren Scheiben schwarzgeklebt. Sieht all die kleinen Dreikäsehochs dort im Kreis auf dem immergrünen Rasen sitzen und er mittendrin, liest vor. Die Anti-Geschichte vom Friederich, dem argen Wüterich, der nur deshalb so wütend ist, weil der Vater ihn immer schlägt und im dunklen Keller einsperrt.
Los, ruft Max, wir helfen Dir,
und so gehen sie alle vier
dorthin, wo man überlegt,
aber keine Kinder schlägt.
Klar, dass die Kinder mit dem Friederich in einen Kinderladen gehen und alles wird gut. Sowas hat er wirklich vorgelesen, grinst er durch den Regen, den beiden anderen ins Gesicht. Emma schüttelt den Kopf, *Kaum zu glauben!*, aber der Kleine nickt, die Kinderladenchose kennt er doch, aus eigener Erfahrung, Achtundsechzig, hat doch selber Kinder und jetzt eine Frage.
Was macht eigentlich der Hannes? Hat er sich da unten eingelebt?
Der Kleine kennt den Hannes, mag ihn, hatte Hermanns Pflegesohn noch im Palazzo bei einer ihrer letzten gemeinsamen Pasta-Orgien nach der guten alten Kinderladenzeit gefragt und auch nicht vergessen, Yasemin zu bewundern. Die wunderschöne Freundin von Hannes. Die Schwester von Şahin, dem Bandenführer. Inzwischen hatte Yasemin bestimmt längst einen anderen Freund.
Hannes war fort. Berlin hatte ihn nach seinem Realschulabschluss nicht mehr halten können. Wollte nicht länger die Schulbank drücken, hatte genug von Kreuzberg, fand auch keine Lehrstelle. Hilfsjobs auf dem Bau waren ihm *Zu heavy, Mann!* Ein paar Besuche bei Lisa, Claudio, Bruno und den anderen Freunden auf der italienischen Hazienda Agricola hatten genügt. Mit Claudio Traktoren reparieren, mit Bruno klempnern, Rohre verlegen und abends einen schönen Joint vor dem Haus und in den Mond schauen, das hatte dem Hannes zunehmend gefallen.
Die mögen mich richtig!
Also war er in den Süden gezogen. Hatte noch Mutter Lilo Bescheid gesagt, *Machs gut!*, dann hatten sie den Golf bis obenhin mit Koffern und all dem Hip-Hop vollgepackt und ab nach Italien. München, Brenner,

Bozen, Richtung Bologna. Die Luft wird wärmer. Hannes ist begeistert, *Endlich raus aus dem Chaos!* , lässt alles hinter sich, all die Wunden, all die Banden, all die Trennungen und hat so eine große Hoffnung im Gesicht, dass es Hermann die Tränen in die Augen treibt. *Buongiorno, ragazzi!*
Lisa steht auf dem Hof, trägt die Lederjacke über dem geblümten Kleid. Die vom Klausener Platz. Die Hermann ihr geschenkt hat. Seine Schutzhülle. Sieht richtig gut darin aus. Nimmt ihn fest in den Arm und den Hannes auch.
Bienvenuto, piccolo!
Dabei ist der Piccolo so groß wie Hermann, rasiert sich längst und kann bei dem Traktor da vorne schon allein die Bremsen reparieren. Alles von Claudio gelernt und der führt ihn die Treppe hoch, unter das Dach, in den Raum mit dem Sekretär und hier ist von nun an das Zimmer von Hannes, nicht das von Hermann. Alles anders. Sogar die Katze ist nicht mehr da. Die samtweiche Nachtkatze, die ihm so hilfreich Trost geschnurrt hatte. *Ist überfahren worden!* Und Lisa hat schon lange einen Freund, den sie liebt. Vielleicht lässt sie dabei sogar die Lederjacke an.
Dann wieder Abend, Lambrusco, Bella Ciao und Brunos Noccino.
Passt mir auf den Jungen auf!
So hatte ihn der Hannes noch nie umarmt, wie bei diesem Abschied, packte Hermann mit festem Griff an den Schultern, zog ihn heftig an sich und ließ ihn eine ganze Weile nicht mehr los.
Mach's gut, Paps!
Genau das hatte der Junge gesagt, und Hermann stieg in seine Rostlaube, fuhr los, aber ganz langsam, winkte ewig aus dem Seitenfenster, auch noch, als er den Jungen schon gar nicht mehr sehen konnte, fuhr wieder nach Berlin zurück und hatte von nun an ziemlich hohe Telefonrechnungen.
Dem Jungen geht es gut! Keine Spur von Heimweh!
Der Kleine nickt zufrieden. Es regnet immer noch.

Irgendwie hörte es in den kommenden Wochen nicht auf zu regnen. Die Tage trugen Uniform und Einheitsgrau, es tropfte von den Ästen der kahlen Bäume. Wie immer jede Menge nasses Laub und gelber Auswurf auf den Gehwegen, auch Hundekot, der, grotesk gekrümmt manchmal, im fahlen Licht widerlich glänzte. Berlin im späten Herbst, Ende November und unerträglich.
Die Menschen wurden allmählich wieder härter, winterhart, Hermann

spürte das genau, sie verschlossen sich, wurden zu diesen widerborstigen Einzelnen, die ihm heute am Ufer des Landwehrkanals entgegenkamen. Mit Trenchcoat und Diplomatenköfferchen, mit übergewichtiger Promenadenmischung und Rheuma in den Gelenken oder mit fetten Goldketten um den Hals, aggressiven Frust in den Augen und dem dröhnenden Gettoblaster unter'm Arm.
I'm a loser, baby, why don't you kill me?
Hermann bleibt am Urbanhafen stehen, schaut hinüber zum anderen Ufer, wo die vielstöckigen kalten Neubauten aufragen und tagträumt von diesem wilden Jungen im Tigerjackett, den er dort vor Jahren spät in der Nacht gesehen hat. Saxophon spielte der, einen satten Sound, kein Mensch unterwegs und der Junge reitet den Tiger, bläst seine ganze Seele in die Stille der Nacht. In diesem Moment hatte Hermann Berlin geliebt. Und Berlin ihn. Und jetzt liebt er die Emma. Geht weiter, schlurft eher, denkt *Es ist, was es ist, sagt die Liebe!*, hat das längst als richtungsweisendes Zitat notiert und weiß, der alte Fried hat Recht, ob es nun Unsinn ist oder Schmerz, es ist Liebe und nichts anderes. Und tut doch weh.

Emma hatte sich eine Auszeit erbeten. *Be careful of my heart!* Wollte endlich jeden Zweifel an einer gemeinsamen Zukunft ausräumen. An ihrem Fenster sitzen, hinausschauen und Green befragen. Eine Woche lang will sie ihn nicht sehen, dann wird sie ihm sagen, ob es mit ihnen weitergehen kann. *Sensible Künstler!*, flucht er halblaut vor sich hin, trennen sich, trauern ohne Ende um ihren Ex, entwickeln Bindungsängste, aber immer schön Gedichte schreiben, in Lesungen glänzen und Preise abgreifen. Weiß aber genau, er ist ungerecht und sie quält sich, er kann es nur nicht mehr aushalten, hat ihr doch Zeit genug gegeben, will nicht mehr. Noch vierundzwanzig Stunden. Nichts als Sehnsucht. Weiß nicht, warum er das alles mitmacht, schlurft störrisch weiter und steht plötzlich vor dieser wohlbekannten Kapelle, die ein Kirchlein ohne Ölberg ist. Drinnen spielt jemand auf dem Klavier, ein Chor stimmt lobpreisend ein und draußen immer noch diese schwarze Schrift auf der weißen Wand.
Aber die Liebe ist die größte unter ihnen!

Natürlich steht er am nächsten Tag vor Emmas Haustür. Hat zwar einen Schlüssel, klingelt trotzdem. Der Lautsprecher über den Klingelknöpfen weiß quäkend Bescheid, *Komm doch rauf!* Er geht durch den Flur mit den weißen Marmorwänden, öffnet die kleine Tür zum Hinterhof und

da ist Green. Hermann lehnt sich mit dem Rücken an seinen Stamm, schließt die Augen, will nicht weitergehen. Nur hier stehen bleiben und sanft den Rücken am lebendigen Holz des Lindenbaums reiben. *Wo bleibst du denn?*
Emma ruft oben aus dem Fenster, sie lacht, strahlt sogar und da stürmt er los, die Treppen hoch, keucht, hofft, keucht noch mehr, sie steht mit ihren blauen Netzstrümpfen in der Wohnungstür, eine Flasche Mumm in der Hand und er ist vollkommen außer Atem. *Du!*, viel mehr sagt sie nicht, nur noch, *Ich hab so auf dich gewartet!*
Wirft hinter ihm die Tür ins Schloss, zieht ihm den grauen Wollmantel von den Schultern, stößt ihn vor sich her, er fällt rücklings auf ihr grünes Sofa, sie hockt sich breitbeinig über ihn, reicht ihm die Flasche. *Trink, Geliebter! Auf uns!* Aus der Flasche. Hermann fragt nicht weiter. Emma gibt die Amazone, fällt über ihn her, macht all das mit ihm, was sie nie mit ihm gemacht hat. Das ist vollkommen irre, macht ihn schier verrückt, er hat Visionen, in denen er sich auflöst und als glühender Klumpen Lust in ihre Umlaufbahn katapultiert wird. Sie sitzt auf ihm, reitet ihn zuschanden, stöhnt verdammt laut und das Fenster ist noch offen.
Danach finden sie sich auf dem Teppich wieder. In einer Sektlache. Kleider verstreut. Fast nackt. Und Emma mit ihrem roten Haarschopf, den festen kleinen Brüsten, den Lederrock weit hochgeschoben, robbt zu ihrem Sekretär, greift sich dies weiße Buch, schlägt es auf und lässt es einfach die Hilde sagen.
Liebster, ich lade dich ein,
komm in das Haus unserer Wünsche
und häng deinen Hut an die Wand,
den Hut mit dem kleinen Schussloch.

Montage Fünfzehn

Eine Standfotografie. 18 mal 24 Zentimeter.
Im Hintergrund die Parterrefenster eines Backsteinbaus, hell erleuchtet. Rechts davor ein grünes Militärfahrzeug. Mit Fahne. Rot, weißer Kreis, eine Art schwarzes Hakenkreuz darin.
Im Vordergrund ein Soldat. Stahlhelm, Uniform, Knobelbecher. Unbewegtes Bulldoggengesicht. Schreitet mächtig aus. Die Maschinenpistole im Anschlag. Der Soldat führt einen Mann in gestreifter Häftlingsjacke ab, der vor ihm marschiert. Und dabei wild mit den Armen schlenkert. Um Hüften und Oberschenkel hat der Mann eine Decke gewickelt. Die Füße stecken in dicken Arbeitsschuhen. Der Gestreifte trägt um den Kopf ein grobes Tuch, dreht sich beim Marschieren nach hinten um, lacht, fröhlich, an dem Bulldoggengesicht vorbei in die Nacht.
Rechts unten auf dem Foto steht der Titel des Films gedruckt, aus dem die Fotografie stammt. *Das Leben Ist Schön.*

Auf dem Friedhof. Hermanns Vater im schwarzen Anzug, mit weißem Hemd, dunkler Krawatte. Steht gebeugt am Rande eines Asphaltwegs. Hinter ihm ein frisch aufgeworfener Grabhügel. Blumensträuße und Kränze mit Schleifen darauf. Der Vater hat die Hände vor dem schweren Körper gefaltet. Seine Nase ragt groß aus dem schmalen Gesicht heraus. Die wenigen silbergrauen Haare sind nach hinten gekämmt. Er blickt ernst in die Kamera.
Neben ihm Emma. Rothaarig. Im schwarzen Kostüm mit kurzer Jacke. Hält den Vater am rechten Arm. Schaut traurig hoch in sein Gesicht. Die Sonne scheint.

Ein Fernsehstudio. Die Wände mit schwarzem Molton ausgeschlagen. Scheinwerfer auf Stativen. Graue Studiokameras. Dahinter Männer mit Headset. Dicke Kabel liegen auf dem Boden. Im hellen Licht der Scheinwerfer das rote Sofa. Darauf links ein circa vierzigjähriger Mann im Cordjackett, mit blauen Jeans. Hohe Stirnglatze und schmale Brille vor den Augen. Hebt gerade resigniert Schultern und Arme. Schaut dabei auf Hermann, der mit übereinandergeschlagenen Beinen in der anderen Ecke des Sofas sitzt.

Hermann trägt einen etwas weiten hellgrauen Anzug, einen schwarzen Rollkragenpulli und ebenfalls eine Brille. Mit dünnem schwarzen Rand. Seine Haare sind vollständig grau und kurz. Kein Bart. Er schaut dem anderen aufmerksam ins Gesicht.
Hinter dem Sofa steht ein stämmiger Kameramann mit schwarzem Basecap. Hält seine Betacam unterm Arm, das Auge über dem Okkular, die Optik zielt auf den Mann im Cordjackett.

Eine akustische Gitarre. Ohne Saiten. Das Griffbrett bis zum fünften Bundstab eingegraben in dunkle Erde. In ein Blumenbeet. Mit vielen Schneeglöckchen darin. Der Korpus der Gitarre ragt senkrecht vor einem weißen Mäuerchen in die Luft. Unter dem Schalloch des Instruments ist im rechten Winkel ein Rundholz angebracht. Darauf sitzt eine kleine Meise. Legt den Kopf schief. Unterhalb des Gitarrenstegs ist ein etwas verblasster Schriftzug zu erkennen.
Peace.

Kinderszenen op. 15

Das erste Morgenlicht fällt durch die weißen Gardinen. Ein Vogel singt. Einer nur. Schon bald werden sich seine Kollegen aufplustern, die Morgentoilette verrichten, dann ihren Kopf heben und die aufgehende Sonne mit vielstimmigem Gesang begrüßen. Das Fenster ist geöffnet. Ein kleiner Wind bauscht die Gardinen. Hier drinnen ist es still. Ein durchdringend süßlicher Geruch liegt in der Luft, der Hermann fast den Magen umdreht, als er da neben dem vergitterten Krankenbett sitzt und ins Gesicht der Mutter schaut.
Das Kinn haben sie ihr hochgebunden. Mit einer weißen elastischen Binde, seitlich um den Kopf gewickelt. *Ist schwer gestorben!*, hat die Schwester flüsternd auf dem Flur gesagt, bevor sie ihm leise die Tür zum Krankenzimmer geöffnet hat.
Die Nachtschwester. Sie hat ihn im Hotel angerufen. Nur ein paar Stunden hatte er schlafen wollen. Lag vollständig angezogen, vollkommen erschöpft, nächtelang kaum gepennt, neben Emma auf der viel zu weichen Matratze, wollte ja gleich wieder los, und da läutet das Telefon neben dem Bett die Totenglocke. Er schreckt hoch, Herzwummern, hat eigentlich auf diesen Anruf gewartet, weiß Bescheid, noch bevor er den Hörer abnimmt, *Ihre Mutter ist soeben verstorben!* War doch gerade noch bei ihr gewesen, da hatte sie noch gelebt. Irgendwie. Voller Morphium und Röcheln. Und jetzt ist sie tot.
Ihr Gesicht aufgedunsen, glatte gelbe Haut mit braunen Flecken. Die Lippen schmal und fast weiß. Hermann steht vom Stuhl auf und streicht vorsichtig mit dem Zeigefinger über diese Lippen. Sie sind kalt, geben unter dem Finger nach. Ihre faltigen Augenlider mit den dünnen Wimpern sind geschlossen. Die Hände über der weißen Bettdecke sind zusammengelegt. Hat längst keine rotlackierten Nägel mehr, aber noch ihre Ringe an den Fingern. Die soll er abziehen, alles mitnehmen, was der Mutter gehört. Hat die Nachtschwester noch gesagt. Und draußen, vor der Tür, wartet Emma.
Während Hermann auf die beiden Ringe starrt. Der schmale goldene Ehering. Fast eingewachsen. Am kleinen Finger der anderen Hand ein winziges Arrangement aus weißen Diamanten. Edel. Und sitzt wieder auf dem weißen Stuhl, beugt sich vor, streichelt die Diamantenhand, ganz

vorsichtig, sein Blick wandert behutsam zu ihrem Gesicht, sie ist wirklich tot, und dann hoch zur Wand. Weiß, denkt er. Alles hier ist weiß, kahl eigentlich. Nur das Bild dort oben. Das ist warm. Eine gerahmte Reproduktion. Reynolds. Der kleine *Samuel beim Gebet*. Kniet, nur mit einem Hemd bekleidet, mitten im Dunkel, sanft sein Gesicht, gerahmt von langen dunklen Locken und ein kleines Licht leuchtet dem Jungen, von links oben, immer kommt auf solchen Bildern alles Gute von links oben, wie eine Verheißung herab. Nächtelang hat er auf den kleinen Samuel geschaut. Aber keine Verheißung empfangen. Wird auch keinesfalls diese Ringe abziehen. Die gehören zu ihr. Ringe. Schmuck. Schöne Dinge. Die hat sie gebraucht zum Atmen. Die hat ihr der Vater gekauft. Zum Weiteratmen. Bis zuletzt. Auch Blumen hat er ihr geschickt. Täglich frische. Tulpen, Rosen und Narzissen. Auch Pralinenkästen, natürlich, und Niederegger-Marzipan, ihre Lieblingsnahrung. Doch der Vater selbst war nicht mehr gekommen, in den letzten Wochen.

Der Vater hatte Hermann angerufen. Eines schönen Tages. Da war der Sohn schon längst umgezogen. Lebte mit Emma in der neuen gemeinsamen Wohnung. In Lichterfelde. Villenetage. VierzimmerMansardeZentralheizungInnenkloBadBalkon, ein geblümter Garten rund ums Haus, und auf der grünen Wiese konnten sie versuchen, einen Liegestuhl aufzustellen, *Verdammt, wie ging das noch?*, sich später hineinlegen und ein Buch in der Hand. Beide nebeneinander. Lesen. Und sich ab und zu die Hände reichen. In die Augen schauen. Lächeln. Und träge werden. Ganz träge. Einschlafen vielleicht.
Hast du etwa Angst?
Ausgerechnet Emma hatte ihn das gefragt, als sie noch aneinander geschmiegt auf ihrem Sofa im Wilmersdorfer Hinterhaus saßen. Green lugte gerade durchs Fenster herein, trug voller Würde sein neuestes grünes Kleid, sie hatte das Kleid gebührend bewundert und dann kam mit einem Male diese Frage. Und nicht zum ersten Mal. Seit einigen Monaten wollte Emma *Endlich!* wissen, manchmal stampfte sie dabei heftig mit dem Fuß auf, endlich wissen, ob sie beide nicht gemeinsam und er endlich raus aus seinem Kreuzberger Palazzo. Aber Hermann, der spontane, hatte sich Zeit ausgebeten, musste nachdenken, sich erst einmal ein Bild davon machen, wie er aus dieser Wohnung zieht. *Unvorstellbar! Eigentlich!* Hatte doch alles Wichtige hier erlebt, all die Tiefen, all die Höhen, mehr noch, die tiefsten Tiefen und die höchsten Höhen, die die Götter nur ihren Lieblingen schenken – schwärzeste atemlose Verzweif-

lung und die Heimkehr des verlorenen Hannes. Bittere Trennungen und Liebesnächte der tollkühnen Art. Und im Winter braune Asche im Haar, im Sommer auf der Fensterbank sitzen, die Beine baumeln, mit ein paar Griffen auf der Gitarre für die Emma eine kleine Melodie klampfen und ihr hinterher dies richtungsweisende Ztitat aus seinem schwarzen Notizbuch widmen. Die Sätze, die er beim Beckett gefunden hatte.
Hätte ich ihren Namen in alte Kuhscheiße geschrieben, wenn ich sie nicht liebte? Und dazu noch mit meinem Finger, den ich nachher ablutschte? Ach wo, ach wo!
Er habe leider nur keine Kuhscheiße zur Hand, hatte Hermann sich entschuldigt, aber wenn, dann würde er natürlich sofort schreiben. Und lutschen. Und sie hatte dafür sein Gesicht zwischen ihre Dichterhände genommen, *Liebster!* und Kuss.

Später hatte er sich dann doch entschieden. *Lass uns zusammenziehen!* Da konnte er einfach nicht anders. In diesem einen wunderbaren Moment. War viel zu gerührt, berührt, war verzaubert und wollte plötzlich die Welt umarmen, nicht mehr in den alten Schuhen stecken, sondern barfuß losgehen und die Liebe versuchen. Mit Haut und Haaren.
Wie in einem seiner Kindermärchen war das gewesen.
Da stehen sie mit Carl, Rudi, Jane und ein paar tausend anderen auf der alten Sponti-Fußballer-Wiese vor dem Reichstag. Der Himmel ist blau, ein paar Schleierwolken am Horizont und der alte Wallot-Bau verpackt. Vollständig. Ist zu einer zarten Skulptur mit weichem Faltenwurf geworden. Glänzt sein Geheimnis in die Gesichter all der Staunenden, macht sie weich und alle sind eins vor diesem Wunder. *Halt mich ganz fest!* Emma laufen kleine Tränen aus den Augen, Hermann drückt sie an sich, kann dabei den Blick nicht wenden, schaut auf sein glitzerndes Traumschloss, geht hinein, durchwandert die großen hellen Räume, *All das nur für mich!*, seufzt er glücklich, stellt sich an eines der Fenster, ruft keine Republik aus, sondern laut nach draußen auf den Platz, auf dem die Menge voller Erregung wartet, ruft, *Verdammt noch mal! Ja, doch!* und Emma schreitet aus der Mitte des Jubels die Treppe hinauf, steht vor ihm, nickt und er will ihr alles geben. Wacht auf.
Schaut ihr in die fragenden Augen, jemand ruft *Frische Brezeln!*, die will er nicht, aber den Sektverkäufer mit der Kühltasche, den hält er an, kauft zwei teure Flaschen und wird dann feierlich: *Ich will!* Raus aus dem Palazzo und sagt es ihr. Verkündet es auch den Freunden und da lacht die Emma glücklich, Rudi grunzt *Wurde auch Zeit!*, Jane bläst den

Qualm ihrer Lucky, *Oh boy!*, senkrecht in das Blau des Himmels, und Carl, der alte Glatzkopf, streckt ihm, *Gratulor!*, die breite Hand hin.

Und jetzt die neue Wohnung. Ausgerechnet in Lichterfelde. Wunderschön, ruhig, idyllisch und eloquente Nachbarn. Hermann fühlte sich nach all den Kreuzberger Jahren wie ein Verräter, als Emma das Quartier der Psychologen, Lehrer und vermögenden Dichter für ihre gemeinsame Residenz vorschlug. Dabei war er doch selbst einer von diesen GutDassSieDarüberGeredetHaben-Psychos, talkte im Radio, *FünfNachAcht*, hatte immer noch Erfolg, großen sogar, wusste inzwischen aber nicht mehr, ob er den auch wirklich haben durfte. Ob er nicht doch in seinem verlotterten Kiez bleiben müsste, Asche aufs Haupt und keiner kennt mich. Und fragen, *Hat einer wie ich Erfolg überhaupt verdient?* Und gab eines Tages so sehr den kleinen geprügelten Hund, dass Emma wütend wurde. Ihr Gesicht streng und Augen, die Blitze auf ihn schleudern, *Bleib doch in Deinem Stall!* Und er schreit *Mach ich auch*!, rein in die U-Bahn und ab in den Stall. Schaut sich um. Riesiger Schreibtisch, Notebook mit leerem Akku darauf, gestopfte Bücherregale, Zeitungsstapel auf dem Boden, Farbfernseher, Fenster ohne Gardinen, staubige Teppiche, in der Küche leere Flaschen und graue Mäuse mit langen Schwänzen (aus dem feuchten Keller unter der Wohnung kamen die, hoch am rostigen Abflussrohr, krochen hinter der brüchigen Scheuerleiste vor und machten sich sogar im Backofen breit), das kleine Bad ein Ensemble aus Silberfischchen und tropfender Dusche. Kreuzberg vom Feinsten. Und keine Frau Schmidt mehr über ihm.

Auf dem kleinen schwarzen Brett im Flur, neben den Briefkästen, hatte jemand mit Reißzwecken die Todesanzeige angebracht, *Bestattung 10.00 Uhr, Friedhof am Südstern*. Vier Männer im dunklen Anzug hatten den gummibereiften Karren geschoben. Obendrauf der Sarg, ein paar weiße und rote Nelken drumherum. Vier Trauergäste. Rentner. Alle jenseits von Gut und Böse. Dazu der beleibte Pfarrer, unrasiert, im schwarzen Talar, Hände vor dem Bauch, ging voran und Hermann mit seinem großen Kranz in der Hand hinterher. Wusste genau, die alte Schmidt liegt da vorne drin, ganz allein, freut sich auf ihren Mann, wird den bald wiedersehen und ihm erzählen, dass die letzten Jahre sich nicht mehr so recht gelohnt haben.

Als der Sarg versenkt ist, stellt Hermann seinen Kranz vor den Marmorstein des Familiengrabs, rückt, wie bei einem Staatsbesuch, die Schleife zurecht, damit jeder es lesen kann. *Danke!*

Also keine kleinen Besuche mehr. Keinen selbstgemachten Apfelkuchen. Traurig. Setzt sich in seinem Stall auf einen Schemel, greulicher Schneeregen vorm Fenster, deutsche Soldaten in Bosnien, Brandanschlag in Lübeck, der Buddha mit dem Saumagen lässt die ganze Republik stillstehen, der Ofen zieht nicht richtig, ihn fröstelt, und auf einmal ist gar nichts mehr in Ordnung. Das passiert ihm manchmal. Da packt ihn eine schwarze Melancholie mit langen Armen von hinten, er wird seltsam steif in den Gliedern, weiß genau, dass er hier nicht richtig ist. Auf dieser beschissenen Welt. All das Brennen, Morden, all die Kälte, all der Wahnsinn und hören nie auf. Waren immer schon. Doch das kann ihn nicht trösten. Steht lieber auf, drückt eine CD in den Player und lässt es, wieder mal, den Waits sagen.

When I see the 5 o'clock news
I don't wanna grow up
nothin' ever seems to turn out right
I don't wanna grow up!

Und geht doch allmählich auf die Fünfzig zu, dann in die Küche, hört das schnelle Huschen der Mäuse, öffnet den Kühlschrank, nimmt sich die Milch, macht sie warm, Nesquick rein, auch ein wenig braunen Rum, umrühren, all das in die blaue Tasse mit dem abgebrochenen Henkel. Seine Lieblingstasse. Sahne darauf sprühen und fertig ist die *Mmmmh, Tote Tante*. Hochprozentige verstorbene Tanten können trösten, gerade im schmerzenden Berliner Winter, vertreiben sogar Dämonen, machen mächtig warm im Bauch und er nimmt den Telefonhörer in die Hand, ruft Emma an, *Schon gut!* und ist ziemlich froh. Und bestellt mit ihr Monate später, da ist es schon wieder Frühling, bei dem dicken Ex-Kollektivisten aus Kreuzberg einen großen roten LKW. Samt Fahrer und Möbelträgern.

Den Dicken kennt Hermann schon lange. Noch aus jenen Zeiten, als Männer auf selbstgebauten Hochbetten in Wohngemeinschaften zusammenschliefen. Damals war der Dicke einfach nur klein gewesen, mit langen lockigen Haaren, hatte mit einem Unimog samt Hänger Transporte gemacht, und man sah sich ab und zu am Tresen der Wohnzimmerkneipe, *Hoch die Tassen!* Jetzt war der Ex-Kollektivist im Wesentlichen fürchterlich dick, fuhr in Wilmersdorf und Kreuzberg mit einem echten Oldtimer-Chevy vor, schnaufte ganz fürchterlich beim Aussteigen, taxierte mit kundigem Blick die Fuhren von Emma und Hermann, buchte für sie, *Is doch ne echte Erfolgsstory!*, einen seiner sechsundvierzig Lastzüge und konnte auch mit den Schweinsäuglein im Gesicht noch immer herrlich lachen.

Ich mach Euch einen fairen Preis! Der alten Zeiten wegen!
Und wieder Schnaufen. Und dann Lichterfelde.

Da wohnten sie jetzt schon fast ein Jahr. Und Hermann war dankbar. Besonders, wenn er im Liegestuhl lag und eine der beiden Katzen sprang auf seinen Schoß. Meistens Fritz, der dicke schwarze Kater mit den verrückten weißen Flecken auf dem dicken Fell. Der landete weich, drehte sich ein paarmal, fand seine Position, machte Müffchen, schnurrte, schloss die Augen und Hermann versuchte, sich nicht mehr zu rühren. Nur lesen ging noch. Das Gedicht von Emma. Ihm gewidmet.
In diesen Tagen
als ich die ersten Worte suchte
in diesen Tagen
gab es dich schon!
Emma wird wohl gerade oben in ihrer Mansarde sitzen. Unterm Dach. In ihrer Schreibstube. Die hat sie sich ausgebeten. Mit Blick über die Dächer. Und auf ihrem Sekretär wird Lucy liegen. Neben Emmas rechtem Arm. Miss Lucy. Die Katzendame. Schwester von Fritz The Cat. Braun-schwarz getigert und nur für Frauen. Hermann darf sie streicheln. Aber nur ab und zu. *Lucy hat halt ihren eigenen Kopf!* Gerade deshalb mussten Katzen sein. Waren Emmas lang gehegter Wunsch. Jetzt wird sie wohl gerade ihre Bewerbungsmappe zusammenstellen. Will im kommenden Jahr Stadtschreiberin werden. Im märkischen Rheinsberg. Dort, wo er vor Jahren schwer verliebt vor ihr kniete. Wo Monate später Glatzköpfe mit *SiegHeil!* durch die Straßen röhrten. Nicht ohne alles Fremde, was ihnen in den Weg kam, zu verletzen. Schwer. Und oft genug. *Ach, Emma!* Vielleicht sollte sie lieber doch nicht in dieser Stadt schreiben.
Er grübelt, rührt sich immer noch nicht. Wegen der Katze. Da klingelt das Telefon. Der graue Handapparat, der neben ihm im Gras liegt. Der Kater erschrickt, *Fritz ist ja so sensibel!*, springt mit einem weiten Satz von seinem Schoß, schlägt Hermann beim Absprung die spitzen Krallen in die Oberschenkel. Das schmerzt. Nicht so sehr wie der Anruf.

Der Vater. Aus der Gaskesselheimat. Der Einer-geht-noch-rein-Vater. So viele Jahre nicht gesehen, nicht einmal gehört. Und Hermann erkennt sofort die Stimme. Nicht ganz. Diese Stimme hier zittert ein wenig, da ist Stress im Körper, etwas wird festgehalten, das hört er genau und *Hallo Junge!* Hermann muss sich räuspern, seine Stimme ist schwer belegt,

vielleicht wird sie nie mehr funktionieren, für immer versagen und doch, *Vater?* Hermann hatte neulich noch mit Carl oben in der geräumigen Küche am hellen Kieferntisch gesessen, Emma hatte als Überraschung ein wunderbares Stroganoff komponiert, dazu ein fescher Trollinger und Carl hatte ihn nach dem Vater gefragt. Kannte ihn ja nicht, hatte den nie gesehen und wollte einfach mal wissen.
Lebt der eigentlich noch?
Hermann war erschrocken gewesen. *Das will ich doch hoffen!* Hatte in all den Jahren oft an die Eltern gedacht. Sein Fluchen war zwar inzwischen leiser geworden, doch hatte sich stattdessen eine tiefe Resignation in ihm breit gemacht, *Wir hatten alle drei nie eine Chance!*, auch deshalb geweint und war glücklich gewesen, dass da jetzt eine andere Familie war, die ihn akzeptiert und aufgenommen hatte. Emmas Familie. Der Vater Arzt, Internist, die Mutter eine bekannte Literaturkritikerin, freiberuflich, alle beide liberal und immer neugierig. Lebten in einem kleinen Kaff bei Hamburg, feudale Villa, parkähnlicher Garten, mit Blick auf die Elbe. Und sagten Du zu ihm. Waren stolz auf ihre Emma. Die Dichterin. Zeigten das. Ganz oft. Und nach zwei Jahren auch ihm. *Unser Schwiegersohn!* Verbunden, klar doch, mit dem Wunsch nach einer baldigen Heirat. *Wird allmählich Zeit!* Sie meinten es wirklich nur gut. Und Hermann konnte das ertragen. Doch jetzt muss er sich aufrichten, aufstehen aus dem Liegestuhl. Steht da mitten im Garten, das Telefon am Ohr, fragt noch einmal. Flüstert. *Vater?*

Die Stimme am anderen Ende der Leitung wird brüchig. Verliert das bisschen Festigkeit, das sie eben noch hatte. Etwas stürzt in ihr zusammen, wird notdürftig wieder aufgebaut. Die Stimme fragt, wie es geht und wie lange man sich eigentlich nicht gesehen hat. Die Stimme ist inzwischen weit über siebzig Jahre alt. *Vater?* Und dann hat die Stimme eine dringende Bitte. Ohne Vorwarnung. Direkt und hastig.
Ich brauch deine Hilfe! deine Mutter!
Der Vater weiß sonst niemanden, der ihm helfen könnte, dem er das sagen könnte, was er jetzt sagen will, *Du ahnst ja nicht!*, und das fällt dem Vater nach all den Jahren des kalten Schweigens schwer, lähmt ihm fast die Zunge. *Aber du hast ja auch nichts von dir hören lassen! Nie!* Dann schweres Atmen.
Deine Mutter wird sterben! Bald schon!
Liegt im Krankenhaus. Krebs. Seit fast einem Jahr. Und der Krebs weitet sich aus, besetzt den Körper der Mutter. Bis jetzt hat der Vater sich ja

noch irgendwie um sie kümmern können, *Aber du weißt ja, ich hasse Krankenhäuser wie die Pest!*, und nun, wo es zu Ende geht, schafft er das mit dem Kümmern nicht mehr.
Hörst du? Ich kann nicht!
Bekommt schon keine Luft mehr, albträumt, schwitzt des Nachts, nimmt jede Menge Beruhigungstabletten, stirbt selber tausend Tode. Und ist am Ende. Will nicht mehr. Braucht Hilfe.
Als Hermann das Gespräch beendet, hockt Kater Fritz vor ihm im Gras, maunzt ganz fürchterlich, streicht ihm um die Beine, schaut ihn fragend an, läuft dicht neben ihm her, als er, wie betäubt, die knarrenden Holztreppen zur Mansarde hochsteigt, um bei Emma zu sein. Lässt sich in den Korbsessel neben ihrem Sekretär fallen, den Kopf voll verstörender Bilder, die prügelnde Mutter, die Hand aus dem Grab, der tote Bruder, rote Fingernägel, Tablettendosen, der schwankende, schlecht riechende Vater, eine verschlossene Tür, noch ein Grab, offen diesmal, und hat immer noch das Telefon in der unruhigen Hand und Emma, *Was ist los?*, schaut auf.

Und fährt Tage später auf dieser Autobahn. Der von früher. Aber ohne Grenzkontrollen. Kein Ohr freimachen. Tatsächlich. Kein Dope in der Unterhose. Nicht einmal Schlaglöcher, nur Baustellen. Richtung Gaskesselheimat. Fährt wie in Trance und durch einen Tunnel. Richtung Vergangenheit. Links und rechts an der Tunnelwand laufen Erinnerungen wie Bilder. Sind schon längst nicht mehr farbig, sondern schwarz und weiß. Seit Tagen ist er nicht mehr ohne diese Bilder. Hat Angst vor dem, was ihn erwartet. Und gibt Gas. Weiter durch den Tunnel. Wacht immer mal auf, wundert sich, wie er vorwärtsgekommen ist, ohne den Verkehr wahrzunehmen, auch nicht diesen schwarzen Audi, der hinten an seiner Stoßstange klebt. Hupe. Lichthupe. *Arschloch, verdammtes!* Immer mit der Ruhe. Sein Diesel ist ein alter Herr. Ein Mercedes. Seine ehemalige Taxe. Droschken-Paule hatte ihn angerufen. Wollte den Daimler ausmustern, *250 000 gelaufen! Kannste günstig haben!* War doch Hermanns alte Mühle, mit der er nachts Geld fürs Psycho-Studium verdient hatte. Also hatte er zugeschlagen, war zuvor noch mit dem Golf nach Italien gefahren und hatte die Rostlaube dem Hannes geschenkt.
Mille Grazie, Papa!
Dem Jungen ging es verdammt gut. Wie er damals oben auf dem Anhänger stand, Holzbalken ablud, sie später fachgerecht auf der Kreissäge zuschnitt, *Vorsicht, die Finger!*, um daraus den Dachstuhl für den neuen

Hühnerstall zu zimmern, *Gemauert haben wir schon!* und Claudio zufrieden grinste, da war der Hannes nicht von schlechten Eltern und Hermann ein wenig stolz gewesen. Und dann erstaunt. Wegen Alissa. War wirklich eine schöne junge Frau. Schwarze, provozierende Augen, langes Haar. Aus Bologna. Eine Studentin, Pädagogin, Praktikantin bei Lisas Kinderschützern, war eines Abends mitgekommen, und da hatte der Hannes am langen Tisch gesessen, dann ein Funken und jetzt mächtige Glut. Alissa war zu Hannes gezogen. In die Dachstube. Und Lisa hatte ihm Italienisch beigebracht. Der Junge war begabt. Und sehr verliebt. Auch beliebt. Wollte nicht mehr zurück nach Berlin. *Vielleicht mal auf Besuch!* Hermanns Telefonrechnung war also weiter hoch geblieben.

Kein Ende des Tunnels. Das Handy auf dem Beifahrersitz klingelt. Emma. *Geht's dir gut?* Sie macht sich Sorgen, hat noch Lesungen in Leipzig und Nürnberg, einen Verlagstermin in Frankfurt, dann will sie nachkommen. In die Gaskesselheimat. *Ich lass dich nicht allein!* Weiß, dass es verdammt schwer für ihn ist. Hatte doch gesehen, wie er gestern noch in einer Ecke ihres neuen großen Wohnzimmers stand, hinter seinem alten Ohrensessel und fürchterlich fror. Es schüttelte ihn. Und dann schwitzte er. Die ganze Nacht. Sein Federbett war am nächsten Morgen klitschnass gewesen. Stank nach Schweiß. Alle halbe Stunde war er aufgewacht. Hatte sich sein schmerzendes Genick gerieben. Die Erinnerung, beruhigte er sich selbst, es ist nur die Erinnerung. Alles in mir erinnert sich. Jede Zelle meines Körpers weiß genau, was war. Und meldet sich. Meine Geschichte läuft im Zeitraffer durch mich hindurch und morgen früh werde ich duschen. Hatte geduscht und Emma macht sich immer noch Sorgen. Doch er beruhigt sie, küsst das Handy am unteren Rand. *Geht schon!* Hat ja seine Musik.
Would you know my name
if I saw you in heaven?
Would it be the same
if I saw you in heaven?
Da sitzt dieser Typ mit vollem Bart neben ihm, schwarze Hornbrille, die Akustische auf dem rechten Knie und total unplugged. *You must be strong and carry on!* Genau.

Die Adresse war neu. Außerhalb der Stadt. Kein Gaskessel in Sichtweite. Dort, wo Kühe, Obstbäume und Fachwerkhäuser auf hügeligen Wiesen stehen, hatten die Eltern ein nobles Haus mit zwei Stockwerken bauen

lassen. Am Hang. Mit Doppelgarage daneben. Kein Ding mehr aus Wellblech wie damals auf dem Hinterhof, kein Knutschen, keine Kinderhochzeit darin und alles ist wunderbar warm und dunkel, nein, diese Garage ist solide gemauert, Flachdach, mit breitem Schwingtor. Vor dem stellt Hermann seine Taxe ab. Steigt aus. Knöpft sein Jackett zu. Geht auf grauem Bundsteinpflaster zögernd Richtung Treppe. Die führt zu der großen weißen Eingangstür des Hauses. Setzt die Klingel in Gang. Feinstes Messing. Drinnen hört er es rumoren, dann wird die Tür geöffnet. Ganz langsam. *Hallo, Junge.*
Er erkennt den Vater fast nicht. Keines seiner Bilder stimmt mehr. Da steht ein alter Mann. Gebeugt. Ein wenig schief. Mit ganz wenigen weißen Haaren. Seitlich am Kopf. Tiefe Falten rechts und links der Mundwinkel. Hebt die Hand. Von braunen Flecken übersät ist die. *Komm doch, Junge.* Nun merkt Hermann erst, er hat den Mann lange angestarrt und der ist sein Vater und so verdammt alt. Und der grauhaarige Sohn, ohne dass er sich vor dieser Attacke schützen könnte, liebt seinen alten Vater plötzlich so sehr, dass ihm die Knie weich werden. Und die Augen feucht. *Lass mal Junge!* Die Hand des Vaters klopft schwach auf Hermanns Schulter und der küsst den Vater auf die steile Falte neben dem rechten Mundwinkel. Der alte Herr, *Lass mal Junge!*, schiebt ihn von sich.

Ins Wohnzimmer. Beige Couchgarnitur, ziemlich klobig. Gefliester Couchtisch mit dem alten Drehaschenbecher darauf. Braune Schrankwand samt Bücherfach, mit Anne Golons immer noch *Unbezähmbarer Angelique* und dem alten Münchhausen samt Pferd am Kirchturm darin. Ein Kamin, nie benutzt. Ein Fernsehsessel mit Fernbedienung. Ein großer Fernseher, nicht mehr abschließbar. Ein Teppich mit Fransen. Eine Fensterbank mit zwei Alpenveilchen, rosa. Und eine Flasche Wein auf dem Tisch. *Komm, Junge, trink erstmal ein Gläschen!* Die Gläschen stehen auf silbernen Untersetzern und sind aus geschliffenem Kristall. Vaters Hand schenkt den Wein ruhig ein, dann schaut er Hermann prüfend aus trüben Augen an.
Ich hab dich im Fernsehen gesehen! Hast ja richtig Karriere gemacht!
Hatte also gesehen, dass das rote Sofa jetzt in einem Fernsehstudio stand. Seit ein paar Monaten. Da war doch dieser Anruf gekommen. Gleich nach Hermanns Lichterfelde-Umzug. Abends. Die Katzen haaren fröhlich auf dem hellblauen Teppich im Wohnzimmer, Emma und Hermann hängen gemütlich in den grünen Bauhaussesseln von Ikea, grinsen ohne

Ende, hören, ganz klein und mit großen Ohren, entspannt ihr absolutes Lieblingsprogramm. Harry. Der bärtige Harry liest vor. Vielstimmig. Auf der Kassette im Rekorder. Geschichten von Puh, dem Bären, Christoph Robin, Ruh, Eule, Ferkel und natürlich von Tiger, wie der gerade auf Ruhs Frage antwortet, ob Tiger denn fliegen können.
Sie sind sehr gute Flieger, die Tiger, Spitzenklasse-Flieger!
Können sie so gut fliegen wie Eule?
Klar! Sie wollen nur nicht!

Hermann wollte erst gar nicht aufstehen, als das blöde Telefon dem Tiger ins geflügelte Wort fiel. Ein Fernsehsender im nahen Osten. Wollte ihn engagieren. *Ein neues Format!* Der ihn anrief war ein bekannter Historiker, schon zu DDR-Zeiten Redakteur bei Funk und Fernsehen gewesen, keiner vom Schwarzen Kanal, kein Parteimitglied, dafür ein begnadeter Kettenraucher und kannte ausgerechnet den Trabbi-Willi noch aus alten Zeiten. Von der Humboldt-Uni. *Ein intelligenter Bursche! Hat nur Pech gehabt!* Und Willi kannte seit der mauerbrechenden Nacht im November den Hermann. Wohnte immer noch mit seiner Eva in Köpenick, produzierte die egomane Psycho-Zeitung, *Sogar der Chefarzt schreibt jetzt für uns!* und war begeistert von *FünfNachAcht*, all dem ruhigen Zuhören und Verstehenwollen. Hatte diese Begeisterung dem Historiker-Redakteur bei einem zufälligen Treffen in der S-Bahn gesteckt. Und der war ausgerechnet auf der Suche nach einer neuen Talk-Show gewesen.
Aber seriös muss sie sein! Nicht das übliche Schlachtfest!
Wochen später saß Hermann schon in der Maske, gepudert, gestylt und mit einem herzrasenden Lampenfieber im Leib, das kein Puder verdecken konnte. *Hast einfach Stasi-Schwein gehabt!*, hatte sein neuer Redakteur bei einem viel zu warmen Radeberger in der Fernsehkantine zu ihm gemeint und zynisch gelacht. Dem Ostsender war wieder mal ein Sendeplatz weggebrochen, weil einer der Moderatoren über seine Stasiakte gestürzt war – Schürfwunden, Kopfverband und ab in die Versehrtenrente.
Aber jetzt Hermanns *Life-Stories!* Erzähltes Leben. Aus Ost und West. Zu Beginn der Sendung Fünf-Minuten-Einspieler über den gesamtdeutschen Alltag der jeweiligen Gäste und dann Nachfragen, Nachdenken, Nachspüren, sich Erinnern auf dem roten Sofa.
Bombenquoten! Klasse-Themen!
Die Bürgerrechtlerin, die den Stasispitzeln im Bauwagen vor ihrer Tür des

Nachts den Kaffee servierte, weil sie vor Angst nicht schlafen konnte; die Prostituierte, die vormals Wissenschaftlerin an der Parteihochschule gewesen war, es aber heute auf der Oranienburger Straße Französisch für nur siebzig Mark mit Gummi macht und damit das Studium ihrer Tochter finanziert; die mutige Oppositionelle vom Kollwitzplatz mit ihrem antiautoritären Kinderladen, der irgendwann mit viel Beton und Hohlblocksteinen von der Staatsmacht zugemauert wurde; der Nazi-Sohn, der mit unbewegtem Gesicht über die Verbrechen seines Vaters in der Wehrmacht erzählt und ihn immer noch mit kaltem Herzen liebt; der herzensgute alte Schriftsteller, der auf Hermanns Sofa sitzt und es bis heute nicht ertragen kann, dass er voller Überzeugung eine Fähnleinführer-Uniform tragen musste, nie Kind sein durfte, aber jetzt und endlich.

Die Sendung mit dem Schriftsteller habe ich gesehen!
Der Vater funkelt einigermaßen böse, sagt nichts weiter, nimmt sein Glas und trinkt. Von einer Sekunde auf die andere aber wird sein Gesicht weich, noch weicher. *Schön, dass du gekommen bist!*
Das Vatergesicht vor ihm erinnert Hermann an manche der klitzekleinen Knipserfotos. Die aus den grauen Schokoladenkartons, die früher unten im Sideboard des Esszimmers standen. Weggeschlossen. Und er wusste wieder mal, wo der Schlüssel war. Dies Gesicht ist das eines hilflosen Jungen. Und der alte hilflose Junge erzählt. Erzählt viel. Von der Mutter, die sich in den letzten Jahren fast nur noch in der Wohnung festgesetzt hat. Oder im Krankenhaus. Und wenn der Vater, *Wirklich selten!*, davon gesprochen hatte, vielleicht doch mal, *Weiß doch keiner, wie lange wir noch leben!*, den Jungen in Berlin anzurufen, war sie einfach ohnmächtig geworden. Oder krank. Oder hatte gedroht. Mit ihrem Ableben. Danach war Hermann kein Thema mehr gewesen. Zwei Selbstmordversuche der Mutter noch. *Ich habe sie gefunden!* Vollgepumpt mit Tabletten. Der Schrecken war riesengroß gewesen. Und ist es noch. Der Vater trinkt hastig das dritte Glas. Der Wein ist trocken. Kühl genug. Frösteln. Auch am nächsten Morgen.

Es steht also immer noch! Sein Gymnasium. Das humanistische Folterzentrum. Gibt sich alt, ehrwürdig, unschuldig. Mit einem großen bunten Plakat an der Eingangstür. *Reggae-Night! Don't give up the fight!* Die Schüler vor dem Portal lässig bis schlapp. Auch die Schülerinnen. Jede Menge Mädels stehen da und rauchen sich wichtig. Niemand auf dem Dach, der auf Lehrer schießen will.

Dann der alte Kindergarten. Keine Schwestern, keine Häubchen, kein Plumpsack, keine blauen Buckel mehr, stattdessen ein Riesenlärm aus den offenen Fenstern – ein Kinderladen namens *Wilde Kerle!* mit Bollerwagen, Fahrrädern und Rollern vor der Tür.
Und die Volksschule. Ist jetzt eine Hauptschule und immer noch viel zu grau. Ein paar hoch aufgeschossene Kids mit extrem weiten Shirts und schlabbernden Jeans spielen auf dem Schulhof Basketball und gar nicht mal schlecht. *Yo, man!*
Hermann hat sich Zeit gelassen auf dem Weg zum Krankenhaus.
Hatte zuvor noch in aller Unruhe im Hotel gefrühstückt. Nicht im Haus der Eltern geschlafen. Dort hatte ihm die kranke Ordnung die Tür gewiesen. Jede bügelgefaltete Gardine, jede sauber gekämmte Teppichfranse, die riesigen weißen Schrankwände, der zynische Geruch nach Aprilfrische. Alles schrie ihn an. *Mach, dass du fortkommst!* Das spürte er genau. *Quatsch!*, hatte der Vater gesagt, *Bleib doch!* gebeten, aber Hermann wusste, er würde diese Räume nur im wachen Zustand ertragen können. Und war noch spät in der Nacht voller Weißwein in eines dieser Schießscharten-Hotels gefahren, die neutralen Boden bieten. Gleichgeschaltete Zimmer, DIN-Norm und morgens auf der Spiritusflamme pampige Rühreier mit Speck. Und fette Würstchen. Ihn hatte allein schon der Geruch des First-Class-Breakfast kräftig gewürgt, also trank er nur jede Menge Kaffee und Orangensaft, fuhr dann all die kleinen Umwege durch die Kinderzeit. Stellt jetzt seinen Wagen vor einem Krankenhaus ab, das ein wirklich schlimmer Kasten ist. Eigentlich mehrere Kästen. Riesige Kästen. Aus glattem Beton. Gestapelt. Kreuz und quer. Mit Auffahrt für den Notarztwagen und den üblichen Schlafanzug-Rauchern im Foyer. Und einem Aufzug für Betten, Patienten, Besucher. Der trägt ihn empor.

Ein langer Flur. Türen links und rechts. Nummern daran. Vorne das Schwesternzimmer. Viele weiße Kittel mit Frauen darin. Keine beachtet ihn. *Zimmer 38. Krebsstation.* Auf dem Weg dahin spürt er, wie er schrumpft, immer kleiner wird. Muss den Teppichklopfer holen, sich die Haare schneiden lassen, steht in der Kammer und alles ist dunkel, nur die Birnen aus dem Einmachglas schmecken wieder ganz wunderbar. Hermann wundert sich. Kein Bild vergessen, alles ist da. Wie photographiert. Auch all die Ängste. Wie Geister aus der Flasche. Er steht vor der Tür mit der Nummer 38 daneben und hat das Gefühl, er ist jetzt so klein, dass seine Hand nicht einmal bis an die Türklinke reicht. Lehnt sich neben der Tür an die weiße Wand. Stöhnt. Bis das alte Kind vom Ende

des Flurs zu ihm kommt. Ganz langsam kommt es näher, trägt einen grünen Kittel, eine grüne Haube auf dem Kopf und einen großen Mundschutz. Hat ein zuversichtliches Glänzen in den Augen. Schaut ihn kopfnickend von oben bis unten an, nimmt seine Hand. Drückt sie fest. Flüstert durch den Mundschutz. *Kommen Sie schon, wir gehen da rein!* Er öffnet die Tür. Geht an der Hand des alten Kindes in das Zimmer. Schrank. Koffer. Blumen auf dem linken, Blumen auf dem rechten Nachttisch. Dazwischen das weiße Gitterbett. Neben dem Bett ein Ständer, mit zwei Flaschen daran. Tropfen laufen durch Schläuche. In den Arm der Mutter. Die liegt auf dem Rücken und schläft. Atmet. Röchelt leise. Ihre Haare wird kein Friseur mehr richten. Da sind kaum noch welche. Die blonde Perücke ist ihr vom Kopf gerutscht.
Ich lass Sie jetzt allein!
Die Tür wird geschlossen. Das alte Kind ist fort. Hermann setzt sich auf den weißen Stuhl neben dem Bett. Er wird warten. Auf die Mutter schauen. Ihr gelbliches Gesicht studieren. Sich erinnern. An alles. Und Angst haben, dass sie aufwacht. Doch, sie wird aufwachen. Als er ihr die Perücke auf den kahlen Kopf setzt. Da dreht sie diesen kahlen Kopf zur Seite. Öffnet die gelben Augen ein klein wenig. Flüstert. *Da bist du ja!* Schaut ihn lange an, sagt nichts. Keinen Ton mehr. Dann zieht sie ihren oberen Körper unendlich mühsam am Gitter des Bettes hoch, legt das Kinn auf die oberste Sprosse und fragt nach ihrem Kätzchen. *Wo ist mein süßes Kätzchen?*
Hermann versteht sofort. Schluchzt, reißt sich zusammen und erzählt von Miss Lucy und Fritz. Die Mutter hört aufmerksam zu, schiebt den Arm unters Kinn und will dann doch lieber ihr eigenes Kätzchen. Wendet den Kopf ganz langsam Richtung Fenster. *Da sitzt es ja! Dort auf dem Dach!* Doch da ist kein Dach, auch kein Kätzchen. Nur der Himmel. Graue Wolken. Regen. Und alles falsch.
Sie ist schon ziemlich verwirrt! Metastasen im Gehirn!
Aber sie hat ab und zu noch kurze lichte Momente!
Eine Schwester ist hereingekommen. Jung, blond, fröhlich, mitleidig. *Ach, Sie sind der Sohn?!* Die Blonde wusste nicht, dass die Mutter einen Sohn hat. Und kennt die Kranke doch schon seit der ersten Chemotherapie. *Ihre Mutter hat nie über Sie gesprochen!* Aber schön, dass der Sohn gekommen ist. Das wird die Mutter doch sicher freuen. Wendet sich von ihm ab, hängt eine neue Flasche an den Ständer, stellt am Regler die Tropfgeschwindigkeit ein, tätschelt der Mutter die Wange. *Na, wie geht es Ihrem Kätzchen?* Und ab.

Draußen regnet es noch immer. Der Regen erfrischt. Ist kühle, feuchte Wirklichkeit auf seinem heißen Gesicht. Das da oben hat er nicht tatsächlich erlebt! Oder vielleicht doch? Auf alle Fälle geht Hermann noch am gleichen Tag in eine der freundlichen Fußgängerzonen der Gaskesselheimat und kauft in einem Spielwarengeschäft ein Kätzchen. Ein Steiff-Tier. Grau. Kuschelweich. Nicht zu groß. Gerade so, dass er es der Mutter am nächsten Tag auf die Brust legen kann. *Schau mal!* Doch ihre Brust wehrt sich. Sie hustet heftig. Er holt die diensthabende Schwester, eine schwarzhaarige diesmal, die richtet die Mutter auf. Irgendwann ist alles in die Nierenschale gehustet, da hebt die Mutter mit viel Anstrengung den Arm, zeigt auf Hermann und sagt es stolz der Schwester. *Das ist mein Mann!* Die Schwester nickt. *Und er kümmert sich so lieb um sie!* Legt die Mutter zurück aufs Kissen, zeigt ihr das neue Kätzchen aus Stoff und die Mutter freut sich. Mit großen Augen und viel Lachen darin. Da liegt ein kleines Mädchen, das gerade ein Geschenk bekommen hat, und es lacht von Herzen. Ganz kurz nur. Dann schläft die Kleine wieder. Hermann stöhnt.

Sitzt Stunden später in seinem Daimler, fährt auf einer kleinen gewundenen Nebenstraße vorbei an wunderbar wogenden Getreidefeldern und hohem grünen Mais, gibt Gas und schreit. Brüllt. *Nein!*, und dass das alles eine Riesengroßescheiße ist, er kotzen möchte, heulen und will nicht, dass so etwas Leben sein soll und so endet. Für ihn. Für die Mutter. Und der Vater sitzt beim weißen Wein zu Hause, früh morgens schon, wartet am Abend auf ihn vor dem unbenutzten Kamin und will hören. Aber kein Sterben sehen. Nie mehr, *Hab schon zuviel gesehen!*, nie mehr Sterben sehen. Die alten Hände des Vaters zittern. Er kann nicht. Hat nicht verstanden! Warum alles so kommen musste. Fragt das manchmal. *Warum?* Mehr nicht. Aber nun hört Hermann auf zu brüllen, seine Brust schmerzt von all dem Schreien, das Herz hört auf zu hämmern, die Hände am Lenkrad entkrampfen sich und er fährt zum Bahnhof, holt Emma ab. Die kommt von Frankfurt und alles war erfolgreich. Nimmt ihn auf dem Bahnsteig fest und lange in den Arm, blickt ihm ins geborstene Gesicht. *Mein Gott, wie siehst du denn aus?*

Der Vater war ganz Gentleman, half Emma aus dem Mantel, *Ein Glas Champagner für Sie?*, lächelte schief aus dem müden Gesicht mit den steilen Falten. Brachte seine weißen Haare mit einer eleganten Handbewegung in Form. Rückte seine Krawatte zurecht und freute sich über diese wunderbare Frau. Eine aus gutem Hause. Mit guten Manieren, höflich, all das und plötzlich wurde aus dem Vater der alte Johannes Heesters, charmant, nur ohne weißen Seidenschal. Und Hermann war voller Staunen, hörte, wie der Vater der Emma Komplimente machte, *Sie haben so ein wunderschönes Lachen!* und staunte noch mehr. Weil die Emma wirklich lachte, freundlich, zuvorkommend und der Vater sich zunehmend aufrichtete. Der stand schließlich wie Graf Koks von der Gasanstalt auf der großen Terrasse seines prächtigen Gartens, wies mit der gar nicht mehr zitternden Hand auf Bäume und Beete, nannte all seine Pflanzen beim Namen und in der Ecke stand ein Spaten, an dem klebte noch frische Erde.

Ein munterer alter Knabe! Emma ist begeistert, als beide später ins Hotel fahren. Aber sie hat den Vater ja noch nie zuvor erlebt. *Von wegen munter!* Hermann wird böse. *Der Alte kann ein richtiges Schwein sein!* Alte Wunden. Tobt noch ein wenig, dann legt Emma die Hand zart auf seinen Oberschenkel, sagt *Jetzt bin ich ja bei dir!* Und hat das Lied dabei. Ihre gemeinsame Hymne. Für andere Gedanken. Und wissen, da wartet noch etwas hinter all dem Weh.
Ich lache für dich, wein' für dich
Ich regne und ich schein' für dich
versetz' die ganze Welt für dich
für dich und immer für dich
für immer und dich!
Ach, Rio! Was für ein Lied. *Unser Lied!* Und Rio singt es nie mehr. Seit dem letzten Herbst schon nicht mehr. Da hatten sie den König von Deutschland schon begraben. Der hatte seinen Hut abgesetzt, den Kampf ums Paradies aufgegeben, noch ein paar Akkorde auf dem Klavier gespielt und fertig. Schock für die alte Scherben-Gemeinde.
Das gestreifte Zirkuszelt vom Tempodrom war gerammelt voll gewesen und Rudi hatte extra seine alte Lederjacke mit dem kaputten Reißverschluß aus dem hintersten Winkel seines Kleiderschranks geholt und angezogen. *Weißt du noch?* Unter dem Leder ein weißes Hemd mit schwarzer Krawatte. *Klar doch!* Hermann wollte an diesem Septembertag immer noch nicht werden, was sein Alter ist. Musste er auch nicht. Keiner verlangte das mehr von ihm. Konnte machen, was er wollte. Trug ebenfalls ein weißes Hemd. Und eine Krawatte. Auch schwarz. Konnte sogar ungestraft heulen, als ausgerechnet die alte Schlagerbraut Marianne Rosenberg mit einer leichten Verbeugung vor die Trauergemeinde

trat, mitteilte *Der Traum ist aus!* Und kurz darauf feststellte *Dieses Land ist es nicht*! Mit Tränen auf den stoppeligen Wangen hatte Hermann das laut mitgeschrien. *Dieses Land ist es nicht!* Genau wie all die vielen anderen, die inzwischen auch längst Seidenkrawatten trugen und Boxershorts mit kleinen grauen Elefanten darauf und extravagante Joop-Outfits mit lila Netzstrumpfhosen darunter. Gemeinsam schreien sie. Schreien es, wie einst im Mai, mitten in die Fresse aller willigen Vollstrecker. *Dieses Täuschland ist es nicht!* Nicht unser Land. Wirklich nicht. Ob mit oder ohne Krawatte. Aber noch ist der Traum nicht aus. Nur Rio liegt im Grab.

Und jetzt auch die Mutter. Zwei Wochen hatte sie noch gelebt. Und er war jeden Tag bei ihr gewesen. Auch in der Nacht. Hatte seine Fernsehtermine im nahen Osten abgesagt. Sollten sie doch das Übliche senden. *Best of!* Es war schließlich Sommer. Und der Sender musste sparen. Und Hermann musste bleiben. Bei der Mutter. *Ach, du bist es!* Einige Male hatte sie ihn noch erkannt. Sich erinnert, dass er früher mal ihr Baby war und geschrien hatte. Nächtelang. Dann kam das letzte Mal. Da konnte sie sich schon nicht mehr am Gitter hochziehen, war viel zu schwach. Er hatte sich über sie gebeugt, weil ihre Augen geöffnet waren und der Mund sich bewegte. *Mein guter Junge!* Ganz leise hatte sie das gesagt, aber sie hatte es tatsächlich gesagt und ihm dabei die Hand auf den Kopf gelegt. Der auf ihrer Brust lag. Danach war sie gleich wieder zu den Engeln in ihr Zwischenreich gegangen, röchelte und ihr guter Junge hatte *Schon graue Haare!* und so Gutes noch nie von ihr gehört. Aber jetzt. Am Schluss. Spät. So spät. *Mein guter Junge!* Auch der Vater konnte es am Abend kaum glauben, kippte seinen weißen Wein noch schneller als sonst Richtung Leber und Emma war gerührt. War auch dabei gewesen als Hermann der Mutter tagsüber Märchen vorgelesen hatte. Andersens. Vom hässlichen jungen Entlein, vom kleinen Mädchen mit den Schwefelhölzern und von der Schneekönigin. *Da saßen sie beide, erwachsen und doch Kinder, Kinder im Herzen; und es war Sommer, warmer, erquickender, herrlicher Sommer*! Manchmal wurde die Mutter beim Vorlesen wach, öffnete die Augen und es schien ihm, sie hörte zu. War doch ein sterbendes Kind mit einem kleinen Stoffkätzchen und ganz allein. Brauchte Märchen. Hatte Hermann gequält, geschlagen, getreten, verflucht, begehrt und jetzt nicht mehr. Nie mehr! Das dachte er, fühlte sich unendlich schuldig und war verdammmt froh in den Nächten, wenn die Musik in seinen Ohren

klang. Aus dem kleinen CD-Player über die Kopfhörer direkt in sein Herz. Schumann. Der Zerrissene. *Kinderszenen.* Szenen, die ihn trösten, klimpernd Heiterkeit verbreiten. Sitzt in der Dunkelheit, im Schlafsessel vor dem Gitterbett, die Mutter verhandelt immer noch mit ihren Engeln um den Einlass ins Jenseits, und er liest beim Fürchtenmachen Schumanns Verse.
Ich hab im Traum geweinet,
Mir träumte, du lägest im Grab.
Ich wachte auf, und die Träne
Floss noch von der Wange herab.

Er hatte der Mutter die Ringe gelassen, ihre restlichen Dinge in die Koffer gepackt, Geldbeutel, Morgenmäntel, Nachthemden, Seifen, Zahnbürste, Zahnpasta, Flacons, Cremes, noch einmal auf ihr totes festgezurrtes Gesicht geschaut, eine leise Wut gespürt, sich von dem kleinen Samuel verabschiedet und ganz sacht die Tür geschlossen. Auf dem Flur saß Emma. Hatte gewartet. Nahm seine Hand. Mehr nicht. Kein Ton. Raus hier. Den Wagen starten. Zum Vater. Der war längst wach, öffnete schwankend die Tür und hatte es genau gewusst. Bereits im Morgengrauen. *Jetzt ist sie endlich erlöst!* Der Vater fällt rückwärts in seinen Sessel, zündet sich mit zitternden Händen eine Zigarette an, saugt sie glühend rot, das Morgenfernsehen läuft und darin die Nachricht, dass die *Königin der Herzen* tot ist. Diana. Und alle sind traurig.

Monate später ruft der Vater ihn an. Auf dem kleinen Funktelefon. Und der Vater ist gar nicht mehr traurig. Feste Stimme, mit einem Hauch neuer Frische im Hintergrund. Hermann wundert sich.
Sitzt gerade in einen dicken Mantel gewickelt auf einer grünen Bank im Innenhof der alten Bibliothek und streckt die Beine lang von sich. Der Brunnen plätschert, die ersten Stiefmütterchen leuchten in den Beeten und die steinernen Herren auf ihren Sockeln in der Efeufassade haben wieder mal nichts anderes zu tun, als ihre steife Toga zu präsentieren, sich an gemeißelten Büchern festzuhalten und möglichst klassisch dreinzublicken. Ein Ort der Kraft. Sein Lieblingsort. Draußen Henris tosende Linden und hier drinnen Ruhe. Er kommt oft her. Seit Jahren. Aber jetzt ist alles anders. Darüber muss er nachdenken. Blättert dabei in seinem schwarzen Notizbuch. Ganz speckig ist das schon und Band Nummer Vier seiner Zitatensammlung. Blättert Seite um Seite zurück und findet seine alte Klage über die Mutter in den Worten vom Benn.

*Ich trage dich wie eine Wunde
auf meiner Stirn, die sich nicht schließt.
Sie schmerzt nicht immer.*
Doch wie durch ein Wunder beginnt sich diese Wunde langsam zu schließen, seit er am Grab der Mutter stand, gerade seine Schaufel Erde hineingeworfen hatte und nicht fortgehen konnte. Von diesem offenen Grab. Hatte heftig mit dem Fuß aufgestampft, starrte durch den Sarg da unten ins kalte Gesicht der Mutter und alle schauten auf ihn. Das spürte er im Rücken. Holte tief Atem. Schloss die Augen. Musste es tun. Kann nicht anders. Schreit lang anhaltend.
N e i n !
Sackt ein wenig zusammen und schüttelt heftig den Kopf. Emma und die Freunde kommen herbeigerannt, halten ihn. Alle sind heute bei ihm und ganz in Schwarz. Carl, Siegfried, Jane, Rudi: seine ganze synthetische Familie ist extra aus Berlin angereist. Sie ziehen ihn hoch, halten ihn fest bei den Schultern, am Arm, an der Hand, *Wir sind bei dir!* Führten Hermann zur Seite, zum Vater. Der stand ernst neben dem Grab, schaute mit gebeugtem Rücken stur geradeaus, in irgendwelche Fernen, niemanden an. Die anderen Trauergäste defilierten langsam an ihnen vorbei. Ernste Gesichter. Irgendwelche. *Herzliches Beileid!* Stumm nickend wurden Hände geschüttelt. *Herzliches Beileid!* Und doch schien die Sonne.

Und nun will der Vater, dass Hermann wieder mal Richtung Gaskesselheimat fährt. Hört sich am Telefon wirklich aufgeräumt an. *Bitte komm!* Hat mit ihm zu reden. *Aber allein!* Und wichtig soll es sein. Nichts fürs Telefon. Die steinernen Herren im Efeu staunen, beraten eifrig, was da wohl so wichtig sein mag und Hermann weiß es auch nicht. Weiß nur, der Vater hat sich berappelt. Wollte nach der Beerdigung der Mutter allein bleiben. *Werd' schon für mich sorgen!* Hatte ja auch ein mittelalterliches Dienstmädchen, das konnte nicht nur Gardinen bügeln und Teppichfransen kämmen, sondern auch kochen, *Mmmh, Kalbsbraten!* und gar nicht mal schlecht. Der Vater wurde also versorgt. Machte auch lange Spaziergänge, besonders gern im nahen Sauerland, *Ach, der deutsche Wald!*, spielte abends immer noch Karten in der Kneipe, schwitzte einmal pro Woche mit alten Kumpanen in der finnischen Sauna und spekulierte ein wenig an der Börse. *Da geht's aufwärts!* Hatte Geld genug. Lachte. *Schokolade ging immer!* Hatte vor zwei Jahren seine Läden, *War kein schlechtes Sümmchen!*, an einen großen Nahrungskonzern verkauft. Hatte Konten in den wichtigsten europäischen Ländern. Jede Menge

Reserven. *Ich werde noch lange leben!* Das hatte er ihm bei einem ihrer letzten Telefonate geschworen.

Noch vor dem Besuch beim Vater sollte auch Hermann schwören. Ewige Treue. Ausgerechnet er. Eines Abends kommt er aus dem nahen Osten nach Hause, hat gerade einen ehemaligen Flakhelfer, *Man hat uns gnadenlos verheizt!*, auf dem roten Sofa gehabt, schließt die Tür auf, da brennt kein Licht. Nur die Kerzen auf dem großen Glastisch im Wohnzimmer. Ein Strauß roter Rosen darauf. Auch das feine Geschirr. Die Katzen gurren, haben ihr festlichstes Gewand angezogen und der Tenor des Blinden tönt sanft aus den großen Lautsprechern. Füllt den Raum.
Doppo un giorno così
come è dolce la sera stare qui con te
questa notte verrà come un pegno d'amore
dopo tanta aridità.
Emma schwebt von der Küche herein, hat den Stadtschreiberposten nicht bekommen, *Macht nichts! Nächstes Jahr vielleicht!*, aber ihr langes graues Kleid angelegt, das mit dem scharfen hohen Schlitz an der Seite und zwei Gläser in der Hand. Perlender Prosecco. *Ti cercavo da sempre, sempre, sempre!* Stimmt. Immer schon hat er diese eine Frau gesucht. Und endlich gefunden. Aber muss man deshalb gleich heiraten? Jawort, all das? Als sie ihn um seine Hand bittet, haben die beiden bereits ein wunderbares Rahmgeschnetzeltes, ein verdammt süßes Schokoladenmus und einen exzellenten Grappa hinter sich. Sie steht vor ihm, schaut ihm in die blanken Augen, nimmt seine Hand, ist schön wie nie, und er weiß, sie hat ihn mit all ihrer Poesie und dem gnadenlosen Lachen vollkommen wehrlos gemacht. Der männliche Held trägt keine schimmernde Rüstung mehr. Nur ein großes Wollen in der Brust. Und die wahnwitzige Idee, es könnte klappen. *Ja!*
Das sagt er wirklich. Heiser. Hat es kaum begriffen, da liegen sie schon auf dem weichen Teppich und er streicht über das Nylon der Halterlosen unter ihrem Kleid. Tastet sich hoch zu dem kleinen zarten Fleisch, das er so liebt und ihn verrückt macht, sie drückt seinen Kopf in ihren duftenden Schoß und er notiert zur Sicherheit noch einmal sein *Ja!* mit der Zunge. In ihre feuchte Lust.

Du wirst also heiraten!
Der Vater war erfreut. Dass er das noch erleben durfte. Schaut zufrieden auf die blühende Pracht in den Beeten seines Gartens, hat gerade ächzend

die grünen Gummistiefel ausgezogen, den Spaten in die Ecke gestellt, sich die Hände gewaschen und danach einen Kaffee in der Maschine gebrüht. Der steht dampfend in teuren dünnwandigen Tassen auf dem runden Tisch vor ihnen und Hermann ist gespannt, was es denn so wichtiges gibt. Nimmt einen Schluck, *Mensch, ist der stark!*, schaut seinen alten Herrn an. Der blickt immer noch in dies grüne, blaue, gelbe, rote Leuchten seines Schreber-Parks. Dann zündet sich der Vater eine Wer-Wird-Denn-Gleich-In-Die-Luft-Gehen an, nimmt einen tiefen Zug und schaut ihm plötzlich todernst ins Gesicht.
Ich werde von hier fortgehen!
Hermann begreift erst nicht. Dann immer noch nicht. Und dann nur wenig. Fort! *Und wohin?* Und wie weit? Und das jetzt, wo er den Vater gerade erst wiedergefunden hat?
Es gibt da jemanden!
All die letzten Jahre hatte es jemanden gegeben. In einem nahegelegenen Städtchen ohne Gaskessel. Auch auf einer dieser Inseln. Wo es immer warm ist, grüne Palmen, weißer Strand, herrliche Häuser, blaues Meer. Eine Frau. Witwe. Ein wenig jünger als der Vater. Der Frau gehört eines der herrlichen Inselhäuser mit tropischem Garten und großer Dachterrasse. Der Vater hatte sie während eines Urlaubs kennengelernt. Hatte jedes Jahr allein Urlaub gemacht, dann, wenn die Mutter mit schwarzen Depressionen im Krankenhaus lag und niemanden mehr sehen wollte. Außer ihrem Professor. *Deine Mutter war schwer krank! Es wurde immer schlimmer mit ihr!* Hatte auch im neuen Haus mit dem Zepter ihrer Krankheit regiert. Vierundzwanzig Stunden lang. Und der Vater war immer kleiner geworden. Kuschte. *Widerspruch konnte sie umbringen!* Auch keine Rede von einem kleinen Beischlaf, nur kurz, vielleicht, ein bisschen nur. Gar nichts. Bis zu diesem Urlaub auf der Insel, als er Edith traf. So hieß sie. Saß an der Hotelbar und er hatte sie angesprochen. *Darf ich sie zu einem Gläschen einladen?* Dann alles weitere. Auch Besuche in dem Städtchen, dem nahegelegenen, wo die Edith ihre Wohnung hatte. *Das musst du verstehen, Junge!*
Fast fleht der Vater. Hebt bittend die Hände. Zündet sich die fünfte HB an und Hermann geht immer noch nicht in die Luft. Sieht die Not in den alten Hans-Albers-Augen des Vaters und versteht. *Wir hatten nie eine Chance!*, sagt er dem Vater und dass der seine letzte nutzen muss. Und spürt dabei eine ganz neue Waisenkind-Trauer bis in den großen Zeh. Der Vater verschwimmt vor seinen Augen. Aber Hermann kann ja hören. Hören, dass der alte Herr tatsächlich bald auf diese Insel will, wo die

Edith unter Palmen mit einem Cocktail auf ihn wartet. Hat ihre Wohnung schon aufgegeben, ist am Abend ihres Lebens reif genug für die Insel und will den Vater bis zum Schluss.
Hab auch schon einen Käufer für das Haus!
Der Vater hat bereits alles bestens organisiert. Alles beschlossene Sache. *Jetzt ist es raus!* Der Vater ist schwer erleichtert, strahlt vor Freude, lächelt noch schiefer als sonst, schaut bereits wieder in weite Fernen, ist fast schon fort.

Es ist dunkel geworden. Kühl. Ein wenig feucht sogar. Hunger außerdem. Sie gehen ins Haus, der Vater holt etwas Lachs aus dem Kühlschrank, Meerrettich dazu, Weißbrot. Sitzen zusammen an einem neuen, ganz anderen Küchentisch, aber doch wie früher, und Hermann muss nicht beten. Denkt an seinen alten Freund Teddy, an den toten Bruder, den weißen Sarg, den seltsam schwankenden Vater, die prügelnde Wut der Mutter, ihre Schreie, ihre düstere Trauer, immer weiter flasht er sich zurück, lässt all die alten Bilder in seinem Kopfkino flimmern. Bis zu dem einen Standbild: Die Mutter, da war sie noch keine, jung, schön wie Jane Russell und konnte irgendwie noch richtig lachen. *Hast du sie jemals geliebt?*
Der Vater lässt erschrocken seine Gabel sinken. Kaut dann nachdenklich zu Ende. Kein Ton. Schneidet noch eine Scheibe Weißbrot vom Laib, hält das lange Messer in der Hand.
So gut es eben ging!
Mehr sagt er nicht. Und ist ganz still geworden. Hermann schläft wieder im Hotel.

Am nächsten Morgen fuhren sie ein Stückchen. Bis ins Sauerland. Einer ihrer letzten Tage. Vielleicht der letzte Tag. *Wer weiß?* Hohe Bäume, Sonnenglitzern darin, ein alter Weg, den sie beide kennen. Der kleine Bach daneben. Plätschert eine Weile und dann geht es bergauf. Gipfelsturm im Sauerland. Der Vater keucht ein wenig, *Langsam, Junge!* Irgendwann beginnnen sich die Bäume zu lichten. Und noch im Schatten der Bäume ist dieser ungeheuer wichtige Ort und nichts mehr davon zu sehen. *Erinnerst du dich?* Der Vater ist plötzlich voller Spannung. Und Hermann weiß Bescheid. Natürlich. *Der Sonntagsausflug!* Genau dort, wo die kleinen Steine, das grüne Bonbonpapier, die plattgetretene Zigarettenschachtel und die abgebrochenen Zweige auf dem Boden liegen, da war das kleine Getränkelager gewesen. In der kühlen Erde. Eine knapp

ein Meter tiefe, rechteckige Grube, oben gerahmt von Hölzern, darauf eine Tür montiert. Abschließbar. War die geöffnet, lagen Flaschen darin. Auch Sinalco. *Lecker! Gelbe Brause.* Verkauft von einem Einbeinigen mit Augenklappe, der die Hand aufhielt. Lederhosen-Hermann hatte ihm fünfzig Pfennig oder sonst was gegeben und sich beim Trinken immer gewundert, wie dieser Einbeinige hier hoch gekommen war. *Nur mit der alten Krücke!* Und hatte es nie herausgefunden. Hatte aber vom Vater gewusst, warum dieser Mann nur ein Bein hatte.
Der Krieg! Ganz schlimm!

Der Vater zieht seine graue Windjacke aus, legt sie vor einen Baumstamm auf den Waldboden, setzt sich mit einiger Mühe darauf, lehnt sich zurück. Winkt Hermann. *Hock dich zu mir!* Der Wind rauscht leise in den Wipfeln der Bäume, Vögel rufen, fragen, bekommen Antwort von irgendwo. Und Hermann mit seinen grauen Haaren sitzt auf dem blanken Waldboden, fragt gar nichts und bekommt trotzdem eine Antwort. *Ich weiß, dass du das schon immer wissen wolltest!*
Hermann hatte ja alle danach gefragt. Sogar im Funk. Im Fernsehen. Aber der Vater hatte nie darüber reden können. Zu niemandem, und wird es auch in diesem Leben nie wieder tun. *Nur fünf Minuten!* Länger wird er nicht davon erzählen. Und fällt ihm ohnehin schwer genug, sagt er. *Fünf Minuten!* Davon reden, sagt er. Vom Krieg. Von dem Jungen mit den abstehenden Ohren, dem sanften Gesicht, in Uniform und vor Leningrad. Hat mit sich gerungen, stöhnt er. Schließt jetzt kurz die Augen, atmet durch. Öffnet den Mund. Da stürzen Worte heraus. Bilder. Worte wie Fetzen. *War fast noch ein Kind ... Sanitäter ... die lagen da mit aufgerissenen Bäuchen ... schrien nach Wasser ... Ich sterbe ... kein Morphium ... viehisches Brüllen ... mein bester Freund ... beide Beine weg ... das Lazarett ... so viele ... Nase weggeschossen ... keine Augen mehr ... wir alle total verlaust ... aus Pfützen getrunken ... Glieder abgefroren ... Stalinorgel ... habe vor Angst gezittert ... Minen ... der Iwan ... hat Katzen und Hunde gefressen ... hab mich im Trichter versteckt ... geheult ... nach meiner Mutter geschrien ... Massengräber geschaufelt ... Das reicht!*
Reicht für ein ganzes Leben. Der Vater ist blass, atmet schwer, sein Mund trocken, leckt sich die Lippen, schaut auf den Boden, reibt mit der zitternden Hand die Narbe an seinem Handgelenk. Die alte Tante JU mit der Nummer 52 hatte ihn da rausgeholt und dann nichts mehr. Niemand mehr. Nie mehr. Der Alte sieht verlassen aus. Und reckt sich. Streckt sich.

Der Vater richtet sich auf. Versenkt die Schatten in den üblichen Kammern. *Fünf Minuten*! Die Vögel singen wieder, die Sonne scheint immer noch durch die Wipfel der Bäume, der Vater steht wieder. Hermann geht zu ihm, nimmt den alten Herrn mit der Schussverletzung in den Arm. Darf das auch. Ein paar Sekunden lang. So lang wie nie zuvor. Dann windet sich der Vater. *Lass mal, Junge!*

Der Abend wurde ein Fest. Beide in ihren besten Anzügen. Vater und Sohn. Aber die Krawatten locker. Verdammt locker. Saßen in Vaters Stammkneipe. Am runden blankpolierten Stammtisch. Der mit dem großen Jägermeister-Aschenbecher in der Mitte und Vaters Kumpels drumherum. *Das ist mein Junge!* Der Vater stellte ihn vor. Die Kumpels staunten. Der Steuerberater, der Rechtsanwalt, der Arzt, der Fußballtrainer. Alte Herren. Kannten den Sohn ja gar nicht. Persönlich. *Aber vom Fernsehen!* Und Johlen. Und deutsche Schlager. Natürlich. Aus den Lautsprechern hinterm Tresen fuhr ein Zug nach nirgendwo, darin saß Guildo und hatte, *Piep!Piep!*, alle Kumpanen furchtbar lieb. Die Wirtin summte mit und war so dick, wie eine echte Wirtin sein muss. Wogender Busen, Schürze über den breiten Hüften, schleppte auf dem Tablett eine Lage nach der anderen heran, nur keine Nussecken, und am Stammtisch meinten alle, dass der Saumagen-Buddha es nicht noch einmal macht, irgendwann bestimmt wieder ein Krieg kommt und dass der verlorene Sohn seinem Vater doch ziemlich ähnlich sähe. Aha.
Beide hatten schon glasige Augen, fingen bereits an, richtig schlecht zu riechen, da fordert der Vater die dicke Wirtin zu ein paar Tänzchen auf. Grinst höflich, legt den Arm um ihre kolossale Taille und siehe da, als der Kleine mit der Warze im CD-Player loslegt, hängt sie leicht wie eine Feder in Vaters Armen, der führt die Dicke hierhin und dorthin und an allen Tischen schunkeln sie und singen das Lied des Kleinen mit.
Über sieben Brücken musst du geh'n
Sieben dunkle Jahre überstehen
Siebenmal wirst du die Asche sein
Aber einmal auch der helle Schein!
Als Hermann und der Vater draußen auf der Straße stehen, im Licht einer Laterne fröhlich schwanken, *Allzeit breit!*, sich anschauen, *War doch ein schöner Abend!*, lachen sie beide plötzlich prustend los. Husten vor Lachen. Haken sich ein, einer beim anderen, stützen sich, Hermann den alten Vater ein bisschen mehr und da oben ist ein Himmel, so klar, dass man mit dem großen Wagen fahren möchte. Lieber nicht.

Stattdessen schwanken sie weiter über den Bürgersteig, zum nächsten Taxistand, haben plötzlich so ein Gefühl, dass sie noch einmal singen müßten, *Sieben dunkle Jahre überstehen, Lalala, Asche, jawoll Asche!*, liegen irgendwann in ihren Betten und vertragen am nächsten Morgen keinen hellen Schein.

Wochen später in Berlin. Hermann ist längst wieder nüchtern. Kommt gerade aus dem kleinen Hinterhofkino am Südstern. Hat zum dritten Mal den Benigni gesehen und glaubt ihm endlich. *Das Leben ist schön! Bittersüß.* Hält voller Zukunft seine Principessa im Arm, will alle KZs in den Köpfen dieser Welt in Grund und Boden lachen, schlendert mit ihr rüber zu dem kleinen Italiener in der Nähe vom U-Bahnhof. Da werden sie aufgehalten. Vor dem Eingang zum Schacht wartet jemand auf sie. Grüne Haare, Lederjacke in Fetzen, Ketten um die Hüften, Springerstiefel rot besprüht, einen Pitbullverschnitt zur Seite, aber lieb. Kommt auf sie zu. Hermann greift schon freiwillig zum Geldbeutel, doch der Junge mit den wachen Augen hat zuvor noch eine bescheidene Frage.
Hast du jemals daran gedacht, das Haus deiner Eltern in Brand zu stecken, nur um sie aus der Routine rauszuholen? Damit sie wenigstens e i n e Abwechslung im Leben haben?
Klar!, sagt Hermann ohne jedes Zögern. *Ist aber nicht mehr nötig!* Und kennt das Zitat. Aus Couplands *X-Generation*. Steht ja in seinem Notizbuch. Und das hier ist die neueste Masche der bunten Fraktion. Mit Zitaten betteln. Nicht mehr *Haste mal ne Mark?* Das ist vorbei. Grauhaarige wie Hermann reagieren nicht auf platte Sprüche. Aber haben Geld dabei. Meistens. Also putzt man ihnen an der Ampel entweder die Scheiben ihres alten Daimlers oder betört sie mit dem Vortrag garstiger Literatur. Hermann gibt dem begabten Jungen zwei Mark. Der sagt sogar *Danke!* und Emma ist vollkommen begeistert. *Phantasie an die Macht!*

Beim Italiener wartete schon Freund Carl. Längst wieder geschieden. Aber in einem funkelnagelneuen grauen Anzug. *Armani!* Freude ohne Ende in dem lieben alten Gesicht.
Habe fünf Bilder verkauft! Heute lade ich euch ein!
War dann doch ein wenig verlegen ob des teuren Anzugs aus dem KaDeWe. Gab aber dennoch den Pfau, stand auf vom Tisch, drehte sich wie ein Senioren-Model, *Klasse, was?*, hatte trockene Farbe an den Fingern und bestellte erst einmal roten Campari.
Mit viel Eis!

Es war ein warmer Tag, einer, an dem die ganze Preußenstadt Richtung Süden rutscht und irgendwo auf der Höhe von Rom ihren Halt findet. Große Gelassenheit, weiche Körper, die Gesichter offen, keiner will fortziehen. Wie sonst immer. Man lehnt sich zurück, klimpert mit dem Eis im Glas, süffelt seinen Campari, sagt eine Weile nichts, blickt in die Runde. Und Hermann schaut Emma an. Merkt es auf einmal. Da ist ein fast überirdischer Glanz in ihren Augen. Sagt es ihr. Genau wie Carl, der sensible. *Was ist los?* Doch Emma lächelt das Lächeln einer sanften Madonna und antwortet nicht. Glänzt.
Carl fragt nach Benigni, hat den Film auch gesehen und schon wieder feuchte Augen, wenn er daran denkt, wie sehr der Halbjude Guido seinen kleinen Sohn liebt und vor den Schrecken der brutalen Welt bewahrt.
Wir bekommen ein Kind!
Die Madonna hört nicht auf zu lächeln. Ist befleckt. Hat empfangen. Sagt sie. Vor zwei Monaten schon. Und ist sich ganz sicher. War beim Arzt. *Heute morgen!* Hermann stößt mit Wucht sein Glas um. Roter Campari auf heller Leinenhose. Egal. Kniet schon neben ihrem Stuhl, an den Nebentischen entsteht einige Unruhe, und er ist wunderbar fassungslos. Schaut in die Augen seiner Dichterin, streichelt mit kleinen Rufen der Verzückung ihren Leib, virbriert vor Freude in ihrem lauten Lachen. Das nächste, woran er sich erinnert, ist, dass es nicht mehr weh tat.

Top Neunzehn

Das Wichtigste aus den 50er-, 60er-, 70er-, 80er- und 90er-Jahren

Hänschen Klein
Erster Kölner Barbershop Chor

Tango Max
Friedel Hensch und die Cyprys

My Generation
The Who

She's leaving home
The Beatles

Allein machen sie dich ein
Ton Steine Scherben

Geh zu ihr
Puhdys

Midnight Rambler
The Rolling Stones

Ermutigung
Wolf Biermann

Kreuzberger Walzer
Klaus Hoffmann

Genug ist nicht genug
Konstantin Wecker

Brick in the wall
Pink Floyd

Déjà vu
Spliff

I won't back down
Tom Petty and the Heartbreakers

Für immer und dich
Rio Reiser

Be careful of my heart
Tracy Chapman

Damals hinterm Mond
Element of Crime

I don't wanna grow up
Tom Waits

Tears in heaven
Eric Clapton

Loser
Beck

Best of Kleines Schwarzes Notizbuch

Richtungsweisende Zitate

Die Kunst muss dem Bürger im Nacken sitzen wie der Löwe dem Gaul!
(Siebte Produzentengalerie)

Den Teil echter Freude und echten Feierns zu verstärken, gleicht den Vorbereitungen eines allgemeinen Aufstands zum Verwechseln.
(Raoul Vaneigem)

Je prends mes desirs pour la realité car je crois en la realité de mes desirs.
(Paris, 1968)

Die Menschen reisen streng voneinander isoliert auf Gummireifen.
(Horkheimer / Adorno)

Dies ist die beste aller möglichen Welten,
und jeder ehrliche Mann hat die Pflicht,
zu sagen, dass sie ein Dreck ist!
(Bradley, zit.n. Fritz Perls)

Was euch an der Evolution am meisten erschreckt, ist nicht der Umstand, dass ihr von etwas herstammt, dem ihr nachts im Wald vermutlich nicht gern allein begegnen würdet, sondern dass von euch etwas herstammt, das ihr mit Sicherheit selbst zur Mittagsstunde auf einer belebten Straße nicht gerne treffen würdet.
(Ashley Montagu)

Aus den Dingen schwindet die Wärme.
(Walter Benjamin)

Hätte ich ihren Namen in alte Kuhscheiße geschrieben, wenn ich sie nicht liebte? Und dazu noch mit meinem Finger, den ich nachher ablutschte? Ach wo, ach wo!
(Samuel Beckett)

Hast du jemals daran gedacht, das Haus deiner Eltern in Brand zu stecken, nur um sie aus der Routine rauszuholen? Damit sie wenigstens e i n e Abwechslung im Leben haben?
(Douglas Coupland)

Wir weisen Sie an dieser Stelle gerne auf die Erzähler unseres Verlagsprogrammes hin, unter ihnen **Alban Nikolai Herbst** (*Wolpertinger oder Das Blau* und *Die Orgelpfeifen von Flandern* und *Eine Sizilische Reise / Fantastischer Bericht* und *Die blutige Trauer des Buchhalters Michael Dolfinger*), **Magnus Vattrodt** (*Managuaspiele*), **Thorsten Casmir** (*Ohnsgrond*), **Karl-Günther Hufnagel** (*Geburt eines Dichters im Bürgerkrieg*), **Renate Krämer** (*Das Leben lang* und *nachts / Eine Prosa* und *Neun Passepartouts & Hölderlins Hund / Pausen*), **Tarek Dzinaj** (*müde / Roman einer deutsch-türkischen Clique*), **Demosthenes Kourtovik** (*Die Nostalgie der Drachen*), **Martin Bullinger** (*Saubande / 137 Nachtsplitter* und *Bussard / Die Sandberg / Zwei kurze Liebesgeschichten* und *schnelle messer / ein memory* und *Der Geruch der Liebe*), **Christian Gloystein** (*Castorps Erbe / Der Homöopath*), **Michael Herl & Simone Jung** (*Von oben ist die Welt so klein*), **Heipe Weiss** (*Fuchstanz / Ein Roman der 68er*), **Maximilian Arndt** (*Schockraum / Ein Krankenhaus-Roman*), **Philipp Mosetter** (*107 Tragische Vorfälle*), **Martin Roda Becher** (*Die Rosa Ziege / Erzählung aus der Kunstwelt* und *Die letzte Fléche* und *Abschiedsparcours*), **Askan von Hardenberg** (*Die innere Gegend / Eine Bedienungsanleitung*), **Ulrich Holbein** (*Nekrolog auf den Ladenhüter*), **Federico Fellini** (*Meine Vision umfaßt 360 Grad*), **Gérard Otremba** (*Die geheimen Aufzeichnungen des Buchhändlers* und *Ein weiterer Tag im Leben des Buchhändlers*), **Berthold Dirnfellner** (*Compositeurs-Trilogie / Drei Bändchen über Schubert, Schumann und Liszt*), **Gerd-Peter Eigner** (*Nachstellungen I* und *Nachstellungen II*), **Anne Vorwerck** (*Eigentlich wollte Kunigunde das Abendland retten*), **Konstantinos Kavafis** (*Familie Kavafis*), **Jörg-Wolfgang Schmoller** (*Fackel an! / Ein Berlin-Roman*), **Olaf Velte** (*Herr Auditeur Grabbe / Zur Stadt Frankfurt*), **Victor Hugo** (*Promontorium Somnii / Vorgebirge des Traums*) – ach, erkundigen Sie sich doch lieber bei Ihrer Buchhandlung oder lassen Sie sich ausgiebig von uns informieren:

axel dielmann — verlag

Kommanditgesellschaft in Frankfurt am Main
Oskar von Miller Straße 18
60314 Frankfurt am Main
Telefon 069 / 9435 – 9000 Fax – 9002
E-Mail dielmann_verlag@yahoo.de
www.dielmannverlag.de